Four language dictionary of food technology
English — German — Spanish — French

Viersprachiges Wörterbuch der Lebensmitteltechnologie
Englisch — Deutsch — Spanisch — Französisch

Diccionario cuatrilingüe de tecnología de los alimentos
Inglés — Alemán — Español — Francés

Dictionnaire quadrilingue de technologie alimentaire
Anglais — Allemand — Espagnol — Français

Die Deutsche Bibliothek — CIP-Einheitsaufnahme

Four language dictionary of food technology : English — German — Spanish — French = Viersprachiges Wörterbuch der Lebensmitteltechnologie / Erich Lück. — Hamburg : Behr's, 1992
ISBN 3-86022-010-1
NE: Lück, Erich; PT

BEHR'S . . . VERLAG

1. Auflage 1992
Satz: SRZ, Satz-Rechenzentrum Hartmann + Heenemann, Berlin
Druck: Roco-Druck GmbH, 3340 Wolfenbüttel

ISBN 3-86022-010-1

Four language dictionary of food technology

English - German - Spanish - French

Viersprachiges Wörterbuch der Lebensmitteltechnologie

Englisch - Deutsch - Spanisch - Französisch

Diccionario cuatrilingüe de tecnología de los alimentos

Inglés - Alemán - Español - Francés

Dictionnaire quadrilingue de technologie alimentaire

Anglais - Allemand - Espagnol - Français

Erich Lück · Amelia de Irazazábal Nerpell · Julia Zarco Weidner
Sofia Alvarez Borge · Benoît Rether

BEHR'S...VERLAG

Preface

For the expert it has always been necessary to read and understand publications in foreign languages. Using general dictionaries for this purpose will soon make one aware of its limitations. Normal dictionaries contain only the most important food specific terms and even these are often inadequately defined. Not surprisingly, no general purpose dictionary can be expected to list all the terms of interest to experts.

Apart from some multilingual, specialized dictionaries for particular sections of food technology, there is no specialized dictionary available which covers food science and technology in their totality. With a view to European unification this dictionary will build a bridge between the four biggest language areas of Europe. Working in close contact, five authors specialized in food and terminology have compiled the most important terms of food technology, food science and nutrition. Included in the dictionary are the main raw materials, starting products and intermediates, equipment, machinery, and processes for the manufacture of food, together with related verbs and adjectives. In special cases when no exact translation was possible, paraphases and additional descriptions were used which are given in brackets. Brackets were also used for supplementary explanatory notes designed to facilitate translation.

Vorwort

Schon immer war es für den Fachmann wichtig, Publikationen in fremden Sprachen lesen und verstehen zu können. Wer dafür ein gemeinsprachliches Wörterbuch zu Rate zieht, fühlt sich schnell im Stich gelassen. Die üblichen Wörterbücher enthalten nämlich nur die allerwichtigsten Fachtermini des Lebensmittelwesens und auch die nicht immer in der für den Fachmann wünschenswerten Präzision. Es kann auch nicht Sinn und Zweck eines gemeinsprachlichen Wörterbuches sein, das oft nur einen speziellen Benutzerkreis interessierende Fachvokabular im einzelnen aufzuführen.

Außer einigen mehrsprachigen Fachwörterbüchern für bestimmte Teilbereiche des Lebensmittelbereiches gibt es kein allgemein zugängliches Fachwörterbuch über den Gesamtbereich der Lebensmitteltechnologie. Auch im Hinblick auf den Zusammenschluß Europas will dieses Wörterbuch die Brükke schlagen zwischen den vier größten Sprachbereichen Europas. Fünf auf dem Lebensmittel- und Terminologiegebiet fachkundige Autoren haben in enger Zusammenarbeit den wichtigsten Wortschatz der Fachgebiete Lebensmitteltechnologie, Lebensmittelwissenschaft und Ernährung zusammengetragen. Aufgeführt werden die wesentlichen Rohstoffe, Vor- und Zwischenprodukte, Geräte, Maschinen und Verfahren zur Herstellung von Lebensmitteln, Verben und Adjektive, die damit in Beziehung stehen. In Einzelfällen, in denen es keine exakten Entsprechungen gibt, wurde mit Umschreibungen und Erklärungen gearbeitet, die in runde Klammern gesetzt wurden. Runde Klammern wurden auch benutzt, um zusätzliche Erklärungen anzubringen, welche die Übersetzung erleichtern.

Prefacio

La posibilidad de leer y comprender el texto de las publicaciones en lenguas extranjeras ha tenido siempre gran importancia para los profesionales. Quien recurra para ello a un diccionario de tipo general comprobará rápidamente que éste no le aporta la ayuda necesaria. Los diccionarios corrientes contienen solamente los términos más importantes referentes a las ciencias de la Alimentación y aún estos no vienen dados siempre con la precisión deseable para los especialistas. Por otra parte el objetivo de un diccionario de tipo general no puede ser la exposición detallada del vocabulario especializado que solo interesa a un círculo particular de usuarios.

Aparte de algunos diccionarios multilingües especializados en determinados aspectos parciales del campo de los Alimentos no existe un dicionario general accesible que abarque todo el campo de la ciencia y tecnología de los alimentos. También, con vistas a la Union Europea, esta obra pretende establecer un puente entre los cuatro ámbitos lingüísticos más importantes de Europa. Cinco autores especializados en el campo de la terminología de alimentos han trabajado en estrecha colaboración para reunir el vocabulario más importante sobre Ciencia y Tecnología de los Alimentos, así como Nutrición. En el diccionario se recogen las más importantes materias primas, productos de partida y productos auxiliares, aparatos, máquinas y procedimientos para la elaboratión de alimentos así como verbos y adjetivos relacionados con estos temas. En algunos casos particulares, en los que no existen equivalencias exactas, se ofrecen descriptiones y explicaciones indicadas entre paréntesis. También se han utilizado paréntesis para indicar aclaraciones adicionales que puedan facilitar la traducción.

Avant-propos

De tout temps, il était essentiel pour le professionnel, de pouvoir lire et comprende les publications en langue étrangère, et le recours à un dictionnaire s'avérait souvent necéssaire. Consulter un dictionnaire général laisse souvent le lecteur sur sa faim. En effet, ce genre de dictionnaire ne renferme que peu de termes spécifiques au domaine agro-alimentaire et qui plus est, ne donne souvent pas la précision souhaitée par le spécialiste. D'autre part, un dictionnaire ultra spécialisé, n'intéressant qu'un cercle restreint d'utilisateurs est par la force des choses très restrictif parce qu'il n'englobe qu'une partie très pointue d'un domaine.

A part quelques dictionnaires très spécifiques à certains domaines agro-alimentaires, il n'existe pas sur le marché de dictionnaire général couvrant l'ensemble de la technologie alimentaire. L'unification européenne est proche, et l'ambition de ce dictionnaire est également d'établir des ponts entre les quatre principaux domaines linguistiques de l'Europe. Cinq auteurs spécialisés dans les domaines de l'agro-alimentaire et de la terminologie, ont travaillé en étroite collaboration pour réunir une importante collection de mots issus de la technologie alimentaire, de la science des aliments et de la nutrition. Dans cet ouvrage, sont présentés les noms des matières premières, produits de base, produits intermédiaires, appareils, machines, et procédés de fabrication des aliments, ainsi que les verbes et adjectifs qui s'y rapportent. Dans quelques cas, où il n'existe pas de mot équivalent, nous avons donné une périphrase et des explications, qui sont alors indiquées entre parenthèses. Les parenthèses sont également utilisées pour fournir des explications complémentaires facilitant ainsi une traduction.

The Authors

Erich Lück, born in 1929, studied pharmacy and food chemistry at Mainz and Frankfurt universities. After taking his PhD in food chemistry he has been working in research and development of food additives in industry since 1957. Besides numerous scientific articles, contributions to handbooks and lectures, he has published several books on food preservation and food additives, some of which have been translated into other languages. His English-German "Dictionary of Food Technology", published for the first time in 1963, has come out recently in a third edition as "Comprehensive Dictionary of Food".

Amelia de Irazazábal Nerpell, born in 1926, studied chemistry at Valladolid and Madrid universities. After taking her PhD and following some years of research in inorganic, organic and medical chemistry at various universities, i.a. at the technical university in Aachen, she was appointed professor at Valladolid university. Since 1968 she has been working at the Institute of Information and Documentation of Science and Technology in Madrid. She is director of the terminological section TermEsp. Besides numerous scientific articles and lectures she has coordinated and written several thesauri.

Julia Zarco Weidner, born in 1935, studied chemistry at Madrid university. After taking her master's degree she worked as a translator of scientific and technical publications at a specialist publishing house. Since 1976 she has been working at the Institute for Information, Documentation of Science and Technology in Madrid as a specialist for scientific and technological documentation and scientific terminology. She has collaborated on the Spanish part of the terminological data bank EURODICAUTUM and on a four language dictionary of food science and technology.

Sofia Alvarez Borge, born in 1935, studied chemistry at Madrid university. After taking her master's degree and some years of research she has been working since 1964 at the Institute of Information and Documentation of Science and Technology in Madrid as a specialist for scientific documentation, terminology and translation. Since 1982 she has been head of the translation department. She has published several lectures on terminology.

Benoît Rether, born in 1939, studied biochemistry at Strasbourg university. After taking his PhD in enzymology and following some years of research he was appointed professor. In 1982 he set up the Department of Applied Biology at the Strasbourg Louis Pasteur university. He was in charge of this institute until 1990. Now he is director of a new research laboratory on applied biology at the same university. He has published numerous scientific articles and lectures.

Die Autoren

Erich Lück, geboren 1929, studierte Pharmazie und Lebensmittelchemie an den Universitäten Mainz und Frankfurt am Main. Nach seiner Promotion im Fach Lebensmittelchemie ist er seit 1957 im Bereich Forschung und Entwicklung von Lebensmittelzusatzstoffen in der Industrie tätig. Neben vielen Zeitschriftenveröffentlichungen, Buchbeiträgen und Kongreßbeiträgen hat er eine Anzahl von Büchern über Lebensmittelkonservierung und Lebensmittelzusatzstoffe publiziert, die teilweise in fremde Sprachen übersetzt worden sind. Sein erstmals 1963 erschienenes englisch-deutsches Wörterbuch des Lebensmittelwesens ist inzwischen in der 3. Auflage erschienen.

Amelia de Irazazábal Nerpell, geboren 1926, studierte Chemie an den Universitäten Valladolid und Madrid. Nach ihrer Promotion und einigen Jahren Forschungstätigkeit auf dem Gebiet der anorganischen, organischen und medizinischen Chemie an verschiedenen Universitäten, u. a. an der Technischen Hochschule in Aachen wurde sie zum Professor der Universität Valladolid ernannt. Seit 1968 ist sie am Institut für Information und Dokumentation der Naturwissenschaften und Technologie in Madrid tätig und dort Direktorin der terminologischen Gruppe TermEsp. Neben vielen Zeitschriftenveröffentlichungen und Kongreßbeiträgen hat sie mehrere Thesauri koordiniert und selbst verfaßt.

Julia Zarco Weidner, geboren 1935, studierte Chemie an der Universität Madrid. Nach ihrem Diplom war sie bei einem Fachverlag als Übersetzerin von wissenschaftlichen und technischen Veröffentlichungen tätig. Seit 1976 ist sie am Institut für Information und Dokumentation der Naturwissenschaften und Technologie in Madrid als Spezialistin für wissenschaftliche und technologische Dokumentation und wissenschaftliche Terminologie tätig. Sie hat an dem spanischen Teil der terminologischen Datenbank EURODICAUTUM und an einem viersprachigen Wörterbuch der Lebensmittelwissenschaft und Technologie mitgearbeitet.

Sofia Alvarez Borge, geboren 1935, studierte Chemie an der Universität Madrid. Nach ihrem Diplom und mehreren Jahren Forschungstätigkeit ist sie seit 1964 am Institut für Information und Dokumentation der Naturwissenschaften und Technologie in Madrid als Spezialistin für wissenschaftliche Dokumentation, Terminologie und Übersetzung tätig und leitet seit 1982 die Übersetzungsabteilung des Institutes. Sie hat mehrere Kongreßbeiträge über Terminologiefragen publiziert.

Benoît Rether, geboren 1939, studierte Biochemie an der Universität Straßburg. Nach seiner Promotion im Fach Enzymologie und einigen Jahren Forschungstätigkeit auf dem Gebiet der Biochemie wurde er zum Professor ernannt. 1982 gründete er die Abteilung für angewandte Biologie an der Louis Pasteur Universität in Straßburg. Er leitete dieses Institut bis 1990. Jetzt ist er Direktor eines neuen Forschungslaboratoriums für angewandte Biologie an der gleichen Universität. Er hat zahlreiche Zeitschriftenveröffentlichungen und Kongreßbeiträge publiziert.

Los autores

Erich Lück, nacido en 1929, cursó estudios de Farmacia y de Química de los Alimentos en las Universidades de Mainz y de Frankfurt am Main. Tras obtener el grado de doctor en la especialidad de Química de los Alimentos, trabaja desde 1957 en el ámbito de investigación y desarrollo de aditivos de alimentos en la industria. Es autor de numerosos artículos en revistas, colaboraciones en libros y comunicaciones a congresos y ha publicado asimismo, varios libros sobre conservación de alimentos y aditivos de alimentos, algunos de ellos traducidos a otros idiomas. Su diccionario de Ciencia y Tecnología de los Alimentos inglés-alemán publicado en 1963 se encuentra actualmente en la tercera edición.

Amelia de Irazazábal Nerpell, nacida en 1926, cursó estudios de Ciencias Qųímicas en las Universidades de Valladolid y de Madrid. Tras obtener el grado de doctor realizó durante algunos años trabajos de investigación en Química Orgánica, Química Médica y Química Inorgánica, en varias universidades, entre ellas la Universidad Politécnica de Aachen. Ha ejercido la docencia como profesora auxiliar de la Universidad de Valladolid. Desde 1968 trabaja en el Instituto de Información y Documentación en Ciencia y Tecnología de Madrid. Es directora del grupo terminológico TermEsp. Es autora de numerosos artículos en revistas especializadas y comunicaciones a congresos así como de la coordinación y elaboracion de diversos tesauros.

Julia Zarco Weidner, nacida en 1935, cursó estudios de Ciencias Químicas en la Universidad Complutense de Madrid. Tras obtener el grado de licenciada trabajó durante algunos años como traductor científico y técnico para diversas editoriales. Ha ejercido la aocencia como profesor auxiliar de la Universidad Complutense de Madrid (1957 — 1961). Desde 1976 trabaja en el Instituto de Información y Documentación en Ciencia y Tecnología como documentalista científico y terminólogo. Ha colaborado en la versión española de los términos del banco de datos terminológicos EURODICAUTOM y en la elaboración de un diccionario cuatrilingüe de Ciencia y Tecnología de los Alimentos.

Sofia Alvarez Borge, nacida en 1935, cursó estudios de Ciencias Químicas en la Universidad Complutense de Madrid. Tras obtener el grado de licenciada realizó trabajos de investigación en el Instituto de Ciencias Agronómicas de Madrid. Desde 1964 trabaja en el Instituto de Información y Documentación en Ciencia y Tecnología de Madrid como documentalista científico y terminólogo. Desde 1982 dirige el Departamento de Traducciones del Instituto. Es autora de varias comunicaciones a congresos en el ámbito de la Terminología.

Benoît Rether, nacido en 1939, cursó estudios de Bioquímica en la Universidad de Estrasburgo. Tras obtener el grado de doctor en la especialidad de Enzimología, realizó durante algunos años trabajos de investigación el campo de la Bioquímica y fue nombrado profesor. En 1982 fundó el Departamento de Bioquímica aplicada de la Universidad Louis Pasteur de Estrasburgo. Dirigió este Departamento hasta 1990. Actualmente es director de un nuevo laboratorio de investigación en Biología Aplicada de la misma universidad. Es autor de numeros artículos en revistas especializadas y comunicaciones a congresos.

Les auteurs

Erich Lück, né en 1929, a fait ses études de pharmacie et de chimie alimentaire à l'université de Mayence et de Francfort-sur-le-Main. Après sa thèse en chimie alimentaire, il rejoint en 1957 l'industrie, où il dirige actuellement un département recherche et développement sur les additifs alimentaires. A côté de nombreux articles scientifiques, publications comme co-auteur de livres, contributions à de nombreux congrès, il a publié de nombreux ouvrages sur la conservation des aliments et les additifs alimentaires qui ont été partiellement traduits en plusieurs langues. Son premier dictionnaire agro-alimentaire en anglais-allemand, paru en 1963 est à sa 3ème édition.

Amelia de Irazazábal Nerpell, née en 1926, a fait ses études de chimie à l'université de Valladolid et de Madrid. Après sa thèse et des années consacrées à la recherche en chimie inorganique, organique et médicale dans diverses universités ainsi qu'à l'école supérieure de technologie d'Aix la Chapelle, elle fut nommée professeur à l'université de Valladolid. Depuis 1968, elle dirige le groupe de terminologie TermEsp à l'institut de l'information et de documentation des sciences et de la technologie de Madrid. A côté de nombreuses publications et contributions à des congrès, elle est coordinatrice et auteur de plusieurs thesauri.

Julia Zarco Weidner, née en 1935, a fait ses études de chimie à l'université de Madrid. Après ses études, elle a été traductrice de publications scientifiques et techniques dans une maison d'édition. En 1976, elle rejoint l'institut de l'information et de documentation des sciences et de la technologie de Madrid comme spécialiste en documentation et terminologie scientifiques et techniques. Elle a participé, pour la partie espagnole, à la mise au point de la banque de données EURODICAUTUM et à la rédaction d'un dictionnaire quadrilingue sur la science et la technologie des aliments.

Sofia Alvarez Borge, née en 1935, a fait ses études de chimie à l'université de Madrid. Après ses études et plusieurs années de recherche, elle exerce son activité comme spécialiste en documentation, terminologie et traduction scientifiques á l'institut de l'information et de documentation des sciences et de la Technologie de Madrid, où elle dirige depuis 1982 le service de traduction de l'institut. Elle a publié plusieurs contributions à des congrès dans le domaine de la terminologie.

Benoît Rether, né en 1939, a fait ses études de biochimie à l'université de Strasbourg. Après ses études, il est nommé assistant à l'institut de biochimie où il effectue sa recherch et soutient son doctorat d'État en enzymologie en 1972. Après un stage post-doctoral et des années de recherche et d'enseignement, il est nommé professeur. En 1982, il est chargé de la création du département de biologie appliquée à l'institut universitaire de technologie de l'université Louis Pasteur de Strasbourg dont il a assuré la direction jusqu'en 1990. Il est l'auteur de nombreux articles scientifiques et dirige actuellement le laboratoire de recherche de biologie appliquée nouvellement créé dans cet institut.

Table of Contents

Inhaltsverzeichnis

Indice

Table de matières

How to use the dictionary

In the main part of the book the English keywords are listed in alphabetical order together with code numbers. This list contains, furthermore, the English synonyms and the equivalents in German, Spanish, and French.

The second part contains four alphabetical indexes in English, German, Spanish, and French. These indexes contain all the synonyms in the different languages. When one is searching for a technical term it is always advisable to go first to the appropriate alphabetical index, regardless of the language. Translations in the main part of the book can then be found via the code number.

Hinweise für die Benutzung

Der Hauptteil des Buches enthält die nach dem englischen Alphabet geordnete Auflistung der Fachwörter, die mit Kennzahlen versehen sind. Diese Liste enthält weiterhin englische Synonyme und die Entsprechungen in deutscher, spanischer und französischer Sprache.

Der zweite Teil besteht aus vier alphabetischen Registern in den Sprachen englisch, deutsch, spanisch und französisch. Diese Registerteile enthalten auch alle im Buch vorkommenden Synonyme in den jeweiligen Sprachen.

Es wird grundsätzlich empfohlen, bei der Suche nach einem Fachwort, gleich in welcher Sprache, zunächst das Register im jeweiligen Alphabetteil zu Rate zu ziehen. Über die Kennzahl geht man in den Hauptteil, wo man die Entsprechungen in den anderen Sprachen findet.

Instrucciones de manejo

La parte principal del libro contiene las palabras en inglés dispuestas en orden alfabético y provistas de un número de código. Esta relación contiene además sinónimos ingleses y sus equivalencias en alemán, español y francés.

La segunda parte contiene cuatro registros alfabéticos en inglés, alemán, español y francés. En estos registros se encuentran también todos los sinónimos que aparecen en el diccionario, en cada uno de los idiomas. Para la búsqueda de una palabra, en cualquiera de los idiomas, se recomienda consultar primeramente el registro alfabético correspondiente. Una vez encontrado el número de código de la palabra se pasará a consultar la parte principal donde se encontrarán las equivalencias en los otros idiomas.

Mode d‘utilisation

La partie principale de l'ouvrage renferme la liste des mots en anglais classés alphabétiquement et affectés d'un chiffre-indice. Cette liste comporte, en outre, les synonymes anglais ainsi que les équivalents en allemand, espagnol et français.

La seconde partie se compose de 4 index aphabétiques en anglais, allemand, espagnol et français. On y trouvera également l'ensemble des synonymes apparaissant dans l'ouvrage dans toutes les langues.

Pour la recherche d'un mot, il est expressément recommandé de se reporter directement à la partie alphabétique de l'index correspondant à la langue choisie. Le chiffre-indice permet de rentrer dans la partie principale, où l'on trouvera les équivalents exprimés dans les autres langues.

Main part
Hauptteil
Parte principal
Partie principale

0001
en **abalone**
de Abalone *f*; Seeohr *n*; Meerohr *n*
es oreja *f* de mar
fr haliotide *f*; ormeau *m*; oreille *f* de mer

0002
en **abattoir by-products plant**
de Tierkörperverwertungsanlage *f*
es instalación *f* para subproductos de matadero
fr installation *f* de sous-produits d'abattoir; installation *f* de valorisation de sous-produits d'abattoir

0003
en **abattoir equipment**
de Schlachthofausrüstung *f*
es equipo *m* para mataderos
fr équipement *m* d'abattoir

0004
en **abrade**; scrape; scrape off
de abschaben; abscheuern; abschleifen
es raspar; rascar
fr racler; gratter; abraser; meuler; aiguiser; poncer

0005
en **abrasion**
de Verschleiß *m*; Abrieb *m*
es abrasión *f*; desgaste *m*
fr abrasion *f*; usure *f* par frottement; meulage *m*

0006
en **absinthe**; absinth
de Absinth *m*
es ajenjo *m*
fr absinthe *f*

0007
en **absolute**
de Absolue *n* (lösemittelfreier Aromaextrakt)
es absoluto *m* (extracto de aroma exento de disolvente)
fr absolu *m*

0008
en **absolute**; straight US; neat GB; plain; undiluted
de unverdünnt; rein; pur (alkoholische Getränke)
es puro; sin diluir (bebidas alcohólicas)
fr absolu; pur; non dilué

0009
en **absorb**
de absorbieren; binden
es absorber
fr absorber

0010
en **absorbability**
de Absorptionsvermögen *n*
es capacidad *f* de absorción
fr aptitude *f* à l'absorption; absorbabilité *f*

0011
en **absorbent**
de Absorptionsmittel *n*
es absorbente *m*; agente *m* absorbente
fr absorbant *m*; produit *m* absorbant

0012
en **absorbent clay**
de Klärton *m*; Klärerde *f*
es arcilla *f* de clarificación; arcilla *f* absorbente
fr argile *f* absorbante

0013
en **absorption**
de Absorption *f*
es absorción *f*
fr absorption *f*

0014
en **absorption refrigerator**; absorption type refrigerator
de Absorberkühlschrank *m*
es refrigerador *m* por absorción
fr réfrigérateur *m* à absorption

0015
en **absorption tower**
de Absorptionsturm *m*; Absorptionsrohr *n*
es torre *f* de absorción; tubo *m* de absorción
fr colonne *f* d'absorption

0016
en **absorptive capacity**
de Resorptionskapazität *f*
es capacidad *f* de absorción
fr capacité *f* d'absorption

0017
en **abstain**
de sich enthalten; abstinent sein
es abstenerse; ser abstemio
fr s'abstenir

0018
en **abstinence**; abstemiousness; abstention; temperance; sobriety
de Abstinenz *f*; Mäßigkeit *f*; Enthaltsamkeit *f*; Genügsamkeit *f*; Enthaltung *f*; Mäßigung *f*
es abstinencia *f*; moderación *f*; sobriedad *f*
fr abstinence *f*; sobriété *f*; frugalité *f*; tempérance *f*; modération *f*

0019
en **abstinent**; abstemious; abstentious; temperate
de enthaltsam; mäßig; abstinent; genügsam
es abstemio; moderado; sobrio
fr abstinant; sobre; frugal; tempérant; modéré

0020
en **abuse storage**
de Falschlagerung *f*; falsche Lagerung *f*
es almacenamiento *m* inadecuado
fr entreposage *m* incorrect

0021
en **acacia**; acacia gum; gum arabic; arabic gum; arabicum gum
de Gummi arabicum *n*; Arabisches Gummi *n*; Akaziengummi *n*
es goma *f* arábiga; goma *f* de acacia
fr gomme *f* arabique; gomme *f* du Sénégal

0022
en **acaricide**
de Akarizid *n*
es acaricida *m*
fr acaricide *m*

0023
en **accelerated fermentation**
de Schnellgärung *f*
es fermentación *f* acelerada
fr fermentation *f* accélérée

0024
en **accelerated test**
de zeitraffende Prüfung *f*
es ensayo *m* rápido
fr test *m* accéléré

0025
en **acceptable**
de annehmbar; angenehm; akzeptabel
es aceptable
fr acceptable; admissible; recevable

0026
en **acceptance**
de Akzeptanz *f*; Beliebtheit *f*
es aceptabilidad *f*
fr réception *f*; acceptation *f*; recevabilité *f*

0027
en **acceptance test**
de Akzeptanztest *m*; Beliebtheitstest *m*
es ensayo *m* de aceptabilidad
fr essai *m* de recevabilité; essai *m* d'acceptation

0028
en **accessory**
de Hilfsstoff *m*; Begleitstoff *m*
es producto *m* auxiliar
fr produit *m* accessoire; produit *m* d'accompagnement; produit *m* complémentaire; produit *m* annexe

0029
en **accessory nutrient**
de Ergänzungsnährstoff *m*
es nutriente *m* complemetario
fr nutriment *m* accessoire; substance *f* nutritive complémentaire

0030
en **accumulating table**; accumulator table; collecting table
de Sammeltisch *m*; Stautisch *m*; Puffertisch *m* (Flaschenabfüllung)
es mesa *f* colectora (embotellado)
fr table *f* d'accumulation; table *f* collectrice (embouteillage)

0031
en **accumulation**
de Akkumulierung *f*; Speicherung *f*
es acumulación *f*
fr accumulation *f*

0032
en **acerb**; acerbic; acrid; pungent; sharp; sour; acid
de scharf; beißend; streng (Geschmack)
es acre (sabor)
fr acerbe; agressif; mordant; acide; aigu

0033
en **acerbity**
de Schärfe *f*; Strenge *f* (Geschmack)
es acritud *f* (sabor)
fr acerbité *f*; âpreté *f*

0034
en **acerola**; Puerto Rican cherry; West Indian cherry; Barbados cherry; Antilles cherry
de Acerolakirsche *f*; Puerto-Rico-Kirsche *f*; Westindische Kirsche *f*; Barbadoskirsche *f*; Ahorn-Kirsche *f*
es acerola *f* antillana
fr cerise *f* des Antilles; Barbados cherry *f*

0035
en **acescence**; acescency
de Essigstich *m* (Wein)
es acescencia *f*; picado *m*; avinagrado *m* (vino)
fr acescence *f*; piqûre *f*; piqûre *f* acétique

0036
en **acescence**; acescency
de Sauerwerden *n*
es agriado *m*
fr acescence *f*

0037
en **acesulfame potassium**; acesulfame K
de Acesulfam *n*
es acesulfamo *m* potásico; acesulfamo *m*
fr acésulfame *m*; acésulfame *m* de potassium

0038
en **acetaldehyde**; ethanal
de Acetaldehyd *m*
es acetaldehído *m*; etanal *m*
fr acétaldéhyde *m*; aldéhyde *m* acétique; éthanal *m*

0039
en **acetate**
de Acetat *n*
es acetato *m*
fr acétate *m*

0040
en **acetic**; acetic-tainted; vinaigrous; sour; acetous
de essigstichig (Wein)
es avinagrado; acético
fr piqué

0041
en **acetic acid**
de Essigsäure *f*
es ácido *m* acético
fr acide *m* acétique

0042
en **acetic acid fermentation**; acetic fermentation; acetous fermentation; acetification
de Essiggärung *f*
es fermentación *f* acética
fr fermentation *f* acétique

0043
en **acetic and fatty acid esters of glycerol**; acetic acid esters of mono- and diglycerides; acetylated mono- and diglycerides
de Mono- und Diglyceride *pl n* von Speisefettsäuren verestert mit Essigsäure; Essigsäureester *pl m* der Mono- und Diglyceride von Speisefettsäuren
es mono- y diglicéridos *pl m* de ácidos grasos comestibles esterificados con ácido acético
fr esters *pl m* acétiques de mono- et diglycérides; esters *pl m* d'acide acétique et d'acides gras de glycéryle; esters *pl m* acétiques de mono- et diglycérides d'acides gras

0044
en **acetifier**
de Schnellessigbereiter *m*
es acetificante *m*
fr acétificateur *m*

0045
en **acetoglyceride**; acetofat
de Acetoglycerid *n*; Essigsäureglycerinester *m*
es acetoglicérido *m*
fr ester *m* acétique du glycérol; acétoglycéride *m*

0046
en **acetonaemia**
de Acetonämie *f*
es acetonemia *f*
fr acétonémie *f*; cétonémie *f*

0047
en **acetone**
de Aceton *n*
es acetona *f*
fr acétone *f*

0048
en **acid**
de Säure *f*
es ácido *m*
fr acide *m*

0049
en **acid**
de sauer
es ácido
fr acide

0050
en **acid-base balance**; acid-base equilibrium
de Säure-Basen-Gleichgewicht *n*
es equilibrio *m* ácido-base
fr équilibre *m* acide-base; équilibre *m* acido-basique

A

0051
en **acid casein**
de Säurekasein *n*
es caseína *f* ácida
fr caséine *f* acide

0052
en **acid conversion**
de Säureaufschluß *m*
es disgregación *f* con ácidos
fr conversion *f* acide

0053
en **acid cream**; sour cream; acidified cream; acidified sour cream
de Sauerrahm *m*
es nata *f* ácida
fr crème *f* épaisse; crème *f* acide; crème *f* acidifiée

0054
en **acid curd cheese**
de Sauermilchkäse *m*
es queso *m* de cuajada ácida
fr fromage *m* de caillé acide; fromage *m* de caillé lactique

0055
en **acid drops GB**
de Drops *pl m*; saure Fruchtbonbons *pl m* u. *n*
es caramelos *pl m* ácidos
fr bonbons *pl m* acidulés

0056
en **acidified milk product**
de Sauermilcherzeugnis *n*
es producto *m* lácteo acidificado
fr produit *m* de lait caillé

0057
en **acidify**; acidulate; sour
de ansäuern; sauer machen
es acidificar; acidular
fr acidifier

0058
en **acidity**
de Acidität *f*; Säurestärke *f*; Säuregrad *m*
es acidez *f*; grado *m* de acidez
fr acidité *f*

0059
en **acidity regulator GB**; pH control agent US; pH modification agent US
de Säureregulator *m*
es regulador *m* de acidez; regulador *m* del pH
fr régulateur *m* d'acidité; substance *f* régulatrice du pH; substance *f* de modification du pH

0060
en **acidophile**; acidophilic
de acidophil (Mikroorganismen)
es acidófilo (microorganismos)
fr acidophile

0061
en **acidulant US**; acidifier; acid
de Säuerungsmittel *n*
es acidificante *m*; agente *m* acidificante; acidulante *m*
fr acidifiant *m*; produit *m* acidifiant

0062
en **acidulous spring**
de Säuerling *m*; Sauerbrunnen *m*
es agua *f* mineral acidulada; agua *f* de manantial acidulada
fr source *f* d'eau minérale acidulée

0063
en **aciduric**; acid tolerant
de säuretolerant (Mikroorganismen)
es resistente a los ácidos; tolerante a los ácidos (microorganismos)
fr acido-tolérant

0064
en **acid value GB**; acid number US; acid figure
de Säurezahl *f*
es indice *m* de acidez
fr indice *m* d'acidité

0065
en **acid whey**
de Sauermolke *f*
es suero *m* ácido
fr petit lait *m* acide

0066
en **aconitic acid**
de Aconitsäure *f*
es ácido *m* aconítico
fr acide *m* aconitique

0067
en **acrolein**
de Acrolein *n*
es acroleína *f*
fr acroléine *f*

0068
en **activated carbon**; activated charcoal; activated vegetable carbon; active carbon; active charcoal
de Aktivkohle *f*
es carbón *m* activo
fr charbon *m* actif; charbon *m* activé

0069
en **activity**
de Aktivität *f*; Wirksamkeit *f*
es actividad *f*
fr activité *f*

0070
en **add**; admix; mix in; incorporate
de zusetzen; beigeben; zugeben; hinzugeben; einmischen; einarbeiten; zumischen; beimischen
es añadir; mezclar
fr additionner; ajouter; incorporer; mélanger avec

0071
en **addition**; admixture; intermixture
de Zusatz *m*; Zugabe *f*; Beigabe *f*; Beimischung *f* (Tätigkeit)
es adición *f*; mezcla *f*
fr addition *f*; apport *m*; supplément *m*

0072
en **adenosine**
de Adenosin *n*
es adenosina *f*
fr adénosine *f*

0073
en **adermin**; pyridoxine; pyridoxin
de Adermin *n*; Pyridoxin *n*; Vitamin B 6 *n*
es vitamina *f* B6; piridoxina *f*; adermina *f*
fr adermine *f*; vitamine B 6 *f*; pyridoxine *f*; pyridoxal *m*; pyridoxamine *f*

0074
en **adhere**; cake upon
de anhaften; ankleben; anbacken
es adherirse; pegarse
fr adhérer; attacher; coller ensemble

0075
en **adhesion**
de Adhäsion *f*
es adhesión *f*
fr adhérence *f*

0076
en **adhesive**
de klebend
es adhesivo
fr adhésif; collant

0077
en **adhesive label**
de Haftetikett *n*
es etiqueta *f* adhesiva
fr étiquette *f* adhésive; étiquette *f* auto-adhésive

A

0078
en **ADI**; acceptable daily intake
de duldbare tägliche Aufnahmemenge *f*
es ingestión *f* diaria admisible; IDA
fr dose *f* journalière admissible; DJA

0079
en **adiabatic dryer**
de adiabatischer Trockner *m*
es secadora *m* adiabática
fr sécheur *m* adiabatique

0080
en **adipate**
de Adipat *n*
es adipato *m*
fr adipate *m*

0081
en **adipic acid**; hexanedioic acid
de Adipinsäure *f*
es ácido *m* adípico
fr acide *m* adipique; acide *m* hexanedioïque

0082
en **adipose tissue**
de Fettgewebe *n*
es tejido *m* adiposo
fr tissu *m* adipeux

0083
en **adipsia**
de Adipsie *f*; Durstlosigkeit *f*
es adipsia *f*
fr adipsie *f*; perte *f* de la sensation de soif

0084
en **adjunct**
de Zuschlagstoff *m*
es (aditivo sin función propia)
fr produit *m* accessoire; produit *m* annexe; produit *m* ajouté

0085
en **adjuvant**
de Hilfsstoff *m*
es producto *m* auxiliar
fr adjuvant *m*; auxiliaire *m*

0086
en **admeasure**
de hinzudosieren; zudosieren
es dosificar; añadir (una cantidad medida)
fr mesurer; doser

0087
en **adsorb**
de adsorbieren; binden
es adsorber
fr adsorber

0088
en **adsorbent**; adsorption agent; adsorptive; adsorbing agent
de Adsorptionsmittel *n*; Adsorbens *n*; Sorbens *n*
es adsorbente *m*; agente *m* adsorbente
fr adsorbant *m*; produit *m* adsorbant

0089
en **adsorption**
de Adsorption *f*
es adsorción *f*
fr adsorption *f*

0090
en **adulterant**
de Verfälschungsmittel *n*; Streckmittel *n*
es adulterante *m*
fr adultérant *m*; altérant *m*; produit *m* altérant; produit *m* dénaturant

0091
en **adulterant**
de verfälschend
es adulterante
fr adultérant; dénaturant; altérant

0092
en **adulterate**
de verfälschen
es adulterar
fr adultérer; falsifier; frelater; dénaturer; altérer

0093
en **adulteration**; falsification
de Verfälschung *f*
es adulteración *f*
fr adultération *f*; falsification *f*; dénaturation *f*; altération *f*

0094
en **aerate**; air
de belüften; mit Luft behandeln
es airear
fr aérer; ventiler; exposer à l'air

0095
en **aerate**
de auflockern; lockern
es esponjar
fr aérer; alléger; rendre léger

0096
en **aerobic**; aerobe
de aerob (Mikroorganismen)
es aerobio (microorganismos)
fr aérobie

0097
en **affination**; raw sugar washing
de Affination *f*
es refino *m*
fr affinage *m*

0098
en **affination syrup**
de Deckkläre *f* (Zuckerfabrikation)
es jarabe *m* de refino (fabricación de azucar)
fr sirop *m* d'affinage

0099
en **African pepper**; Ethiopian pepper
de Mohrenpfeffer *m*; Guineapfeffer *m*
es pimienta *f* de Guinea; pimienta *f* de Etiopía
fr poivre *m* de Guinée

0100
en **after evaporator**
de Nachverdampfer *m*
es evaporador *m* complementario
fr évaporateur *m* secondaire; évaporateur *m* complémentaire

0101
en **after ripening**
de Nachreife *f*
es postmaduración *f*
fr maturation *f* secondaire; maturation *f* ultérieure

0102
en **aftertaste**; afterflavour
de Nachgeschmack *m*
es sabor *m* residual
fr arrière-goût *m*

0103
en **after treatment**; posttreatment
de Nachbehandlung *f*
es tratamiento *m* posterior; tratamiento *m* ulterior
fr traitement *m* postérieur; traitement *m* ultérieur; post-traitement *m*

0104
en **agar**; agar-agar; Chinese gelatine; gelose
de Agar-Agar *m* u. *n*
es agar-agar *m*; gelosa *f*
fr agar *m*; agar-agar *m*; gélose *f*

0105
en **agaric**
de Blätterpilz *m*
es agárico *m*
fr agaric *m*

0106
en **age**
de Alter *n*; Reife *f*
es madurez *f*
fr âge *m*; maturité *f*

0107
en **ageing GB**; aging US; maturing; maturation; ripening
de Reifung *f*; Reifevorgang *m*
es maduración *f*
fr maturation *f*; mûrissement *m*; mûrissage *m*

0108
en **ageing GB**; aging US; senescence
de Alterung *f*; Altern *n*; Alterungsprozeß *m*
es envejecimiento *m*; senescencia *f*
fr vieillissement *m*; sénescence *f*

0109
en **agent**
de Wirkstoff *m*
es agente *m*
fr agent *m*; produit *m* actif; matière *f* active

0110
en **ageusia**
de Ageusie *f*; Geschmacksverlust *m* (Fehlen des Geschmackssinnes)
es ageusia *f* (pérdida del sentido del gusto)
fr agueusie *f*; perte *f* du goût

0111
en **agglomerate**
de Agglomerat *n*; zusammenhängende Masse *f*
es aglomerado *m*; conglomerado *m*
fr agglomérat *m*; masse *f* agglomérée

0112
en **agglomerate**
de zusammenbacken; sich zusammenballen
es aglomerarse; apelmazarse
fr s'agglomérer; s'agglutiner; prendre en masse

0113
en **agglomerated cork**
de Preßkork *m*
es corcho *m* prensado; corcho *m* aglomerado
fr liège *m* aggloméré; liège *m* pressé

0114
en **agglomeration**
de Agglomerisierung *f*; Agglomeration *f*
es aglomeración *f*
fr agglomération *f*

0115
en **agglutinant**
de zusammenklebend; verklebend
es aglutinante
fr agglutinant; collant ensemble

0116
en **agitate**
de aufrühren
es agitar
fr agiter; touiller; remuer

0117
en **agitator**; stirrer; stirring apparatus
de Rührer *m*; Rührwerk *n*; Rührapparat *m*
es agitador *m* (aparato); mecanismo *m* agitador
fr agitateur *m*; mélangeur *m*; appareil *m* mélangeur

0118
en **agitator blade**; agitating vane; agitator paddle; stirring wing; stirring paddle; beater; flat beater
de Rührflügel *m*; Rührarm *m*; Mischflügel *m*; Mischarm *m*
es paleta *f* de agitador
fr aile *f* d'agitateur; palette *f* d'agitateur; pale *f* d'agitateur; bras *m* d'agitateur; bras *m* de mélangeur

0119
en **aglycon**
de Aglykon *n*
es aglicona *f*; aglucona *f*
fr aglycone *m*

0120
en **agricultural chemicals**; agrochemicals
de Agrochemikalien *pl f*
es productos *pl m* químicos para la agricultura; productos *pl m* agroquímicos
fr produits *pl m* agrochimiques; produits *pl m* chimiques pour l'agriculture; intrants *pl m* chimiques

0121
en **agricultural product**
de landwirtschaftliches Erzeugnis *n*
es producto *m* agrícola
fr produit *m* agricole; produit *m* de la terre

0122
en **agriculture**; farming; husbandry
de Landwirtschaft *f*
es agricultura *f*
fr agriculture *f*; économie *f* rurale

0123
en **air blast cooling**
de Kühlung *f* mit starker Luftbewegung
es enfriamiento *m* por corriente de aire
fr refroidissement *m* par air pulsé; refroidissement *m* par brassage d'air; refroidissement *m* par courant d'air

0124
en **air-borne**
de durch Luft übertragen (Infektionen)
es transmitido po el aire (infecciones)
fr transmis par l'air; aérogène (infection)

0125
en **air cell**; air chamber
de Luftkammer *f* (Ei)
es cámara *f* de aire (huevo)
fr chambre *f* à air (œuf)

0126
en **air changing**
de Luftumwälzung *f*
es circulación *f* de aire; renovación *f* del aire
fr renouvellement *m* d'air

0127
en **air classification**; air separation; pneumatic classification
de Windsichten *n*; Windsichtung *f*
es clasificación *f* por corriente de aire; separación *f* por corriente de aire; clasificación neumático
fr classification *f* pneumatique; aéroséparation *f*; criblage *m* pneumatique; séparation *f* pneumatique; turbo-séparation *f*

0128
en **air cooling**
de Luftkühlung *f*
es refrigeración *f* por aire
fr refroidissement *m* par air

0129
en **air-dry**
de lufttrocken
es secado *m* por aire
fr séché à l'air

0130
en **air drying**; natural drying
de Lufttrocknung *f*; Trocknung *f* an der Luft
es secado *m* al aire; secado *m* natural
fr séchage *m* à l'air; séchage *m* à l'air libre

0131
en **air filter**
de Luftfilter *n*
es filtro *m* de aire
fr filtre *m* à air

0132
en **air freezing**; blast freezing; air blast freezing
de Kaltluftgefrieren *n*
es congelación *f* por corriente de aire
fr congélation *f* par courant d'air; congélation *f* par air pulsé; congélation *f* par brassage d'air

0133
en **air separator**; air classifier
de Windsichter *m*
es separador *m* de aire; clasificador *m* por aire
fr séparateur *m* à air; turbo-séparateur *m*; séparateur *m* pneumatique; séparateur-classeur *m* à air

0134
en **airtight**; air proof; hermetic
de luftdicht; hermetisch
es impermeable al aire; hermético
fr hermétique

0135
en **air velocity**
de Luftumschlagsgeschwindigkeit *f*
es velocidad *f* del aire
fr vitesse *f* de renouvellement d'air

0136
en **aitchbone GB**; rumpbone US
de große Lende *f* (Rind)
es cuarto *m* trasero (vacuno)
fr culotte *f*

0137
en **ajowan**; bishop's weed; omum
de Kretischer Kümmel *m*
es trachyspermum ammi (especia)
fr ajowan *m*; cumin *m* de Crète

0138
en **akee apple**; akee; ackee
de Akipflaume *f*
es aki *m*; seso *m* vegetal
fr ackees *m*; graine *f* d'ackees

0139
en **alanine**
de Alanin *n*
es alanina *f*
fr alanine *f*

0140
en **albedo**
de Albedo *f*
es albedo *m*
fr albédo *m*

0141
en **albumen**; egg albumen; egg white
de Eiklar *n*; Weißei *n*
es clara *f* de huevo
fr ovalbumine *f*; albumine *f* d'œuf; blanc *m* d'œuf

0142
en **albumin**
de Albumin *n*
es albúmina *f*
fr albumine *f*

0143
en **alcohol**
de Alkohol *m*
es alcohol *m*
fr alcool *m*

0144
en **alcoholic**
de Alkoholiker *m*
es alcohólico *m*
fr alcoolique *m*

0145
en **alcoholic**
de alkoholisch; alkoholhaltig
es alcohólico
fr alcoolique; spiritueux

0146
en **alcoholism**; alcohol abuse
de Alkoholismus *m*
es alcoholismo *m*
fr alcoolisme *m*; éthylisme *m*

0147
en **alcoholize**; needle US
de alkoholisieren; mit Alkohol anreichern
es añadir alcohol
fr alcooliser

0148
en **aldehyde**
de Aldehyd *m*
es aldehído *m*
fr aldéhyde *m*

0149
en **aleurone**
de Aleuron *n*
es aleurona *f*
fr aleurone *f*

0150
en **aleurone layer**
de Aleuronschicht *f*
es capa *f* de aleurona
fr couche *f* d'aleurone

0151
en **alfalfa US**; lucerne GB
de Alfalfa *f*; Luzerne *f*
es alfalfa *f*
fr luzerne *f*; foin *m* de Bourgogne

0152
en **alga**
de Alge *f*
es alga *f*
fr algue *f*

0153
en **alginate**
de Alginat *n*
es alginato *m*
fr alginate *m*

0154
en **alginic acid**
de Alginsäure *f*
es ácido *m* algínico
fr acide *m* alginique

0155
en **align**
de gleichrichten; in gleiche Richtung ausrichten (Fische, Spargel usw.)
es alinear (pescado, espárragos, etc.)
fr aligner (poissons; asperges)

0156
en **alimentary**
de die Ernährung betreffend
es alimentario
fr alimentaire

0157
en **alimentation**
de Ernährungsweise *f*
es alimentación *f* (modo de)
fr alimentation *f*

0158
en **alkali**; base
de Alkali *n*; Laugensalz *n*
es álcali *m*; base *f*
fr alcali *m*; base *f*

0159
en **alkaline**; basic
de alkalisch; basisch; laugenhaft
es alcalino; básico
fr alcalin; basique

0160
en **alkali process**; alkalization; dutching; Dutch process
de Alkaliaufschluß *m*; Pottaschierung *f* (Kakao)
es proceso *m* alcalino; alcalinización *f*; proceso *m* holandés (cacao)
fr alcalinisation *f* (cacao)

0161
en **alkaloid**
de Alkaloid *n*
es alcaloide *m*
fr alcaloïde *m*

0162
en **alkanet**; alkanet root
de Alkanna *f*; Alkannawurzel *f*; Rotwurzel *f*
es ancusa *f*
fr orcanète *f*; orcanette *f*; racine *f* d'Alkanna; racine *f* d'orcanette

0163
en **alkyd resin**
de Alkydharz *n*
es resina *f* alquídica
fr résine *f* alkyde

0164
en **allergen**; allergenic substance
de Allergen *n*
es alergeno *m*
fr allergène *m*; substance *f* allergène

0165
en **allergic**
de allergisch
es alérgico
fr allergique

0166
en **allergy**
de Allergie *f*
es alergia *f*
fr allergie *f*

0167
en **alloy**
de Legierung *f*
es aleación *f*
fr alliage *m*

0168
en **all purpose flour**; family flour
de Haushaltsmehl *n*
es harina *f* para consumo doméstico
fr farine *f* ménagère simple; farine *f* de ménage

0169
en **allspice**; pimento; Jamaica pepper; myrtle pepper
de Piment *m*; Nelkenpfeffer *m*; Jamaicapfeffer *m*; Neugewürz *n*
es pimienta *f* de Jamaica; pimienta *f* inglesa
fr quatre-épices *m*; tout-épices *m*; poivre *m* de Jamaïque

0170
en **alluviation filter**; filteraid filter; precoat filter
de Anschwemmfilter *n*
es filtro *m* de sedimentación
fr filtre *m* à pré-couche; filtre *m* alluvial

0171
en **allyl isothiocyanate**
de Allylisothiocyanat *n*; Allylsenföl *n*
es isotiocianato *m* de alilo
fr allylisothiocyanate *m*; isothiocyanate *m* allylique; huile *f* allylique de moutarde

0172
en **almond oil**; sweet almond oil
de Mandelöl *n*
es aceite *m* de almendra
fr huile *f* d'amandes

0173
en **aloe**
de Aloe *f*
es áloe *m*
fr aloès *m*

0174
en **alumina**
de Aluminiumoxid *n*; Tonerde *f*
es alúmina *f*; óxido *m* de aluminio
fr alumine *f*; oxyde *m* d'aluminium

0175
en **aluminium**; aluminum US
de Aluminium *n*
es aluminio *m*
fr aluminium *m*

0176
en **alveogram**
de Alveogramm *n*
es alveograma *m*
fr alvéogramme *m*

0177
en **alveograph**
de Alveograph *m*
es alveógrafo *m*
fr alvéographe *m*

0178
en **ambergris**
de Ambra *m* u. *f*
es ámbar *m*
fr ambre *m* gris

0179
en **amber seed**; ambrette; ambrette seed; abelmosk seed; musk seed
de Abelmoschuskörner *pl n*; Bisamkörner *pl n*; Ambrettekörner *pl n*; Moschuskörner *pl n*
es semillas *pl f* de almizcle
fr graines *pl f* d'ambrette

0180
en **amelioration**
de Verbesserung *f*; Anreicherung *f* (Most)
es mejora *f*; enriquecimiento *m* (mosto)
fr amélioration *f*; enrichissement *m*

0181
en **American blueberry**; swamp blueberry; highbush blueberry; blueberry
de Amerikanische Blueberry *f*
es arándano *m* americano
fr myrtille *f* américaine

0182
en **American persimmon**; common persimmon; persimmon
de Persimone *f*
es caqui *m* de Virginia
fr plaqueminier *m*

0183
en **American rice**
de Bulgur *m*; Bulgurweizen *m*
es bulgur *m*
fr boulghour *m*; bulgur *m*

0184
en **amide**; amid
de Amid *n*
es amida *f*
fr amide *f*

A

0185
en **amine**; amin
de Amin *n*
es amina *f*
fr amine *f*

0186
en **amino acid**
de Aminosäure *f*
es aminoácido *m*
fr aminoacide *m*; acide *m* aminé

0187
en **amino acid imbalance**
de Aminosäureimbalanz *f*
es desequilibrio *m* de aminoácidos
fr déséquilibre *m* en acides aminés

0188
en **amino sugar**
de Aminozucker *m*
es aminoazúcar *m*
fr sucre *m* aminé; osamine *f*

0189
en **ammonia**
de Ammoniak *n*
es amoníaco *m*
fr ammoniac *m*; gaz *m* ammoniac; ammoniaque *f*

0190
en **ampelography**
de Ampelographie *f*; Rebsortenkunde *f*
es ampelografía *f*
fr ampélographie *f*

0191
en **amylaceous**; amyloid; amyloidal; starchy
de stärkeartig
es amiláceo
fr amylacé; amyloïde

0192
en **amylodextrin**
de Amylodextrin *n*
es amilodextrina *f*
fr amylodextrine *f*

0193
en **amylogram**
de Amylogramm *n*
es amilograma *m*
fr amylogramme *m*

0194
en **amylograph**
de Amylograph *m*
es amilógrafo *m*
fr amylographe *m*

0195
en **amylolytic**
de stärkeabbauend; amylolytisch
es amilolítico
fr amylolytique

0196
en **amylopectin**
de Amylopektin *n*
es amilopectina *f*
fr amylopectine *f*

0197
en **amylose**
de Amylose *f*
es amilosa *f*
fr amylose *m*

0198
en **anabolic**; anabolic steroid
de Anabolicum *n*
es anabolizante *m*; esteroide *m* anabolizante
fr anabolisant *m*

0199
en **anabolic**
de anabolisch; aufbauend
es anabólico
fr anabolique

0200
en **anaemia GB**; anemia US
de Anämie *f*
es anemia *f*
fr anémie *f*

0201
en **anaerobe**; anaerobic
de anaerob (Mikroorganismen)
es anaerobio (microorganismos)
fr anaérobie

0202
en **analyse**
de analysieren; untersuchen
es analizar
fr analyser

0203
en **analysis**
de Analyse *f*; Untersuchung *f*; Bestimmung *f*; Nachweis *m*
es análisis *m*
fr analyse *f*; contrôle *m*; test *m*

0204
en **analytical**; analytic
de analytisch
es analítico
fr analytique

0205
en **anchor agitator**
de Ankerrührer *m*
es agitador *m* de ancla
fr agitateur *m* à ancre

0206
en **anchovy**
de Sardelle *f*
es boquerón *m*
fr anchois *m*

0207
en **angelica**
de Angelika *f*; Engelwurz *f*
es angélica *f*
fr angélique *f*

0208
en **angostura bark**; cusparia bark
de Angosturarinde *f*
es corteza *f* de angostura
fr écorce *f* d'angusture; écorce *f* d'angustura

0209
en **anhydrous**
de wasserfrei
es anhidro
fr anhydre

0210
en **animal**
de Tier *n*
es animal *m*
fr animal *m*

0211
en **animal**
de tierisch
es animal
fr animal

0212
en **animal charcoal**; bone black; bone charcoal
de Tierkohle *f*; Knochenkohle *f*
es carbón *m* animal; negro *m*; animal
fr noir *m* animal; charbon *m* animal

0213
en **anion exchanger**
de Anionenaustauscher *m*
es cambiador *m* de aniones
fr échangeur *m* d'anions; échangeur *m* anionique

0214
en **anise**
de Anis *m* (Pflanze)
es anís *m* (planta)
fr anis *m*; anis *m* vert

0215
en **aniseed GB**; anise seed US; sweet cumin
de Anissamen *pl m*; Anis *m*
es semilla *f* de anís; anís *m* (semilla)
fr anis *m*; graine *f* d'anis

0216
en **anise pepper**; Szechuan pepper
de Anispfeffer *m*; Szechuan-Pfeffer *m*
es pimienta *f* China; pimienta *f* de Szechuan
fr poivre *m* anisé

0217
en **annatto**; anatto
de Annattofarbstoff *m*; Anattofarbstoff *m*
es colorante *m* de bija
fr rocou m, annato *m*

0218
en **anorectic**
de appetitlos
es anorexico
fr anorexique

0219
en **anorexia**; anorexy
de Anorexie *f*; Appetitlosigkeit *f*
es anorexia *f*
fr anorexie *f*

0220
en **ant**
de Ameise *f*
es hormiga *f*
fr fourmi *f*

0221
en **antagonism**
de Antagonismus *m*
es antagonismo *m*
fr antagonisme *m*

0222
en **antagonist**
de Antagonist *m*
es antagonista *m*
fr antagoniste *m*

0223
en **anthocyanin**
de Anthocyan *n*
es antocianina *f*
fr anthocyane *f*

0224
en **antibacterial**
de antibakteriell; bakterienwidrig
es antibacteriano
fr antibactérien

0225
en **antibiotic**
de Antibiotikum *n*
es antibiótico *m*
fr antibiotique *m*

0226
en **antibiotic**
de antibiotisch
es antibiótico
fr antibiotique

0227
en **antiblowing agent**
de Antiblähmittel *n* (Käse)
es agente *m* antimeteorismo (queso)
fr inhibiteur *m* de gonflement

0228
en **antibody**
de Antikörper *m*
es anticuerpo *m*
fr anticorps *m*

0229
en **antibrowning agent**
de bräunungsverhütendes Mittel *n*
es agente *m* antipardeamiento
fr inhibiteur *m* de brunissement; antibrunissant *m*

0230
en **anticaking agent**; antibaking agent US; antiagglomerant; lubricant; glidant; flow conditioner
de Antibackmittel *n*; Antiklumpungsmittel *n*; Rieselhilfsmittel *n*
es antiapelmazante *m*; agente *m* antiapelmazante
fr antiagglutinant *m*; antiagglomérant *m*

0231
en **antifoaming agent**; defoaming agent; defoamer; foam control agent
de Entschäumer *m*; Schaumverhütungsmittel *n*
es antiespumante *m*; agente *m* antiespumante
fr antimousse *m*; démoussant *m*

0232
en **antifungal**; antimycotic
de pilzwidrig
es antifúngico; antimicótico
fr antifongique *m*

0233
en **antimetabolite**
de Antimetabolit *m*
es antimetabolito *m*
fr antimétabolite *m*

0234
en **antimicrobial**
de antimikrobiell
es antimicrobiano
fr antimicrobien

0235
en **antimould agent**; antimycotic agent
de Schimmelverhütungsmittel *n*
es antifúngico *m*; agente *m* antifúngico
fr antifongique *m*

0236
en **antinutritional factor**; antinutrient; antinutritive factor
de Nährstoffantagonist *m*; Antinährstoff *m*
es factor *m* antinutritivo; antagonista *m* de nutrientes
fr facteur *m* antinutritionnel; antagoniste *m* nutritionnel

0237
en **antioxidant**
de Antioxidans *n*
es antioxidante *m*
fr antioxydant *m*

0238
en **antioxidant**
de antioxidativ
es antioxidante
fr antioxydant

0239
en **antiseptic**
de antiseptisch
es antiséptico
fr antiseptique

0240
en **antisettling agent**
de Trubstabilisator *m*
es agente *m* antienturbiamiento; estabilizador *m* de turbiedad;
fr agent *m* de suspension; stabilisateur *m* de trouble

0241
en **antispattering agent**
de Antispritzmittel *n*
es agente *m* antisalpicaduras; agente *m* contra salpicaduras
fr agent *m* anti-éclaboussures; agent *m* anti-projections

A

0242
en **antistaling agent**
de Frischhaltemittel *n*; Mittel *n* gegen Altbackenwerden
es agente *m* antienvejecimiento (productos horneados)
fr agent anti-rassissant

0243
en **antivitamin**
de Antivitamin *n*
es antivitamina *m*
fr antivitamine *f*

0244
en **aperitif**
de Aperitif *m*
es aperitivo *m*
fr apéritif *m*

0245
en **aphagia**
de Aphagie *f*
es afagia *f*
fr aphagie *f*; perte *f* de la sensation de faim

0246
en **apiculture**; beekeeping
de Bienenzucht *f*; Imkerei *f*
es apicultura *f*
fr apiculture *f*

0247
en **apositia**; distaste
de Eßunlust *f*; Ekel *m* vor dem Essen
es apositia *f*; repugnancia *f* a los alimentos
fr aversion *f* de la nourriture; dégoût *m* de la nourriture

0248
en **apparatus**; equipment; installation; device
de Apparat *m*; Apparatur *f*; Einrichtung *f*; Gerät *n*; Anlage *f*; Vorrichtung *f*
es aparato *m*; instalación *f*; equipo *m*; dispositivo *m*
fr appareil *m*; appareillage *m*; équipement *m*; installation *f*

0249
en **appetite**
de Appetit *m*; Eßlust *f*
es apetito *m*
fr appétit *m*

0250
en **appetizer**; starter; hors d'œuvre
de Vorspeise *f*
es entremés *m*
fr hors-d'œuvre *m*

0251
en **appetizing**
de appetitanregend; appetitlich
es apetitoso; apetecible
fr appétissant

0252
en **apple**
de Apfel *m*
es manzana *f*
fr pomme *f*

0253
en **apple butter**
de Apfelkompott *n*
es compota *f* de manzana
fr compote *f* de pommes

0254
en **applied label**
de Daueretikett *n*
es etiqueta *f* permanente
fr étiquette *f* permanente

0255
en **apricot**
de Aprikose *f*
es albaricoque *m*
fr abricot *m*

0256
en **aqueous**
de wäßrig; wasserhaltig
es acuoso
fr aqueux

0257
en **arabinose**
de Arabinose *f*
es arabinosa *f*
fr arabinose *m*

0258
en **arabitol**
de Arabit *m*
es arabita *f*
fr arabitol *m*; arabite *f*

0259
en **arachic acid**; arachidic acid; eicosanic acid
de Arachinsäure *f*; Eicosansäure *f*
es ácido *m* aráquico; ácido *m* eicosánico
fr acide *m* arachidique; acide *m* éicosanoïque

0260
en **arachidonic acid**; eicotetraenoic acid
de Arachidonsäure *f*; Eicosatetraensäure *f*
es ácido *m* araquidónico; ácido *m* eicosatetraenoico
fr acide *m* arachidonique; acide *m* éicotétraènoïque

0261
en **arbor press**
de Baumkelter *f*
es prensa *f* de husillo (vino)
fr presse *f* à arbre; presse *f* à axe

0262
en **arbutus**; strawberry tree
de Erdbeerbaum *m*
es madroño *m*
fr arbousier *m*

0263
en **arc screen**
de Bogensieb *n*
es tamiz *m* en arco
fr tamis *m* en arc

0264
en **areca nut**; betel nut
de Arekanuß *f*; Betelnuß *f*
es nuez *f* de areca
fr noix *f* d'arec

0265
en **arginine**
de Arginin *n*
es arginina *f*
fr arginine *f*

0266
en **aroma**; fragrance; fragrancy; perfume; savour GB; savor US; bouquet
de Aroma *n*; Duft *m*; Wohlgeruch *m*
es aroma *m*; sabor *m*; fragancia *f*
fr arôme *m*; bouquet *m* (vin); parfum *m*; senteur *f*; fragrance *f*

0267
en **aroma defect**; flavour defect
de Aromafehler *m*
es defecto *m* del aroma; defecto *m* del sabor
fr défaut *m* d'arôme

0268
en **aroma precursor**; flavour precursor
de Aromavorstufe *f*
es precursor *m* del aroma; precursor *m* del sabor
fr précurseur *m* d'arôme

0269
en **aromatic**; fragrant; odorant; odoriferous
de aromatisch; duftend; wohlriechend
es aromático; fragante
fr aromatique; parfumé; odorant; odoriférant; fragrant

0270
en **aromatization**; flavouring GB; flavoring US
de Aromatisierung *f*
es aromatización *f*
fr aromatisation *f*

0271
en **arrowroot**
de Arrowrootstärke *f*; Maranta-Stärke *f*
es arruzuz *m*; fécula *f* de arruzuz
fr arrow-root *m*; fécule *f* de maranta

0272
en **arsenic**
de Arsen *n*
es arsénico *m*
fr arsenic *m*

0273
en **artery pumping**; artery cure
de Aderspritzpökelung *f*; Aderspritzung *f*
es curado *m* por inyección arterial
fr saumurage *m* artériel; saumurage *m* par injection artérielle

0274
en **artichoke**; globe artichoke
de Artischocke *f*
es alcachofa *f*
fr artichaut *m*

0275
en **artificial**
de künstlich
es artificial
fr artificiel

0276
en **artificial casing**; artificial sausage casing
de Kunstdarm *m*
es tripa *f* artificial (embutidos)
fr boyau *m* synthétique; boyau *m* artificiel

0277
en **artificial flavour**; artificial flavouring substance; artificial flavouring agent
de künstlicher Aromastoff *m*
es aromatizante *m* sintético
fr arôme *m* artificiel; substance *f* aromatique artificielle

0278
en **asafetida**; asafoetida; assafetida; assafoetida
de Stinkasant *m*; Asant *m*; Asafötida *f*
es asafétida *f*
fr ase fétide *f*; asa-foetida *f*

0279
en **asbestos**; asbestus
de Asbest *m*
es asbesto *m*
fr asbeste *m*; amiante *m*

0280
en **ascorbic acid**
de Ascorbinsäure *f*
es ácido *m* ascórbico
fr acide *m* ascorbique

0281
en **aseptic**
de aseptisch
es aséptico
fr aseptique

0282
en **aseptic filling**
de aseptische Abfüllung *f*
es envasado *m* aséptico
fr remplissage *m* aseptique; soutirage *m* aseptique

0283
en **ash**
de Asche *f*
es ceniza *f*
fr cendres *pl f*; matières *pl f* minérales

0284
en **asparagus**
de Spargel *m*
es espárrago *m*
fr asperge *f*

0285
en **aspartame**
de Aspartam *n*
es aspartamo *m*
fr aspartame *m*

0286
en **aspartic acid**
de Asparaginsäure *f*
es ácido *m* aspártico
fr acide *m* aspartique

0287
en **aspic**
de Aspik *m*
es áspic *m* (producto de gelatina)
fr aspic *m*

0288
en **assay**
de Untersuchung *f*; Prüfung *f*; Analyse *f*; Auswertung *f*
es ensayo *m*; prueba *f*
fr essai *m*; test *m*; analyse *f*; contrôle *m*; épreuve *f*

0289
en **assay**; test
de untersuchen; prüfen; testen
es ensayar; probar
fr faire un essai; tester; analyser; contrôler

0290
en **assortment**
de Sortiment *n*
es surtido *m*
fr assortiment *m*

0291
en **atmosphere**
de Atmosphäre *f* (Gasraum)
es atmósfera *f*
fr atmosphère *m*

0292
en **atomization**; pulverization
de Zerstäubung *f*; Vernebelung *f*
es pulverización *f*; atomización *f*; nebulización *f*
fr atomisation *f*; pulvérisation *f*; nébulisation *f*

0293
en **atomizer**; sprayer; pulverizer; vapourizer GB; vaporizer US
de Zerstäuber *m*; Sprühgerät *n*; Sprühapparat *m*
es pulverizador *m*; atomizador *m*
fr atomiseur *m*; pulvérisateur *m*; nébulisateur *m*

0294
en **attenuation**
de Vergärung *f* (Brauerei)
es atenuación *f* (cervecería)
fr atténuation *f*

0295
en **aubergine GB**; egg plant US; vegetable egg
de Aubergine *f*; Eierfrucht *f*
es berenjena *f*
fr aubergine *f*

0296
en **auger-type juice separator**
de Spindelpresse *f*
es prensa *f* de husillo
fr presse *f* à vis

0297
en **austere**
de streng; rauh (Wein)
es áspero (vino)
fr austère; sévère; anguleux; raide (vin)

0298
en **authentic**; genuine
de sortenrein (Wein)
es auténtico; genuino (vino)
fr authentique; véritable

0299
en **autoclave**; retort US
de Autoklav *m*
es autoclave *m*
fr autoclave *m*

0300
en **autoclaving**; retorting US
de Autoklavieren *n*; Sterilisieren *n* im Autoklaven; Autoklavensterilisation *f*
es esterilizar en autoclave
fr autoclavage *m*; stérilisation *f* par autoclavage

0301
en **autolysis**
de Autolyse *f*
es autolisis *f*
fr autolyse *f*

0302
en **automatic packer**
de automatische Abpackmaschine *f*
es empaquetadora *f* automática
fr emballeuse *f* automatique; conditionneuse *f* automatique

0303
en **automatic sampler**
de automatischer Probenehmer *m*
es muestreador *m* automático; dispositivo *m* automático para toma de muestras
fr échantillonneuse *f* automatique; appareil *m* de prise d'échantillons automatique

0304
en **automatic vending**
de Automatenverkauf *m*
es venta *f* por máquina automática
fr vente *f* par distributeur automatique

0305
en **automatic vending machine**; vending machine; vendor
de Verkaufsautomat *m*
es máquina *f* expendedora automática
fr distributeur *m* automatique

0306
en **autoxidation**
de Autoxidation *f*
es autooxidación *f*
fr autoxydation *f*

0307
en **availability**
de Verwertbarkeit *f* (Nahrungsbestandteile)
es disponibilidad *f* (nutrientes)
fr disponibilité *f*

0308
en **avitaminosis**
de Avitaminose *f*; Vitaminmangelkrankheit *f*
es avitaminosis *f*
fr avitaminose *f*

0309
en **avocado**; alligator pear
de Avocadobirne *f*; Avocatobirne *f*
es aguacate *m*
fr avocat *m*

0310
en **azeotrope**
de Azeotrop *n*
es azeotropo *m*; mezcla *f* azeotrópica
fr azéotrope *m*

0311
en **azeotrope**
de azeotrop
es azeotrópico
fr azéotrope

0312
en **azerole**; azarole
de Azarolapfel *m*; Azarolbirne *f*; Azarole *f*
es acerola *f*
fr azérole *f*; azarole *f*

0313
en **azo dye**
de Azofarbstoff *m*
es colorante *m* azoico
fr colorant *m* azoïque

B

0314
en **babassu oil**
de Babassufett *n*; Cahuneöl *n*
es aceite *m* de babassu
fr huile *f* de babassu

0315
en **baby food**; infant food; weaning food
de Säuglingsnahrung *f*
es alimento *m* infantil; alimento *m* para lactantes
fr aliment *m* pour nourrissons; aliment *m* infantile

0316
en **back**; chine; saddle; chuck
de Rücken *m*; Rückenstück *n*; Kamm *m* (Fleisch)
es espalda *f* (carne)
fr échine *f*; collier *m*

0317
en **back**
de Bottich *m*; Gärbottich *m* (Brauerei)
es cuba *f* de fermentación (cervecería)
fr cuve *f* de fermentation

0318
en **back bone**; back; chine
de Wirbelsäule *f*; Rückgrat *n*
es columna *f* vertebral; espina *f* dorsal; espinazo *m*
fr colonne *f* vertébrale; épine *f* dorsale

0319
en **back flushing device**
de Rückspüleinrichtung *f* (Filter)
es dispositivo *m* de enjuagado; dispositivo *m* de lavado en contracorriente (filtro)
fr installation *f* de rétrolavage; installation *f* de lavage à contre-courant; installation *f* de chasse par reflux (filtre)

0320
en **backing cloth**; backing screen; backing liner; backing gauze; supporting screen
de Unterlagesieb *n*; Unterlagssieb *n*; Stützsieb *n*
es tamiz *m* posterior; tela *f* posterior; tamiz *m* de apoyo
fr crible *m* de soutien; tamis support *m*; crible *m* de renforcement; toile *f* à bluter de renforcement

0321
en **back label**
de Rückenetikett *n*
es etiqueta *f* posterior
fr contre-étiquette *f*

0322
en **back pressure**
de Gegendruck *m*
es contrapresión *f*
fr contrepression *f*

0323
en **back pressure valve**
de Gegendruckventil *n*
es válvula *f* de contrapresión
fr soupape *f* de contrepression; soupape *f* de retenue; clapet *m* de retenue; clapet *m* de non retour

0324
en **back rib**
de Zwerchrippe *f* (Rind)
es costillar *m* (vacuno)
fr côte *f* seconde

0325
en **backwashing**
de Rückspülung *f*; Gegenstromauswaschen *n* (Filter)
es enjuagado *m* en contracorriente; lavado *m* en contracorriente (filtro)
fr chasse *f* par reflux; rétrolavage *m*; lavage *m* à contre-courant (filtre)

0326
en **bacon**; streaky bacon
de Bacon *m*; Dörrfleisch *n*; Frühstücksspeck *m*
es panceta *f* ahumada; tocino *m* entreverado ahumado
fr lard *m*; bacon *m*

0327
en **bacon pig**; baconer
de Baconschwein *n*; Speckschwein *n*
es cerdo *m* para tocino
fr porc *m* à viande; porc *m* à lard; porc *m* gras

0328
en **bacterial**
de bakteriell
es bacteriano
fr bactérien

0329
en **bacterial count**
de Bakterienkeimzahl *f*
es recuento *m* de bacterias; número *m* de bacterias
fr nombre *m* de bactéries; nombre *m* de germes

0330
en **bactericidal**
de bakterizid
es bactericida
fr bactéricide

0331
en **bactericide**
de Bakterizid *n*; bakterientötendes Mittel *n*
es bactericida *m*; agente *m* bactericida
fr bactéricide *m*; agent *m* bactéricide; substance *f* bactéricide

0332
en **bacteriological**
de bakteriologisch
es bacteriológico
fr bactériologique

0333
en **bacteriostatic**
de bakteriostatisch
es bacteriostático
fr bactériostatique

0334
en **bactofugation**
de (Entfernen von Bakterien aus Milch durch Zentrifugieren)
es bactofugación *f*; centrifugación *f* de bacterias (leche)
fr bactofugation *f*

0335
en **bactofuge**
de Baktofuge *f* (Bakterienzentrifuge für Milch)
es bactofugadora *f*; centrifugadora *f* para bacterias (leche)
fr bactofuge *f*

0336
en **baffle board**; baffle; baffle plate
de Leitblech *n* (Käsewannen)
es plancha *f* de desuerado (plancha para sujetar la cuajada en el desuerado)
fr disque *m* de cuve de fromagerie; tôle *f* de déviation de cuve à fromage

0337
en **bag**; sack
de Sack *m*
es bolsa *f*; paquete *m*; saco *m*
fr sac *m*

0338
en **bag**; sack US; pouch; sachet
de Beutel *m*; Säckchen *n*; Sachet *n*
es bolsa *f*; saquito *m*; talego *m*
fr sachet *m*

B

0339
en **bag**; sack US
de Tüte *f*
es bolsa *f*; cucurucho *m*
fr sachet *m*; cornet *m*

0340
en **bag**; sack
de einsacken; absacken
es envasar en bolsas; empaquetar; ensacar
fr ensacher

0341
en **bagasse**; megass GB; megasse GB; cane trash; trash
de Bagasse *f*
es bagazo *m*
fr bagasse *f*

0342
en **bag closing machine**
de Sackverschließmaschine *f*
es máquina *f* para cierre de bolsas; máquina *f* para cierre de sacos
fr machine *f* à fermer les sacs; fermeuse *f* de sacs; scelleuse *f* de sacs

0343
en **bag closure**
de Beutelverschluß *m*
es cierre *m* de bolsas; cierre *m* de sacos
fr fermeture *f* de sachet

0344
en **bag filter**
de Beutelfilter *n*; Sackfilter *n*
es filtro *m* de bolsa
fr filtre *m* à manche; filtre *m* à sac; filtre *m* à poche

0345
en **bagging machine**; sack filling machine; bag packing machine; bag filler; bag packaging equipment; bagging equipment
de Absackvorrichtung *f*; Beutelabpackmaschine *f*
es instalación *f* de llenado de bolsas; máquina *f* de llenado de bolsas; ensacadora *f*
fr ensacheuse *f*; remplisseuse-conditionneuse *f*

0346
en **bag in box**
de Weinschlauch *m* (Folienbehälter in einem Umkarton)
es bolsa *f* en caja (contenedor de láminas para bolsas)
fr carton-outre *m*

0347
en **bag sealing machine**; bag sealer
de Beutelverschließgerät *n*
es selladora *f* de bolsas
fr machine *f* à fermer les sachets; machine *f* à sceller les sachets; fermeuse *f* de sachets

0348
en **bag weighing machine**
de Absackwaage *f*
es báscula *f* para bolsas; báscula *f* para sacos; pesadora *f* de bolsas
fr balance *f* ensacheuse; balance *f* d'ensachage

0349
en **bain-marie**
de Wasserbad *n*; Dampfbad *n* (zum Warmhalten von Speisen)
es baño maría *m*
fr bain-marie *m*

0350
en **bake**
de backen; im Ofen braten
es cocer en horno; hornear
fr cuire au four; rôtir au four

0351
en **bake**
de dörren
es desecar; tostar
fr sécher; dessécher; sécher au four

0352
en **baked potato**; Idaho potato
de (in der Schale servierte, große, im Ofen gegarte Kartoffel)
es patata *f* asada
fr pomme *f* de terre cuite au four; pomme *f* de terre en robe des champs

0353
en **baker**
de Bäcker *m*
es panadero *m*
fr boulanger *m*

0354
en **bakers' itch**; bakers' eczema
de Bäckerekzem *n*
es eczema *m* de los panaderos
fr eczéma *m* du boulanger

0355
en **bakers' yeast**
de Backhefe *f*
es levadura *f* de panadería
fr levure *f* de boulangerie

0356
en **bakery**
de Bäckerei *f*
es panadería *f* (establecimiento)
fr boulangerie *f*

0357
en **bakery**; baking
de Bäckerei *f*; Backwesen *n*
es panadería *f* (panificación)
fr boulangerie *f*; activité *f* boulangère

0358
en **bakery additive**; baking agent; baking additive; bread improver
de Backmittel *n*
es aditivo *m* de panadería
fr additif *m* de boulangerie; auxiliaire *m* de boulangerie; additif *m* de panification

0359
en **bakery product**; baked good; bake; baked product; baking product
de Backware *f*; Backerzeugnis *n*; Backprodukt *n*; Gebäck *n*
es producto *m* horneado; producto *m* cocido en horno
fr produit *m* de boulangerie; produit *m* boulanger; pâtisserie *f*

0360
en **baking**; bake
de Schuß *m* (auf einmal gebackene Menge einer Backware)
es hornada *f*
fr fournée *f*

0361
en **baking dish**; baking mould; baking tin; baking pan; ovenable container
de Backform *f*
es molde *m* para horneado
fr moule *m* à pâtisserie; moule *m* à gâteau; moule *m* de cuisson

0362
en **baking equipment**; baking device
de Backvorrichtung *f*
es instalación *f* de horneado
fr équipement *m* de boulangerie; installation *f* de boulangerie; ligne *f* de boulangerie

0363
en **baking fault**
de Gebäckfehler *m*
es defecto *m* de horneado
fr défaut *m* de cuisson

B

0364
en **baking good**; baking ingredient
de Backzutat *f*
es ingrediente *m* para horneado
fr ingrédient *m* de cuisson

0365
en **baking loss**; bake loss US
de Backverlust *m*
es pérdida *f* por horneado; pérdida *f* por cocción en horno
fr perte *f* à la cuisson

0366
en **baking mix**
de Backvormischung *f*
es mezcla *f* para horneado
fr prémélange *m* boulanger; prémélange *m* de boulangerie; mixte *m* de farines

0367
en **baking oven**; bakers' oven; oven
de Backofen *m*
es horno *m*; horno *m* de panadería
fr four *m* de boulanger; four *m* de boulangerie

0368
en **baking powder**; raising powder; baking soda US
de Backpulver *n*
es levadura *f* en polvo
fr levure *f* chimique; levure *f* en poudre; bicarbonate *m* de soude

0369
en **baking process**
de Backprozess *m*
es proceso *m* de horneado
fr procédé *m* de cuisson; procédé *m* de fabrication boulangère

0370
en **baking properties**
de Backeigenschaften *pl f*
es propiedades *pl f* de horneado; propiedades *pl f* de cocción
fr propriétés *pl f* boulangères

0371
en **baking sheet**; cookie sheet; baking tray; sheet; griddle
de Backblech *n*; Kuchenblech *n*
es plancha *f* para horneado
fr tôle *f* de cuisson; tôle *m* à tarte; tôle *f* circulaire à gâteaux; moule *m* à tarte

0372
en **balance**
de Waage *f*
es balanza *f*
fr balance *f*

0373
en **balance arm**; balance beam; scale beam
de Waagebalken *m*
es brazo *m* de la balanza
fr fléau *m* de balance

0374
en **balanced**
de abgerundet (Geruch)
es equilibrado (olor)
fr équilibré

0375
en **balanced**
de ausgeglichen (Wein)
es equilibrado (vino)
fr équilibré; harmonieux

0376
en **balanced diet**
de bilanzierte Diätform *f*
es dieta *f* equilibrada
fr régime *m* équilibré

0377
en **bale**; pack; parcel
de Ballen *m*; Packen *m*; Bündel *n*
es fardo *m*; paca *f*; bala *f*
fr balle *f*; ballot *m*; paquet *m*; colis *m*

0378
en **baling press**
de Ballenpresse *f*
es prensa *f* empacadora
fr presse *f* à balles

0379
en **ball mill**
de Kugelmühle *f*
es molino *m* de bolas; trituradora *f* de bolas
fr broyeur *m* à boulets

0380
en **balsam**; balm
de Balsam *m*; aromatisches Harz *n*
es bálsamo *m*
fr baume *m*

0381
en **balsam of Peru**; black balsam; Peru oil; Peruvian oil; Peruvian balsam
de Perubalsam *m*
es bálsamo *m* del Perú
fr baume *m* du Pérou

0382
en **balthasar**
de Sechzehnfachflasche *f*
es (botella de champán de 10 litros, capacidad equivalente a 16 botellas de cava)
fr balthazar *m*

0383
en **bamboo shoot**
de Bambussproß *m*
es brote *m* de bambú
fr pousse *f* de bambou

0384
en **banana**
de Banane *f*; Obstbanane *f*
es plátano *m*; banana *f*
fr banane *f*

0385
en **bandage**
de bandagieren (Käse)
es envolver; colocar en paños (queso)
fr entoiler; mettre en toile

0386
en **band filter press**
de Bandfilterpresse *f*
es filtro-prensa *m* de banda
fr presse *f* à filtre-bande

0387
en **band oven**; tunnel oven; travelling plate oven; travelling oven
de Durchlaufofen *m*; Tunnelbackofen *m*
es horno *m* contínuo
fr four *m* à bande; tunnel *m* de cuisson; four *m* tunnel

0388
en **band saw**
de Bandsäge *f*
es sierra *f* sin fin; sierra *f* de cinta
fr scie *f* à ruban

0389
en **baobab**; calabash tree; monkey bread tree
de Affenbrotbaum *m*
es baobab *m*
fr baobab *m*

0390
en **bar**
de Bar *n* (Druckeinheit)
es bar *m* (unidad de presión)
fr bar *m*

0391
en **bar**
de Bar *f*; Schanktisch *m*; Buffet *n*
es bar *m* (mostrador para consumo de bebidas)
fr bar *m*; comptoir; buffet *m*

0392
en **bar**; cake
de Tafel *f*; Riegel *m* (Schokolade)
es tableta *f* (chocolate)
fr tablette *f*; barre *f* (chocolat)

0393
en **barbecue**
de Holzkohlengrill *m*; Gartengrill *m*
es barbacoa *f*
fr barbecue *m*; grill *m* au charbon de bois

0394
en **barbecue**
de über Holzkohle grillen
es asar en barbacoa; asar en parrilla
fr griller au charbon de bois; griller au barbecue

0395
en **barbecue sauce**
de Barbecuesoße *f*; Grillsoße *f*
es salsa *f* de asado en barbacoa; salsa *f* de asado en parrilla
fr sauce *f* barbecue

0396
en **barberry**
de Berberitzenbeere *f*
es bérberis *m*; agracejo *m*
fr baie *f* de berberis; baie *f* d'épinevinette

0397
en **bar code**
de Strichcode *m*
es código *m* de barras
fr code *m* à barres; code-barres *m*

0398
en **bard**; barde
de Barde *f*; Speckschnitte *f* (zum Bardieren)
es tira *f* de tocino (para mechado)
fr barde *f*

0399
en **bard**
de bardieren
es mechar
fr barder

0400
en **barley**
de Gerste *f*
es cebada *f*
fr orge *m*

0401
en **barley grits**; barley groats
de Grütze *f*
es sémola *f* de cebada
fr gruau *m* d'orge

0402
en **barley malt**; malted barley
de Gerstenmalz *n*
es malta *f* de cebada
fr malt *m* d'orge

0403
en **barrel**; cask; vat; tun; tub
de Faß *n*; Tonne *f*
es barril *m*; tonel *m*
fr tonneau *m*; tonne *f*; fût *m*; barrique *f*; baril *m*

0404
en **barrelage**
de Bierausstoß *m*
es conjunto *m* de barriles; salida *f* de barriles (cerveza)
fr mise *f* en perce

0405
en **barrel cleaning machine**
de Faßreinigungsmaschine *f*
es máquina *f* limpiadora de barriles
fr machine *f* à laver les fûts; laveuse *f* de fûts; laveuse-rinceuse *f* de fûts

0406
en **barrel head**
de Faßboden *m*
es fondo *m* de barril
fr fond *m* de tonneau; cul *m* du tonneau; fond *m* de fût

0407
en **barrel heat exchanger**
de Zylinder-Wärmeaustauscher *m*
es cambiador *m* de calor del fondo del barril
fr échangeur *m* de chaleur à cylindre

0408
en **barrel mixer**; drum mixer; rotatory mixer; tumbling mixer; drum tumbler; cylinder mixer; drum
de Trommelmischer *m*; Mischtrommel *f*
es mezclador *m* de tambor; mezclador *m* rotatorio
fr mélangeur *m* à tambour; malaxeur *m* à tambour; tambour *m* mélangeur; mélangeur *m* rotatif

0409
en **barrel sack**
de Faßheber *m*
es elevador *m* de barriles
fr élévateur *m* de fûts

0410
en **barrel stacker**
de Faßstapler *m*
es estibadora *f* de barriles
fr chariot *m* gerbeur; gerbeur *m*

0411
en **bar room US**; bar parlour GB; bar
de Schankraum *m*; Bar *f*
es bar *m* (salón para consumo de bebidas)
fr débit *m* de boissons

0412
en **basal diet**
de Basisdiät *f*; Grunddiät *f*
es dieta *f* basal
fr alimentation *f* de base; nourriture *f* de base

0413
en **basal metabolic rate**; BMR; basal turnover
de Grundumsatz *m* (Maß)
es metabolismo *m* basal (medida)
fr taux *m* métabolique basal

0414
en **basal metabolism**
de Grundumsatz *m* (physiologischer Begriff)
es metabolismo *m* basal (fisiología)
fr métabolisme *m* basal; métabolisme *m* de base

0415
en **basal nutrient**
de Grundnährstoff *m*
es nutriente *m* básico
fr aliment *m* de base; substance *f* nutritive de base; nutriment *m* de base

0416
en **basal nutrients requirement**
de Grundnährstoffbedarf *m*
es demanda *f* de nutrientes básicos
fr besoin *m* alimentaire de base; besoin *m* nutritionnel de base

0417
en **basal ration**
de Grundration *f* (Lebensmittelmenge, die nur den Grundumsatz deckt)
es ración *f* basal (cantidad de alimentos que satisface inicialmente el metabolismo básico)
fr ration *f* alimentaire de base; ration *f* de base

B

0418
en **basic fruit juice**; raw fruit juice
de Fruchtmuttersaft *m*; Muttersaft *m*
es zumo *f* de fruta base (zumo de fruta bruto conservado para su posterior elaboración)
fr jus *m* de fruit brut; jus *m* de fruit mére; jus *m* de fruit base

0419
en **basic taste**
de Grundgeschmack *m*; Grundgeschmacksempfindung *f*
es sabor *m* principal
fr goût *m* fondamental; sensation *f* gustative de base

0420
en **basifier**
de Alkalisierungsmittel *n*
es alcalinizante *m*; agente *m* de alcalinización
fr alcalinisant *m*; base *f*

0421
en **basil**; sweet basil
de Basilikum *n*
es albahaca *f*
fr basilic *m*

0422
en **basin**; bowl US
de Becken *n*; Schüssel *f*; Schale *f*
es cuenco *m*; fuente *f* honda
fr bassine *f*; cuvette *f*; bol *m*; tasse *f*; écuelle *f*; coupe *f*

0423
en **basin**
de Bassin *n*
es cubeta *f*; depósito *m*
fr bassin *m*

0424
en **basis**; base; principle; main ingredient
de Grundlage *f*; Hauptbestandteil *m*; Grundbestandteil *m*
es base *f*; componente *m* principal; componente *m* fundamental
fr base *f*; fondement *m*; principe *m* de base; élément *m* de base; élément *m* fondamental

0425
en **basket**
de Korb *m*
es cesto *m*; cesta *f*
fr panier *m*; corbeille *f*

0426
en **basket centrifuge**
de Siebschleuder *f*
es centrifugadora *f* cribadora; centrifugadora *f* de cesta
fr centrifugeuse *f* à panier

0427
en **basket press**
de Korbpresse *f*
es prensa *f* de cribado; prensa *f* de cesta
fr presse *f* à panier

0428
en **bass**; sea perch; brasse
de Seebarsch *m*; Wolfsbarsch *m*
es róbalo *m*; perca *f* de mar
fr loup *m* de mer; bar *m*

0429
en **baste**
de mit Fett begießen (Fleisch)
es rociar con grasa de asado (carne)
fr arroser de graisse; arroser avec le jus de cuisson

0430
en **basting**
de Bratensaft *m*; Fett *n* zum Begießen
es jugo *m* de asado; grasa *f* para rociar el asado
fr graisse *f* de cuisson; jus *m* de cuisson

0431
en **batata**; sweet potato; yam US
de Batate *f*; Süßkartoffel *f*
es batata *f*
fr patate *f* douce

0432
en **batch**
de Ansatz *m*; Charge *f*; Partie *f*
es carga *f*; lote *m*; partida *f*
fr lot *m*; charge *f*; partie *f*; fraction *f*

0433
en **batch carbonation**; batch carbonatation
de Einzelsaturation *f* (Zuckerfabrikation)
es carbonatación *f* discontínua; carbonatación *f* por lotes; carbonatación *f* por cargas (fabricación de azúcar)
fr carbonatation *f* par lots; carbonatation *f* discontinue

0434
en **batch centrifuge**; discontinuous centrifuge
de diskontinuierliche Zentrifuge *f*
es centrifugadora *f* discontínua
fr centrifugeuse *f* discontinue

0435
en **batch dryer**
de Chargentrockner *m*
es secadora *f* discontínua; secadora *f* por lotes
fr sécheur *m* discontinu

0436
en **batch fermentation**
de Chargengärung *f*
es fermentación *f* discontínua; fermentación *f* por lotes; fermentación *f* por cargas
fr fermentation *f* discontinue; fermentation *f* par charges

0437
en **batch freezing**
de chargenweises Gefrieren *n*; Gefrieren *n* in Chargen
es congelación *f* discontínua; congelación *f* por lotes; congelación *f* por cargas
fr congélation *f* par lots; congélation *f* par charges; congélation *f* discontinue

0438
en **batch-in-bin dryer**; bin dryer
de Silotrockner *m*
es secadora *m* de silo
fr sécheur *m* de silo

0439
en **batch mixer**; batch mixing machine
de Chargenmischer *m*
es mezclador *m* discontínuo; mezclador *m* por lotes; mezclador *m* por cargas
fr mélangeur *m* discontinu; malaxeur *m* discontinu

0440
en **batch process**
de Chargenverfahren *n*; diskontinuierlicher Prozeß *m*
es proceso *m* discontínuo; proceso *m* por lotes; proceso *m* por cargas
fr procédé *m* discontinu; process *m* discontinu

B

0441
en **batch production**
de Chargenproduktion *f*; diskontinuierliche Produktion *f*
es producción *f* discontínua; producción *f* por lotes; producción *f* por cargas
fr production *f* discontinue; production *f* par lots

0442
en **batch type pasteurization**; holder pasteurization
de Dauererhitzung *f* (Milch)
es pasteurización *f* discontínua a baja temperatura (leche)
fr pasteurisation *f* discontinue

0443
en **batter**
de Rührteig *m*; Teig *m*
es masa *f* batida; masa *f*; pasta *f*
fr pâte *f* lisse; pâte *f* à frire; pâte *f* à crêpes

0444
en **bay**; bay laurel; sweet bay
de Lorbeerbaum
es laurel *m* (árbol)
fr laurier *m*

0445
en **bay leaf**; laurel leaf
de Lorbeerblatt *n*
es hoja *f* de laurel
fr feuille *f* de laurier

0446
en **bayonet fixing**; bayonet catch; bayonet joint
de Bajonettverschluß *m*
es cierre *m* de bayoneta
fr fermeture *f* à baïonnette

0447
en **bead**; beadlet
de Kügelchen *n*; Perlchen *n*
es glóbulo *m*; esférula *f*; perla *f*
fr bille *f*; perle *f*

0448
en **bead**
de Flüssigkeitströpfchen *n*; Schaumbläschen *n*
es gotita *f*; burbuja *f*
fr goutte *f*; gouttelette *f*; bulle *f*

0449
en **beaded box**
de Faltschachtel *f*; Faltkarton *m*
es caja *f* de cartón plegable
fr boîte *f* pliante; carton *m* pliant

0450
en **bean**
de Bohne *f*
es judía *f*; alubia *f*
fr haricot *m*

0451
en **bean huller**
de Bohnenschälmaschine *f*
es máquina *f* peladora de judías
fr écosseuse *f*; décortiqueuse *f*

0452
en **beat**; bray
de zerschlagen; zerstoßen
es batir; golpear; romper
fr broyer; piler; casser; concasser

0453
en **beater mill**; cross beater mill; impact mill
de Schlagkreuzmühle *f*
es trituradora *f* con cruz de batidores; quebrantadora *f*; molino *m* de martillo
fr broyeur *m* à marteaux en croix; broyeur *m* à croisillons

0454
en **bee**
de Biene *f*; Honigbiene *f*
es abeja *f*
fr abeille *f*

0455
en **beechnut**
de Buchecker *f*
es hayuco *m*; fabuco *m*
fr faîne *f*

0456
en **beef**; bovine meat
de Rindfleisch *n*
es carne *f* de vacuno
fr viande *f* de bœuf

0457
en **beef casing**
de Rinderdarm *m* (Wursthülle)
es tripa *f* de vacuno (envoltura de embutidos)
fr boyau *m* de bœuf

0458
en **beef cattle**; slaughter cattle; stock cattle
de Schlachtvieh *n*
es vacuno *m* menor
fr bovin *m*; gros bétail *m*; bovin *m* de boucherie

0459
en **beef extract**
de Rindfleischextrakt *m*
es extracto *m* de carne de vacuno
fr extrait *m* de viande de bœuf

0460
en **beef fillet**
de Rinderfilet *n*
es filete *m* de vacuno
fr filet *m* de bœuf

0461
en **beefsteak**
de Beefsteak *n*; Lendenschnitte *f*
es bistec *m*
fr beefsteack *m*; steak *m*; bifteck *m*

0462
en **beehive**; box hive; hive
de Bienenstock *m*; Bienenkorb *m*
es colmena *f*
fr ruche *f*; essaim *m*

0463
en **beekeeper**; beemaster; apiarist US; hiver
de Bienenzüchter *m*; Imker *m*
es apicultor *m*
fr apiculteur *m*

0464
en **beer**
de Bier *n*
es cerveza *f*
fr bière *f*

0465
en **beer blender**; blender; blending apparatus
de Verschneidbock *m* (Brauerei)
es mezclador *m* (cerveza)
fr mélangeur *m*; lanterne *f* de coupage

0466
en **beeswax**
de Bienenwachs *n*
es cera *f* de abejas
fr cire *f* d'abeille

0467
en **beet**; sugar beet; beetroot; white beet
de Rübe *f*; Zuckerrübe *f*
es remolacha *f* azucarera
fr betterave *f*; betterave *f* sucrière

0468
en **beet**; beetroot
de Rübe *f*
es remolacha *f*
fr betterave *f*

B

0469
en **beet campaign**
de Rübenkampagne *f*
es campaña *f* de la remolacha
fr campagne *f* de betteraves

0470
en **beet conveyer**
de Rübenförderer *m*; Rübenförderanlage *f*
es transportador *m* de remolacha
fr transporteur *m* de betteraves; installation *f* de transport de betteraves

0471
en **beetle**
de Käfer *m*
es escarabajo *m*
fr coléoptère *m*

0472
en **beet pulp**; sugar beet pulp; exhausted cossettes; exhausted slices; exhausted pulp
de ausgelaugte Rübenschnitzel *pl m* u. *n*
es pulpa *f* de remolacha agotada
fr pulpe *f*; pulpe *f* de betterave

0473
en **beet pulp dryer**
de Schnitzeltrockner *m*; Rübenschnitzeltrockner *m*
es secadora *f* de pulpa de remolacha
fr sécheur *m* à pulpes

0474
en **beet red**; beetroot red
de Betenrot *n* (Rote-Beten-Farbstoff)
es rojo *m* de remolacha (colorante)
fr rouge *m* de betterave; bétaïne *f*

0475
en **beetroot**; red beet US; garden beet GB; beet US
de Rote Rübe *f*; Rote Bete *f*
es remolacha *f* de mesa
fr betterave *f* rouge

0476
en **beet sugar**
de Rübenzucker *m*
es azúcar *m* de remolacha
fr sucre *m* de betterave

0477
en **beet tails**
de Rübenschwänze *pl m*
es rabos *pl m* de remolacha
fr queues *pl f* de betteraves

0478
en **behenic acid**; benic acid; docosanoic acid
de Behensäure *f*
es ácido *m* behénico
fr acide *m* béhénique; acide *m* docosanoïque

0479
en **bell**
de Zentriertulpe *f* (Flaschenfüller)
es campana *f* de centrado; tulipa *f* de centrado (embotellado)
fr tulipe *f* de centrage; tulipe *f* de soutireuse

0480
en **bell pasteurizer**
de Glockenpasteurisierapparat *m*
es pasteurizador *m* de campana
fr pasteurisateur *m* à cloche

0481
en **belly**
de Bauch *m*; Bauchstück *n*
es panza *f*
fr poitrine *f*

0482
en **belt conveyer**; band conveyer; ribbon conveyer
de Bandförderanlage *f*; Bandförderer *m*
es cinta *f* transportadora; transportador *m* por cinta sin fin
fr transporteur *m* à bande; transporteur *m* à courroie

0483
en **belt cooler**
de Bandkühler *m*
es cinta *f* refrigeradora; refrigerador *m* por cinta sin fin
fr refroidisseur *m* à bande transporteuse; refroidisseur *m* à courroie transporteuse

0484
en **belt dryer**; belt tunnel dryer; band dryer
de Bandtrockner *m*; Förderbandtrockner *m*
es cinta *f* transportadora para secado; secadora *f* de banda contínua
fr sécheur *m* à bande transporteuse; tunnel *m* de séchage à bande transporteuse

0485
en **belt filter**
de Bandfilter *n*
es filtro *m* de banda; filtro *m* de cinta contínua
fr filtre *m* à bande

0486
en **belt freezing**
de Gefrieren *n* auf dem Transportband; Gefrieren *n* im Durchlauftunnel
es congelación *f* sobre cinta transplortadora; congelación *f* en túnel
fr congélation *f* sur bande; congélation *f* par tunnel à bande transporteuse

0487
en **belt grader**
de Leseband *n*
es cinta *f* registradora
fr trieur *m* à bande transporteuse; classeur *m* à bande transporteuse

0488
en **belt press**
de Bandpresse *f*
es prensa *f* de banda
fr presse *f* à bande

0489
en **belt weighing machine**; belt scale
de Bandwaage *f*
es báscula *f* en cintas transportadoras
fr bascule *f* à bande; balance *f* à bande

0490
en **beluga**; hausen; huso
de Hausen *m*
es esturión *m*
fr beluga *m*

0491
en **bentonite**
de Bentonit *m*
es bentonita *f*
fr bentonite *f*

0492
en **benzaldehyde**
de Benzaldehyd *m*
es benzaldehído *m*
fr benzaldéhyde *f*

0493
en **benzene**
de Benzol *n*
es benceno *m*
fr benzène *m*

0494
en **benzo(a)pyrene**; benzpyrene
de Benzo(a)pyren *n*; Benzpyren *n*
es benzopireno *m*; benzo(a)pireno *m*
fr benzo(a)pyrène *m*

0495
en **benzoate**
de Benzoat *n*
es benzoato *m*
fr benzoate *m*

B

0496
en **benzoic acid**
de Benzoesäure *f*
es ácido *m* benzoico
fr acide *m* benzoïque

0497
en **benzoin gum**; benzoin resin
de Benzoeharz *n*
es resina *f* de benjuí
fr benjoin *m*; baume *m* de benjoin

0498
en **benzoyl peroxide**
de Benzoylperoxid *n*
es peróxido *m* de benzoilo
fr peroxyde *m* de benzoyle

0499
en **bergamot**
de Bergamotte *f*
es bergamota *f*
fr bergamote *f*

0500
en **beriberi**
de Beriberi *f*
es beriberi *m*
fr béribéri *m*

0501
en **berries**; small fruit; soft fruit
de Beerenobst *n*
es frutos *pl m* de baya
fr fruit *m* à baies

0502
en **berry**; bacca
de Beere *f*
es baya *f*
fr baie *f*

0503
en **best before . . .**
de mindestens haltbar bis . . .
es consumir peferentemente antes de . . .
fr à consommer de préférence avant; à consommer avant . . .

0504
en **betel pepper**; betel
de Betelpfeffer *m*
es betel *m*; pimienta *f* betel
fr bétel *m*; poivre *m* bétel

0505
en **beverage**; drink
de Getränk *n*
es bebida *f*
fr boisson *f*

0506
en **beverage base**; drink base
de Getränkegrundstoff *m*
es base *f* para bebida (concentrado para preparación de bebidas)
fr produit *m* de base pour boissons; base *f* pour boissons

0507
en **BHA**; butylhydroxyanisole; butylated hydroxyanisole
de BHA *n*; Butylhydroxyanisol *n*
es BHA *m*; butilhidroxianisol *m*
fr BHA *m*; butylhydroxyanisol *m*

0508
en **BHT**; butylhydroxytoluene; butylated hydroxytoluene
de BHT *n*; Butylhydroxytoluol *n*
es BHT *m*; butilhidroxitolueno *m*
fr BHT *m*; butylhydroxytoluène *m*

0509
en **bias cut**
de Schrägschnitt *m* (Bohnen)
es corte *m* oblicuo (judías)
fr coupe *f* en biais

0510
en **bilberry**; whortleberry; European blueberry
de Heidelbeere *f*
es arándano *m*; mirtillo *m*
fr myrtille *f*

0511
en **bile acid**
de Gallensäure *f*
es ácido *m* biliar
fr acide *m* biliaire

0512
en **bilge**
de Bauch *m* (Faß)
es (parte central del barril)
fr bouge *m*; panse *f*

0513
en **bilgy**
de abgestanden riechend
es con olor a pasado
fr stagné; passé; renfermé; éventé

0514
en **bin**
de Silozelle *f*
es celda *f* de silo
fr case *f* de silo; cellule *f* de silo

0515
en **binding agent**; binder; agglutinant
de Bindemittel *n*; Klebemittel *n*
es aglutinante *m*; agente *m* aglutinante; ligante *m*
fr liant *m*; agglutinant *m*

0516
en **bin drying**
de Silotrocknung *f*
es secado *m* en silo
fr séchage *m* de silo

0517
en **biotechnology**
de Biotechnik *f*
es biotecnología *f*
fr biotechnologie *f*

0518
en **biphenyl**; diphenyl
de Biphenyl *n*; Diphenyl *n*
es bifenilo *m*; difenilo *m*
fr biphényle *m*; diphényle *m*

0519
en **biplex mixer**
de zweiarmiger Teigmischer *m*
es mezclador *m* con dos brazos (pastas)
fr mélangeur *m* de pâte à deux bras; malaxeur *m* à double bras

0520
en **biscuit GB**; small cake GB; cookie US; cooky US
de Teegebäck *n*; Plätzchen *n*; Biskuitplätzchen *n*
es pastas *pl f* (para el té)
fr biscuit *m*; gâteau *m* sec; petit gâteau *m*; petit four *m*

0521
en **biscuit GB**; cracker US
de Cracker *m*; Keks *m*
es galleta *f* sin azúcar
fr biscuit *m* sec

0522
en **biscuit US**; soda biscuit; scone GB; hot roll GB
de (zarter Teekuchen)
es pastas *pl f* finas (para el té)
fr biscuit *m*; génoise *f*; biscuit *m* de Savoie

0523
en **bite**; bit; morsel; mouthful
de Bissen *m*; Happen *m*; Stück *n*; Mundvoll *m*
es bocado *m*; trozo *m*
fr morceau *m*; bouchée *f*

0524
en **bite**
de Biß *m*
es mordisco *m*
fr coup *m* de dents

0525
en **bitter**
de bitter
es amargo
fr amer

B

0526
en **bitter almond**
de bittere Mandel *f*; Bittermandel *f*
es almendra *f* amarga
fr amande *f* amère

0527
en **bitter almond oil**
de Bittermandelöl *n*
es aceite *m* de almendras amargas
fr essence *f* d'amandes amères

0528
en **bittering value**
de Bitterwert *m*
es grado *m* de amargor
fr valeur *f* d'amertume; indice *m* d'amertume

0529
en **bitterness**
de Bitterkeit *f*
es amargor *m*; sabor *m* amargo
fr amertume *f*

0530
en **bitter orange**; Seville orange; sour orange; bigarade
de Pomeranze *f*
es naranja *f* amarga; toronja *f*
fr orange *f* amère; bigarade *f*

0531
en **bitter orange oil**
de Pomeranzenschalenöl *n*
es esencia *f* de naranja amarga
fr essence *f* d'orange amère; essence *f* de bigarade

0532
en **bitter rot**
de Bitterfäule *f*
es podredumbre *f* de la fruta
fr pourriture *f* amère

0533
en **bittersweet**
de bittersüß
es dulce-amargo
fr doux-amer

0534
en **blackberry**; bramble; brambleberry
de Brombeere *f*
es zarzamora *f*
fr mûre *f*

0535
en **black caraway**; black cumin
de Schwarzkümmel *m*; Echter Schwarzkümmel *m*
es arañuela *f*; neguilla *f* aromática
fr nigelle *f*

0536
en **black casse**
de Schwarzer Bruch *m* (Wein)
es quiebra *f* azul; quiebra *f* férrica (vino)
fr casse *f* noire (vin)

0537
en **blackcurrant**
de Schwarze Johannisbeere *f*
es grosella *f* negra
fr cassis *m*

0538
en **black malt**
de Farbmalz *n*
es malta *f* tostada
fr malt *m* colorant; malt-caramel *m*

0539
en **black pepper**
de Schwarzer Pfeffer *m*
es pimienta *f* negra
fr poivre *m* noir

0540
en **black plate**
de Schwarzblech *n*
es chapa *f* negra
fr tôle *f* noire; fer-noir *m*

0541
en **black rot**
de Schwarzfäule *f*
es roña *f* negra
fr black-rot *m*

0542
en **black spot**; anthracnose
de Schwarzer Brenner *m* (Rebkrankheit)
es antracnosis *f* de la vid
fr anthracnose *f*; charbon *m*; rouille *f* noire

0543
en **black tang**; bladder wrack; lady wrack; sea ware; bladder fucus; bladder kelp; common black rockweed; sea aok
de Blasentang *m*; Echter Blasentang *m* (Braunalge)
es fucus vesiculosis (alga parda)
fr fucus *m* vésiculeux; varech *m*

0544
en **black tea**; tea
de Schwarzer Tee *m*
es té *m* negro
fr thé *m* noir

0545
en **black ware**
de unglasiertes Steingut *n*
es gres *m* sin esmaltar
fr poterie *f* en terre cuite; poterie *f* non vernissée

0546
en **blade**; choil
de Klinge *f* (Messer)
es hoja *f* (cuchillo)
fr lame *f*

0547
en **bladebone**; blade; shoulder
de Blattstück *n*; Schulterblatt *n*; Schulter *f*; Schulterstück *n*; Kammblatt *n*; Bug *m* (Rind u. Schwein)
es paleta *f*; paletilla *f*; espalda *f*; espaldilla *f* (carne)
fr paleron *m*; épaule *f*

0548
en **blanch**
de blanchieren
es blanquear (tratamiento térmico)
fr blanchir

0549
en **blancher**
de Blanchierer *m*; Blanchierapparat *m*
es instalación *f* de blanqueo
fr blancheur *m*; appareil *m* à blanchir

0550
en **blancmange**
de Pudding *m*; Flammeri *m*
es pudín *m*
fr blanc-manger *m*; pudding *m*; pouding *m*

0551
en **bland**
de mild; neutral (Geschmack)
es suave (sabor)
fr doux; suave; douceâtre

0552
en **blank**
de Zuschnitt *m* (Verpackungsmittel)
es corte *m* (material de embalaje)
fr découpe *f*; coupe *f*; façon *f*; ébauche *f*

0553
en **blank test**; blind test
de Blindversuch *m*
es ensayo *m* ciego
fr test *m* à blanc; essai *m* à blanc

B

0554
en **blast**
de Gebläseluft *f*
es aire *m* inyectado; chorro *m* de aire
fr air *m* soufflé; air *m* pulsé

0555
en **bleach**; blanch
de bleichen
es blanquear (tratamiento de oxidación, refino o decoloración)
fr blanchir

0556
en **bleaching agent**
de Bleichmittel *n*
es blanqueador *m*; agente *m* de blanqueo; decolorante *m*
fr agent *m* de blanchiment

0557
en **bleaching earth**; activated earth; Fuller's earth
de Bleicherde *f*; Fullererde *f*
es tierras *pl f* decolorantes
fr terre *f* décolorante; terre *f* à foulon

0558
en **bleed**
de bluten; ausbluten
es sangrar; desangrar
fr saigner; saigner à blanc; perdre tout son sang

0559
en **bleeder**
de Abblasventil *n* (Autoklav)
es válvula *f* de descarga; válvula *f* de purga (autoclave)
fr soupape *f* de purge; robinet *m* de purge; clapet *m* de purge

0560
en **blemish**
de Schalenfehler *m* (Obst)
es defecto *m* de la piel (fruta)
fr défaut *m* d'aspect; défaut *m* de peau

0561
en **blend**
de Verschnitt *m* (Spirituosen)
es igualación *f*; mezcla *f* (licores)
fr coupage *m*

0562
en **blend**
de verschneiden (alkoholische Getränke)
es igualar; mezclar (bebidas alcohólicas)
fr couper

0563
en **blending wine**
de Verschnittwein *m*
es vino *m* igualado; vino *m* mezclado
fr vin *m* de coupe; vin *m* de coupage

0564
en **blind cheese**; eye-less cheese; cheese without eyes
de ungelochter Käse *m*; Käse *m* ohne Löcher; blinder Käse *m*
es queso *m* ciego; queso *m* sin ojos
fr fromage *m* sans yeux

0565
en **blister packaging**
de Blisterpackung *f*
es envoltura *f* de papel burbuja; envoltura *f* de blister
fr emballage *m* blister; emballage *m* blistère

0566
en **bloater**; buckling
de Bückling *m*
es arenque *m* ahumado
fr hareng *m* saur; hareng *m* fumé

0567
en **bloater damage**
de Hohlwerden *n* (Gurken)
es hinchamiento *m* (defecto de los pepinos)
fr altération *f* creuse

0568
en **blob**
de Tröpfchen *n*
es gotitas *pl f*; burbujas *pl f*
fr gouttelette *f*

0569
en **block**
de Block *m*; Klotz *m*; Hackklotz *m*
es bloque *m*; taco *m*
fr bloc *m*; billot *m*

0570
en **block trimmer**
de (Zerschneidegerät für Blocks aus tiefgefrorenem Fisch zu Fischstäbchen)
es cortadora *f* de bloques (pescado congelado)
fr portionneuse *f* de poissons surgelés

0571
en **blood**
de Blut *n*
es sangre *f*
fr sang *m*

0572
en **blood meal**
de Blutmehl *n*
es harina *f* de sangre
fr farine *f* de sang

0573
en **blood plasma**
de Blutplasma *n*
es plasma *m* sanguíneo
fr plasma *m* sanguin

0574
en **blood ripe**
de vollreif (saftige Früchte)
es maduro
fr totalement mûr; pleinement mûr; à complète maturité

0575
en **blood vessel**
de Blutgefäß *n*
es vaso *m* sanguíneo
fr vaisseau *m* sanguin

0576
en **blow**; blow up
de blähen (Käse)
es hincharse (queso)
fr gonfler

0577
en **blubber**
de Walspeck *m*
es grasa *f* de ballena; esperma *f* de ballena
fr lard *m* de baleine; graisse *f* de baleine

0578
en **blue**
de bläuen (Zucker)
es azulear (azúcar); blanquear (azúcar)
fr azurer

0579
en **blueberry**; bluechip blueberry; heathberry
de Heidelbeere *f*
es arándano *m*; mirtillo *m*
fr myrtille *f*

0580
en **blue casse**
de Blauwerden *n* (Weintrübung)
es quiebra *f* azul; quiebra *f* férrica (depósito de sales de hierro)
fr casse *f* bleue; casse *f* ferrique

0581
en **blue cheese**; blue mould cheese; blue; blue veined cheese
de Blauschimmelkäse *m*; Edelschimmelkäse *m*; Edelpilzkäse *m*
es queso *m* azul
fr bleu *m*; fromage *m* à pâte persillée

0582
en **blue fining**; Moeslinger fining
de Blauschönung *f*; Möslingerschönung *f*
es acabado *m* Moeslinger; acabado *m* azul
fr affinage *m* bleu; affinage *m* de Moeslinger

0583
en **blue mussel**; common mussel
de Seemuschel *f*; Miesmuschel *f*; Pfahlmuschel *f*
es mejillón *m*
fr moule *f*

0584
en **boar**
de Eber *m*
es jabalí *m*
fr verrat *m*

0585
en **body**
de Bauch *m* (Gefäß)
es cuerpo *m*; vientre *m* (recipiente)
fr corps *m*; panse *f*; bouge *m*

0586
en **body**
de Körper *m*; Fülle *f* (Wein)
es cuerpo *m* (vino)
fr corps *m*; charpente *f*; puissance *f* (vin)

0587
en **body label**
de Rumpfetikett *n*; Bauchetikett *n*
es etiqueta *f* en la parte central; etiqueta *f* en el cuerpo
fr étiquette *f*; étiquette *f* de corps

0588
en **bogberry**; fenberry
de Moosbeere *f*
es arándano *m* de los pantanos
fr canneberge *f*

0589
en **boil**; seethe
de kochen; sieden; garkochen
es hervir; cocer
fr bouillir; faire bouillir; cuire; faire cuire

0590
en **boiled ham**; Coburg ham; pressed cooked ham
de Kochschinken *m*; gekochter Schinken *m*
es jamón *m* cocido
fr jambon *m* cuit; jambon *m* pressé cuit

0591
en **boiler**
de Kessel *m*
es caldera *f*; olla *f*; recipiente *m* de cocción
fr chaudière *f*

0592
en **boiler**; steam boiler; steam generator
de Dampfkessel *m*
es caldera *f* de vapor
fr chaudière *f* à vapeur

0593
en **boiler**
de Siedepfanne *f*; Läuterkessel *m* (Zuckerfabrikation)
es caldera *f* de refino (industria azucarera)
fr évaporateur *m*; appareil *m* à cuire

0594
en **boiler water**; boiler feedwater; feedwater
de Kesselspeisewasser *n*
es agua *f* de alimentación de calderas
fr eau *f* d'alimentation de chaudière

0595
en **boiling copper**
de Braukessel *m*; Braupfanne *f*
es caldera *f* para la fabricación de mosto (cerveza)
fr chaudière *f* à cuire

0596
en **boiling plate**; hotplate; heat plate
de Heizplatte *f*; Kochplatte *f*
es placa *f* de cocción; placa *f* calentadora
fr plaque *f* chauffante; plaque *f* de cuisson

0597
en **boil over**
de überkochen
es rebosar (al hervir)
fr déborder en bouillant

0598
en **boletus**
de Röhrling *m*; Röhrenpilz *m*
es boleto *m* (hongo)
fr bolet *m*; cèpe *m*

0599
en **bolt**
de sieben; durchsieben; beuteln (Müllerei)
es cribar; cerner (molinería)
fr bluter; tamiser

0600
en **bolting cloth**
de Siebgewebe *n*; Bespannung *f*; Müllergaze *f*
es tela *f* para cernido
fr toile *f* à bluter; gaze *f* à tamiser; toile *f* àtamiser

0601
en **bolting sieve**; bolter; bolt
de Beutelsieb *n*; Tuchsieb *n* (bes. für Mehl)
es tamiz *m*; criba *f*
fr blutoir *m* poche; tamis *m* à poche; sas *m*; bluteur *m*

0602
en **bolus**
de Klumpen *m*; Kloß *m*
es terrón *m*; grumo *m*; conglomerado *m*
fr motte *f*; masse *f* compacte; boule *f*

0603
en **bolus alba**; bole; kaolin
de Kaolin *n*; weißer Ton *m*; Boluserde *f*
es caolín *m*
fr argile *f* blanche; kaolin *m*

0604
en **bonbon**; rock GB; suck GB; goody
de Bonbon *m* u. *n*
es caramelo *m*
fr bonbon *m*

0605
en **bone**
de Knochen *m*
es hueso *m*
fr os *m*

0606
en **bone**; fish bone
de Gräte *f*
es espina *f* (pescado)
fr arête *f*; os *m* de poisson

0607
en **bone**; debone
de entbeinen; ausbeinen; auslösen
es deshuesar
fr désosser

0608
en **bone**; debone
de entgräten
es extraer las espinas (pescado)
fr désosser

B

0609
en **bonito**
de Bonito *m* (Name für verschiedene Thunfischarten)
es bonito *m*
fr bonite *f*

0610
en **bony**
de knochig; knochenreich; mit viel Knochen
es abundante en huesos
fr osseux; plein d'os; riche en os

0611
en **bony**
de grätig; grätenreich; stark grätenhaltig; mit viel Gräten
es abundante en espinas
fr avec beaucoup d'arêtes *pl f*; plein d'arêtes *pl f*; riche en arêtes *pl f*

0612
en **borage**; cool tankard
de Boretsch *m*
es borraja *f*
fr bourrache *f*

0613
en **borate**
de Borat *n*
es borato *m*
fr borate *m*

0614
en **borax**
de Borax *m*
es bórax *m*
fr borax *m*

0615
en **boric acid**
de Borsäure *f*
es ácido *m* bórico
fr acide *m* borique

0616
en **boron**
de Bor *n*
es boro *m*
fr bore *m*

0617
en **botrytized US**
de edelfaul (Weintrauben)
es con podredumbre noble (uvas)
fr botrytisé

0618
en **bottle**; flask
de Flasche *f*
es botella *f*
fr bouteille *f*; flacon *m*; canette *f* (bière)

0619
en **bottle**; bottle up
de füllen; abfüllen (auf Flaschen)
es embotellar
fr remplir une bouteille; mettre en bouteille; embouteiller

0620
en **bottle capsule**; bottle cap; capsule
de Flaschenkapsel *f*
es cápsula *f* de botella
fr capsule *f* de bouteille

0621
en **bottle closing machine**
de Flaschenverschließmaschine *f*
es máquina *f* para cierre de botellas; encapsuladora *f* de botellas
fr boucheuse *f* de bouteilles; fermeuse *f* de bouteilles

0622
en **bottle closure**
de Flaschenverschluß *m*
es cierre *m* de botella
fr fermeture *f* de bouteille

0623
en **bottle deposit**
de Flaschenpfand *n*
es fianza *f* por botella
fr consigne *f* de bouteille

0624
en **bottle fermentation**; bottle process
de Flaschengärung *f*
es fermentación *f* en botella
fr fermentation *f* en bouteille

0625
en **bottle labeller**
de Flaschenetikettiermaschine *f*
es etiquetadora *f* de botellas
fr étiqueteuse *f* de bouteilles

0626
en **bottle neck**; neck; shoulder
de Flaschenhals *m*
es cuello *m* de botella
fr col *m* de bouteille

0627
en **bottler**
de Getränkeabfüller *m*; Abfüller *m*
es embotelladora *f*
fr soutireur *m*

0628
en **bottle washer**; bottle washing machine; bottle rinser
de Flaschenspülmaschine *f*
es lavadora *f* de botellas
fr laveuse *f* de bouteilles; laveuse-rinceuse *f* de bouteilles

0629
en **bottom fermented**
de untergärig
es de fermentación baja
fr fermentation *f* basse

0630
en **bottom tank**
de Bodentank *m*
es depósito *m* sobre el suelo
fr réservoir *m* de fond

0631
en **botulism**
de Botulismus *m*
es botulismo *m*
fr botulisme *f*

0632
en **bouillon**; meat broth; meat bone broth; bone broth; meat tea
de Bouillon *f*; Fleischbrühe *f*
es caldo *m* de carne
fr bouillon *m*; bouillon *m* de viande; consommé *m*; consommé *m* clair

0633
en **bouillon cube US**; soup cube; soup square; stock cube GB
de Suppenwürfel *m*; Brühwürfel *m*; Bouillonwürfel *m*
es cubito *m* para caldo; pastilla *f* para caldo
fr bouillon-cube *m*

0634
en **bouquet**; aroma; flavour GB; flavor US; fragrance; nose
de Blume *f*; Bukett *n*; Nase *f* (Wein)
es aroma (vino)
fr bouquet *m*; arôme *m*; flaveur *f*; nez *m*

0635
en **bovine**
de rinderartig; vom Rind
es bovino
fr bovine

0636
en **box**; bin; case
de Dose *f*; Schachtel *f*; Büchse *f*
es bote *m*; caja *f*
fr boîte *f*; caisse *f*; caisson *m*; carton *m*; coffre *m*

B

0637
en **box pasteurizer**
de Kammerpasteur *m*
es pasteurizador *m* de cajas
fr pasteurisateur *m* à compartiments; pasteurisateur *m* àchambres

0638
en **brains**
de Hirn *n*; Gehirn *n*
es sesos *pl m*
fr cerveau *m*; cervelle *f* (cuisine)

0639
en **braise**; smother; steam; stew
de dünsten; braisieren
es estofar
fr braiser; cuire à l'étuvée; cuire à l'étouffée; dauber

0640
en **braise**; broast US; fry; stew
de schmoren
es estofar
fr mijoter; faire mijoter; cuire à petit feu

0641
en **bran**; offals; tailings
de Kleie *f*
es salvado *m*
fr son *m*

0642
en **brand**
de Marke *f*
es marca *f*
fr marque *f*; marque *f* de fabrique

0643
en **brandy**
de Weinbrand *m*; Brandy *m*
es brandy *m*
fr eau de vie *f*; alcool *m* blanc; alcool *m*

0644
en **Brazil nut**; Para nut
de Paranuß *f*
es nuez *f* des Brasil; nuez *f* de Pará
fr noix *m* du Brésil; noix *m* de Para

0645
en **bread**
de Brot *n*
es pan *m*
fr pain *m*

0646
en **bread US**; breadcrumb; crumb; dress with bread crumbs
de panieren
es empanar
fr paner

0647
en **breadcrumb**
de Brotkrume *f*
es miga *f* de pan
fr miette *f* de pain

0648
en **bread crumbs**; breadings; raspings
de Paniermehl *n*; Semmelmehl *n*
es pan *m* rallado
fr chapelure *f*

0649
en **bread crust**
de Brotkruste *f*
es corteza *f* de pan
fr croûte *f* de pain

0650
en **breadgrains**; breadstuff; bread corn
de Brotgetreide *n*
es cereales *pl m* panificables
fr céréale *f* à pain; céréale *f* panifiable

0651
en **break**
de brechen; zerbrechen
es romper
fr casser; briser; mettre en morceaux; concasser

0652
en **break**
de brechen (Emulsion)
es cortarse (emulsión)
fr casser (émulsion)

0653
en **breakdown**; cut
de zerlegen (Schlachtkörper)
es despiezar (canales)
fr découper

0654
en **breakfast**
de Frühstück *n*
es desayuno *m*
fr petit déjeuner *m*

0655
en **breakfast cereals**; cereals
de Frühstückscerealien *pl f*
es cereales *pl m* para desayuno
fr céréales *pl f* pour petit déjeuner

0656
en **break flour**
de Schrotmehl *n*
es harina *f* gruesa
fr farine *f* de broyage

0657
en **breakpoint chlorination**
de Brechpunktchlorung *f*; Knickpunktchlorung *f*
es cloración *f* de punto de rotura; cloración *f* de punto de inflexión
fr chloration *f* au break-point; chloration *f* au point critique; chloration *f* au point de rebroussement

0658
en **break roll**
de Schrotwalze *f*
es cilindro *m* molturador; rodillo *m* estriado
fr cylindre *m* de broyage

0659
en **breast**
de Vorderbrust *f*
es pecho *m*; mama *f*
fr poitrine *f*; morceau *m* de la poitrine

0660
en **breast feed**
de stillen
es amamantar
fr allaiter; allaiter au sein; donner le sein

0661
en **breather**
de Haarriß *m* (Konservendose)
es grieta *f* capilar (latas de conserva)
fr microcrique *f*; microfissure *f*

0662
en **brew GB**; brew up GB; make US; infuse
de aufbrühen; aufgießen; infundieren (Kaffee, Tee)
es preparar infusión
fr infuser; ébouillanter; verser de l'eau bouillante sur; faire infuser

0663
en **brew**
de brauen
es fabricar cerveza
fr brasser

0664
en **brewer**
de Brauer *m*; Bierbrauer *m*
es fabricante *m* de cerveza; cervecero *m*
fr brasseur *m*

B

0665
en **brewers' yeast**; brewing yeast
de Bierhefe *f*
es levadura *f* de cerveza; levaduras *pl* *f* de cervecería
fr levure *f* de bière

0666
en **brewery**; brewhouse
de Brauerei *f*
es fábrica *f* de cerveza; cervecería *f*
fr brasserie *f*

0667
en **brewing**; brewery; beer manufacture
de Brauen *n*; Bierbrauen *n*; Brauerei *f*; Braugewerbe *n*; Brauwesen *n*
es industria *f* de cervecería
fr activité *f* brassicole; brasserie *f*; industrie *f* brassicole

0668
en **brewing house**
de Sudhaus *n*
es sala *f* de cocción (cerveza)
fr salle *f* de brassage

0669
en **brewing pan**
de Sudpfanne *f*; Pfanne *f*
es caldera *f* de cocción (cerveza)
fr cuve *f* de brassage

0670
en **brewing tun**; brewing cup
de Braubottich *m*
es cuba *f* de cervecería
fr cuve *f* matière

0671
en **bright**; brilliant
de glanzhell; blank (Getränk)
es brillante (bebida)
fr brillant; éclatant

0672
en **brightness**; brilliance
de Glanzhelle *f*; Glanzfeinheit *f*
es claridad *f* brillante; firmeza *f* de brillo
fr brillance *f*; éclat *m*

0673
en **brine**
de Sole *f*; Kühlsole *f*
es mezcla *f* frigorífica
fr saumure *f*

0674
en **brine**; pickle; cover brine; salt brine; cover pickle; immersion pickle
de Aufguß *m*; Aufgußflüssigkeit *f*; Lake *f*; Sole *f*; Salzlake *f*; Pökellake *f*; Aufgußlake *f*
es salmuera *f*; solución *f* de curado
fr saumure *f*; eau *f* salée; solution *f* salée; marinade *f*

0675
en **brine**; pickle; cure; corn; brine salt; brine cure; pickle cure; souse
de pökeln; einsalzen; in Lake pökeln; im Salzbad salzen
es salar; poner en salmuera
fr saler; saumurer; mettre en saumure

0676
en **brine freezer**
de Solegefrieranlage *f*
es refrigerador *m* por salmuera; dispositivo *m* frigorífico con salmuera
fr congélateur *m* à saumure; installation *f* de congélation à saumure

0677
en **brisket**; breast; breast cut
de Bruststück *n*; Brust *f* (Rind)
es pecho *m* (despiece de carne)
fr poitrine *f*

0678
en **brisling**; sprat
de Sprotte *f*; Sprott *m*
es espadín *m*
fr sprat *m*; anchois *m* de Norvège

0679
en **bristle**
de Borste *f*
es cerda *f*
fr soie *f* de porc

0680
en **broad bean**; field bean; horse bean; faba bean
de Dicke Bohne *f*; Pferdebohne *f*; Pfuffbohne *f*; Saubohne *f*; Große Bohne *f*
es haba *f*
fr fève *f*; fèverolle *f*; fève *f* des marais

0681
en **broccoli**
de Spargelkohl *m*; Brokkoli *pl*
es brécol *m*
fr brocoli *m*; choux-brocoli *m*

0682
en **broil**
de Gebratenes *n*; Bratgut *n*
es asado *m*
fr grillade *f*; viande *f* grillée

0683
en **broiler**; griller
de Brathähnchen *n*; Grillhähnchen *n*
es pollo *m* para asar; pollo *m* cebón
fr poulet *m* à rôtir; poulet *m* de chair

0684
en **broiling**; burning
de sehr heiß; glühend heiß
es muy caliente
fr très chaud; brûlant

0685
en **broken**; broken tea
de Broken-Tee *m*; Bruchtee *m*
es té *m* desmenuzado
fr brisures *pl f* de thé

0686
en **broken grain**; broken
de Bruchkorn *n*
es granos *pl m* partidos
fr brisures *pl f* de grains; débris *pl m* de grains

0687
en **bromate**
de Bromat *n*
es bromato *m*
fr bromate *m*

0688
en **bromelain**; bromelin
de Bromelain *n*; Bromelin *n*
es bromelina *f*
fr bromélaïne *f*; broméline *f*

0689
en **bromide**
de Bromid *n*
es bromuro *m*
fr bromure *m*

0690
en **brominated oil**; weighting oil
de bromiertes Öl *n* (mit Brom umgesetztes ätherisches Öl)
es aceite *m* bromado (aceite esencial tratado con bromo)
fr huile *f* bromée; huile *f* essentielle bromée

0691
en **bromine**; bromin
de Brom *n*
es bromo *m*
fr brome *m*

0692
en **bronze**
de Bronze *f*
es bronce *m*
fr bronze *m*

0693
en **broth**
de Brühe *f* (Gemüse, Fleisch)
es caldo *m* (carne, verdura)
fr bouillon *m*

0694
en **broth**
de klare Suppe *f*; klare Brühe *f*
es sopa *f* clara
fr bouillon *m*; potage *m*; consommé *m*

0695
en **brown**
de bräunen
es pardear
fr brunir; faire dorer; rissoler (viande); faire roussir (sauce)

0696
en **brown alga**
de Braunalge *f*
es alga *f* parda
fr algue *f* brune

0697
en **brownheart**; brown core
de Herzbräune *f*; Kernhausbräune *f* (Gefrierschaden bei Äpfeln)
es corazón *m* pardo (defecto por congelación en las manzanas)
fr brunissement *m* du cœur

0698
en **brown rot**
de Braunfleckenkrankheit *f*
es manchas *pl m* pardas (enfermedad vegetal)
fr rouille *f*

0699
en **brown shrimp**; common shrimp; shrimp
de Speisekrabbe *f*; Nordseekrabbe *f*; Garnele *f*; Granat *m*
es quisquilla *f*
fr crevette *f*

0700
en **brucellosis**; Malta fever; undulant fever
de Brucellose *f*; Maltafieber *n*
es brucelosis *f*; fiebre *f* de Malta
fr brucellose *f*; fièvre *f* de Malte

0701
en **bruise**
de Quetschstelle *f* (Obst)
es magulladura *f* (fruta)
fr talure *f*; meurtrissure *f*

0702
en **brush**
de Bürste *f*
es cepillo *m*
fr brosse *f*

0703
en **brush**
de bürsten
es cepillar
fr brosser

0704
en **brushing sieve**
de Bürstensieb *n*
es tamiz *m* con escobillas
fr tamis *m* à brosses

0705
en **brushless**
de bürstenlos (Flaschenspülmaschine)
es sin escobillas (lavadora de botellas)
fr sans brosse; dépourvu de brosse

0706
en **Brussels sprouts**
de Rosenkohl *m*
es col *f* de Bruselas
fr choux *m* de Bruxelles

0707
en **bubble cap**
de Blasenglocke *f*
es campana *f* de borboteo
fr cloche *f* de barbotage; calotte *f* à barbotage; chapeau *m* à bulle

0708
en **bubble cap plate**; bubble plate; bubble tray
de Glockenboden *m*
es piso *m* de campana de borboteo
fr plateau *m* à barbotage; plateau *m* à cloches

0709
en **bubble gum**
de Ballonkaugummi *m*; Knallkaugummi *m*
es chicle *m* hinchable; chicle *m* inflable
fr gomme *f* gonflante; bubble-gum *m*

0710
en **buccan**
de bukanieren (Fleisch auf einem hölzernen Rost braten o. räuchern)
es curar al humo (carne)
fr boucaner

0711
en **bucket conveyer**; bucket elevator
de Becherwerk *n*; Becherförderer *m*; Becherförderwerk *n*
es elevador *m* de cangilones
fr transporteur *m* à godets; élévateur *m* à godets

0712
en **bucket type centrifuge**; chamber centrifuge; cylindrical bowl clarifier
de Kammerzentrifuge *f*
es centrifugadora *f* de tipo cubeta
fr centrifugeuse *f* à godets

0713
en **buckwheat**; beech wheat
de Buchweizen *m*
es alforfón *m*; trigo *m* sarraceno
fr sarrasin *m*; blé *m* noir

0714
en **bud**; burgeon; sprout
de knospen; keimen
es brotar; germinar
fr bourgeonner; germer

0715
en **buffalo**
de Büffel *m*
es búfalo *m*
fr buffle *m*

0716
en **buff blanching**
de Schleifblanchieren *n*
es blanquear por pulido
fr blanchiment *m* à la meule; blanchiment *m* par meulage

0717
en **buffer**; buffering agent
de Puffer *m*; Pufferungsmittel *n*
es tampón *m*
fr tampon *m*; substance *f* tampon

0718
en **buffer**
de puffern
es tamponar
fr tamponner

B

0719
en **buffer value**; buffering power; buffering capacity
de Pufferkapazität *f*
es capacidad *f* de tamponamiento
fr pouvoir *m* tampon; capacité *f* tampon

0720
en **built-in extractor tube**; closure spear
de Einschraubdegen *m*; Kegdegen *m* (Faß)
es tubo *m* extractor roscado (barril)
fr tube *m* d'extraction à visser

0721
en **bulb**
de Zwiebel *f*
es bulbo *m*
fr bulbe *m*; oignon *m*

0722
en **bulb top**; grip stopper
de Griffstopfen *m*
es tapón *m* con asidero; tapón *m* con cabezal
fr bouchon *m* à poignée; bouchon-poignée *m*

0723
en **bulimia**; bulimic syndrome; cynorexia
de Bulimie *f*; Hyperorexie *f*; Kynorexie *f*
es bulimia *f*
fr boulimie *f*; hyperorexie *f*; hyperphagie *f*; polyorexie *f*

0724
en **bulk cargo**; bulk goods; bulk
de Massengut *n*; Schüttgut *n*; lose Ware *f*
es material *m* a granel; mercancía *f* a granel
fr cargaison *f* en vrac; marchandise *f* en vrac; produit *m* en vrac

0725
en **bulk collection of milk**
de Tank-Milchsammlung *f*
es recogida *f* de leche a granel; recolección *f* de leche en cisternas
fr collecte *f* du lait par camion citerne; collecte *f* du lait par citerne routière

0726
en **bulk freezing**
de Stapelgefrieren *n* (Gefrieren unverpackter Güter)
es refrigeración *f* de materiales a granel
fr congélation *f* en vrac

0727
en **bulkiness**
de loser Zustand *m*
es volumen *m*; bulto *m*
fr en vrac

0728
en **bulking agent**; bulking aid; filling agent; filler
de Füllstoff *m*
es carga *f*; agente *m* de carga
fr matière *f* de remplissage; produit *m* de remplissage; matière *f* de charge; charge *f*

0729
en **bulk milk**
de Sammelmilch *f*; lose Milch *f*
es leche *f* a granel
fr lait *m* en vrac

0730
en **bulk transport**
de Transport *m* als lose Ware
es transporte *m* a granel
fr transport *m* en vrac

0731
en **bulk weight**; bulk index; bulk density
de Schüttgewicht *n*
es peso *m* a granel
fr masse *f* volumique apparente; densité *f* apparente

0732
en **bull**; steer
de Bulle *m*; Stier *m*
es toro *m*
fr taureau *m*

0733
en **bullock**
de Stierkalb *n*
es novillo *m*
fr taurillon *m*

0734
en **bun**
de Kuchenbrötchen *n*
es bollo *m*
fr petit pain *m* au lait

0735
en **bunch**; cluster
de Bund *m*; Bündel *n*; Büschel *n*
es racimo *m*; manojo *m*; ristra *f*
fr botte *f*; touffe *f*; bouquet *m* (persil)

0736
en **bundle**
de Bündel *n*; Paket *n*
es paquete *m*; envoltorio *m*
fr paquet *m*; balle *f*

0737
en **bundle**
de bündeln
es atar
fr mettre en botte; mettre en balle; empaqueter; mettre en paquet

0738
en **bung**; cellar plug US; plug; spile; vent peg; spigot US; peg
de Spund *m*; Stöpsel *m*; Zapfen *m*
es tapón *m*; espita *f*
fr bonde *f*; bondon *m*; bouchon *m*; tampon *m*

0739
en **bung**; bung up; plug; spile; stopper
de verspunden; zuspunden
es cerrar con tapón; cerrar con espita
fr boucher; fermer avec une bonde

0740
en **bunghole**; bung; plughole; spilehole; vent
de Spundloch *n*
es agujero *m* del barril; agujero *m* de la espita
fr bonde *f*; trou *m* de bonde; orifice *m* de bonde

0741
en **bunker**
de Bunker *m* (Vorratsbehälter)
es depósito *m* de almacenamiento (provisiones)
fr soute *f*; silo *m*; bunker *m*

0742
en **burn**
de brennen; verbrennen
es quemar; arder
fr brûler

0743
en **burnt**
de brandig; schnapsig (Wein)
es ardiente (sabor)
fr madérisé; cuit

0744
en **burnt sugar**
de Karamelzucker *m*
es caramelo *m*; azúcar *m* caramelizado
fr sucre *m* caramel; caramel *m*

0745
en **bursted (texture)**
de geborsten (Textur)
es reventado (textura)
fr eclaté

0746
en **bursting pressure**
de Berstdruck *m* (Druckbehälter)
es presión *m* de reventamiento (recipientes a presión)
fr pression *f* d'éclatement

0747
en **butane-diol**; butylene glycol
de Butandiol *n*; Butylenglycol *n*
es butanodiol *m*; butilenglicol *m*
fr butanediol *m*; butylène glycol *m*

0748
en **butanol**; butyl alcohol
de Butanol *m*; Butylalkohol *m*
es butanol *m*
fr butanol *m*; alcool *m* butylique

0749
en **butcher**
de Metzger *m*; Fleischer *m*
es carnicero *m*; charcutero *m*
fr boucher *m*

0750
en **butchery**; butchers' shop
de Metzgerei *f*; Fleischerei *f*
es carnicería *f* (comercio)
fr boucherie *f*

0751
en **butchery**; butchering
de Metzgergewerbe *n*; Fleischergewerbe *n*; Schlachtergewerbe *n*
es carnicería *f* (industria)
fr activité *f* bouchère; activité *f* de boucherie; industrie *f* de la viande

0752
en **butt**
de Butt *m*
es pescado *m* plano
fr poisson *m* plat

0753
en **butter**
de Butter *f*
es mantequilla *f*
fr beurre *m*

0754
en **butter colouring agent**
de Butterfarbe *f*; Butterfarbstoff *m*
es colorante *m* para mantequilla
fr agent *m* de coloration du beurre; colorant *m* du beurre

0755
en **butterfat**; milk fat
de Milchfett *n*; Butterfett *n*
es grasa *f* láctea
fr matière *f* grasse du lait

0756
en **butterfly valve**
de Klappenventil *n*
es válvula *f* de mariposa
fr soupape *f* à clapet; robinet *m* à papillon

0757
en **butter judging**; butter scoring; butter grading
de Butterprüfung *f*; Butterbeurteilung *f*; Butterbewertung *f*
es puntuación *f* de la mantequilla; calificación *f* de la mantequilla
fr contrôle *m* du beurre; vérification *f* du beurre; appréciation *f* du beurre; évaluation *f* du beurre; classement *m* du beurre

0758
en **buttermaker**
de Buttermeier *m*
es mantequero *m*; fabricante *m* de mantequilla
fr fabricant *m* de beurre

0759
en **buttermaking**; churning; creamery
de Butterfertigung *f*; Butterei *f*; Buttern *n*
es fabricación *f* de mantequilla; batido *m* (de mantequilla)
fr fabrication *f* du beurre; barattage *m*

0760
en **buttermilk**
de Buttermilch *f*
es mazada *f*; suero *f* de mantequilla
fr babeurre *m*

0761
en **butter packing machine**; butter wrapping machine
de Butterpackmaschine *f*; Butterabpackmaschine *f*
es empaquetadora *f* de mantequilla
fr emballeuse *f* de beurre; mouleuse-empaqueteuse *f* de beurre

0762
en **butter paper**; butter wrapper
de Buttereinwickler *m*
es envoltura *f* de la mantequilla
fr papier *m* d'emballage de beurre

0763
en **butter renovating**
de Auffrischen *n* von Butter
es regeneración *f* de la mantequilla
fr rénovation *f* du beurre

0764
en **butter sampler**; butter trier
de Butterbohrer *m* (Gerät zur Probenahme von Butter)
es sonda *f* para mantequilla
fr sonde *f* à beurre

0765
en **butter starter**; butter culture
de Rahmsäuerungskultur *f*; Buttersäurewecker *m*
es cultivo *m* para mantequilla; fermento *m* para mantequilla
fr ferment *m* lactique pour crème; culture *f* starter pour crème

0766
en **butyric**
de buttersäureartig (Geruch)
es butírico (olor)
fr butyrique

0767
en **butyric acid**
de Buttersäure *f*
es ácido *m* butírico
fr acide *m* butyrique

0768
en **by-catch**
de Beifang *m* (Fischerei)
es captura *f* acompañante (pesca)
fr prise *f* secondaire; prise *f* annexe

0769
en **by-product**
de Nebenprodukt *n* (bes. verwertbares Nebenprodukt)
es subproducto *m*
fr sous-produit *m*; co-produit *m*

0770
en **by the barrel**
de faßweise
es por barriles
fr par tonneau; par fût

0771
en **by the glass**
de glasweise
es por vasos
fr par verre

C

0772
en **cabbage**
de Kohl *m* (Pflanze)
es col *f* (planta)
fr choux *m*

0773
en **cabbage**; cole; kale
de Kohl *m* (Pflanzenteile)
es col *f* (parte de la planta)
fr choux *m*

0774
en **cabinet dryer**; compartment dryer; chamber dryer
de Kammertrockner *n*
es secadora *f* de cámara
fr sécheur *m* à compartiments; sécheur *m* à chambres

0775
en **cacao**; cacao tree
de Kakaostrauch *m*
es cacao *m* (árbol)
fr cacaotier *m*; cacaoyer *m*

0776
en **cadmium**
de Cadmium *n*
es cadmio *m*
fr cadmium *m*

0777
en **caffeic acid**
de Kaffeesäure *f*
es ácido *m* cafeico
fr adice *m* caféique

0778
en **caffeine**; caffein
de Coffein *n*
es cafeína *f*
fr caféine *f*

0779
en **cage press**
de Etagenpresse *f*
es prensa *f* de pisos
fr presse *f* à plateaux multiples

0780
en **cajeput oil**
de Cajeputöl *n*
es aceite *m* de cajeput
fr essence *f* de Cajeput; essence *f* de Niaouli

0781
en **cake**
de Kuchen *m*
es pastel *m*; bizcocho *m*
fr gâteau *m*

0782
en **cake**
de Bratling *m* (aus Fisch, Fleisch, Gemüse, Teig usw.)
es pastel *m* (de pescado, carne, verdura, masa, etc.)
fr pâté *m* en croûte

0783
en **cake ice**; block ice
de Blockeis *n*
es barra *f* de hielo
fr bloc *m* de glace; barre *f* de glace; pain *m* de glace

0784
en **cake mould**; cake tin
de Kuchenform *f* (bes. Kastenform)
es molde *m* de pastelería
fr moule *m* à gâteau; moule *m* à cake; moule *m* à brioche

0785
en **cake removal**
de Entfernung *f* des Filterkuchens (Filterpresse)
es separación *f* de la torta de filtración
fr dépose *f* du gâteau de filtration; dépose *f* du cake de filtration

0786
en **calamary**; calamar; longfinned squid; common squid
de Gemeiner Kalmar *m*; Kalmar *m*
es calamar *m*
fr calmar *m*; encornet *m*

0787
en **calamus oil**
de Kalmusöl *n*
es aceite *m* de cálamo
fr huile *f* essentielle d'acore; huile *f* essentielle de calamus

0788
en **calciferol**
de Calciferol *n*; Vitamin D *n*
es calciferol *m*; vitamina *f* D
fr calciférol *m*; vitamine D *f*

0789
en **calcification**
de Verkalkung *f*; Kalkablagerung *f*
es calcificación *f*
fr calcification *f*; dépôt *m* de calcaire; entartrage *m*

0790
en **calcify**
de verkalken
es calcificar
fr calcifier; entartrer

0791
en **calcination**
de Calcinierung *f*; Calcinieren *n*; Röstung *f*; Rösten *n*
es calcinación *f*
fr calcination *f*

0792
en **calcium**
de Calcium *n*
es calcio *m*
fr calcium *m*

0793
en **calendar**
de Kalander *m*
es calandria *f*
fr calandre *f*

0794
en **calf**
de Kalb *n*
es ternera *f*
fr veau *m*

0795
en **calibrate**
de nach Dicke sortieren (Gemüse)
es calibrar; clasificar por grosor (hortalizas)
fr trier par grosseur; trier par calibre; trier par taille

0796
en **caloric**
de kalorisch
es calórico
fr calorique

0797
en **calorie**
de Kalorie *f*
es caloría *f*
fr calorie *f*

0798
en **calorie reduced food**
de brennwertvermindertes Lebensmittel *n*
es alimento *m* bajo en calorías
fr aliment *m* réduit en calories; aliment *m* appauvri en calories; aliment *m* allégé; aliment *m* hypocalorique

0799
en **calorific value**; calorie value; calorie content; energy content
de Brennwert *m*; Kaloriengehalt *m*; Energiegehalt *m*
es valor *m* calórico; contenido *m* de calorías
fr valeur *f* calorique; valeur *f* énergétique; contenu *m* énergétique

C

0800
en **can**; canister
de Blechdose *f*; Dose *f*; Blechbüchse *f*; Büchse *f*
es lata *f*; bote *m*
fr boîte *f* métallique; boîte *f* en fer blanc; bidon *m*

0801
en **can**; tin GB
de Konservendose *f*
es lata *f* de conserva
fr boîte *f* de conserve

0802
en **can**; tin GB; pack US; tin can GB
de eindosen; in Dosen einmachen; konservieren
es enlatar
fr mettre en boîte; mettre en conserve

0803
en **can body**; body
de Dosenrumpf *m* (Konservendose)
es cuerpo *m* de la lata (latas de conserva)
fr corps *m* de boîte

0804
en **can closing machine**; can closer US; seamer; can seaming machine; double seamer
de Dosenverschließmaschine *f*; Dosenbördelmaschine *f*
es máquina *f* para cerrar latas de conserva
fr fermeuse *f* de boîtes de conserves; sertisseuse *f*

0805
en **candelilla wax**
de Candelillawachs *n*
es cera *f* de candelilla
fr cire *f* de Candellila

0806
en **candied lemon peel**
de Citronat *n*
es cáscara *f* de limón confitada
fr confit *m* d'écorce de citron; confit *m* de zeste de citron

0807
en **candied orange peel**
de Orangeat *n*
es cáscara *f* de naranja confitada
fr confit *m* d'écorce d'orange; confit *m* de zeste d'orange

0808
en **candied peel**; succade; dried peel; sweetmeats
de Sukkade *f*
es cáscaras *pl f* de cítricos confitadas
fr confit *m* d'écorce

0809
en **candle**
de durchleuchten (Eier)
es examinar al trasluz (huevos)
fr mirer

0810
en **candle filter**
de Kerzenfilter *n*
es filtro *m* de bujía
fr filtre-bougie *m*

0811
en **candy**; candy sugar; rock candy US; rock GB
de Kandiszucker *m*; Kandis *m*
es azúcar *f* cande
fr sucre *m* candi

0812
en **candy**; crystallize; comfit; glace US; glaze GB
de kandieren; mit Zucker überziehen
es confitar; glasear
fr candire; glacer; confire

0813
en **candy depositor**
de Bonbongießanlage *f*
es moldeadora *f* de caramelos
fr installation *f* de moulage pour bonbons; mouleuse *f* de bonbons

0814
en **candy roller**; drop roller
de Bonbonwalze *f*; Bonbonrollmaschine *f*
es rodillo *m* para caramelos
fr aplatisseur *m* de masse cuite; aplatisseur *m* de bonbons

0815
en **candy stamping machine**; sweet stamping machine; bonbon stamping machine; tabletter
de Bonbonprägemaschine *f*
es máquina *f* troqueladora de caramelos
fr presse *f* à découpage de bonbons; presse-découpeuse *f* de bonbons

0816
en **cane juice**
de Zuckerrohrsaft *m*
es jugo *m* de caña de azúcar
fr jus *m* de canne à sucre; vesou *m*

0817
en **can end**
de Dosendeckel *m*; Dosenboden *m* (Konservendose)
es tapa *f* de la lata; fondo de la lata (conservas)
fr couvercle *m* de boîte de conserve

0818
en **cane sugar**
de Rohrzucker *m*
es azúcar *m* de caña
fr sucre *m* de canne

0819
en **cane sugar mill**; cane sugar factory
de Rohrzuckerfabrik *f*
es fábrica *f* de azúcar de caña; ingenio *m* de azúcar
fr fabrique *f* de sucre de canne; usine *f* de sucre de canne; sucrerie *f*

0820
en **cane syrup**
de Rohrzuckersirup *m*
es jarabe *m* de azúcar de caña
fr sirop *m* de sucre de canne

0821
en **canned food**; tinned food GB
de Dosenkonserve *f*; Konserve *f*
es conserva *f* enlatada; alimento *m* enlatado
fr conserve *f*; conserve *f* alimentaire; aliment *m* en boîte de conserve

0822
en **canner**; packer US; tinner GB
de Konservenhersteller *m*; Konservenfabrikant *m*
es fabricante *m* de conservas
fr conserveur *m*; fabricant *m* de conserves

0823
en **canning**; packaging US; packing; tinning GB
de Konservenherstellung *f*; Konservenfabrikation *f*; Konservierung *f* in Dosen; Eindosen *n*
es enlatado *m*; fabricación *f* de conservas; conservación *f* en latas
fr mise *f* en conserve; fabrication *f* de conserves

C

0824
en **canning line**
de Dosenabfüllinie *f*; Dosenfüllkolonne *f*
es línea *f* de enlatado
fr ligne *f* de remplissage de boîtes de conserves; remplisseuse-conditionneuse *f* de boîtes de conserve

0825
en **can opener**; tin opener GB
de Dosenöffner *m*; Büchsenöffner *m*
es abrelatas *m*
fr ouvre-boîte *m*

0826
en **can sprinkling cooler**; cascade milk cooler; irrigation cooler
de Kannen-Berieselungskühler *m* (Milchkannen)
es refrigerante *m* de cántaras por aspersión (leche)
fr refroidisseur *m* à ruissellement pour bidons; asperseur *m* pour bidons

0827
en **canthaxanthin**
de Canthaxanthin *n*
es cantaxantina *f*
fr canthaxantine *f*

0828
en **can washer**
de Kannenwaschmaschine *f* (Milchkannen)
es lavadora *f* de cántaras (leche)
fr laveuse *f* de bidons; laveuse-rinceuse *f* de bidons

0829
en **cap**
de Hut *m* (Pilz)
es sombrerillo *m* (hongos)
fr chapeau *m*

0830
en **cap**
de Verschluß *m*; Kapsel *f*; Kappe *f*
es cierre *m*; cápsula *f*
fr capsule *f*

0831
en **capacity**
de Kapazität *f*; Fassungsvermögen *n*; Inhalt *m*
es capacidad *f*
fr capacité *f*; contenu *m*; contenance *f*

0832
en **CA-packaging**; controlled atmosphere packaging; gas packing
de Abpackung *f* unter Schutzgas
es envasado *m* en atmósfera controlada
fr conditionnement *m* sous atmosphère contrôlée; conditionnement *m* sous gaz protecteur

0833
en **capillary syrup**
de Kapillärsirup *m*; Bonbonsirup *m*
es jarabe *m* para caramelos; jarabe *m* a punto de hebra
fr sirop *m* pour bonbons

0834
en **caprate**
de Caprat *n*
es caprato *m*
fr caprate *m*

0835
en **capric acid**; decanoic acid
de Caprinsäure *f*
es ácido *m* cáprico; ácido *m* decanoico
fr acide *m* caprique; acide *m* décanoïque

0836
en **caprine**
de ziegenartig
es caprino
fr caprin

0837
en **caproic acid**; capronic acid; hexanoic acid
de Capronsäure *f*
es ácido *m* caproico; ácido *m* hexanoico
fr acide *m* caproïque; acide *m* héxanoïque

0838
en **caprylate**
de Caprylat *n*
es caprilato *m*
fr caprylate *m*

0839
en **caprylic acid**; octanoic acid
de Caprylsäure *f*
es ácido *m* caprílico; ácido *m* octanoico
fr acide *m* caprylique; acide *m* octanoïque

0840
en **capsaicin**
de Capsaicin *n*
es capsaicina *f*
fr capsaïcine *f*

0841
en **capsanthin**
de Capsanthin *n*
es capsantina *f*
fr capsanthine *f*

0842
en **capsicum**
de Paprika *f*; Spanischer Pfeffer *m* (Pflanze)
es pimiento *m* (planta)
fr piment *m*; paprika *m*; poivron *m*

0843
en **capsuling machine**; capping machine; capper
de Kapselmaschine *f*; Kapselaufsetzer *m*
es máquina *f* para capsular botellas; capsuladora *f*
fr capsuleuse *f*; machine *f* à capsuler

0844
en **caramel colour I**; plain caramel; caustic caramel; spirit caramel
de einfache Alkohol-Zucker-Kulör *f*; kaustische Kulör *f* (hergestellt durch kontrollierte Hitzeeinwirkung auf Kohlenhydrate mit o. ohne Laugen o. Säuren)
es colorante *m* caramelo I; caramelo *m* simple
fr caramel I *m*; caramel *m* simple; caramel *m* courant

0845
en **caramel colour II**; caustic sulfite process caramel; caustic sulfite caramel
de Sulfitlaugen-Zuckerkulör *f*; kaustische Sulfitkulör *f* (hergestellt durch kontrollierte Hitzeeinwirkung auf Kohlenhydrate mit sulfithaltigen Verbindungen)
es colorante *m* caramelo II; caramelo *m* sulfitado
fr caramel II *m* (procédé à la lessive sulfitique caustique)

0846
en **caramel colour III**; ammonia caramel; beer caramel
de Ammoniakzuckerkulör *f* (hergestellt durch kontrollierte Hitzeeinwirkung auf Kohlenhydrate mit Ammoniumverbindungen)
es colorante *m* caramelo III; caramelo *m* amoniacal
fr caramel III *m* (procédé à l'ammoniac)

0847
en **caramel colour IV**; ammonia sulfite caramel; soft-drink caramel; sulfite ammonia caramel
de Ammoniaksulfitzuckerkulör *f* (hergestellt durch kontrollierte Hitzeeinwirkung auf Kohlenhydrate mit ammonium- u. sulfithaltigen Verbindungen)
es colorante *m* caramelo IV; caramelo *m* sulfitado amoniacal
fr caramel IV *m* (procédé au sulfite d'ammonium)

0848
en **caramelization**; caramelizing
de Karamelisierung *f*
es caramelización *f*
fr caramélisation *f*

0849
en **caramelize**
de karamelisieren
es caramelizar
fr caraméliser

0850
en **caraway**
de Kümmel *m*
es alcaravea *f*; carvi *m*; comino *m* de prado
fr cumin *m*; carvi *m*

0851
en **carbamate**
de Carbamat *n*; Carbaminat *n*
es carbamato *m*
fr carbamate *m*

0852
en **carbohydrate**
de Kohlenhydrat *n*
es hidrato *m* de carbono
fr glucide *m*; hydrate *m* de carbone

0853
en **carbo medicinalis**
de Carbo *f* medicinalis; medizinische Kohle *f*
es carbón *m* medicinal
fr carbo *m* medicinalis; charbon *m* médicinal

0854
en **carbon**
de Kohlenstoff *m*
es carbono *m*
fr carbone *m*

0855
en **carbonate**
de Carbonat *n*
es carbonato *m*
fr carbonate *m*

0856
en **carbonate**
de mit Kohlensäure versetzen; mit Kohlensäure imprägnieren
es carbonatar
fr carbonater; saturer en gaz carbonique

0857
en **carbonation**
de Kohlensäurebehandlung *f*; Karbonisierung *f*
es carbonatación *f*
fr carbonatation *f*; saturation *f* en gaz carbonique

0858
en **carbon black**
de Pflanzenkohle *f*; vegetabilische Kohle *f*; Holzkohle *f*
es carbon *m* vegetal
fr noir *m* de carbone; noir *m* végétal; charbon *m* végétal

0859
en **carbon dioxide**; carbonic anhydride
de Kohlendioxid *n*; Kohlensäure *f*
es dióxido *m* de carbono; anhídrido *m* carbónico
fr dioxyde *m* de carbone; gaz *m* carbonique; anhydride *m* carbonique

0860
en **carboxymethyl cellulose**; CMC
de Carboxymethylcellulose *f*
es carboximetilcelulosa *f*
fr carboxyméthylcellulose *f*; CM cellulose *f*

0861
en **carboxymethyl starch**
de Carboxymethylstärke *f*
es carboximetilalmidón *m*
fr carboxyméthylamidon *m*

0862
en **carcass**; carcase
de Schlachtkörper *m*; Karkasse *f*
es canal *f* (carnicería)
fr carcasse *f*

0863
en **cardboard**; board; paperboard; cartonboard; fibreboard
de Pappe *f*; Karton *m* (Material)
es cartón *m* (material)
fr carton *m*

0864
en **caries**
de Karies *f*
es caries *f*
fr carie *f*

0865
en **carnauba wax**
de Carnaubawachs *n*
es cera *f* de carnauba
fr cire *f* de Carnauba

0866
en **carnitine**
de Carnitin *n*
es carnitina *f*
fr carnitine *f*

0867
en **carnosine**
de Carnosin *n*
es carnosina *f*
fr carnosine *f*

0868
en **carotene**; carotin
de Carotin *n*
es caroteno *m*; carotina *f*
fr carotène *m*

0869
en **carotenoid**
de Carotinoid *n*
es carotenoide *m*; carotinoide *f*
fr caroténoïde *m*

0870
en **carp**; pondfish; pond carp
de Karpfen *m*
es carpa *f* (pescado)
fr carpe *f*

0871
en **carrageen**; carrageenan; chondrus extract; Irish moss; Irish moss; gelose
de Carrageen *n*; Carrageenat *n*; Carragenin *n*; Irländisch Moos *n*
es carragenina *f*
fr carraghénanes *pl m*; carraghénates *pl m*

0872
en **carrier**; vehicle
de Trägerstoff *m*; Träger *m*; Trägersubstanz *f*
es vehículo *m*; soporte *m*; portador *m*
fr entraîneur *m*; support *m*; produit *m* entraîneur; produit *m* vecteur

C

0873
en **carrier solvent**
de Trägerlösemittel *n*
es vehículo *m* disolvente; soporte *m* disolvente
fr solvant *m* entraîneur

0874
en **carrot**
de Karotte *f*
es zanahoria *f*
fr carotte *f*

0875
en **carry over**
de (Übergang eines Zusatzstoffes von einem Lebensmittel auf ein anderes während der Verarbeitung)
es (migración del aditivo de un alimento a otro durante la elaboración)
fr (passage de l'additif d'un ingrédient au produit final)

0876
en **carton**; cardboard box
de Pappkarton *m*; Karton *m*; Pappschachtel *f*; Schachtel *f*
es caja *f* de cartón
fr carton *m*; cartonnage *m*; boîte *f* en carton; caisse *f* en carton

0877
en **carton blank**
de Schachtelzuschnitt *m*
es corte *m* de caja (de cartón)
fr découpe *f* à plat

0878
en **cartridge filter**
de Kartuschenfilter *n*; Patronenfilter *n*
es filtro *m* de cartucho
fr filtre *m* à cartouche; cartouche *f* filtrante

0879
en **carve**
de tranchieren; zerlegen; vorschneiden
es trinchar
fr trancher; découper

0880
en **carvone**
de Carvon *n*
es carvona *f*
fr carvone *f*

0881
en **cascade dryer**
de Kaskadentrockner *m*
es secador *m* en cascada
fr sécheur *m* à cascade

0882
en **case**; chest; box
de Kiste *f*; Kasten *m*
es caja *f*; cajón *f*
fr caisse *f*; boîte *f*; coffre *m*

0883
en **casehardening**
de Oberflächenverhärtung *f* (durch zu schnelle Trocknung)
es endurecimiento *m* superficial (por secado demasiado rápido)
fr durcissement *m* de surface

0884
en **casein**
de Kasein *n*
es caseína *f*
fr caséine *f*

0885
en **caseinate**
de Kaseinat *n*
es caseinato *m*
fr caséinate *m*

0886
en **case liner**
de Verpackungseinsatz *m*
es forro *m* de embalaje; relleno *m* de embalaje
fr doublure *f* d'un emballage; couverture *f* d'un emballage

0887
en **cash crop**
de (zum Export bestimmte tropische Ernteerzeugnisse)
es (producto *m* tropical destinado a la exportación)
fr (produits tropicaux spécifiques destinés à l'exportation)

0888
en **cashew nut**
de Kaschunuß *f*
es anacardo *m*; acajú *m*
fr noix *m* de cajou

0889
en **casing**
de Umhüllung *f*; Überzug *m*
es envoltura *f*; recubrimiento *m*
fr couverture *f*; enrobage *m*; garniture *f*; nappage *m*

0890
en **cask**
de auf Fässer füllen; in Fässer abfüllen
es embarrilar
fr enfûter; enfûtailler

0891
en **casky taste**
de Faßgeschmack *m*
es gusto *m* de barril; sabor *m* de barril
fr goût *m* de fût

0892
en **cassava**; manioc; manihot; tapioka
de Manioka *f*; Cassava *f*
es mandioca *f*; yuca *f*
fr manioc *m*

0893
en **casse**
de Bruch *m* (Niederschlagsbildung bei Wein)
es quiebra *f* (vino)
fr casse *f*

0894
en **cassia bark**; Chinese cassia bark; Chinese cinnamon bark
de Kassiarinde *f*; Kaneel *m*; Chinesische Zimtrinde *f*
es canela *f* de China
fr écorce *f* de cassia; cannelle *f* de Chine

0895
en **caster**; castor; duster
de Streudose *f*; Streuer *m*
es espolvoreador *m*
fr saupoudreuse *f*

0896
en **caster sugar GB**; castor sugar GB
de Streuzucker *m*
es azúcar *m* en polvo; azúcar *m* molido
fr sucre *m* en poudre; sucre *m* semoule

0897
en **CA-storage**; controlled atmosphere storage; gas storage
de Gaslagerung *f*; Lagerung *f* in kontrollierter Atmosphäre; Lagerung *f* unter Schutzgas
es almacenamiento *m* en atmósfera controlada
fr entreposage *m* sous atmosphère contrôlée; stockage *m* sous gaz protecteur

C

0898
en **CA-storage room**; controlled atmosphere storage room; gas store
de Gaslager *n*; CA-Lagerraum *m*; Lagerraum *m* mit kontrollierter Atmosphäre
es almacén *m* con átmosfera controlada
fr chambre *f* d'entreposage sous atmosphère contrôlée; chambre *f* de stockage sous gaz protecteur

0899
en **castor oil**; ricinus oil
de Rizinusöl *n*
es aceite *m* de ricino
fr huile *f* de ricin

0900
en **catabolism**
de Katabolismus *m*
es catabolismo *m*
fr catabolisme *m*

0901
en **Catadyn process**
de Katadynverfahren *n*; Silberung *f*
es proceso *m* Katadyn
fr procédé *m* catadyne

0902
en **catalyst**; catalyzer
de Katalysator *m*
es catalizador *m*
fr catalyseur *m*

0903
en **catch**
de fangen (Fischerei)
es capturar (pesquería)
fr attraper; prendre

0904
en **catechin**
de Catechin *n*
es catequina *f*
fr catéchine *f*

0905
en **catering GB**; food service US
de Belieferung *f* mit Lebensmitteln; Versorgung *f* mit Lebensmitteln
es aprovisionamiento *m* de alimentos
fr service *m* traiteur; livraison *f* par traiteur

0906
en **cation exchanger**
de Kationenaustauscher *m*
es cambiador *m* de cationes
fr échangeur *m* de cations; échangeur *m* cationique

0907
en **cattle**; beef cattle
de Rindvieh *n*
es ganado *m* vacuno
fr bovin *m*; bétail *m*; bestiaux *pl m*

0908
en **caucasian**
de Europäer *m* (Mensch europäischer Abstammung) (Ernährungskunde)
es caucásico *m* (de ascendencia europea)
fr européen *m*

0909
en **caviar**; caviare; black caviar; black caviare
de Kaviar *m*; schwarzer Kaviar *m*
es caviar *m*
fr caviar *m*

0910
en **Cayenne pepper**; chilli; chili; pepper; red pepper; capsicum
de Cayennepfeffer *m*; Chillies *pl*
es guindilla *f*
fr poivre *m* de Cayenne; piment *m* à petits fruits; poivre *m* de Tabasco

0911
en **celeriac**; rooted celery; turnip-rooted celery; German celery
de Knollensellerie *m* u. *f*; Wurzelsellerie *m* u. *f*
es apio *m* (nabo)
fr céleri-rave *m*

0912
en **celery**
de Sellerie *m* u. *f*;
es apio *m* (planta)
fr céleri *m*

0913
en **cellar**
de Keller *m*
es bodega *f*; sotano *m* (para viveres)
fr cave *f*; cellier *m*

0914
en **cellar**
de einkellern; im Keller einlagern
es embodegar
fr encaver; mettre en cave

0915
en **cellobiose**
de Cellobiose *f*
es celobiosa *f*
fr cellobiose *m*

0916
en **cellophane**
de Cellophan *n*
es celofán *m*
fr cellophane *m*

0917
en **cell-type drum filter**
de Zellen-Trommelfilter *n*
es filtro *m* de tambor de tipo celular
fr filtre *m* à tambour à cellules; filtre *m* à tambour à alvéoles

0918
en **cellular**; aerated
de leicht; luftig (Struktur)
es celular; esponjoso (estructura)
fr alvéolaire; cellulaire

0919
en **cellulose**
de Cellulose *f*
es celulosa *f*
fr cellulose *f*

0920
en **cellulose casing**
de Schäldarm *m* (Wursthülle)
es envoltura *f* de celulosa (embutidos)
fr boyau *m* de cellulose

0921
en **cellulose ester**
de Celluloseester *m*
es éster *m* de celulosa
fr ester *m* de cellulose

0922
en **cellulose ether**
de Celluloseether *m*
es éter *m* de celulosa
fr éther *m* de cellulose

0923
en **centre GB**; center US
de Füllung *f*; Einlage *f* (Süßwaren)
es relleno *m* (dulces)
fr fourrage *m*

0924
en **centrifugal**; separator bowl
de Zentrifugentrommel *f*
es tambor *m* de centrifugación
fr tambour *m* de centrifugeuse

C

0925
en **centrifugal backing**
de Zentrifugenstützsieb *n*
es tamiz *m* de apoyo de la centrifugadora
fr crible *m* de renforcement de centrifigeuse

0926
en **centrifugal clarification**
de Klären *n* durch Zentrifugieren
es clarificación *f* por centrifugación
fr clarification *f* par centrifugation

0927
en **centrifugal clarifier**; sharples centrifuge
de Klärzentrifuge *f*; Klärschleuder *f*
es clarificadora *f* centrífuga
fr centrifugeuse *f* de clarification; essoreuse *f* de clarification; clarificateur *m* centrifuge; centrifugeuse *f* sharples

0928
en **centrifugal disk atomizer**
de Fliehkraftzerstäuber *m*
es pulverizador *m* centrífugo
fr vaporisateur *m* centrifuge; atomiseur *m* centrifuge

0929
en **centrifugal disk spray wheel**; spinning disk atomizer
de Zerstäuberscheibe *f*
es pulverizador *m* de placa giratoria
fr disque *m* de vaporisateur centrifuge; disque *m* d'atomiseur centrifuge

0930
en **centrifugal film evaporator**
de Verdampferzentrifuge *f*
es evaporador *m* centrífugo
fr centrifugeuse *f* à évaporation; évaporateur *m* centrifuge

0931
en **centrifugal filter**
de Schleuderfilter *n*
es filtro *m* centrífugo
fr filtre *m* centrifuge

0932
en **centrifugal pump**; impeller pump
de Kreiselpumpe *f*; Rotationspumpe *f*; Zentrifugalpumpe *f*
es bomba *f* centrífuga
fr pompe *f* centrifuge; pompe *f* rotative

0933
en **centrifugal screen**
de Zentrifugensieb *n*
es tamiz *m* centrífugo
fr crible *m* centrifuge; tamis *m* centrifuge

0934
en **centrifuge**; centrifugal; separator
de Zentrifuge *f*; Separator *m*
es centrifugadora *f*
fr centrifugeuse *f*

0935
en **centrifuge**
de zentrifugieren; abschleudern
es centrifugar
fr centrifuger

0936
en **centrifuge basket**
de Zentrifugenkorb *m*; Schleuderkorb *m*
es cesta *f* de centrifugadora
fr panier *m* de centrifugeuse; panier *m* d'essoreuse

0937
en **centrifuge desludger**
de Entschlammungszentrifuge *f*
es centrifugadora *f* desfangadora
fr extracteur *m* centrifuge à boues; centrifugeuse *f* à boues

0938
en **cep**; boletus; penny bun
de Steinpilz *m*; Herrenpilz *m*
es boleto *m* comestible
fr cèpe *m*; bolet *m*

0939
en **ceramic**
de keramisch
es cerámico
fr en céramique; céramisé

0940
en **ceramic label**
de Einbrennetikett *n*
es etiqueta *f* pirograbada
fr plaque-étiquette *f* en céramique; plaquette *f* céramisée

0941
en **ceramics**
de Keramik *f*
es material *f* cerámico
fr céramique *f*

0942
en **cereal**; cereal product
de Getreideprodukt *n*
es producto *m* de cereales
fr céréales *pl f*; produits *pl m* céréaliers

0943
en **cereal coffee**
de Getreidekaffee *m*
es café *m* de cereales
fr café *m* de céréales

0944
en **cerotic acid**; hexacosanoic acid
de Cerotinsäure *f*; n-Hexakosansäure *f*
es ácido *m* cerótico; ácido *m* hexacosanoico
fr acide *m* cérotique; acide *m* hexacosanoïque

0945
en **certificate**
de Zertifikat *n*; amtliche Bescheinigung *f*
es certificado *m*
fr certificat *m*; attestation *f*

0946
en **certified color US**
de zertifizierter Farbstoff *m*
es colorante *m* certificado
fr colorant *m* autorisé; colorant *m* certifié

0947
en **certified milk**; designated milk
de Vorzugsmilch *f*
es leche *f* certificada
fr lait *m* conforme à la règlementation

0948
en **cetyl alcohol**
de Cetylalkohol *m*
es alcohol *m* cetílico
fr alcool *m* cétylique

0949
en **Ceylon cinnamon bark**; cinnamon bark; cinnamon
de Ceylonzimt *m*; Zimt *m*
es canela *f*
fr cannelle *f*

0950
en **chain and bucket elevator**
de Becherwerk *n* mit Kettenführung
es elevador *m* de cadena y cangilones
fr élévateur *m* à chaîne et à godets; transporteur *m* à godets oscillants

0951
en **chain conveyer**
de Kettenförderer *m*
es transportador *m* de cadena
fr transporteur *m* à chaîne

C

0952
en **chalk**
de Kreide *f*
es creta *f*; tiza *f*
fr craie *f*

0953
en **chamber filter**
de Kammerfilter *n*
es filtro *m* de recámara
fr filtre *m* à chambre

0954
en **chamber filter press**; plate press
de Kammerfilterpresse *f*
es filtro-prensa *m* de recámara
fr filtre-presse *m* à chambre; filtre-presse *m* à plateaux

0955
en **chamomile oil**; camomile oil; German chamomile oil; Hungarian chamomile oil
de Kamillenöl *n*
es esencia *f* de manzanilla
fr essence *f* de camomille

0956
en **chanterelle**; true chanterelle; egg mushroom; girolle
de Pfifferling *m*
es rebozuelo *m*; seta *f* de San Juan
fr chanterelle *f*; girolle *f*

0957
en **chaptalization**
de Chaptalisierung *f*
es chaptalización *f*; azucarado *m* en seco (mosto)
fr chaptalisation *f*

0958
en **char**; coke
de verkohlen
es carbonizar
fr carboniser

0959
en **charcoal**; char
de künstliche Kohle *f*
es carbón *m* activo
fr charbon *m* de bois

0960
en **charcoal filter**
de Kohlefilter *n*
es filtro *m* de carbón activo
fr filtre *m* à charbon de bois

0961
en **chard**; Swiss chard US
de Mangold *m*
es acelga *f*
fr bette *f*; blette *f*

0962
en **charge**
de Ladung *f*; Frachtladung *f*
es carga *f*
fr charge *f*

0963
en **charge**
de beschicken (Backofen)
es cargar; alimentar
fr enfourner

0964
en **cheese**
de Käse *m*
es queso *m*
fr fromage *m*

0965
en **cheese coating**
de Käsedeckmasse *f*; Käseüberzugsmasse *f*
es recubrimiento *m* del queso
fr masse *f* pour couverture de fromage; couverture *f* pour fromage

0966
en **cheese curd**; curd; coagulum
de Käsebruch *m*; Dickete *f*
es cuajada *f* de quesería
fr caillé *m*; caillebotte *f*; coagulum *m*

0967
en **cheese loaf**
de Käselaib *m*
es barra *f* de queso
fr meule *f* de fromage

0968
en **cheese manufacturing machine**
de Käsefertiger *m*
es máquina *f* de fabricar queso
fr machine *f* de fabrication du fromage; machine *f* de finition du fromage

0969
en **cheese milk**
de Käsereimilch *f*
es leche *f* de quesería
fr lait *m* de fromagerie; lait *m* pour fromage

0970
en **cheese mould**; cheese mold US; cheese hoop; hoop
de Käseform *f* (zum Ausformen)
es molde *m* para queso
fr moule *m* à fromage

0971
en **cheese rack**
de Käselagergestell *n*
es estantería *f* para queso
fr étagère *f* à fromage; rayonnage *m* à fromage; claie *f* à fromage

0972
en **cheese rind**; cheese paring
de Käserinde *f*
es corteza *f* del queso
fr croûte *f* de fromage

0973
en **cheese ripening**; cheese curing
de Käsereifung *f*
es maduración *f* del queso; curado *m* del queso
fr maturation *f* du fromage; affinage *m*

0974
en **cheese ripening room**
de Käsereifungsraum *m*
es cámara *f* de maduración del queso
fr chambre *f* d'affinage; local *m* d'affinage; hâloir *m*; cave *f* de perfection

0975
en **cheese scoop**
de Käsestecher *m*; Käsebohrer *m*
es cucharón *m*; cazo *m* (quesería)
fr sonde *f* à fromage

0976
en **cheese smear**
de Käseschmiere *f*
es viscosidad *f* superficial (queso)
fr morge *f*

0977
en **cheese spread**
de Streichkäse *m*; Käseaufstrich *m*
es queso *m* para untar
fr fromage *m* à tartiner

0978
en **cheese vat**
de Käsewanne *f*
es cuba *f* de quesería; cuba *f* de cuajado
fr cuve *f* de fabrication du fromage; cuve *f* à fromage; cuve *f* de fromagerie

0979
en **cheese wax**; cheese coating wax
de Käsewachs *n*
es cera *f* para queso
fr cire *f* à fromage; cire *f* à enrober

C

0980
en **cheese with eyes**
de gelochter Käse *m*
es queso *m* con ojos
fr fromage *m* à yeux; fromage *m* à trous

0981
en **cheese wrapper**
de Käseeinwickler *m*
es envoltura *f* del queso
fr emballeuse *f* de fromage

0982
en **cheesy**
de käseartig; käsig
es caseoso
fr caséiforme; caséeux; similaire au fromage

0983
en **chemical flavour**; pharmaceutical flavour; pharmaceutical taste
de Chemikaliengeschmack *m*; Medizinalgeschmack *m*
es sabor *m* a medicina
fr goût *m* de produits chimiques; goût *m* de produits pharmaceutiques

0984
en **cherry**
de Kirsche *f*; Süßkirsche *f*
es cereza *f*
fr cerise *f*

0985
en **chestnut**; sweet chestnut; edible chestnut
de Eßkastanie *f*; Marone *f*
es castaña *f*
fr châtaigne *f*; marron *m*

0986
en **chest sweetbread**; neck sweetbread; throat sweetbread; sweetbread
de Bries *n*; Milcher *m*; Midder *n*
es lechecillas *pl f*; mollejas *pl f*
fr ris *m* de veau

0987
en **chewiness**; stickiness; adhesiveness; tackiness; toughness; liminess
de Klebrigkeit *f* (Textur)
es pegajosidad *f*; adhesividad *f*
fr nature *f* collante; nature *f* gluante; viscosité *f*; adhésivité *f*

0988
en **chewing gum**
de Kaugummi *m* u. *n*
es goma *f* de mascar
fr gomme *f* à mâcher; chewing-gum *m*

0989
en **chewy**; sticky; adhesive; tacky; tenacious; cohesive; adherent; tough; stringy; viscid
de klebrig; zäh (Textur)
es pegajoso; adherente (textura)
fr visqueux; gluant; collant; adhésif; dur; coriace

0990
en **chicken**; chicken meat
de Hühnchenfleisch *n*; Hähnchenfleisch *n*; Hühnchen *n* ; Hähnchen *n*
es carne *f* de pollo
fr poulet *m*; viande *f* de poulet; poussin *m*; coquelet *m*

0991
en **chick pea**; gram; bengal gram; garbanzo US
de Kirchererbse *f*
es garbanzo *m*
fr pois *m* chiche

0992
en **chicle**
de Chiclegummi *m* u. *n*
es chicle *m*; goma *f* de zapote
fr chicle *m*; gomme *f* chicle

0993
en **chicory GB**; endive US; witloof; succory; Belgian endive
de Chicoree *f*; Zichorie *f*
es achicoria *f*
fr chicorée *f* witloof; chicorée *f* de Bruxelles; endive *f*; endive *f* belge

0994
en **chill**
de Kälte *f*; Frische *f*
es frío *m*
fr froid *m*

0995
en **chill haze**
de Kältetrübung *f*; Kälteschleier *m* (Bier)
es enturbiamiento *m* por frío (cerveza)
fr trouble *m* froid

0996
en **chilling injury**; cold injury; cold storage injury; freezing injury; frost damage; frost injury
de Kühlschaden *m*; Kaltlagerschaden *m*; Kälteschaden *m*; Kühlhausschaden *m*; Gefrierschaden *m*
es deterioro *m* por refrigeración
fr dégât *m* de froid; dommage *m* de froid; dégât *m* de gel

0997
en **chilling shelf**
de Kühlregal *n*
es estantería *f* refrigerada
fr étagère *f* de réfrigération; étagère *f* réfrigérée

0998
en **chill proof**; cold stable; cold resistant
de kältebeständig; kältetrübungsstabil
es resistente al frío
fr stable au froid; stable au trouble à froid

0999
en **chill room**; cooling room; cooler; refrigerated cabinet; refrigerating chamber; cold storage room; cold room; refrigerator
de Kühlraum *m*
es cámara *f* de refrigeración
fr chambre *f* froide; chambre *f* réfrigérée

1000
en **chill stability**
de Kältestabilität *f*
es estabilidad *f* frente a la refrigeración
fr stabilité *f* au froid

1001
en **chill storage**
de Kühllagerung *f* (auf schmelzendem Eis)
es almacenamiento *m* refrigerado
fr entreposage *m* au froid; stockage *m* au froid; conservation *f* au froid

1002
en **china**; chinaware; china goods
de Porzellan *n* (bes. Gebrauchsporzellan)
es porcelana *f*
fr porcelaine *f*; faïence *f* fine; vaisselle *f* en porcelaine

1003
en **chine**
de (Rückenstück mit Wirbelsäule)
es espinazo *m*
fr échine *f*

1004
en **Chinese pepper**; anise pepper
de Japanpfeffer *m*; Chinapfeffer *m*
es pimienta *f* de Japón; cayutana *f*
fr poivre *m* de Chine; poivre *m* du Japon

1005
en **chip**
de Span *m*; Schnitzel *n*; Splitter *m*
es viruta *f*; tira *f* fina
fr copeau *m*; éclat *m*; tranche *f*; rondelle *f*; brisure *f*

1006
en **chip**
de schnitzeln; in dünne Streifen schneiden
es cortar en virutas; cortar en tiras finas
fr découper en tranche; trancher

1007
en **chips BE**; potato chips BE; french fried potatoes US; french fries US
de Pommes frites *pl*
es patatas *pl f* fritas
fr pommes *pl f* frites; pommes *pl f* de terre frites

1008
en **chitin**
de Chitin *n*
es quitina *f*
fr chitine *f*

1009
en **chive**
de Schnittlauch *m*
es cebollino *m* común; cebollino *m* francés
fr ciboulette *f*

1010
en **chloride**; hydrochloride
de Chlorid *n*
es cloruro *m*
fr chlorure *m*

1011
en **chlorinate**
de chloren
es clorar
fr chlorer; javelliser

1012
en **chlorinated lime**
de Chlorkalk *m*
es hipoclorito *m* cálcico
fr hypochlorite *m* de calcium

1013
en **chlorine**
de Chlor *n*
es cloro *m*
fr chlore *m*

1014
en **chlorogenic acid**
de Chlorogensäure *f*
es ácido *m* clorogénico
fr acide *m* chlorogénique

1015
en **chlorophyll**
de Chlorophyll *n*
es clorofila *f*
fr chlorophylle *f*

1016
en **chlorophyll copper complex**
de Chlorophyll-Kupfer-Komplex *m*; kupferhaltiger Komplex *m* der Chlorophylle
es complejo *m* clorofila-cobre
fr complexe *m* cuivrique de chlorophylle

1017
en **chlorophyllin copper complex**
de Chlorophyllin-Kupfer-Komplex *m*; kupferhaltiger Komplex *m* der Chlorophylline
es complejo *m* clorofilina-cobre
fr complexe *m* cuivrique de chlorophylline

1018
en **chocolate**
de Schokolade *f*
es chocolate *m*
fr chocolat *m*

1019
en **chocolate bar**
de Schokoladetafel *f*
es tableta *f* de chocolate
fr tablette *f* de chocolat

1020
en **chocolate biscuit GB**; chocolate cooky US
de Schokoladeplätzchen *n*
es galleta *f* de chocolate
fr petit gâteau *m* au chocolat; biscuit *m* au chocolat

1021
en **chocolate coating machine**
de Schokoladeüberziehmaschine *f*
es máquina *f* para recubrimiento con chocolate
fr enrobeuse *f* de chocolat; enrobeuse-tempéreuse *f* de chocolat

1022
en **chocolate confection**; chocolate confectionery
de Schokoladeware *f*
es dulces *pl m* de chocolate
fr produit *m* en chocolat; article *m* en chocolat; fabrication *f* en chocolat

1023
en **chocolate cream**
de Schokoladecreme *f*
es crema *f* de chocolate
fr crème *f* au chocolat

1024
en **chocolate figure**
de Schokoladefigur *f*
es figura *f* de chocolate
fr figurine *f* en chocolat

1025
en **chocolate filling**; chocolate centre
de Schokoladefüllung *f*
es relleno *m* de chocolate
fr fourrage *m* au chocolat

1026
en **chocolate fudge**
de Schokoladeweichkaramelle *f*
es caramelo *m* blando de chocolate
fr caramel *m* grainé au chocolat; caramel *m* recristallisé fudge au chocolat

1027
en **chocolate icing**; chocolate coating
de Schokoladeüberzug *m*; Schokoladeguß *m*
es recubrimiento *m* de chocolate
fr enrobage *m* de chocolat; couverture *f* de chocolat

1028
en **choice**
de auserlesen; ausgesucht; exquisit
es selecto; de calidad
fr choisi; sélectionné; de bonne qualité

1029
en **cholecalciferol**
de Cholecalciferol *n*; Vitamin D 3 *n*
es colecalciferol *m*; vitamina *f* D3
fr cholecalciférol *m*; vitamine D 3 *f*

1030
en **cholesterol**
de Cholesterin *n*
es colesterol *m*
fr cholestérol *m*

1031
en **cholic acid**; cholalic acid
de Cholsäure *f*
es ácido *m* cólico
fr acide *m* cholique

C

1032
en **choline**
de Cholin *n*
es colina *f*
fr choline *f*

1033
en **chop**; cutlet; French chop
de Kotelett *n*
es chuleta *f*
fr côtelette *f*

1034
en **chop**
de Schnitzel *n*
es filete *m*; tajada *f*
fr escalope *f*

1035
en **chop**; hash
de hacken; zerhacken; zerstückeln; haschieren
es partir; picar
fr hacher

1036
en **chopper**; cleaver; meat chopper; chopping knife
de Hackbeil *n*; Hackmesser *n*
es cuchilla *f* de cortar carne
fr couperet *m*; couperet *m* à viande

1037
en **choux paste**
de Brandteig *m*
es masa *f* ligera (para horneado)
fr pâte *f* à choux

1038
en **choux pastry**
de Spritzgebäck *n*; Fettgebackenes *n*
es producto *m* horneado de masa ligera
fr pâtisserie *f* de pâte à choux; pâtisserie *f* dressée à la poche

1039
en **chuck**
de Kamm *m*; Kammstück *n* (kranialer Teil der Fehlrippe vom Rind)
es (carne entre el pescuezo y la espaldilla)
fr collier *m*

1040
en **chump**; butt; leg; round; chump end
de Keule *f* (Fleischstück)
es pernil *m* (despiece de carne)
fr cuisse *f*; globe *m*

1041
en **chunk system**
de Koppensystem *n* (Müllerei)
es sistema *m* aerófago (molinería)
fr broyeur *m* à aiguilles

1042
en **churn dasher**; churn plunger; churnstaff
de Butterstößel *m*
es mazo *m* para mantequilla
fr pilon *m* de baratte

1043
en **churner**
de Buttermaschine *f*
es batidora *f* de mantequilla
fr baratte *f*; machine *f* à baratter le beurre; baratte-butyrateur *m*

1044
en **churn immersion cooler**; immersion milk cooler
de Milchtauchkühler *m*
es enfriador *m* de inmersión para leche
fr refroidisseur *m* de lait à immersion

1045
en **churn milk cooler GB**; can milk cooler US
de Kannenmilchkühler *m*
es enfriador *m* para leche en cántaras
fr refroidisseur *m* de lait en bidon

1046
en **chute**
de Förderrinne *f*
es canal *m* transportador; canalón *m*
fr gouttière *f*; goulotte *f*; conduit *m*

1047
en **cider GB**; apple cider; hard cider US; alcoholic cider US
de Apfelwein *m*
es sidra *f*
fr cidre *m*

1048
en **cider press**
de Apfelpresse *f*
es prensa *f* para manzanas (sidra)
fr pressoir *m* à pommes

1049
en **cinnamaldehyde**; cinnamal; cinnamic aldehyd
de Zimtaldehyd *m*
es aldehído *m* cinámico
fr aldéhyde *m* cinnamique

1050
en **cinnamic acid**
de Zimtsäure *f*
es ácido *m* cinámico
fr acide *m* cinnamique

1051
en **cinnamon oil**
de Zimtöl *n*
es esencia *f* de canela
fr essence *f* de cannelle

1052
en **circular knife**
de Rundmesser *n*
es cuchilla *f* circular
fr couteau *m* circulaire

1053
en **circulate**
de umwälzen (Luft)
es circular (aire)
fr faire circuler

1054
en **circulating conveyer**
de Umlaufförderer *m*
es transportador *m* de circulación contínua
fr transporteur *m* circulaire; tapis *m* roulant circulaire; carrousel *m*

1055
en **circulation**
de Umlauf *m*; Durchsatz *m*
es circulación *f*
fr circulation *f*

1056
en **circulation dryer**
de Umlauftrockner *m*
es secadora *f* de circulación
fr sécheur *m* à circulation; sécheur *m* à fluidisation

1057
en **circulation evaporator**
de Umlaufverdampfer *m*
es evaporador *m* de circulación
fr évaporateur *m* à circulation; évaporateur *m* à fluidisation

1058
en **circulation pump**; recirculation pump
de Umwälzpumpe *f*
es bomba *f* de circulación
fr pompe *f* de circulation

1059
en **circulation thermostat**
de Umlaufthermostat *m*
es termostato *m* de circulación
fr thermostat *m* de circulation

1060
en **cistern**
de Zisterne *f*; Wasserbehälter *m*
es cisterna *f*
fr citerne *f*

C

1061
en **citral**
de Citral *n*
es citral *m*
fr citral *m*

1062
en **citranaxanthin**
de Citranaxanthin *n*
es citranaxantina *f*
fr citranaxanthine *f*

1063
en **citrate**
de Citrat *n*
es citrato *m*
fr citrate *m*

1064
en **citric acid**
de Citronensäure *f*
es ácido *m* cítrico
fr acide *m* citrique

1065
en **citric and fatty acid esters of glycerol**; citric acid esters of mono- and diglycerides; citroglycerides
de Mono- und Diglyceride *pl n* von Speisefettsäuren verestert mit Citronensäure; Citronensäureester *pl m* der Mono- und Diglyceride von Speisefettsäuren
es mono- y diglicéridos *pl m* de ácidos grasos comestibles esterificados con ácido cítrico
fr esters *pl m* citriques de mono- et diglycérides d'acides gras; esters *pl m* d'acide citrique et acides gras de glycéryle; citroglycérides *pl m*

1066
en **citrus concentrate**
de Citrussaftkonzentrat *n*
es concentrado *m* de zumo de limón
fr concentré *m* de jus d'agrumes

1067
en **citrus fruit**
de Citrusfrucht *f*
es fruto *m* cítrico
fr agrume *m*

1068
en **citrus juice**
de Citrussaft *m*
es zumo *m* de limón
fr jus *m* d'agrumes

1069
en **civet**
de Zibet *m*
es algalia *f*
fr civette *f*

1070
en **clam**
de Klaffmuschel *f*
es almeja *f*
fr palourde *f*; clovisse *f*; clam *m*

1071
en **clarification**; clarifying; clearing; defecation; fining; settling
de Klärung *f*; Klären *n*; Läutern *n*; Schönen *n*; Schönung *f* (Flüssigkeiten)
es clarificación *f*; refino *m*
fr clarification *f*; défécation *f*; épuration *f*; décantation *f*

1072
en **clarification plant**; clarifying plant
de Kläranlage *f*
es instalación *f* de clarificación
fr station *f* d'épuration

1073
en **clarification process**
de Klärprozeß *m*
es proceso *m* de clarificación
fr procédé *m* de clarification; procédé *m* d'épuration

1074
en **clarified butter**
de Butterschmalz *n*
es aceite *m* de mantequilla
fr beurre *m* clarifié

1075
en **clarify**; clear; defecate; settle; fine; purify; purge US
de klären; läutern; schönen
es clarificar; refinar
fr clarifier; déféquer; épurer; décanter

1076
en **clarify**; defecate
de scheiden (Zuckerfabrikation)
es clarificar; defecar (fabricación de azúcar)
fr épurer; déféquer

1077
en **clarifying agent**; clarifier; fining agent; precipitant; precipitating agent; flocculating agent; flocculant; flocculent US
de Klärmittel *n*; Klärhilfsmittel *n*; Schönungsmittel *n*; Flockungsmittel *n*;
es agente *m* de clarificación; agente *m* de precipitación; floculante *m*
fr clarifiant *m*; agent *m* de clarification; précipitant *m*; agent *m* de précipitation; floculant *m*; agent *m* de floculation

1078
en **clarifying centrifuge**
de Klärschleuder *f*; Klärzentrifuge *f*; Klärseparator *m*
es centrifugadora *f* de clarificación
fr centrifugeuse *f* de clarification; essoreuse *f* de clarification

1079
en **clarifying enzyme**
de Filtrationsenzym *n*
es enzima *f* de clarificación
fr enzyme *f* de clarification; enzyme *f* de filtration

1080
en **clarifying filter**
de Klärfilter *n*
es filtro *m* de clarificación
fr filtre *m* de clarification; filtre *m* à clarifier

1081
en **clarifying filtration**
de Klärfiltration *f*
es filtración *f* de clarificación
fr filtration *f* clarifiante

1082
en **clarifying tank**
de Klärtank *m*
es depósito *m* de clarificación
fr cuve *f* de clarification; tank *m* de clarification

1083
en **classification**
de Klassifizierung *f*; Qualitätseinstufung *f*
es clasificación *f*
fr classification *f*

1084
en **classifier**
de Klasseur *m*
es clasificador *m*
fr classeur *m*; séparateur-trieur *m*; calibreur *m*

1085
en **classify**
de durch Siebung trennen
es clasificar por cribado
fr trier par tamisage; trier par criblage

C

1086
en **claw**; chela; pincers; nippers
de Schere *f* (Krebs)
es pinza *f* (crustáceo)
fr pince *f*

1087
en **clay**
de Ton *m*; Lehm *m*
es arcilla *f*
fr argile *f*; terre *f* glaise

1088
en **clean**; pure
de rein; sauber
es limpio; puro
fr propre; pur

1089
en **clean**; cleanse; depurate
de reinigen (mechanisch)
es limpiar; purificar
fr nettoyer; décrasser

1090
en **cleaning agent**; cleaner; cleaning aid; cleansing agent
de Reinigungsmittel *n*
es agente *m* de limpieza
fr produit *m* de nettoyage

1091
en **cleaning device**; cleaning tool; cleaner
de Reinigungsvorrichtung; Reinigungsgerät *n*
es instalación *f* de limpieza; aparato *m* de limpieza
fr appareil *m* de nettoyage; dispositif *m* de nettoyage

1092
en **cleaning-in-place**; in-place cleaning
de automatische Anlagenreinigung *f*
es limpieza *f* in situ; limpieza *f* en circuito cerrado
fr installation *f* de nettoyage automatique

1093
en **cleaning-in-place equipment**; CIP system
de Anlage *f* zur automatischen Anlagenreinigung; CIP-Anlage *f*
es equipo *m* de limpieza in situ
fr équipement *m* d'installation de nettoyage automatique; CIP-système *m*

1094
en **cleanness**
de Reinheit *f*; Sauberkeit *f* (Geräte)
es limpieza *f*
fr propreté *f*

1095
en **clear**; limpid
de klar; hell
es claro; límpido
fr clair; limpide

1096
en **clear**
de sich klären
es aclararse
fr se clarifier

1097
en **clearness**; clarity
de Klarheit *f* (Zustand)
es claridad *f*; limpidez *f*
fr clarté *f*; limpidité *f*

1098
en **cleave**
de spalten; zerhacken (Knochen)
es partir; tajar (huesos)
fr fendre

1099
en **cleaving saw**
de Spaltsäge *f* (Fleisch)
es sierra *f*; serrucho *m* (para carne)
fr scie *f* à découper

1100
en **clementine**
de Clementine *f*
es clementina *f*
fr clémentine *f*

1101
en **climacteric period**; climacteric stage
de klimakterische Periode *f* (Früchtelagerung)
es período *m* de postmaduración (almacenamiento de frutas)
fr période *f* climatique; phase *f* climatique; période *f* en chambre climatisée

1102
en **climatic chamber**
de Klimakammer *f*; Klimaraum *m*
es cámara *f* climatizada
fr chambre *f* climatisée; chambre *f* climatique

1103
en **climatic smoking plant**
de Klimarauchanlage *f*
es instalación *f* de ahumado climatizada
fr installation *f* climatisée de fumage

1104
en **clinch**; clench
de klinchen (Konservendose)
es remachar (lata de conservas)
fr sertir

1105
en **clingstone peach**; clingstone
de nichtsteinlösender Pfirsich *m*
es (melocotón de hueso adherido a la carne)
fr pêche *f* à noyau adhérant

1106
en **clip**
de Bügel *m*; Haltevorrichtung *f*; Klammer *f*; Clip *m*
es brida *f*; abrazadera *f*; dispositivo *m* de sujeción
fr attache *f*; agrafe *f*; clip *m*

1107
en **clip**
de verklippen; klippen; anheften; befestigen; anklammern
es embridar; sujetar; fijar
fr attacher; agrafer; clipser

1108
en **clip lock**
de Bügelverschluß *m*
es cierre *m* de brida
fr fermeture *f* à clip

1109
en **clipping machine**
de Klippmaschine *f*
es máquina *f* de embridar
fr clippeuse *f*

1110
en **clod**; shoulder
de Stich *m*; Dickes Bugstück *n*; Schaufelstück (Fleischstück vom Rind)
es espaldilla *f*
fr épaule *f*; macreuse *f*

1111
en **close**
de fest verschlossen; dicht
es hermético; cerrado
fr fermé; hermétique

1112
en **close**; seal; seal up
de verschließen; abdichten
es cerrar; sellar
fr fermer; rendre étanche

C

1113
en **close hermetically**
de luftdicht verschließen
es cerrar herméticamente
fr fermer hermétiquement

1114
en **closing machine**; crimping machine; sealing machine
de Verschließmaschine *f*
es máquina *f* de cierre
fr fermeuse *f*; sertisseuse *f*

1115
en **clostridium**
de Clostridium *n*
es clostridium *m*
fr clostridium *m*

1116
en **closure**; seal
de Verschluß *m*
es cierre *m*
fr fermeture *f*

1117
en **closure failure**
de Verschlußfehler *m* (Konservendose)
es defecto *m* de cierre (lata de conserva)
fr défaut *m* de fermeture; défaut *m* de sertissage

1118
en **clot**; curd
de Klumpen *m*; Klümpchen *n*; Gerinnsel *n*
es grumo *m*; coágulo *m*
fr grumeau *m*; caillot *m*; masse *f* coagulée; coagulum *m*; caillé *m*; caillebotte *f*

1119
en **clot**
de Rührhaken *m*
es gancho *m* para remover
fr crochet *m* mélangeur

1120
en **clot**; curdle; curd; clabber
de gerinnen; dick werden (Käserei)
es coagular; cuajar (quesería)
fr cailler; coaguler; caillebotter

1121
en **clot**; curdle; curd; clabber
de dicklegen (Käserei)
es coagular; cuajar (quesería)
fr faire cailler; faire coaguler; faire caillebotter

1122
en **cloth filter**
de Tuchfilter *n*
es filtro *m* de tela
fr filtre *m* en toile; filtre *m* en tissu

1123
en **clouding**
de Trübung *f*
es enturbiamiento *m*
fr trouble *m*; louche *m*

1124
en **clouding agent**; cloudifier; cloud producing agent; turbidity promotor
de Trübungsmittel *n*
es agente *m* de enturbiamiento
fr agent *m* de turbidité; opacifiant *m*

1125
en **clove**
de Nelke *f*; Gewürznelke *f*
es clavo *m* (de especias)
fr clou *m* de girofle

1126
en **clutch**
de Gelege *n* (Eier)
es postura *f* (de huevos)
fr couvée *f*

1127
en **coagulability**
de Dicklegungsvermögen *n* (Käserei)
es coagulabilidad *f* (quesería)
fr coagulabilité *f*; aptitude *f* à la coagulation

1128
en **coagulable**; congealable
de gerinnungsfähig
es coagulable
fr coagulable

1129
en **coagulant**; coagulant aid
de Koaguliermittel *n*; Koagulierhilfsmittel *n*; Fällungsmittel *n*
es coagulante *m*; agente *m* coagulante
fr coagulant *m*; agent *m* de coagulation; auxiliaire *m* de coagulation

1130
en **coagulate**; clot; congeal
de gerinnen lassen; zum Gerinnen bringen
es coagular; cuajar
fr laisser coaguler; laisser floculer; laisser cailler

1131
en **coagulate**; clot; congeal
de gerinnen; koagulieren
es coagular; cuajar
fr coaguler; floculer; cailler

1132
en **coagulation**; clotting; congealment; congelation
de Koagulation *f*; Gerinnung *f*; Fällung *f*; Ausfällung *f*; Erstarren *n*
es coagulación *f*; cuajado *m*; precipitación *f*
fr coagulation *f*; floculation *f*; caillage *m*; précipitation *f*

1133
en **coalescer**
de Voremulgator *m* (Gerät)
es mezclador *m*; preemulsionador *m* (aparato)
fr coalesceur *m*

1134
en **coarse**; coarse grained
de grob; grobkörnig; geschrotet
es grueso; de grano grueso
fr gros; grossier; à gros grains

1135
en **coarse bread**
de Schrotbrot *n*
es pan *m* integral
fr pain *m* de gruau

1136
en **coarse classification**
de grobe Sortierung *f* (Müllerei)
es clasificación *f* basta (molinería)
fr classification *f* grossière

1137
en **coarse grater**
de Reibeisen *n*
es rallador *m*
fr râpe *f*

1138
en **coarse meal**; grout; meal
de Schleifmehl *n*; grobes Mehl *n* (bes. Roggenmehl)
es harina *f* basta; harina *f* de grano grueso
fr farine *f* grossière; gruau *m*

1139
en **coarseness**
de Grobheit *f*; Grobkörnigkeit *f*
es calidad *f* basta; calidad *f* de grano grueso
fr nature *f* grossière; état *m* grossier

1140
en **coarse sugar**; crystal sugar; granulated sugar
de Kristallzucker *m*; Kristallraffinade *f*
es azúcar *m* granulado
fr sucre *m* cristal; sucre *m* cristallisé

1141
en **coat**
de Schicht *f*; Lage *f*
es capa *f*
fr couche *f*

1142
en **coat**; cover; line
de beschichten; überziehen; auskleiden
es recubrir; revestir
fr couvrir; enduire; enrober; revêtir

1143
en **coat**; laminate
de kaschieren (Folie, Behälter)
es forrar
fr doubler; laminer; stratifier; contrecoller; chemiser

1144
en **coating**; covering; cover coating; lining
de Auskleidung *f*; Beschichtung *f*
es recubrimiento *m*; revestimiento *m*
fr revêtement *m*; couverture *f*; enrobage *m*

1145
en **coating**; lamination
de Kaschierung *f* (Folie, Behälter)
es forrado *m*
fr doublure *f*; contrecollage *m*

1146
en **coating agent**
de Überzugsmittel *n*
es agente *m* de recubrimiento
fr produit *m* de couverture; produit *m* d'enrobage; produit *m* de revêtement

1147
en **cob**
de Kolben *m* (Mais)
es mazorca *f* (de maiz)
fr épi *m*

1148
en **cobalamin**; cobalamine; cyanocobalamin
de Cyanocobalamin *n*; Vitamin B 12 *n*
es cianocobalamina *f*; vitamina *f* B12
fr cobalamine *f*; cyanocobalamine *f*; vitamine B 12 *f*

1149
en **cochineal**; cochineal extract; carmine
de Echtes Karmin *n*; Karminsäure *f*; Cochenilleextrakt *m*
es extracto *m* de cochinilla; ácido *m* carmínico
fr cochenille *f*; extrait *m* de cochenille; carmin *m*; acide *m* carminique

1150
en **cochineal red A**; ponceau 4R; new coccine
de Ponceau 4R *n*; Brillantponceau 4R *n*; Cochenillerot A *n*
es rojo *m* cochinilla A; ponceau 4R *m*
fr rouge *m* cochenille A; ponceau 4R *m*; brillant ponceau 4R *m*

1151
en **cock**; tap GB
de Zapfhahn *m*; Hahn *m*
es espita *f*
fr robinet *m*

1152
en **cock**; stopcock
de Hahn *m*; Absperrhahn *m*
es grifo *m*
fr coq *m*

1153
en **cockle**; winkle US
de Herzmuschel *f*
es coquina *f*
fr coque *f*; clovisse *f*; bigorneau *m*

1154
en **cocktail**; mixed drink
de Cocktail *m* (alkoholhaltiges Mischgetränk)
es combinado *m*; coctel *m*
fr cocktail *m*

1155
en **coco**; coconut palm
de Kokospalme *f*
es cocotero *m*
fr cocotier *m*

1156
en **cocoa bean**; cacao bean
de Kakaobohne *f*
es grano *m* de cacao
fr fève *f* de cacao

1157
en **cocoa butter**; cacao butter; cacao fat
de Kakaobutter *f*; Kakaofett *n*
es manteca *f* de cacao
fr beurre *m* de cacao

1158
en **cocoa butter alternative**
de Kakaobutterersatzfett *n*
es sucedáneo *m* de manteca de cacao
fr produit *m* de remplacement du beurre de cacao

1159
en **coconut**
de Kokosnuß *f*
es coco *m*
fr noix *m* de coco

1160
en **co-current flow**
de Gleichstromfluß *m*
es flujo *m* en el sentido de la corriente
fr courant *m* parallèle; co-courant *m*; courant *m* de même sens

1161
en **cod**; codfish US
de Kabeljau *m*; Dorsch *m*
es bacalao *m*
fr morue *f*

1162
en **code**; mark
de Code *m*; Codemarke *f*
es código *m*; marca *f* de código
fr code *m*; code *m* d'identification; code-barres *m*

1163
en **coding device**; coding machine; marking machine
de Codiervorrichtung *f*; Signiereinrichtung *f*
es dispositivo *m* de marcado; máquina *f* codificadora
fr machine *f* à imprimer les codes; marqueuse *f* de codes; imprimeuse *f* de codes

1164
en **codliver oil**
de Dorschlebertran *m*; Dorschleberöl *n*
es aceite *m* de hígado de bacalao
fr huile *f* de foie de morue

1165
en **coeliac disease**; celiac disease; celiac sprue
de Zöliakie *f*
es enfermedad *f* celíaca
fr maladie *f* cœliaque

C

1166
en **coffee**
de Kaffee *m*; Bohnenkaffee *m* (Kaffeebohnen)
es café *m* en grano
fr café *m*; café *m* en grains

1167
en **coffee**
de Kaffee *m* (Getränk)
es café *m*
fr café *m*

1168
en **coffee bean**
de Kaffeebohne *f*
es grano *m* de café
fr grain *m* de café; fève *f* de café

1169
en **coffee cream**; light cream; table cream US; single cream GB
de Kaffeesahne *f* (Sahne mit niedrigem Fettgehalt)
es nata *f* para café
fr crème *f* pour café; crème *f* allégée pour café; crème *f* liquide pour café

1170
en **coffee machine**; coffee maker; coffee making machine; coffee making apparatus; drip coffee maker; percolator US; drip coffee pot; dripolator US; filter coffee pot; filter coffee machine GB
de Kaffeemaschine *f*
es cafetera *f*
fr machine *f* à café; percolateur *m*; cafetière *f* à filtre; machine *f* à café à filtre

1171
en **coffee substitute**; ersatz coffee; postum; sanka
de Kaffeemittel *n*; Kaffee-Ersatz *m*
es sucedáneo *m* de café
fr produit *m* de remplacement du café; ersatz *m* de café; succédané *m* de café

1172
en **coffee whitener**; non-dairy creamer
de Kaffeeweißer *m* (vegetabilisches Erzeugnis zum Weißen von Kaffee, anstelle von Milchpulver)
es blanqueador *m* para café (producto vegetal para blanquear el caféen sustitución de la leche en polvo)
fr produit *m* de blanchiment pour café; succédané *m* végétal de lait pour café

1173
en **cohere**
de aneinanderhaften; zusammenkleben; zusammenhängen; aneinanderkleben
es aglomerar; adherir
fr coller ensemble; joindre en collant; coller l'un à l'autre; faire adhérer

1174
en **cohesion**
de Kohäsion *f*
es cohesión *f*
fr cohésion *f*

1175
en **coil**
de Rohrschlange *f*
es hélice *f*; espiral *f*
fr serpentin *m*

1176
en **coil heater**
de Schlangenerhitzer *m*
es calentador *m* helicoidal; calentador *m* espiral
fr réchauffeur *m* à serpentin

1177
en **cola**; cola beverage; cola drink
de Colagetränk *n*; Cola *f* u. *n*
es bebida *f* de cola
fr boisson *f* à base de kola; boisson *f* à base de cola; cola *m*

1178
en **cola nut**
de Colanuß *f*
es nuez *f* de cola
fr noix *f* de kola

1179
en **cold**
de Kälte *f*; Frost *m*
es frío *m*
fr froid *m*; gelée *f*

1180
en **cold**
de kalt
es frío
fr froid

1181
en **cold boning**; cold deboning
de Kaltzerlegung *f* (Entbeinen von nicht mehr schlachtwarmen Tierkörpern)
es deshuesado *m* en frío
fr désossement *m* à froid

1182
en **cold chain**
de Kühlkette *f*
es cadena *f* frigorífica
fr chaîne *f* du froid

1183
en **cold pressed**
de kaltgepreßt; kaltgeschlagen (Olivenöl)
es prensado en frío; estrujado *m* en frío
fr pressé à froid

1184
en **cold shortening**; cold contracture
de Kälteverkürzung *f*; Kältekontraktur *f* (Muskelfaserverkürzung bei Fleisch durch schnelle Kühlung)
es contracción *f* por frío
fr raccourcissement *m* par le froid; contracture *f* par le froid

1185
en **cold smoking**
de Kalträucherung *f*
es ahumado *m* en frío
fr fumage *m* à froid; fumaison *f* à froid

1186
en **cold-sterile bottling**
de kaltsterile Flaschenabfüllung *f*; Kaltsterilfüllung *f*
es embotellado *m* estéril en frío
fr embouteillage *f* stérile à froid

1187
en **cold sterilization**; dry sterilization; gas sterilization
de Kaltsterilisation *f* (mit mikrobiziden Gasen)
es esterilización *f* en frío
fr stérilisation *f* froide; stérilisation *f* sèche; stérilisation *f* par gaz

1188
en **cold storage warehouse**
de Kühlhaus *n*
es almacen *m* frigorífico
fr entrepôt *m* frigorifique; entrepôt *m* réfrigéré; installation *f* frigorifique

1189
en **cold store**; chill
de kühl lagern
es almacenar en frío
fr entreposer au froid

1190
en **cole**; coleseed; colza; rapeseed; rape
de Raps *m*
es colza *f*
fr colza *m*

1191
en **collagen**
de Kollagen *n*
es colágeno *m*
fr collagène *m*

1192
en **collecting pipe**
de Sammelrohr *n*; Sammelröhre *f*
es tubo *m* colector
fr tuyau *m* collecteur; conduit *m* collecteur

1193
en **collective packaging machine**; multipacker
de Sammelpackanlage *f*; Sammelpackmaschine *f*
es instalación *f* colectora de envases
fr installation *f* d'empaquetage collectif; empaqueteuse *f* collective

1194
en **collector**; collecting chamber
de Sammelgefäß *n*; Auffanggefäß *n*; Sammelbehälter *m*; Auffangbehälter *m*
es colector *m*
fr récipient *m* collecteur; réservoir *m* collecteur; collecteur *m*

1195
en **colloid**
de Kolloid *n*
es coloide *m*
fr colloïde *m*

1196
en **colloidal stabilizer**
de Kolloidstabilisator *m*
es estabilizador *m* coloidal
fr stabilisateur *m* colloïdal

1197
en **colloid mill**
de Kolloidmühle *f*
es molino *m* coloidal
fr moulin *m* à colloïde

1198
en **colostrum**; colostral milk; beastings; beestings
de Kolostrum *n*; Kolostralmilch *f*; Biestmilch *f*
es calostro *m*
fr colostrum *m*

1199
en **colour GB**; color additive US; food colour GB; colourant GB; colorant US; colouring agent GB; coloring agent US; food dye
de Lebensmittelfarbstoff *m*; Farbstoff *m*; Farbstoffzusatz *m*; Farbmittel *n*; Färbemittel *n*
es colorante *m* alimentario
fr colorant *m*; colorant *m* alimentaire; agent *m* colorant; produit *m* colorant

1200
en **colour GB**; color US
de Farbe *f*
es colorante *m*
fr couleur *f*

1201
en **colour GB**; color US; dye
de färben
es colorear; teñir
fr colorer

1202
en **colour fixative**; colour control agent US; colour stabilizer GB; color stabilizer US; color retention agent US
de Farbstabilisator *m*
es estabilizador *m* del color
fr stabilisateur *m* de colorant; stabilisateur *m* de coloration; fixateur *m* de colorant

1203
en **column dryer**
de Durchström-Gleitschachttrock-ner *m*
es secadora *f* de columna
fr sécheur *m* à colonne

1204
en **column efficiency**
de Trennwirksamkeit *f* (Kolonne)
es eficacia *f* de separación (columna)
fr pouvoir *m* séparateur d'une colonne; efficacité *f* d'une colonne

1205
en **colza oil**; rape oil; rapeseed oil
de Rüböl *n*; Rapsöl *n*
es aceite *m* de colza
fr huile *f* de colza

1206
en **commercial grade**
de Handelsqualität *f*
es calidad *f* comercial
fr qualité *f* commerciale; qualité *f* marchande

1207
en **commercial scale**
de technischer Maßstab *m*; Betriebsmaßstab *m*; Betriebsbedingungen *pl f*
es escala *f* comercial; escala *f* técnica
fr échelle *f* commerciale; échelle *f* industrielle

1208
en **comminute**
de fein zerkleinern
es triturar
fr réduire en petits morceaux; morceler; broyer

1209
en **comminuter**; comminuting machine
de Feinzerkleinerer *m*
es trituradora *f* fina
fr broyeur *m* fin; désintégrateur *m*

1210
en **common**; plain
de einfach (Qualität)
es común (calidad)
fr commun; courant; d'usage courant

1211
en **common bean**; kidney bean; haricot bean; garden bean
de Gartenbohne *f* (Pflanze)
es judía *f* verde
fr haricot *m*

1212
en **common oyster**; flat oyster; European oyster; native oyster GB; oyster
de Auster *f*
es ostra *f*
fr huître *f*

C

1213
en **common sole**; black sole; Dover sole GB; sole
de Seezunge *f*
es lenguado *m*
fr sole *f*

1214
en **compact**
de kompaktieren; verdichten; verpressen
es compactar
fr compacter; presser; tasser

1215
en **complementary**
de aufbessernd; verbessernd (Nährwert)
es complementario
fr améliorant

1216
en **composite filter**
de Verbundfilter *n*
es filtro *m* compuesto
fr filtre *m* composite

1217
en **composition**; contents; ingredients
de Zusammensetzung *f*
es composición *f*; ingredientes *pl m*
fr composition *f*

1218
en **compote**; stewed fruit; sauce US; fruit butter
de Kompott *n*; Obstkompott *n*
es compota *f*
fr compote *f*; compote *f* de fruits

1219
en **compound**
de Vermischung *f*; Präparat *n*
es compuesto *m*
fr produit *m* composé; mélange *m*; préparation *f*; combinaison *f*

1220
en **compound**
de zusammensetzen; zusammenmischen
es componer; preparar
fr composer; mélanger; combiner; accomoder

1221
en **compound ingredient**
de zusammengesetzte Zutat *f*
es ingrediente *m* compuesto
fr ingrédient *m* de mélange; produit *m* de mélange

1222
en **compressed air**
de Druckluft *f*
es aire *m* comprimido
fr air *m* comprimé

1223
en **compressibility**
de Quetschfestigkeit *f*
es compresibilidad *f*
fr compressibilité *f*

1224
en **compression refrigerator**
de Kompressionskühlschrank *m*
es refrigerador *m* por compresión
fr réfrigérateur *m* à compression

1225
en **compressor**
de Kompressor *m*; Verdichter *m*
es compresor *m*
fr compresseur *m*

1226
en **compulsory**
de obligatorisch (Deklaration)
es obligatorio
fr obligatoire

1227
en **concentrate**
de Konzentrat *n*
es concentrado *m*
fr concentré *m*

1228
en **concentrate**
de konzentrieren; einengen
es concentrar
fr concentrer

1229
en **concentration process**; concentration
de Konzentrierprozeß *m*; Eindicken *n*; Eindickprozeß *m*; Anreichern *n*; Anreicherung *f*; Anreicherungsprozeß *m*
es concentración *f* (proceso)
fr procédé *m* de concentration; procédé *m* d'épaississement; enrichissement *m*; procédé *m* d'enrichissement

1230
en **conche**
de Conche *f*
es concha *f* (fabricación de chocolate)
fr conche *f*

1231
en **concurrent dryer**
de Gleichstromtrockner *m*
es secadora *f* de corriente contínua
fr sécheur *m* à courant parallèle

1232
en **concurrent drying**
de Gleichstromtrocknung *f*
es secado *m* por corriente contínua
fr séchage *m* à courant parallèle

1233
en **condensate**
de Kondensat *n*; Kondensationsprodukt *n*
es condensado *m*; producto *m* de condensación
fr condensat *m*; produit *m* de condensation

1234
en **condensation**
de Kondensation *f*; Verdichtung *f*; Verflüssigung *f*
es condensación *f*
fr condensation *f*

1235
en **condense**
de kondensieren; verdichten; verflüssigen
es condensar
fr condenser; liquéfier

1236
en **condensed milk**
de Kondensmilch *f* (bes. gesüßte)
es leche *f* condensada
fr lait *m* concentré; lait *m* concentré sucré

1237
en **condenser**
de Kondensor *m*; Verdichter *m*; Verflüssiger *m*; Kondensator *m*
es condensador *m*
fr condenseur *m*; compresseur *m*

1238
en **condiment**; spice preparation
de Gewürzmischung *f*; Gewürzzubereitung *f*
es condimento *m*
fr mélange *m* d'épices; préparation *f* d'épices; condiment *m*

C

1239
en **condition**
de konditionieren
es acondicionar
fr conditionner

1240
en **conduit**; culvert
de Wasserleitung *f*; Wasserröhre *f*
es conducto *m* de agua; tubería *f* de agua
fr canalisation *f* d'eau; conduite *f* d'eau

1241
en **confectioner**; pastry cook GB
de Konditor *m*; Konfektmacher *m*
es confitero *m*; pastelero *m*
fr confiseur *m*; pâtissier *m*

1242
en **confectioner**; candymaker US; candyman US; sugar boiler
de Bonbonkocher *m*; Bonbonmacher *m*
es fabricante *m* de caramelos
fr fabricant *m* de bonbons; confiseur *m*

1243
en **confectionery**; confectionary; confection; comfit; sweets GB; sweeties GB; sweet GB; candy US; candies US; sugar confectionery GB; sugar confections GB; confections; sweetmeats
de Süßwaren *pl f*; Zuckerwaren *pl f*; Konfekt *m*; Süßigkeiten *pl f*; Konditoreierzeugnisse *pl n*
es dulces *pl m*; confites *pl m*
fr sucrerie *f*; bonbon *m*; douceur *f*; friandise *f*; confit *m*

1244
en **confectionery**
de Konditorei *f*
es confitería *f*; pastelería *f*
fr confiserie *f*; pâtisserie *f*

1245
en **conglutinate**
de zusammenkleben; aneinanderhaften
es aglutinarse; adherirse
fr conglutiner; coller ensemble; coller l'un à l'autre; faire adhérer

1246
en **conjugated fatty acid**
de Fettsäure *f* mit konjugierten Doppelbindungen
es ácido *m* graso con dobles enlaces conjugados
fr acide *m* gras conjugué; acide *m* gras à doubles liaisons conjuguées

1247
en **connective tissue**
de Bindegewebe *n*
es tejido *m* conjuntivo
fr tissu *m* conjonctif

1248
en **consignement**
de Sendung *f*; Partie *f*
es remesa *f*; envío; partida *f*
fr expédition *f*; envoi *m*

1249
en **consist**
de bestehen aus
es estar compuesto por
fr consister en; être composé de

1250
en **consistency**; consistence
de Konsistenz *f*; Festigkeit *f*
es consistencia *f*
fr consistance *f*; solidité *f*

1251
en **constituent**; component
de Bestandteil *m*
es componente *m*; constituyente *m*
fr constituant *m*; composant *m*; composé *m*

1252
en **consume**
de verbrauchen; aufbrauchen; verzehren; konsumieren
es consumir; usar
fr consommer

1253
en **consumer**; user
de Verbraucher *m*; Konsument *m*
es consumidor *m*; usuario *m*
fr consommateur *m*

1254
en **consumer acceptance test**; consumer research
de Verbraucherbefragung *f*
es encuesta *f* a los consumidores; estudio *f* de consumidores
fr enquête *f* de consommateurs; enquête *f* auprès des consommateurs

1255
en **consumer expectations**
de Verbrauchererwartung *f*
es expectativas *pl f* de los consumidores
fr attente *f* du consommateur

1256
en **consumer protection**
de Verbraucherschutz *m*
es protección *m* del consumidor
fr protection *f* du consommateur

1257
en **consumption**; intake
de Verzehr *m*; Verbrauch *m*; Konsum *m*
es consumo *m*; uso *m*
fr consommation *f*

1258
en **contact cooler**
de Kontaktkühler *m*
es refrigerador *m* de contacto
fr refroidisseur *m* par contact

1259
en **contact freezer**
de Kontaktfroster *m*; Kontaktgefrierapparat *m*; Kontaktgefrierer *m*
es congelador *m* de contacto
fr congélateur *m* par contact

1260
en **contain**
de enthalten; beinhalten
es contener
fr contenir

1261
en **container**; vessel; box
de Behälter *m*; Behältnis *n*
es recepiente *m*; vasija *f*; caja *f*
fr récipient *m*; réservoir *m*; vase *m*; bidon *m*; boîte *f*; caisse *f*; carton *m*

1262
en **container**
de Container *m*
es contenedor *m*
fr conteneur *m*; container *m*

1263
en **contaminant**; incidental additive US; unintentional food additive US
de Kontaminante *f*
es contaminante *m*
fr contaminant *m*; contaminant *m* accidentel

1264
en **contamination**
de Kontamination *f*; Verunreinigung *f*
es contaminación *f*; impureza *f*
fr contamination *f*

1265
en **content**
de Gehalt *m*
es contenido *m*
fr teneur *f*; richesse *f*

1266
en **content**
de Fassungsvermögen *n*; Rauminhalt *m*
es capacidad *f*
fr contenance *f*; contenu *m*; capacité *f*; volume *m*

1267
en **continuous**
de kontinuierlich
es contínuo
fr continu

1268
en **continuous band dryer**; tray conveyer dryer; continuous belt dryer
de kontinuierlicher Bandtrockner *m*
es transportador *m* de cinta contínua
fr sécheur *m* continu à bande; sécheur *m* continu à courroie

1269
en **continuous centrifuge**; continuous centrifugal
de kontinuierliche Zentrifuge *f*
es centrifugadora *f* contínua
fr centrifugeuse *f* continue

1270
en **continuous evaporator**
de Durchlaufverdampfer *m*
es evaporador *m* contínuo
fr évaporateur *m* continu

1271
en **continuous flow heater**
de Durchflußerhitzer *m*
es calentador *m* de circulación contínua
fr réchauffeur *m* à flux continu

1272
en **continuous freezer**
de kontinuierlich arbeitender Speiseeisbereiter *m*
es heladora *f* contínua; máquina *f* de fabricación de helados en régimen contínuo
fr congélateur *m* continu

1273
en **continuous processing**
de kontinuierliche Verarbeitung *f*
es proceso *m* contínuo; elaboración *f* en régimen contínuo
fr transformation *f* continue; traitement *m* continu

1274
en **continuous type pasteurization**
de Durchlaufpasteurisation *f*
es pasteurización *f* contínua
fr pasteurisation *f* continue

1275
en **continuous web dryer**
de kontinuierlicher Netzbandtrockner *m*
es secadora *f* contínua de cinta de malla
fr sécheur *m* continu à bande toilée

1276
en **control**; controlling
de Steuerung *f*; Regelung *f*
es control *m*; regulación *f*
fr conduite *f*; commande *f*; régulation *f*; réglage *m*

1277
en **control**
de regeln; steuern
es controlar; regular; dirigir
fr conduire; piloter; actionner; commander; réguler; régulariser

1278
en **controlling equipment**; controlling apparatus
de Steuerungsgerät *n*; Regelapparatur *f*
es aparato *m* de control; dispositivo *m* regulador
fr appareil *m* de commande; appareillage *m* de commande; appareil *m* de pilotage

1279
en **control sample**
de Gegenmuster *n*; Kontrollmuster *n*
es muestra *f* de control
fr échantillon *m* de contrôle

1280
en **control valve**; regulative valve
de Steuerventil *n*; Regelventil *n*
es válvula *f* de control; válvula *f* reguladora
fr soupape *f* de réglage; soupape *f* de régulation

1281
en **convection drying**; convective drying; purge drying
de Konvektionstrocknung *f*
es secado *m* por convección
fr séchage *m* par convection

1282
en **convection heating**
de Konvektionserhitzung *f*
es calentamiento *m* por convección
fr chauffage *m* par convection

1283
en **convection solid-band dryer**
de Konvektions-Kontaktbandtrockner *m*
es secadora *f* de convección con cinta de contacto
fr sécheur *m* à convection à bande

1284
en **con-vel filter**
de Spaltfilter *n*
es filtro *m* de laminillas
fr filtre *m* à disques

1285
en **convenience food**; food mix
de vorgefertigtes Lebensmittel *n*; vorverarbeitetes Lebensmittel *n*
es alimento *m* preparado
fr denrée *f* alimentaire prête à l'emploi; produit *m* alimentaire pré-traité

1286
en **converter**; convertor
de Konverter *m* (Stärkesirupherstellung)
es convertidor *m* (preparación de jarabe de glucosa)
fr convertisseur *m*

1287
en **conveyer**; conveyor GB; carrier; conveyer plant
de Förderanlage *f*
es instalación *f* de transporte
fr transporteur *m*; tapis *m* roulant; bande *f* sans fin; installation *f* d'acheminement; installation *f* de transport; convoyeur *m*

1288
en **conveyer belt**
de Förderband *n*
es cinta *f* transportadora
fr bande *f* transporteuse; courroie *f* transporteuse; bande *f* d'amenée

1289
en **conveyer bucket**
de Förderbecher *m*
es cangilón *m* transportador
fr godet *m* d'amenée; godet *m* de transporteur

1290
en **conveyer chain**
de Förderkette *f*
es cadena *f* transportadora
fr chaîne *f* transporteuse; chaîne *f* de transporteur

1291
en **conveyer dryer**
de Fördertrockner *m*
es secadora *f* transportadora
fr sécheur *m* à bande sans fin; sécheur *m* à tapis roulant; sécheur *m* à bande transporteuse

1292
en **conveyer pasteurizer**; tunnel pasteurizer
de Tunnelpasteur *m*
es pasteurizador *m* de túnel
fr tunnel *m* de pasteurisation

1293
en **conveyer screw**; conveyer worm; conveying screw; worm
de Förderschnecke *f*
es tornillo *m* de transporte; transportador *m* sin fín
fr vis *m* sans fin; hélice *f* transporteuse sans fin

1294
en **cook**
de garen
es cocinar
fr cuire; cuisiner

1295
en **cook cheese**
de Kochkäse *m*
es queso *m* cocido
fr fromage *m* cuit

1296
en **cooked flavour**
de Kochgeschmack *m*
es sabor *m* a cocido; sabor *m* a quemado; sabor *m* a recalentado
fr odeur *f* de cuit

1297
en **cooker-extruder**; cooking extruder
de Kochextruder *m*
es extrusora *f* de cocción
fr cuiseur-extrudeur *m*

1298
en **cookery**; cooking; cuisine
de Kochen *n*; Kochweise *f*; Küche *f*
es cocina *f* (arte)
fr cuisine *f*; art *m* de la cuisine; façon *m* de cuisiner

1299
en **cool**; chilly; chill
de kühl
es frío
fr froid

1300
en **cool**; chill; refrigerate
de kühlen; abkühlen
es enfriar; refrigerar
fr refroidir; réfrigérer

1301
en **cooler**; chiller
de Kühler *m*
es enfriador *m*; refrigerador *m*
fr réfrigérant *m*; refroidisseur *m*

1302
en **cooling belt**
de Kühlband *n*
es cinta *f* refrigeradora; cinta *f* de enfriamiento
fr bande *f* de refroidissement; bande *f* refroidissante

1303
en **cooling chamber**
de Kühlkammer *f*
es cámara *f* de refrigeración; cámara *f* refrigeradora
fr chambre *f* froide; chambre *f* frigorifique

C

1304
en **cooling coil**; condensing coil
de Kühlschlange *f*
es serpentín *m* refrigerante
fr serpentin *m* réfrigérant; serpentin *m* de refroidissement

1305
en **cooling compartment**
de Kühlzelle *f*
es compartimento *m* de refrigeración
fr compartiment *m* frigorifique; compartiment *m* de réfrigération; case *f* de réfrigération

1306
en **cooling container**
de Kühlbehälter *m*
es recipiente *m* refrigerador
fr conteneur *m* frigorifique; réservoir *m* frigorifique

1307
en **cooling conveyer belt**
de Kühltransportband *n*
es cinta *f* transportadora refrigeradora
fr transporteur *m* de refroidissement; convoyeur *m* de refroidissement; bande *f* transporteuse de refroidissement; tapis *m* roulant de refroidissement

1308
en **cooling drum**; chill roll
de Kühlwalze *f*; Kühltrommel *f*
es rodillo *m* refrigerador; tambor *m* refrigerador
fr tambour *m* de refroidissement; cylindre *m* de refroidissement

1309
en **cooling equipment**; cooling installation
de Kühlgerät *n*; Kühleinrichtung *f*
es instalación *f* de refrigeración
fr installation *f* frigorifique; équipement *m* frigorifique

1310
en **cooling flange**; cooling fin; cooling vane
de Kühlrippe *f*
es aleta *f* de refrigeración
fr ailette *f* de refroidissement

1311
en **cooling fluid**; cooling liquid
de Kühlflüssigkeit *f*; Kühlmedium *n*
es líquido *m* refrigerante; fluido *m* refrigerante
fr fluide *m* de refroidissement; liquide *m* de refroidissement

1312
en **cooling jacket**
de Kühlmantel *m*
es camisa *f* de refrigeración; envoltura *f* refrigrante
fr chemise *f* de refroidissement; chemise *f* de réfrigération; enveloppe *f* de refroidissement; manchon *m* de refroidissement

1313
en **cooling tunnel**
de Kühltunnel *m*
es túnel *m* de refrigeración
fr tunnel *m* de refroidissement

1314
en **cooling worm**
de Kühlschnecke *f*
es tornillo *m* de refrigeración
fr serpentin *m* de refroidissement

1315
en **copper**
de Kupfer *n*
es cobre *m*
fr cuivre *m*

1316
en **cordial**
de (klarer Limonadesirup)
es (jarabe diluído de frutas o aromatizado con esencia de frutas)
fr cordial *m*; sirop *m*

C

1317
en **core**; pip
de Kern *m*; Obstkern *m* (Kernfrucht)
es pepita *f*; pipa *f* (frutas)
fr pépin *m*

1318
en **coriander**
de Koriander *m*
es cilantro *m*
fr coriandre *m*

1319
en **cork**
de Kork *m*; Korken *m*; Korkstopfen *m*
es corcho *m*; tapón *m* de corcho
fr liège *m*; bouchon *m* de liège

1320
en **corking machine**; corker
de Korkmaschine *f* (Maschine zum Verkorken von Flaschen)
es máquina *f* de taponar (colocación de corchos en las botellas)
fr boucheuse *f* de bouteilles; bouche-bouteilles *m*

1321
en **corkscrew**; bottle screw
de Korkenzieher *m*
es sacacorchos *m*
fr tire-bouchon *m*

1322
en **cork taint**; cork-like off-taste; cork-flavour taint; corkiness; cork taste
de Korkgeschmack *m*
es sabor *m* a corcho
fr goût *m* de bouchon

1323
en **corky**; corked
de nach Kork schmeckend; korkig; mit Korkgeschmack
es con sabor a corcho
fr ayant le goût de bouchon; avec un goût de bouchon

1324
en **corn**; berry
de Korn *n* (Samenkorn, Getreidekorn)
es grano *m*
fr grain *m*

1325
en **corn US**; maize GB; Indian corn GB
de Mais *m*
es maíz *m*
fr maïs

1326
en **cornflakes**
de Cornflakes *pl*; Maisflocken *pl f*
es copos *pl m* de maíz
fr cornflakes *pl m*; flocons *pl m* de maïs

1327
en **cornflour GB**; corn starch US
de Maisstärke *f*
es fécula *f* de maíz
fr farine *f* de maïs; amidon *m* de maïs

1328
en **corny**
de körnig
es granuloso; granulado
fr grenu; grené; en grains; granuleux

1329
en **co-rotating twin-screw extruder**; co-currant twin-screw extruder
de gleichläufiger Zweischneckenextruder *m*
es extrusora *f* de dos husillos de giro coincidente
fr extrudeuse *f* à double vis de même sens

1330
en **corrective**; corrigent
de Geschmackskorrigens *n*
es corrector *m* del sabor
fr correcteur *m* de goût

1331
en **corrugated cardboard**
de Wellpappe *f*
es cartón *m* ondulado
fr carton *m* ondulé

1332
en **corrugation**
de Riffelung *f* (Mahlwerkzeug)
es acanaladura *f*; estríado *m*
fr cannelure *f*; striure *f*

1333
en **cossettes**; beet slices; sugar beet chips
de Zuckerrübenschnitzel *pl m* u. *n* (vor der Extraktion)
es remolacha *f* cortada; cosetas *pl f* (fabricación de azúcar)
fr cossette *f*

1334
en **coumarin**
de Cumarin *n*
es cumarina *f*
fr coumarine *f*

1335
en **count**; microbial count
de Keimzahl *f*
es recuento *m* microbiológico
fr nombre *m* de germes

1336
en **counter current apparatus**
de Gegenstromapparat *m*
es aparato *m* en contracorriente
fr appareil *m* à contre-courant

1337
en **counter current condenser**
de Gegenstromkondensator *m*
es condensador *m* en contracorriente
fr condenseur *m* à contre-courant

1338
en **counter current cooler**
de Gegenstromkühler *m*
es refrigerador *m* en contracorriente; enfriador *m* en contracorriente
fr refroidisseur *m* à contre-courant

1339
en **counter current distribution**
de Gegenstromverteilung *f*
es distribución *f* en contracorriente
fr distribution *f* à contre-courant

1340
en **counter current drying**; counterflow drying
de Gegenstromtrocknung *f*
es secado *m* en contracorriente
fr séchage *m* à contre-courant

1341
en **counter current extraction**
de Gegenstromextraktion *f*
es extracción *f* en contracorriente
fr extraction *f* à contre-courant

1342
en **counter current flow**
de Gegenstromfluß *m*
es flujo *m* en contracorriente
fr flux *m* à contre-courant

1343
en **counter current operation**
de Gegenstromverfahren *n*
es proceso *m* en contracorriente
fr procédé *m* à contre-courant; opération *f* àcontre-courant

1344
en **counter current system**
de Gegenstromsystem *n*
es sistema *m* en contracorriente
fr système *m* à contre-courant

C

1345
en **counterflow dryer**
de Gegenstromtrockner *m*
es secadora *f* en contracorriente
fr sécheur *m* à contre-courant

1346
en **counterflow heat exchanger**
de Gegenstromwärmeaustauscher *m*
es cambiador *m* de calor en contracorriente
fr échangeur *m* de chaleur à contre-courant

1347
en **counterpressure**
de Gegendruck *m* (Getränkeabfüllung)
es contrapresión *f*
fr contre-pression *f*

1348
en **counterpressure filler**; isobarometer
de Gegendruckfüller *m*; Isobarometer *m*
es envasadora *f* de contrapresión
fr remplisseuse *f* à contre-pression; soutireuse *f* à contre-pression; soutireuse *f* isobarométrique

1349
en **counterrotating twin-screw extruder**; counter current twin-screw extruder
de gegenläufiger Zweischneckenextruder *m*
es extrusora *f* de dos husillos de giro contrapuesto
fr extrudeur *m* à double vis à rotation inverse; extrudeur *m* à vis jumelles à rotation inverse

1350
en **cover pickle method**
de Lakenpökelung *f*
es curado *m* en salmuera
fr saumurage *m* par immersion

1351
en **cover syrup**
de Aufgußsirup *m*
es jarabe *m* de recubrimiento
fr sirop *m* de couverture; sirop *m* de nappage

1352
en **cowberry**; foxberry; mountain cranberry; red whortleberry
de Preiselbeere *f*; Kronsbeere *f*
es arándano *m* rojo
fr airelle *f*

1353
en **cow parsley**; cow chervil; hare's parsley; wild chervil; wild cicely
de Wiesenkerbel *m*; Gemeiner Kerbel *m*
es perifollo *m* silvestre
fr cerfeuil *m* commun

1354
en **cows' milk**
de Kuhmilch *f*
es leche *f* de vaca
fr lait *m* de vache

1355
en **crab**
de Krebs *m*
es cangrejo *m*
fr crabe *m*

1356
en **crack**; tear; flaw
de Riß *m*; Sprung *m*; Bruch *m*
es rotura *f*; fisura *f*; grieta *f*
fr fissure *f*; crevasse *f*; félure *f*; cassure *f*

1357
en **crack US**; kibble GB
de schroten
es moler; quebrar
fr broyer; concasser; égruger

1358
en **cracker GB**
de Salzgebäck *n*
es cracker *m* (galleta salada)
fr biscuit *m* salé; galette *f* salée; cracker *m*

1359
en **cracker US**; kibbler GB
de Schrotmühle *f*
es molino *m* quebrantador de granos
fr moulin *m* à égruger; moulin *m* à concasser; concasseur *m* à grains; broyeur *m* à grains

1360
en **cracking roll**
de Brechstuhl *m* (Müllerei)
es rodillo *m* quebrantador
fr concasseur *m* à cylindres; concasseur *m* à mâchoires

1361
en **crackling**
de Kruste *f* (Braten)
es costra *f* (asado)
fr croûte *f*

1362
en **crackly**; cracky
de knackig; krachig (Braten)
es crujiente
fr croustillant

1363
en **crate**; liner
de Lattenkiste *f*; Steige *f*
es jaula *f* de embalaje
fr caisse *f* en bois

1364
en **crate**
de Flaschenkasten *m*
es caja *f* de botellas
fr caisse *f* à bouteilles; casier *m* à bouteilles

1365
en **crating machine**
de Packmaschine *f* (für Flaschen in Kästen)
es máquina *f* de empaquetado (para botellas en cajas)
fr encaisseuse *f* de bouteilles

1366
en **crayfish GB**; crawfish US
de Flußkrebs *m*
es cangrejo *m* de río
fr écrevisse *f*

1367
en **cream**; dairy cream; single cream
de Sahne *f*; Rahm *m*
es nata *f*
fr crème *f*

1368
en **cream**
de aufrahmen (Milch)
es formar nata (leche)
fr écrémer

1369
en **cream filling**; filling cream
de Cremefüllung *f*; Cremeeinlage *f*
es relleno *m* de crema
fr crème *f* à fourrer; crème *f* de fourrage

1370
en **cream filling**
de Sahnefüllung *f*; Rahmfüllung *f*
es relleno *m* de nata
fr crème *f* fouettée à fourrer

1371
en **cream ripening**; cream fermentation
de Rahmreifung *f*
es maduración *f* de la nata; fermentación *f* de la nata
fr maturation *f* de la crème; fermentation *f* de la crème

C

1372
en **creamy**
de sahnig; sahneartig
es cremoso
fr crémeux

1373
en **crease**
de Falz *m* (Kartonpackung)
es pliegue *m* (embalaje de cartón)
fr pli *m*; rainure *f*

1374
en **cress**
de Kresse *f*
es berro *m*
fr cresson *m*

1375
en **crimp**
de Anpressung *f* (Kronkorken)
es presionado *m* (tapones de corona)
fr serrage *m*; plissage *m*; sertissage *m*

1376
en **crinkle cut**
de Wellenschnitt *m* (Pommes frites)
es corte *m* ondulado (patatas fritas)
fr coupe *f* ondulée

1377
en **crisp**; crackly; crunchy
de knusprig; krachig; knackig
es crujiente
fr croquant; croustillant; craquant

1378
en **crisp**; crispy
de rösch (Gebäck)
es crujiente (producto horneado)
fr craquant

1379
en **crisp**
de knackig; fest (Salat)
es fresco; consistente (lechuga)
fr croquante

1380
en **crispbread**
de Knäckebrot *n*
es pan *m* crujiente
fr galette *f* suédoise

1381
en **crispness**
de Rösche *f* (Gebäck)
es calidad *f* crujiente (producto horneado)
fr qualité *f* croustillante

1382
en **crocus**
de Safran *m* (Pflanze)
es azafrán *m*
fr crocus *m*; safran *m* cultivé

1383
en **crop**; field crop; agricultural crop
de Feldfrucht *f*
es fruto *m* del campo
fr produit *m* agricole

1384
en **crossflow filtration**
de Crossflow-Filtration *f*; Querstromfiltration *f*; Tangentialflußfiltration *f*
es filtración *f* de corriente transversal
fr filtration *f* à écoulement transversal; filtration *f* tangentielle; filtration *f* à flux tangentiel

1385
en **crown cap**; crown clusure; crown seal; crown cork
de Kronkorken *m*; Kronkorkverschluß *m*; Kapsel *f*
es tapón *m* de corona
fr capsule *f*; bouchon-couronne *m*

1386
en **crude fibre**; raw fibre
de Rohfaseranteil *m*; Rohfaser *f* (Analytik)
es fibra *f* bruta
fr fibre *f* brute

1387
en **crumb**
de Krümel *m*; Brösel *m*
es miga *f*
fr miette *f*

1388
en **crumble**; crumb
de zerkrümeln; zerbröseln; zerbröckeln
es desmigar
fr émietter; effriter

1389
en **crumbly**; crumbled; friable; brittle
de krümelig; bröckelig; bröselig; spröde
es desmigable; friable
fr friable

1390
en **crush GB**
de (trübe fuchtsafthaltige Limonade)
es (refresco de frutas no transparente)
fr (limonade trouble)

1391
en **crush**; bruise; squash
de zerquetschen; zerdrücken (bes. Obst)
es exprimir; aplastar
fr écraser; broyer; concasser; presser

1392
en **crusher**; bruising mill; bruiser; squasher
de Quetschmühle *f*
es prensadora *f*; molino *m* de prensado
fr moulin *m* à concasser; concasseur *m*; moulin *m* broyeur; broyeur-concasseur *m*

1393
en **crusher**; crushing machine; crushing mill; breaker; disintegrator; nibbler; cracker
de Brecher *m*; Brechmaschine *f*; Desintegrator *m*
es trituradora *f*; molino *m* de triturador
fr broyeur *m*; concasseur *m*

1394
en **crust**
de Kruste *f* (Gebäck)
es corteza *f* (producto horneado)
fr croûte *f*

1395
en **crustacean**; shellfish
de Krebstier *n*; Krustentier *n*; Crustacee *f*
es crustáceo *m*
fr crustacé *m*

1396
en **crust freezing**; shell freezing
de oberflächiges Gefrieren *n* (schnelles Gefrieren der Außenhaut)
es congelación *f* superficial
fr congélation *f* de surface

1397
en **cryogen**; contact freezing agent
de Kontaktgefriermittel *n*
es agente *m* criógeno
fr cryogène *m*; produit *m* cryogène; produit *m* de congélation par contact

1398
en **cryogenic freezing**; shock freezing
de Schockgefrieren *n*; Schockfrosten *n*
es congelación *f* criógena
fr congélation *f* rapide; surgélation *f*; cryocongélation *f*

1399
en **cryogenic milling**; cryogen milling; cold milling; cryogenic grinding
de Kaltmahlen *n*
es molienda *f* en frío; molienda *f* criógena
fr cryobroyage *m*

1400
en **crystalline**; crystal
de kristallin; kristallartig
es cristalino
fr cristallin

1401
en **crystallization**
de Kristallisation *f*
es cristalización *f*
fr cristallisation *f*

1402
en **crystallization aid**
de Kristallisationhilfsmittel *n*; Kristallisierhilfsmittel *n* (Zuckerfabrikation)
es coadyuvante *m* de cristalización (fabricación de azúcar)
fr agent *m* de cristallisation; auxiliaire *m* de cristallisation

1403
en **crystallization inhibitor**
de Kristallisationsinhibitor *m*
es inhibidor *m* de cristalización
fr inhibiteur *m* de cristallisation

1404
en **CTC process (crushing, tearing, curling)**
de (Mahlen, Kräuseln u. Reißen von Teeblättern in einem Arbeitsgang)
es (molienda, rasgado y rizado de las hojas de té en un solo proceso)
fr (broyage, déchirement, ondulation des feuilles de thé dans un processus de fabrication)

1405
en **cube sugar US**; lump sugar GB
de Würfelzucker *m*
es azúcar *m* en terrones
fr sucre *m* en morceaux

1406
en **cube sugar plant**
de Würfelzuckeranlage *f*; Presswürfelanlage *f*
es fábrica *f* de terrones de azúcar
fr installation *f* de moulage de sucre en morceaux; mouleuse *f* de sucre en morceaux

1407
en **cucumber**
de Gurke *f*
es pepino *m*
fr concombre *m*

1408
en **culinary**
de kulinarisch
es culinario
fr culinaire

1409
en **cullender**; colander
de Sieb *n*; Seiher *m*
es colador *m*; escurridor *m*
fr passoire *f*; chinois *m*; tamis *m*

1410
en **cullender**; colander
de sieben; durchschlagen; durchseihen
es colar; escurrir
fr passer; tamiser

1411
en **cultured butter**
de Sauerrahmbutter *f*
es mantequilla *f* de nata ácida
fr beurre *m* de crème maturée; beurre *m* de crème fermentée; beurre *m* de crème acide

1412
en **culture yeast**; pure yeast; pure culture yeast; selected yeast
de Reinzuchthefe *f*; Kulturhefe *f*
es cultivo *m* puro de levaduras
fr levure *f* cultivée; levure *f* de souche pure

1413
en **cumin**; cummin
de Römischer Kümmel *m*; Kreuzkümmel *m*
es comino *m*
fr cumin *m*

1414
en **curcumin**
de Curcumin *n*
es curcumina *f*
fr cucurmine *f*; jaune *m* de cucurma

1415
en **curd press**
de Bruchpresse *f*
es prensa *f* de cuajada
fr presse *f* à caillé

1416
en **cure**; cured meat
de Pökelfleisch *n*
es carne *f* salada; carne *f* curada
fr viande *f* salée

1417
en **cure**
de haltbar machen (bes. durch Räuchern, Salzen u. Pökeln)
es curar; conservar (especialmente por ahumado o salazón)
fr rendre conservable; traiter pour conservation

1418
en **cure**
de darren; abdarren (Mälzerei)
es tostar (maltería)
fr tourailler

1419
en **cure accelerator**
de Umrötebeschleuniger *m*
es acelerador *m* de curado
fr accélérateur *m* de salaison

1420
en **curing agent**; curing ingredient; pickling agent
de Umrötemittel *n*; Pökelhilfsstoff *m*
es agente *m* de curado
fr ingrédient *m* de salaison; additif *m* de salaison

1421
en **curing plant**
de Pökelanlage *f*
es instalación *f* de curado
fr installation *f* de salaison; salaisonnerie *f*

1422
en **curing salt**
de Pökelsalz *n*
es sal *f* de curado
fr sel *m* pour salaison; sel *m* pour saumurage

1423
en **currant**
de Korinthe *f*
es pasa *f* de Corinto
fr raisin *m* de Corinthe

1424
en **currant**; fresh currant
de Johannisbeere *f*
es grosella *f*
fr groseille *f*

1425
en **cut**; snip
de Schnitt *m*
es corte *m*
fr coupe *f*

1426
en **cut**
de Anschnitt *m*
es corte *m*
fr entame *f*

1427
en **cut**
de schneiden; abschneiden
es cortar
fr couper

1428
en **cut across**
de quer zur Faser schneiden
es cortar transversalmente (respecto a la fibra)
fr couper en travers des fibres; couper transversalement aux fibres

1429
en **cutlet**
de Rippenstück *n*
es costilla *f*
fr plat *m* de côtes

1430
en **cut mixer**
de Schneidmixer *m*
es mezclador *m* cortador
fr mixeur *m* à couteaux

1431
en **cut surface**
de Schnittfläche *f*
es superficie *f* de corte
fr surface *f* de coupe

1432
en **cutter**; bowl-chopper; sausage grinder; sausage machine
de Kutter *m*
es trituradora *f* para embutidos
fr cutter *m*

1433
en **cutter**; cutting device
de Schnitzelmaschine *f*; Schnitzelwerk *n*
es dispositivo *m* de corte; aparato *m* de corte
fr installation *f* de hachage; appareil *m* de hachage; hachoir *m*

1434
en **cuttlefish**; common sepia; sepia
de Gemeiner Tintenfisch *m*; Tintenfisch *m*; Sepia *f*
es sepia *f*
fr calmar *m*; encornet *m*

1435
en **cyclamate**
de Cyclamat *n*
es ciclamato *m*
fr cyclamate *m*

1436
en **cyclone collector**
de Zyklonsammler *m*
es colector *m* de ciclón
fr cyclone *m* collecteur

1437
en **cyclone dust collector**
de Zyklonstaubsammler *m*
es colector *m* de polvo de ciclón
fr cyclone *m* dépoussiéreur

1438
en **cyclone separator**
de Windabscheider *m*; Zyklon *m*; Zyklonabscheider *m*
es separador *m* de ciclón
fr séparateur *m* cyclone

1439
en **cylinder-type crusher**
de Walzenquetschmühle *f*
es exprimador *m* de rodillos
fr broyeur *m* à cylindres

C

1440
en **cylinder-type juice separator**
de Walzenklärschleuder *f*; Zylinder-Mostseparator *m*; Walzenseparator *m*
es separador *m* de mosto de tipo rodillo
fr séparateur *m* centrifuge à cylindre; centrifugeuse *f* de jus de fruits à cylindre

1441
en **cylindrical grader**
de Sortierzylinder *m*
es rodillo *m* clasificador
fr trieuse *f* cylindrique; cylindre *m* de triage

1442
en **cysteine**
de Cystein *n*
es cisteína *f*
fr cystéine *f*

1443
en **cystine**
de Cystin *n*
es cistina *f*
fr cystine *f*

D

1444
en **dairy**; dairying
de Molkereiwesen *n*; Milchwirtschaft *f*
es lechería *f* (tecnología)
fr acitivité *f* laitière; industrie *f* laitière

1445
en **dairy**; dairy factory; dairy plant; milk factory; milk plant; creamery
de Molkerei *f*; Meierei *f*; Molkereibetrieb *m*
es lechería *f*; industria *f* lechera; industria *f* láctea
fr laiterie *f*; entreprise *f* laitière; usine *f* laitière

1446
en **dairy aid**
de Molkereihilfsstoff *m*
es producto *m* auxiliar para lechería
fr auxiliaire *m* de laiterie; additif *m* de laiterie

1447
en **dairy imitation product**; dairy product analog
de nachgemachtes Milcherzeugnis *n*
es sucedáneo *m* de producto lácteo
fr analogue *m* de produit laitier; imitation *f* de produit laitier

1448
en **dammar**; dammer; dammar gum; damar gum; dammar resin; damar resin
de Dammarharz *n*
es resina *f* damara
fr oléorésine *f* de Dammar

1449
en **dampen**
de feucht werden
es humedecerse
fr devenir humide; s'humidifier; devenir moite

1450
en **damper**
de Ofenklappe *f*; Schieber *m* (Backofen)
es compuerta *f* de horno
fr registre *m* de four; étouffoir *m*

1451
en **damping**
de Netzen *n*; Anfeuchten (Getreide)
es humectación *f* (trigo)
fr trempage *m*; mouillage *m*

1452
en **Danish pastry**
de Plunderteiggebäck *n*
es galletas *pl f* danesas
fr viennoiserie *f*

1453
en **dash**
de Spritzer *m* (Flüssigkeit)
es lanzador *m* (líquidos)
fr goutte *f*; filet *m*

1454
en **date coding**; dating; date marking
de Datumskennzeichnung *f*; Datumskodierung *f*
es codificación *f* de datos
fr codification *f* de date; indication *f* de date; datation *f*

1455
en **date palm**; date
de Dattelpalme *f*
es palmera *f* datilera
fr palmier *m* dattier

1456
en **deacidification**
de Entsäuerung *f*
es desacidificación *f*
fr désacidification *f*

1457
en **deacidify**
de entsäuern
es desacidificar
fr désacidifier

1458
en **dead**
de tot (Wein, Sekt)
es muerto (vino, vino espumoso)
fr mort

1459
en **dead space**
de Totraum *m*; toter Raum *m* (Gefäß)
es espacio *m* muerto
fr volume *m* mort; espace *m* mort; espace *m* non utilisé

1460
en **deaerate**; vent
de entlüften
es desairear; extraer el aire
fr désaérer

1461
en **deaeration valve**
de Entlüftungsventil *n*
es válvula *f* de desaireación
fr soupape *f* de désaération; valve *f* de désaération

1462
en **dealcoholise**
de entalkoholisieren
es desalcoholizar
fr désalcooliser

1463
en **dealkalinization**
de Entalkalisierung *f*
es desalcalinización *f*
fr désalcalinisation *f*

1464
en **debittering**
de Entbitterung *f*
es desamargado *m*; separación *f* de sustancias amargas
fr désamérisation *f*

1465
en **decaffeinate**; decaffeinize
de entkoffeinieren
es descafeinar
fr décaféiner

1466
en **decaffeinated coffee**; caffeine-free coffee
de entkoffeinierter Kaffee *m*
es café *m* descafeínado
fr café *m* décaféiné

1467
en **decalcifier**
de Entkalkungsmittel *n*
es descalcificador *m*; agente *m* antiincrustante
fr détartrant *m*; produit *m* détartant; produit *m* de décalcification

1468
en **decalcify**; delime
de entkalken
es descalcificar
fr décalcifier; détarter

1469
en **decanal**; decyl aldehyde
de Decanal *n*
es decanal *m*; aldehído *m* decílico
fr décanal *m*

1470
en **decant**; pour off
de dekantieren; abgießen; abziehen
es decantar
fr décanter

D

1471
en **decanter**
de Dekanter *m*; Dekantiergefäß *n*
es decantador *m*
fr décanteur *m*; récipient *m* de décantation

1472
en **decanter centrifuge**; scroll centrifuge
de Dekanterzentrifuge *f*
es centrifugadora *f* decantadora
fr centrifugeuse *f* de décantation

1473
en **decapitate**; behead
de köpfen (Tiere)
es decapitar (animales)
fr décapiter

1474
en **decapper**; decapping machine
de Verschlußkapselabheber *m*
es máquina *f* descapsuladora
fr décapsuleuse *f*; machine *f* à décapsuler

1475
en **decarbonate**; decarbonize
de entkarbonisieren
es descarbonatar
fr décarbonater

1476
en **decay**
de aerober Verderb *m*
es descomposición *f* aerobia
fr pourriture *f* aérobie; altération *f* aérobie; décomposition *f* aérobie

1477
en **dechlorination**
de Entchlorung *f*
es descloración *f*
fr déchloration *f*

1478
en **deck oven**
de Etagenbackofen *m*
es horno *m* de pisos
fr four *m* à étages

1479
en **declaration**
de Deklaration *f*
es declaración *f*
fr déclaration *f*

1480
en **decoction**
de Abkochen *n*; Auskochen; Absieden *n*
es cocción *f*
fr décoction *f*

1481
en **decolourant GB**; decolorant US; decolourizing agent GB; decolorizing agent US; decolourization agent GB
de Entfärbungsmittel *n*
es decolorante *m*; agente *m* decolorante
fr décolorant *m*; produit *m* décolorant

1482
en **decolourize GB**; decolorize US; decolour GB; decolourate GB; decolor US; decolorate US
de entfärben
es decolorar
fr décolorer

1483
en **decompose**
de sich zersetzen
es descomponerse
fr se décomposer

1484
en **decomposition**; degradation; breakdown
de Zersetzung *f*; Abbau *m*
es descomposición *f*; degradación *f*
fr décomposition *f*; dégradation *f*

1485
en **decontamination**
de Dekontamination *f*; Entwesung *f*; Entgiftung *f*; Entseuchung *f*
es descontaminación *f*
fr décontamination *f*

1486
en **decorate**; embellish
de dekorieren; verzieren
es decorar
fr décorer

1487
en **decoration**; embellishment
de Verzierung *f* (Torten)
es decoración *f*; adorno *m* (tartas)
fr décor *m*

1488
en **decorticate**; pare; peel; shell
de schälen; abschälen; enthäuten (Obst, Gemüse)
es pelar; mondar
fr décortiquer; écosser; peler; éplucher

1489
en **decorticator**; desheller; peeler; peeling machine
de Schälmaschine *f*
es máquina *f* peladora; máquina *f* mondadora
fr décortiqueuse *f*; peleuse *f*; écosseuse *f*

1490
en **decrater**; decrating machine
de Auspacker *m*; Auspackmaschine *f* (für Flaschen aus Kästen)
es desembaladora *f* (para botellas en cajas)
fr décaisseuse *f*

1491
en **de-emulsifier**; demulsifier
de Entemulgator *m*; emulsionszerstörendes Mittel *n*
es desemulsionador *m*; agente *m* desemulsificante
fr désémulsionnant *m*; agent *m* désémulsionnant

1492
en **de-emulsify**; demulsify
de entemulgieren; eine Emulsion zerstören
es desemulsionar; desemulsificar
fr désémulsionner

1493
en **deep draw**; cup
de tiefziehen (Verpackungsmaterial)
es embutir profundamente (material de embalaje)
fr étirer; tirer en profondeur

1494
en **deep fat fryer**; deep fat frying device
de Friteuse *f*
es freidora *f*
fr friteuse *f*

1495
en **deep freeze**; quick freeze; sharp freeze; frost
de tiefgefrieren; tiefkühlen
es ultracongelar
fr surgeler; congeler rapidement

D

1496
en **deep frozen food**; frozen food
de Tiefkühlkost *f*; Tiefgefrierkost *f*; tiefgefrorene Lebensmittel *pl n*
es alimento *m* ultracongelado
fr denrée *f* alimentaire surgelée; produit *m* alimentaire surgelé

1497
en **deep fry**; deep fat fry; fry
de fritieren; ausbacken; schwimmend in Fett braten
es freir en grasa abundante
fr frire

1498
en **defat**
de entfetten
es desengrasar
fr dégraisser

1499
en **defecation**; liming
de Scheidung *f* (Zuckerfabrikation)
es defecación *f*; clarificación *f* (fabricación de azúcar)
fr épuration *f*; chaulage *m*

1500
en **defecation lime**
de Scheidekalk *m* (Zuckerfabrikation)
es cal *f* para defecación (fabricación de azúcar)
fr chaux *m*; chaux *m* d'épuration

1501
en **defecation tank**; liming tank; defecator; defecation pan; defecating pan; defecating tank
de Scheidepfanne *f* (Zuckerfabrikation)
es depósito *m* de defecación (fabricación de azúcar)
fr bac *m* de chaulage; cuve *f* de chaulage

1502
en **defect**
de Fehler *m*
es defecto *m*
fr défaut *m*; vice *m* de fabrication

1503
en **deferrize**
de enteisenen; vom Eisen befreien (Wasser)
es desferrizar; eliminar el hierro (agua)
fr déferriser

1504
en **defibrinate**
de defibrinieren
es desfibrar
fr défibriner

1505
en **deflector plate**
de Ablenkblech *n*
es placa *f* deflectora
fr déflecteur *m*; chicane *f*; tôle *f* de déviation

1506
en **defoam**
de entschäumen
es desespumar
fr démousser

1507
en **defrost**
de abtauen (Kühlschrank)
es descongelar (nevera)
fr dégivrer

1508
en **degas**
de entgasen
es desgasificar
fr dégazer

1509
en **degerm**; degerminate
de entkeimen; den Keim entfernen (Getreide)
es desgerminar (cereales)
fr égermer

1510
en **deglutinate**
de vom Kleber befreien; entglutinieren
es desaglutinar
fr dégommer

1511
en **degrease**
de degraissieren; entfetten; Fett abschöpfen (Küche)
es desengrasar; desgrasar
fr dégraisser

1512
en **degum**; deslime; slime
de entschleimen
es desengomar
fr démucilager

1513
en **degumming agent**
de Entschleimungshilfsstoff *m* (Fettraffination)
es agente *m* desengomante (refino de grasas)
fr agent *m* de démucilagination

1514
en **dehair**; depilate
de enthaaren (Schlachttier)
es depilar
fr raser; épiler

1515
en **dehider**
de Enthäutungsgerät *n*
es aparato *m* despellejador
fr appareil *m* de dépouille

1516
en **dehumidify**
de entfeuchten; Feuchtigkeit entziehen
es deshumidificar
fr déshumidifier

1517
en **dehydrated milk product**; dried milk product
de Trockenmilcherzeugnis *n*
es producto *m* lácteo deshidratado; producto *m* lácteo en polvo
fr produit *m* à base de lait déshydraté; produit *m* à base de lait en poudre

1518
en **dehydrating agent**; desiccant; drying agent; desiccating agent; exsiccant
de Trocknungsmittel *m*; Trockenmittel *n*
es deshidratante *m*; agente *m* deshidratante
fr agent *m* de déshydratation; produit *m* déshydratant; agent *m* de dessication; produit *m* desséchant

1519
en **dehydrating column**
de Trocknungskolonne *f*; Entwässerungskolonne *f*
es columna *f* de deshidratación
fr colonne *f* de déshydratation

1520
en **dehydroascorbic acid**
de Dehydroascorbinsäure *f*
es ácido *m* dehidroascórbico
fr acide *m* déshydroascorbique

D

1521
en **dehydrocanning**
de Eindosen *n* vorgetrockneter Produkte
es enlatado *m* de productos deshidratados
fr mise *f* en boîte de produits déshydratés; conditionnement *m* de produits déshydratés

1522
en **dehydrofreezing**
de Gefrieren *n* vorgetrockneter Produkte
es congelación *f* de productos deshidratados
fr congélation *f* de produits déshydratés; déshydration-congélation *f*

1523
en **dehydrogenation**
de Dehydrierung *f*
es deshidrogenación *f*
fr déshydrogénation *f*

1524
en **delftware**; delft
de glasiertes Steingut *n*
es loza *f* esmaltada
fr faïence *f* de Delft

1525
en **delicacy**; deliciousness; daintiness; savour GB; savor US; saporisity; tastefulness; tastiness; lusciousness
de Wohlgeschmack *m*; Feinheit *f*; Schmackhaftigkeit *f*; Köstlichkeit *f*
es sabor *m* exquisito; exquisitez *f*
fr délicatesse *f*; finesse *f*; succulence *f*; sapidité *f*; bon goût *m*

1526
en **delicatessen**; speciality food; etikett gourmet food US; fancy food
de Feinkost *f*; Feinkosterzeugnis *n*; Feinkostprodukt *n*; Feinkostartikel *m*
es alimento *m* selecto
fr délicatesse *f*; alimentation *f* fine; produit *m* d'épicerie fine

1527
en **delicious**; delicate; palatable tasteful; savoury GB; savory US; toothsome; tasty
de delikat; köstlich; wohlschmeckend; pikant; schmackhaft
es delicioso; exquisito
fr délicieux; fin; savoureux; raffiné; succulent; exquis; qui a du goût

1528
en **deliming**
de Entkalkung *f* (Zuckerfabrikation)
es descalcificación *f* (fabricación de azúcar)
fr carbonatation *f*

1529
en **deliquesce**
de zerfließen; zergehen; zerschmelzen (durch Wasseraufnahme)
es delicuescer; desleirse (por absorción de agua)
fr devenir déliquescent; être déliquescent

1530
en **delivery**; delivering
de Lieferung *f*; Auslieferung *f*
es entrega *f*; suministro *m*
fr livraison *f*

1531
en **demijohn**
de Demijohn *m*; Glasballon *m*
es damajuana *f*
fr dame-jeanne *f*

1532
en **demineralize**
de entmineralisieren; entsalzen
es desmineralizar
fr déminéraliser

1533
en **denaturant**
de Vergällungsmittel *n*; Denaturierungsmittel *n*
es desnaturalizante *m*; agente *m* desnaturalizante
fr dénaturant *m*; produit *m* dénaturant

1534
en **denature**
de vergällen; denaturieren
es desnaturalizar
fr dénaturer

1535
en **deodorization**
de Desodorierung *f*
es desodorización *f*
fr déodorisation *f*

1536
en **depalletizer**
de Entpalettisiermaschine *f*
es despaletizadora *f*; máquina *f* despaletizadora
fr dépalettiseur *m*

1537
en **deposit**; sediment; ground; settling
de Ablagerung *f*; Bodensatz *m*; Niederschlag *m*; Sediment *n*; Depot *n*
es depósito *m*; sedimento *m*
fr dépôt *m*; sédiment *m*

1538
en **deposit**
de absetzen; sedimentieren
es depositar; sedimentar
fr sédimenter; déposer

1539
en **depth filter**
de Tiefbettfilter *n*
es filtro *m* profundo
fr filtre *m* à lit profond

1540
en **depth filter cartridge**
de Tiefenfilterkerze *f*
es bujía *m* para filtro profundo
fr cartouche *f* de filtre à lit profond

1541
en **depth filter sheet**
de Tiefenfilterschicht *f*
es capa *f* para filtro profundo
fr lit *m* pour filtre profond

1542
en **depth filtration**
de Tiefenfiltration *f*; Tiefbettfiltration *f*
es filtración *f* profunda
fr filtration *f* à lit profond

1543
en **derind**; rind
de entrinden; die Rinde entfernen (Käse)
es descortezar (queso)
fr écroûter

1544
en **derind**; rind
de entschwarten
es descortezar
fr découenner

1545
en **desalt**
de entsalzen
es desalinizar
fr désaler

D

1546
en **desalting plant**; desalination plant
de Entsalzungsanlage *f*
es instalación *f* de desalinización
fr installation *f* de désalage

1547
en **desludge**
de entschlammen
es desenfangar; desenlodar
fr débourber; extraire la boue; deschlammer

1548
en **desolventize**
de vom Lösungsmittel befreien
es separar el disolvente
fr éliminer le solvant

1549
en **destabilization**
de Entstabilisierung *f*
es desestabilización *f*
fr déstabilisation *f*

1550
en **destemming**
de Abbeeren *n*; Entrappen *n* (Weinbeeren)
es despalillar; desraspar (uvas)
fr égrapper

1551
en **desulphurate GB**; desulfurate; desulfur; desulfurize; desulphurize
de entschwefeln
es desulfurar
fr désulfurer; désulfiter (vin)

1552
en **detergent**
de Spülmittel *n*; Waschmittel *n*; Detergens *n*
es detergente *m*
fr détergent *m*

1553
en **deterioration**
de Wertminderung *f*; Verschlechterung *f*
es deterioro *m*; empeoramiento *m*
fr détérioration *f*; dégradation *f*

1554
en **dextran**
de Dextran *n*
es dextrano *m*
fr dextrane *m*

1555
en **dextrin**; dextrine
de Dextrin *n*
es dextrina *f*
fr dextrine *f*

1556
en **DFD meat (dark, firm, dry)**
de DFD-Fleisch *n* (dunkles, festes, trockenes Schweinefleisch)
es carne *f* DFD (carne de cerdo oscura, firme y seca)
fr viande DFD *f* (viande de porc de couleur foncée, ferme et sèche)

1557
en **diabetic food**
de Diabetikerlebensmittel *n*
es alimentos *pl m* para diabéticos
fr aliment *m* pour diabétique

1558
en **diacetin**; glyceryl diacetate
de Diacetin *n*; Glycerindiacetat *n*
es diacetina *f*; diacetato *m* de glicerina
fr diacétine *f*; diacétate *m* de glycéryle

1559
en **diacetyl**; biacetyl
de Diacetyl *n*
es diacetilo *m*
fr diacétyle *m*

1560
en **diacetyl tartaric ester of mono- and diglycerides**
de Weinsäureester *m* acetylierter Mono- und Diglyceride
es ésteres *pl m* tartáricos de mono- y diglicécridos acetilados
fr ester *m* de l'acide tartrique de mono- et diglycérides acétylés; ester *m* mixte acétique et tartrique de mono- et diglycérides d'acides gras

1561
en **dialysate**
de Dialysat *n*
es dializado *m*
fr dialysat *m*

1562
en **dialysis membrane**
de Dialysemembran *f*
es membrana *f* para diálisis
fr membrane *f* de dialyse

1563
en **diaphragm valve**
de Membranventil *n*
es válvula *f* de membrana
fr soupape *f* à membrane

1564
en **diatomaceous earth**; infusorial earth; kieselguhr; kieselgur
de Kieselgur *f*; Infusorienerde *f*; Diatomeenerde *f*; Kieselerde *f*
es tierra *f* de diatomeas; barro *m* de infusorios; kieselgur *m*
fr kieselgur *m*; terre *f* d'infusoires; terre *f* de diatomées

1565
en **dice**
de in Würfel schneiden; würfeln
es cortar en dados; cortar en cubitos
fr couper en dés; découper en cubes

1566
en **die**
de Würfel *m*; gewürfeltes Produkt *n*
es cubo *m* (producto en forma de cubitos)
fr dé *m*; cube *m*; produit *m* découpé en dés

1567
en **die**
de Anpreßstempel *m* (Kronkorkverschließmaschine)
es estampadora *f* (ajuste de tampones de corona)
fr tête *f* de serrage

1568
en **diet**
de Kost *f*
es dieta *f*
fr nourriture *f*; alimentation *f*

1569
en **diet**
de Nahrung *f*; Ernährung *f*
es alimentación *f*
fr nourriture *f*; alimentation *f*

1570
en **diet**
de Diät *f*; Schonkost *f*; Krankenkost *f*
es dieta *f* especial
fr diète *f*; régime *m* alimentaire

1571
en **dietary fibre GB**; dietary fiber US
de Ballaststoff *m*
es fibra *f* alimentaria
fr fibres *pl f* alimentaires; ballast *m*

1572
en **dietetic**
de diätetisch
es dietético
fr diététique

D

1573
en **dietetics**
de Ernährungskunde *f*; Diätetik *f*; Ernährungslehre *f*
es dietética *f*
fr diététique *f*

1574
en **diffuser**; diffusion plant
de Extraktionsanlage *f*; Diffuseur *m* (Zuckerfabrikation)
es difusión *m*; instalación *f* de difusión (fabricación de azúcar)
fr diffuseur *m*; installation *f* de diffusion

1575
en **diffusion**
de Diffusion *f*
es difusión *f*
fr diffusion *f*

1576
en **digest**
de verdauen
es digerir
fr digérer

1577
en **digestibility**
de Verdaulichkeit *f*
es digestibilidad *f*
fr digestibilité *f*

1578
en **digestion**
de Aufschluß *m*
es digestión *f*
fr digestion *f*

1579
en **diglyceride**
de Diglycerid *n*
es diglicérido *m*
fr diglycéride *m*

1580
en **dilute**; attenuate; cut; cut down; break down; thin; reduce in strength; rarefy
de verdünnen; strecken
es diluir
fr diluer; étendre; mouiller (lait); noyer (alcool)

1581
en **dilution**; attenuation; cutting; cutting down; breaking down; thinning; reducing in strength; rarefication; rarefaction
de Verdünnung *f*; Verdünnen *n*
es dilución *f*
fr dilution *f*

1582
en **dimethylpyrocarbonate**; dimethyldicarbonate
de Pyrokohlensäuredimethylester *m*; Dikohlensäuredimethylester *m*; Dimethylpyrocarbonat *n*; Dimethyldicarbonat *n*
es dicarbonato *m* de dimetilo
fr diméthylpyrocarbonate *m*; ester *m* diméthylique de l'acide pyrocarbonique; pyrocarbonate *m* de diméthyle

1583
en **dip**
de tauchen; eintauchen; tunken; eintunken
es sumergir
fr plonger; tremper; immerger

1584
en **dip feed dryer**
de Sumpftrockner *m*
es secadora *f* de depósito profundo
fr assécheur *m* de bassin de décantation; assécheur *m* de citerne

1585
en **direct expansion refrigeration**; direct system of refrigeration
de Direktkühlung *f*; direkte Kühlung *f*; Kühlung *f* durch direkte Verdampfung
es refrigeración *f* directa; refrigeración *f* por evaporación directa
fr refroidissement *m* par détente directe

1586
en **disaccharide**; diose
de Disaccharid *n*; Diose *f*
es disacárido *m*
fr diholoside *m*; disaccharide *m*

1587
en **disaccharide alcohol**
de Disaccharidalkohol *m*
es alcohol *m* de disacárido
fr alcool *m* de diholoside

1588
en **discharge cock**; drain cock; drain tap; dripping cock
de Ablaßhahn *m*; Ausflußhahn *m*
es grifo *m* de descarga
fr robinet *m* de purge; robinet *m* d'évacuation; robinet *m* de vidange

1589
en **discharge pressure filter**; discharge nutsche
de Austragnutsche *f*
es embudo *m* Büchner de descarga
fr filtre *m* à succion

1590
en **discharge valve**; outlet valve
de Ablaßventil *n*; Auslaßventil *n*
es válvula *f* de descarga
fr soupape *f* de purge; soupape *f* de vidange; soupape *f* d'évacuation

1591
en **discharging device**
de Entleerungseinrichtung *f*
es dispositivo *m* de descarga
fr dispositif *m* de purge; dispositif *m* de vidange; dispositif *m* d'évacuation

1592
en **discolour GB**; colour GB; discolor US;
de sich verfärben
es descolorarse; desteñirse
fr se colorer

1593
en **dish**
de Gericht *n* ; Speise *f*
es plato *m*; guiso *m*
fr plat *m*; mets *m*

1594
en **disinfect**; sanitize US
de entkeimen; desinfizieren
es desinfectar
fr désinfecter

1595
en **disinfectant**; sanitizer US; sanitizing agent US
de Desinfektionsmittel *n*
es desinfectante *m*
fr produit *m* désinfectant; désinfectant *m*

1596
en **disinfest**
de von Ungeziefer befreien; entwesen
es desinfestar
fr détruire les parasites

1597
en **disk**; disc
de Platte *f*; Scheibe *f*
es disco *m*; placa *f*
fr disque *m*

1598
en **disk atomizer**; disc atomizer
de Plattenzerstäubungstrockner *m*
es secadora *f* por pulverización sobre placas
fr atomiseur *m* à disque; sècheur-atomiseur *m* à disque

1599
en **disk centrifuge**; disc centrifuge
de Tellerzentrifuge *f*
es centrifugadora *f* de placas
fr centrifugeuse *f* à plateaux

1600
en **disk filter**; disc filter
de Scheibenfilter *n*
es filtro *m* de placas
fr filtre *m* à disque

1601
en **disk mill**; disc mill; burr mill; plate mill
de Scheibenmühle *f*
es molino *m* de placas
fr broyeur *m* à disques

1602
en **disk mixer**; disc mixer
de Scheibenrührer *m*
es agitador *m* de discos
fr mélangeur *m* à disques

1603
en **disodium ethylenediaminetetraacetate**; EDTA
de Dinatriumethylendiamintetraacetat *n*; EDTA *n*
es diaminoetilentetraacetato *m* disódico
fr éthylénediaminetétraacétate *m* disodique; sel *m* disodique de l'acide éthylénediaminetétraacétique; EDTA *m*

1604
en **dispenser**; drinks machine
de Getränkeautomat *m*
es dispensador *m* automático de bebidas; distribuidor *m* automático de bebidas; expendedor *m* automático de bebidas
fr distributeur *m* automatique de boisson

1605
en **dispenser**
de Spender *m* (Gerät zum Portionieren einer Speise)
es dispensador; distribuidor *m*; expendedor *m*
fr distributeur *m*

1606
en **disperse**
de dispergieren
es dispersar
fr disperser

1607
en **dispersing agent**; dispersant
de Dispergiermittel *n*
es dispersante *m*; agente *m* dispersante
fr agent *m* dispersant; dispersant *m*

1608
en **dispersion**
de Dispersion *f*; Verteilung *f*; Dispergieren *n*
es dispersión *f*; distribución *f*
fr dispersion *f*

1609
en **dissolve**; resolve
de auflösen; lösen
es disolver
fr dissoudre

1610
en **distarch phosphate**
de Distärkephosphat *n*
es difosfato *m* de dialmidón
fr phosphate *m* de diamidon

1611
en **distil GB**; distill US; stil
de destillieren; abdestillieren; abziehen
es destilar
fr distiller

1612
en **distil GB**; distill US; stil
de brennen (alkoholische Getränke)
es destilar (bebidas alcoholicas)
fr distiller

1613
en **distillate**
de Destillat *n*
es destilado *m*
fr distillat *m*

1614
en **distillation**
de Destillation *f*
es destilación *f*
fr distillation *f*

1615
en **distillation column**
de Destillationskolonne *f*
es columna *f* de destilación
fr colonne *f* de distillation

1616
en **distillers' wash**
de Schlempe *f*
es vinazas *pl f*
fr rinçure *f* de distillation

1617
en **distillery**; still house; still US
de Brennerei *f*
es destilería *f*
fr distillerie *f*

1618
en **distilling flask**; distillation flask; alembic
de Destillierkolben *m*; Destillierblase *f*
es alambique *m*
fr ballon *m* de distillation; matras *m* de distillation; alambic *m*

1619
en **distilling vessel**
de Destillationsgefäß *n*; Destilliergefäß *n*
es recipiente *m* de destilación
fr récipient *m* de distillation

1620
en **doctor blade**; doctor knife; doctor; rake
de Rakel *f*
es rasqueta *f*; cuchilla *f* fija
fr racle *f*; raclette *f*; racloir *m*

1621
en **dosage**
de Dosierung *f*
es dosificación *f*
fr dosage *m*

1622
en **dose meter**
de Dosiergerät *n*
es dosímetro *m*; dispositivo *m* dosificador
fr appareil *m* à doser; doseur *m*

1623
en **dosing nozzle**; metering nozzle
de Zumeßdüse *f*
es boquilla *f* dosificadora
fr injecteur *m* de dosage; buse *f* de dosage

1624
en **dosing plant**; dosing equipment; metering unit
de Dosieranlage *f*
es instalación *f* dosificadora
fr installation *f* de dosage; unité *f* de dosage; équipement *m* de dosage

1625
en **dosing pump**; metering pump; proportioning pump
de Dosierpumpe *f*
es bomba *f* dosificadora
fr pompe *f* de dosage

1626
en **dosing valve**; metering valve; proportioning valve
de Dosierventil *n*
es válvula *f* dosificadora
fr soupape *f* de dosage

1627
en **double drum dryer**
de Zweiwalzentrockner *m*
es secadora *f* de rodillo doble
fr sécheur *m* à double tambour

1628
en **double drum sump dryer**
de Haftschichtzweizylinder-Sumpftrockner *m*
es secadora *f* de depósito profundo con rodillo doble
fr assécheur *m* de citerne à double tambour

1629
en **double screw**; twin screw; twin worm US
de Doppelschnecke *f* (Extruder)
es husillo *m* doble (extrusora)
fr vis *f* double sans fin

1630
en **dough**
de Teig *m*; teigartige Masse *f*
es masa *f* (productos horneados)
fr pâte *f*; masse *f* pâteuse

1631
en **dough**; paste
de Knetteig *m*
es pasta *f* amasada
fr pâte *f*; pâte *f* pétrie

1632
en **dough acidifiying agent**
de Teigsäuerungsmittel *n*
es acidificante *m* para masa
fr produit *m* d'acidification de pâte

D

1633
en **dough conditioner**; dough strengthener; dough improver
de Teigverbesserungsmittel *n*; Teigkonditioniermittel *n*
es mejorante *m* para masa
fr améliorant *m* de pâte

1634
en **dough kneader**; dough kneading machine
de Teigkneter *m*
es amasadora *f*; máquina *f* amasadora
fr pétrin *m* de boulangerie; pétrin *m* mécanique

1635
en **dragee**; comfit
de Dragee *n*
es gragea *f*
fr dragée *f*

1636
en **dragee pan**; comfit pan
de Dragierkessel *m*
es caldera *f* para grageas
fr chaudron *m* á dragées

1637
en **drain**; drip
de ablaufen lassen
es drenar; desaguar
fr faire écouler

1638
en **drain**; drip
de abtropfen
es escurrir
fr égoutter

1639
en **drained weight**
de Abtropfgewicht *n*
es peso *m* escurrido
fr masse *f* égouttée; masse *f* à l'égouttage; poids *m* à l'égouttage

1640
en **draining cock**
de Auslaufstutzen *m* (Faß)
es manguito *m* de salida; tubo *m* de salida (barril)
fr robinet *m* de soutirage

1641
en **draught beer GB**; beer on draught GB; draft beer US
de Faßbier *n*; Bier *n* vom Faß
es cerveza *f* de barril
fr bière-pression *f*

1642
en **draw**; pull
de abziehen; abzapfen (Getränk)
es tirar; sacar (bebidas)
fr soutirer

1643
en **drawn can**
de gezogene Dose *f* (Konservendose)
es lata *f* estirada (lata de conserva)
fr boîte *f* emboutie-tréfilée

1644
en **dreggy**
de hefig; unrein; trüb (Wein)
es con peso; con madre; turbio (vino)
fr trouble

1645
en **dressing**; salad dressing
de Salatsoße *f*; Dressing *n*
es aderezo *m* para ensalada
fr vinaigrette *f*; sauce-vinaigrette *f*

1646
en **dried**; dehydrated
de getrocknet
es seco; deshidratado
fr séché; déshydraté

1647
en **dried fruit**; dehydrated fruit; evaporated fruit
de Trockenobst *n*; Trockenfrüchte *pl f*; Dörrobst *n*
es frutas *pl f* desecadas
fr fruits *pl m* séchés

1648
en **drink**; alcoholic drink; alcoholic beverage; alcohol
de alkoholisches Getränk *n*
es bebida *f* alcohólica
fr boisson *f* alcoolisée

1649
en **drink**
de trinken
es beber
fr boire

1650
en **drinkable**; potable
de trinkbar
es potable
fr potable

1651
en **drinking water**; potable water
de Trinkwasser *n*
es agua *f* potable
fr eau potable

1652
en **drip**; drip loss
de Fleischsaft *m*; Tropfsaftverlust *m* (rohes Fleisch)
es pérdida *f* de jugo (carne cruda)
fr jus *m* d'exudation de viande; exudat *m* de viande

1653
en **drip**
de abtropfende Flüssigkeit *f*; Tropfsaft *m*
es líquido *m* escurrido; jugo *m* escurrido
fr liquide *m* s'écoulant goutte à goutte; jus *m* d'égouttage

1654
en **dripping**; jus; gravy; beef dripping
de Bratensaft *m*; abtropfendes Bratfett *n*
es jugo *f* de asado
fr jus *m* de rôti; graisse *f* de rôti

1655
en **drip-type pasteurizer**
de Rieselpasteur *m*
es pasteurizador *m* por goteo
fr pasteurisateur *m* à ruissellement

1656
en **drop**; tear
de Tropfen *m*
es gota *f*
fr goutte *f*

1657
en **drum**
de Trommel *f*; Metallfaß *n*
es barril *m* metálico; tambor *m*
fr fût *m*; tonneau *m*; tambour *m*

1658
en **drum centrifuge**
de Trommelzentrifuge *f*
es centrifugadora *f* de tambor
fr centrifugeuse *f* à tambour

1659
en **drum cooler**
de Walzenkühler *m*
es refrigerador *m* de tambor
fr refroidisseur *m* à tambour

1660
en **drum dryer**; roller dryer; rotary louvre dryer
de Walzentrockner *m*; Haftschicht-Zylindertrockner *m*
es secadora *f* de tambor
fr sécheur *m* à tambour; sécheur *m* rotatif

D

1661
en **drum dumper**
de Kipptrommel *f*
es tambor *m* basculante
fr basculeur *m* à tambour

1662
en **drum filter**
de Trommelfilter *n*; Kesselfilter *n*
es filtro *m* de tambor
fr filtre *m* à tambour

1663
en **drum mill**; rattler
de Trommelmühle *f*
es molino *m* de tambor
fr broyeur *m* à tambour

1664
en **drumstick**
de Unterkeule *f* (Geflügel)
es muslo *m* (aves)
fr pilon *m*

1665
en **dry**
de trocken
es seco
fr sec

1666
en **dry**; dehydrate; desiccate
de trocknen; entwässern
es secar; deshidratar
fr sécher; déshydrater

1667
en **dry**; dry out; become dry; dehydrate; desiccate
de austrocknen; Wasser verlieren
es secarse; perder agua; deshidratarse
fr assécher; dessécher

1668
en **dry beverage base**
de Getränkepulver *n*
es bebida *f* en polvo
fr boisson *f* en poudre

1669
en **dry cure**
de trocken pökeln
es curar en seco; salar en seco
fr saler à sec

1670
en **dry curing**; dry salt curing; dry cure; country cure; shelf curing
de Trockenpökelung *f*
es curado *m* en seco; salazón *f* en seco
fr salage *m* à sec

1671
en **dryer GB**; drier US; drying apparatus; drying plant; desiccator; dehydrator
de Trockner *m*; Trockenanlage *f*; Trocknungsanlage *f*; Trocknungseinrichtung *f*
es secadora *f*
fr sécheur *m*; appareil *m* de séchage; équipement *m* de séchage; installation *f* de séchage; unité *f* de séchage

1672
en **dry ice**; solid carbon dioxide
de Trockeneis *n*
es hielo *m* seco
fr carboglace *f*

1673
en **drying**; dehydration; desiccation
de Trocknung *f*; Trocknen *n*; Entwässerung *f*
es secado *m*; deshidratación *f*
fr séchage *m*; déshydratation *f*; dessication *f*

1674
en **drying drum**
de Trockentrommel *f*
es secadora *f* de tambor
fr tambour *m* sécheur

1675
en **drying house**
de Darre *f*; Darrhaus *n* (Mälzerei)
es tostadero *m* (maltería)
fr touraille *f*

1676
en **dry matter**; dry matter content; solids; dry solids content; dry weight
de Trockensubstanz *f*; Trockensubstanzgehalt *m*; Trockenstoffgehalt *m*
es extracto *m* seco
fr matière *f* sèche; masse *f* sèche; teneur *f* en matière sèche

1677
en **dry sausage**; raw sausage; fermented sausage
de Hartwurst *f*; Rohwurst *f*
es embutido *m* seco
fr saucisson *m*; saucisson *m* sec

1678
en **dumper**
de Kippwagen *m*
es volquete *m*
fr basculeur *m*; culbuteur *m*; tombereau *m*; camion-benne *f*

1679
en **durables**
de Dauerwaren *pl f*
es artículos *pl m* no perecederos
fr conserves *pl f*

1680
en **durum flour**
de Hartweizenmehl *n*
es harina *f* de trigo duro
fr farine *f* de blé dur

1681
en **durum wheat**; hard wheat
de Durumweizen *m*; Glasweizen *m*; Hartweizen *m*
es trigo *m* duro
fr blé *m* dur

1682
en **dust**
de Staub *m*
es pulvo *m*
fr poussière *f*

1683
en **dust explosion**
de Staubexplosion *f*
es explosión *f* de polvo
fr coup *m* de poussière

1684
en **dust filter**
de Staubfilter *n*
es filtro *m* de polvo
fr filtre *m* à poussière

1685
en **duty on alcohol GB**; tax on alcohol US; internal revenue US
de Alkoholsteuer *f*
es impuesto *m* sobre el alcohol; tasa *f* por alcohol
fr taxe *f* sur les alcools

1686
en **ear**
de Ähre *f*
es espiga *f*
fr épi *m*

1687
en **early blowing**
de Frühblähung *f* (Käse)
es hinchazón *f* temprana; hinchazón *f* precoz (queso)
fr gonflement *m* précoce

1688
en **earthenware**; pottery; soft pottery; stoneware; baked clay; earthen
de Steingut *n*; Töpferware *f*; irdenes Geschirr *n* (bei niedriger Temperatur gebrannt)
es vajilla *f* de gres; vajilla *f* de barro
fr faïence *f*; grès *m*; poterie *f* en grès; poterie *f*

1689
en **eat**
de essen
es comer
fr manger

1690
en **eatable**
de genießbar
es comestible
fr comestible; mangeable; bon à manger

1691
en **ebullient**
de kochend; siedend; wallend
es en ebullición; hirviendo
fr en ébullition; bouillant

1692
en **edge mill**; edge runner; pan grinder; pan mill
de Kollergang *m*; Kollermühle *f*
es molino *m* de muelas verticales; molino *m* de rulos
fr broyeur *m* à meules verticales

1693
en **edge-sealed bag**
de Siegelrandbeutel *m*
es bolsa *f* sellada en los bordes
fr sac *m* à bords scellés

E

1694
en **edible**; eatable; esculent; comestible; palatable
de eßbar
es comestible
fr comestible

1695
en **edible fat**
de Speisefett *n*
es grasa *f* comestible
fr graisse *f* alimentaire; matières *pl f* grasses

1696
en **eel**
de Aal *m*
es anguila *f*
fr anguille *f*

1697
en **egg**
de Ei *n*
es huevo *m*
fr œuf *m*

1698
en **eggbeater US**; egg whisk GB; whisk; wire whisk; beater; beating rod; wire whip
de Schneebesen *m*; Sahnebesen *m*; Schaumschläger *m*
es batidor *m*
fr fouet *m* à neige; batteur *m* à neige

1699
en **egg substitute**; egg replacement
de Eiaustauschstoff *m*
es sucedáneo *m* de huevo
fr produit *m* de substitution d'œuf; produit *m* de remplacement d'œuf

1700
en **egg yolk**; yolk; yellow
de Eigelb *n*; Gelbei *n*; Eidotter *m* u. *n*; Dotter *m* u. *n*
es yema *f* de huevo
fr jaune *m* d'œuf

1701
en **eicosatrienoic acid**
de Eicosatriensäure *f*
es ácido *m* eicosatrienoico
fr acide *m* éicosatriènoïque

1702
en **elaidic acid**
de Elaidinsäure *f*
es ácido *m* elaídico
fr acide *m* élaïdique

1703
en **elastic**; springy
de elastisch (Konsistenz)
es elástico (consistencia)
fr élastique

1704
en **elastin**
de Elastin *n*
es elastina *f*
fr élastine *f*

1705
en **electrical stunning**
de elektrische Betäubung *f* (Schlachttier)
es anestesia *f* por descarga eléctrica (sacrificio de animales)
fr étourdissement *m* à l'électricité; anesthésie *f* à l'électricité; anesthésie *f* électrique; électronarcose *f*

1706
en **electrolyte drink**
de Elektrolytgetränk *n*
es bebida *m* electrolítica
fr boisson *f* électrolyte

1707
en **electrotinplate**
de elektrolytisch verzinnen (Weißblech)
es estañado *m* electrolítico (hojalata)
fr étamer électrolytiquement

1708
en **eleostearic acid**
de Elaeostearinsäure *f*
es ácido *m* eleosteárico
fr acide *m* éléostéarique

1709
en **elevator**
de Hebewerk *n*; Förderwerk *n*
es elevador *m*
fr élévateur *m*

1710
en **elevator US**; grain elevator US; grain silo GB
de Getreidesilo *n*
es silo *m* para cereales
fr silo *m* à grains

1711
en **elevator bucket**
de Elevatorbecher *m*
es cangilón *m* del elevador
fr godet *m* d'élévateur

1712
en **elevator capacity US**
de Silokapazität *f*
es capacidad *f* del silo con elevador
fr capacité *f* de silo

1713
en **elevator capacity**
de Elevator-Förderleistung *f*
es rendimiento *m* del elevador
fr capacité *f* de levage

1714
en **embrittlement**
de Sprödwerden *n*; Brüchigkeit *f*
es fragilización *f*; fragilidad *f*
fr fragilisation *f*

1715
en **embryo**
de Keim *m*; Keimling *m*; Embryo *m*
es embrión *m*
fr embryon *m*

1716
en **emergency slaughter**; emergency slaughtering
de Notschlachtung *f*
es sacrificio *m* de emergencia
fr abattage *m* d'urgence

1717
en **emmer**; amelcorn
de Emmer *m*; Emmerkorn *n*
es escanda *f* almidonera
fr amidonnier *m*

1718
en **empty**; discharge; drain; deplete; teem out
de ausleeren; leeren; entleeren
es vaciar; descargar
fr vider; décharger; vidanger

1719
en **empty containers**; empties
de Leergut *n*
es recipientes *pl m* vacíos
fr conteneur *m* vide; conteneur *m* vide en retour; emballage *m* consigné

1720
en **emulsification**; emulsifying
de Emulgierung *f*
es emulsión *f*; emulsificación *f*
fr émulsification *f*

1721
en **emulsifier**; emulsifying agent
de Emulgator *m* (Stoff)
es emulsificante *m*; emulsionante *m*
fr émulsifiant *m*

1722
en **emulsifier**; emulsifying mill
de Emulgator *m* (Gerät)
es emulsificador *m* (aparato)
fr émulsificateur *m*

1723
en **emulsifiying power**; emulsifying property
de Emulgiervermögen *n* (Emulgator)
es capacidad *f* de emulsión
fr pouvoir *m* émulsifiant; propriété *f* émulsifiante

1724
en **emulsify**
de emulgieren
es emulsionar
fr émulsionner

1725
en **emulsifying salt**
de Schmelzsalz *n* (Schmelzkäse)
es sal *f* emulsionante (queso fundido)
fr sel *m* émulsifiant; sel *m* de fonte

1726
en **emulsion**
de Emulsion *f*
es emulsión *f*
fr émulsion *f*

1727
en **emulsion stabilizer**
de Emulsionsstabilisator *m*
es estabilizante *m* de emulsión
fr stabilisateur *m* d'émulsion

1728
en **enamel**
de Email *n*; Schmelzüberzug *m*
es esmalte *m*
fr émail *m*

1729
en **enanthoic acid**; heptanoic acid
de Önanthsäure *f*; Heptansäure *f*
es ácido *m* heptanoico; ácido *m* oenántico
fr acide *m* oenanthoïque; acide *m* héptanoïque

1730
en **encapsulate**; entrap
de einkapseln; verkapseln
es encapsular
fr encapsuler

1731
en **encapsulating agent**
de Verkapselungsmittel *n*
es encapsulante *m*; agente *m* de encapsulación
fr agent *m* d'encapsulage

1732
en **endive GB**; chicory US; French endive US
de Endivie *f*; Winterendivie *f*
es escarola *f*; endibia *f*
fr chicorée *f* scarole

1733
en **endosperm**
de Endosperm *n*; Nährgewebe *n*
es endospermo *m*
fr endosperme *m*

1734
en **end seam**
de Deckelfalz *m*; Bodenfalz *m* (Konservendose)
es reborde *m* de la tapa; reborde *m* de la base (lata de conserva)
fr bord *m* de fond de boîte de conserve

1735
en **endurance test**
de Dauertest *m*; Dauerprüfung *f*
es ensayo *m* de duración
fr test *m* de résistance; test *m* d'endurance

1736
en **energy expenditure**; calorie expenditure; calorie consumption; energy output
de Energieverbrauch *m*
es consumo *m* de energía
fr consommation *f* d'énergie; dépense *f* d'énergie

1737
en **enfleurage**
de Enfleurage *f* (Extraktion von ätherischen Ölen durch Fette)
es enfleurage *f* (extracción de aceites esenciales mediante grasas)
fr enfleurage *m*

1738
en **enhance**; potentiate; intensify
de verstärken; intensivieren (Geruch o. Geschmack)
es reforzar (sabor)
fr réhausser; renforcer; relever; potentialiser

1739
en **enhancer**; potentiator; intensifier
de Verstärker *m* (Geruch o. Geschmack)
es reforzante *m*
fr exhausteur *m*; potentiateur *m*

1740
en **enrobe**
de überziehen (Schokoladewaren)
es recubrir (productos de chocolate)
fr enrober

1741
en **ensilage**; ensiling; silaging; silage making; silage
de Einsilieren *n*; Silieren *n*; Einsäuern *n*; Silage *f*
es ensilado *m*
fr ensilage *m*

1742
en **ensile**; ensilage; silage
de einsilieren; silieren; einsäuern
es ensilar
fr ensiler

1743
en **entrails**; guts; viscera; innards; pluck
de Innereien *pl f*; Eingeweide *pl n*; Kaldaunen *pl f*; Kutteln *pl f*
es vísceras *pl f*
fr entrailles *pl f*; boyaux *pl m*; viscères *pl m*; tripes *pl f*

1744
en **entrecote GB**; sirloin steak US; prime rib
de Hochrippe *f*; Mittelrippenstück *n*; Entrecote *n*
es filete *m* de lomo
fr entrecôte *f*; côte *f* première

1745
en **enveloping machine**; wrapping machine; packaging machine; packing machine; packer US
de Einwickelmaschine *f*; Verpackungsmaschine *f*
es máqina *f* de envolver; máquina *f* de embalar
fr machine *f* à emballer; emballeuse *f*

1746
en **enzyme**; enzym
de Enzym *n*
es enzima *f*
fr enzyme *f*

1747
en **enzyme inhibitor**
de Enzymhemmstoff *m*
es inhibidor *m* de enzimas
fr inhibiteur *m* d'enzyme

1748
en **enzyme preparation**; enzyme product
de Enzymzubereitung; Enzympräparat *n*
es preparación *f* de enzimas
fr préparation *f* d'enzyme; préparation *f* enzymatique

1749
en **epoxy resin**
de Epoxidhard *n*; Epoxyharz *n*
es resina *f* epoxídica; resina *f* epoxi
fr résine *f* époxyde

1750
en **ergocalciferol**
de Ergocalciferol *n*; Vitamin D 2 *n*
es ergocalciferol *m*; vitamina *f* D 2
fr ergocalciférol *m*; vitamine D 2 *f*

1751
en **ergosterol**
de Ergosterin *n*
es ergosterol *m*
fr ergostérol *m*

1752
en **ergot**
de Mutterkorn *n*
es cornezuelo *m* del centeno
fr ergot *m* de seigle

1753
en **ergotism**
de Mutterkornbefall *m*
es ergotismo *m*
fr ergotisme *m*

1754
en **erucic acid**; brassidic acid; 13-docosenoic acid
de Erucasäure *f*; Brassidinsäure *f*
es ácido *m* erúcico; ácido *m* brasídico
fr acide *m* érucique; acide *m* 13-docosénoïque

1755
en **erythrosine**
de Erythrosin *n*
es eritrosina *f*
fr érythrosine *f*

1756
en **essential amino acid**
de essentielle Aminosäure *f*
es aminoácidos *pl m* esenciales
fr aminoacide *m* essentiel; aminoacide *m* indispensable

1757
en **essential oil**
de ätherisches Öl *n*
es aceite *m* esencial
fr huile *f* essentielle

1758
en **ester**
de Ester *m*
es éster *m*
fr ester *m*

1759
en **ethanol**; ethyl alcohol; alcohol
de Ethanol *n*; Ethylalkohol *m*; Alkohol *m*; Weingeist *m*
es etanol *m*; alcohol *m* etílico
fr éthanol *m*; alcool *m* éthylique

1760
en **ethoxyquin**
de Ethoxyquin *n*
es etoxiquina *f*
fr éthoxyquine *f*

1761
en **ethyl cellulose**
de Ethylcellulose *f*
es etilcelulosa *f*
fr éthylcellulose *f*

1762
en **ethylene**
de Ethylen *n*
es etileno *m*
fr éthylène *m*

1763
en **ethylenediaminetetraacetic acid**; EDTA
de Ethylendiamintetraessigsäure *f*; EDTA *f*
es ácido *m* diaminoetilen tetracético
fr acide *m* éthylènediamine-tétraacétique

1764
en **ethylene oxide**
de Ethylenoxid *n*
es óxido *m* de etileno
fr oxyde *m* d'éthylène

1765
en **ethyl maltol**
de Ethylmaltol *n*
es etilmaltol *m*
fr éthylmaltol *m*

1766
en **ethyl p-hydroxy benzoate**; ethyl paraben
de p-Hydroxybenzoesäureethyle-ster *m*
es p-hidroxibenzoato *m* de etilo; etilparabeno *m*
fr p-hydroxybenzoate *m* d'éthyle; ester *m* éthylique de l'acide p-hydroxybenzoïque

1767
en **ethyl vanillin**
de Ethylvanillin *n*
es etilvainillina *f*
fr éthylvanilline *f*

1768
en **Euro bottle**
de Euroflasche *f*
es eurobotella *f*
fr eurobouteille *f*

1769
en **evaluation**; rating; scoring; assessment; valuation
de Bewertung *f*; Beurteilung *f*; Qualitätsbewertung *f*
es evaluación *f*; calificación *f* (calidad)
fr évaluation *f*; estimation *f*

1770
en **evaporate**; vaporize US; vapourize GB; vapor US; vapour GB
de verdampfen; verdunsten
es evaporar
fr évaporer

1771
en **evaporated milk**
de Kondensmilch *f* (bes. ungesüßte)
es leche *f* concentrada
fr lait *m* concentré

1772
en **evaporation**; vapourization GB; vaporization US
de Verdampfung *f*
es evaporación *f*
fr évaporation *f*; volatilisation *f*; vaporisation *f*

1773
en **evaporation loss**
de Verdunstungsverlust *m*; Abgang *m*
es pérdida *f* por evaporación
fr perte *f* par évaporation

1774
en **evaporative cooling**
de Verdampfungskühlung *f*
es enfriamiento *m* por evaporación
fr refroidissement *m* par évaporation d'eau

1775
en **evaporator**; evaporation apparatus; evaporating equipment; vaporizer US; vapourizer GB; evaporator station; evaporation plant
de Verdampfer *m*; Verdampferanlage *f*; Abdampfvorrichtung *f*; Eindampfapparatur *f*; Verdampferstation *f*; Verdampfungseinrichtung *f*
es evaporador *m*
fr évaporateur *m*; appareil *m* d'évaporation; installation *f* d'évaporation; unité *f* d'évaporation; station *f* d'évaporation

1776
en **evaporator tube**
de Verdampferrohr *n*
es tubo *m* evaporador
fr tuyau *m* d'évaporation

1777
en **excenter worm pump**; positive displacement pump
de Exzenterschneckenpumpe *f*
es bomba *f* helicoidal excéntrica
fr pompe *f* à vis excentrique

1778
en **exhaust**
de exhaustieren (Konservendose)
es extraer el aire (lata de conserva)
fr désaérer

1779
en **exhauster**; air exhauster
de Entlüftungsanlage *f*; Entlüfter *m*; Exhaustor *m*
es extractor *m* de aire
fr désaérateur *m*; appareil *m* à désaérer

1780
en **expiration date**
de Verfallsdatum *n*
es fecha *f* de caducidad
fr date *f* d'expiration; date *f* limite de vente; date *f* limite de consommation

1781
en **extender**; runnings; diluent
de Streckmittel *n*
es extendedor *m*; diluyente *m*
fr agent *m* diluant; diluant *m*; produit *m* de coupage; matière *f* de charge

1782
en **extract**
de Extrakt *m*; Auszug *m*
es extracto *m*
fr extrait *m*

1783
en **extract**
de extrahieren; ausziehen
es extraer
fr extraire

1784
en **extracting plant**; extractor
de Extraktionsanlage *f*
es instalación *f* extractora; planta *f* extractora
fr extracteur *m*; installation *f* d'extraction; unité *f* d'extraction

1785
en **extracting solvent**; extraction solvent; extractant
de Extraktionslösemittel *n*
es disolvente *m* extractor
fr solvant *m* d'extraction

1786
en **extraction**
de Extraktion *f*; Extrahieren *n*
es extracción *f*
fr extraction *f*

1787
en **extraction centrifuge**; screening centrifuge
de Extraktionszentrifuge *f*
es centrifugadora *f* de extracción
fr centrifugeuse *f* d'extraction

1788
en **extraction rate**; degree of extraction; grade
de Ausmahlungsgrad *m*; Ausmahlung *f* (Mehl)
es grado *m* de molienda (harinas)
fr taux *m* d'extraction

1789
en **extraction tower**; diffusion tower; tower diffuser; vertical diffuser US
de Diffusionsturm *m*; Turmextrakteur *m*; Extraktionsturm *m* (Zuckerfabrikation)
es torre *f* de difusión; torre *f* de extracción (fabricación de azúcar)
fr tour *f* en diffusion; colonne *f* de diffusion

1790
en **extraction yield**; extract yield
de Extraktionsausbeute *f*; Extraktausbeute *f*
es rendimiento *m* de extracción
fr rendement *m* d'extraction

1791
en **extra dry**; very dry; brut
de sehr trocken; extra trocken; brut
es extra seco (bebidas)
fr sec; très sec; brut

1792
en **extrude**
de extrudieren
es extruir
fr extruder

1793
en **extruder**
de Extruder *m*
es extrusora *f*
fr extrudeuse *f*

1794
en **extrusion**; extrusion process; extruding
de Extrudierung *f*; Extrudieren *n*
es extrusión *f*
fr extrusion *f*

1795
en **extrusion cooking**
de Kochextrusion *f*
es extrusión *f* por cocción
fr cuisson-extrusion *f*; filage *m* par cuisson

1796
en **eye**; hole
de Loch *n* (Käse)
es ojo *m* (queso)
fr œil *m*; ouverture *f*

1797
en **eye of round**
de Rolle *f* (Stück aus der Rinderkeule)
es redondo *m* (despiece de carne)
fr gîte *f* à la noix; noix *f*; rouelle *f* (veau)

F

1798
en **facility**
de Anlage *f*; Einrichtung *f*
es instalación *f*
fr installation *f*; équipement *m*

1799
en **faints**; feints; tails
de Nachlauf *m* (Destillation)
es colas *pl f* (destilación)
fr distillat *m* de queue

1800
en **falling film deodorising plant**
de Fallfilmdesodorisierungsanlage *f*
es instalación *f* de desodorización por película descendente
fr installation *f* de désodorisation par ruissellement

1801
en **falling film evaporator**
de Fallstromverdampfer *m*
es evaporador *m* de flujo descendente
fr évaporateur *m* à ruissellement pelliculaire; évaporateur *m* à écoulement pelliculaire

1802
en **false bottom**
de Siebboden *m*; Senkboden *m*
es piso *m* perforado
fr double fond *m*

1803
en **fan**; blower
de Gebläse *n*
es ventilador *m*; soplador *m*
fr soufflerie *f*; ventilateur *m*

1804
en **fan oven**
de Umluftbackofen *m*
es horno *m* de aire circulante
fr four *m* à air pulsé

1805
en **farinaceous**
de mehlhaltig
es harinoso
fr farineux

1806
en **fast**
de fasten
es ayunar
fr jeûner

1807
en **fast-fermenting yeast**; fast yeast
de Schnelltriebhefe *f*
es levadura *f* de fermentación rápida
fr levure *f* à fermentation rapide

1808
en **fast food US**; short order
de Schnellimbiß *m*; Schnellgericht *n*
es comida *f* rápida
fr restauration *f* rapide; fast food *m*

1809
en **fat**
de Fett *n*
es grasa *f*
fr graisse *f*; matière *f* grasse; corps *m* gras

1810
en **fat**
de fett; fettig; fetthaltig
es graso
fr gras; graisseux

1811
en **fat bloom**
de Fettreif *m* (Schokolade)
es eflorescencia *f* grasa (chocolate)
fr blanchiment *m* gras

1812
en **fat free**; fatless; non-fat
de fettfrei; fettlos
es no graso; sin grasa
fr sans graisse; pas gras

1813
en **fat reduced**; low in fat; low-fat
de fettarm; fettreduziert; mager
es pobre en grasa; magro
fr pauvre en graisse; réduit en graisse; maigre

1814
en **fat soluble**
de fettlöslich
es liposoluble; soluble en grasas
fr soluble dans les graisses; liposoluble

1815
en **fatty**
de fetthaltig; fettig; aus Fett bestehend
es graso
fr gras; graisseux; adipeux

1816
en **fatty**; greasy
de fettig (Geruch)
es grasiento (olor)
fr graisseux; de gras; de graisse

1817
en **fatty acid**
de Fettsäure *f*
es ácido *m* graso
fr acide *m* gras

1818
en **fatty oil**
de fettes Öl *n*
es aceite *m* graso
fr huile *f* grasse

1819
en **feathering**
de Ausflocken *n* (Kondensmilch)
es floculación *f* (leche concentrada)
fr floculation *f*

1820
en **feed**
de Material zuführen (Maschine)
es alimentar; suministrar material (máquinas)
fr alimenter; approvisionner

1821
en **feed chute**
de Zulaufrinne *f*; Zuführrohr *n*; Zulaufrohr *n*
es canalón *m* de alimentación
fr goulotte *f* d'alimentation; gouttière *f* d'alimentation; tuyau *m* d'alimentation

1822
en **feed drum**
de Zuführtrommel *f* (Maschine)
es tambor *m* de alimentación
fr tambour *m* d'alimentation

1823
en **feeder**; feeding device
de Zumischgerät *n*; Füllgerät *n*
es dispositivo *m* alimentador; alimentador *m*
fr dispositif *m* d'alimentation

1824
en **feeder line**; feed line
de Zuleitung *f*; Speiseleitung *f*; Zufuhrleitung *f*
es conducción *f* de alimentación
fr ligne *f* d'alimentation; conduite *f* d'alimentation

1825
en **feed flavour**
de Futtergeschmack *m* (Milch)
es sabor *m* a pienso (leche)
fr goût *m* de fourrage

1826
en **feed pump**
de Speisepumpe *f*; Zuführpumpe *f*
es bomba *f* de alimentación
fr pompe *f* d'alimentation

1827
en **feed roll**; feed roller; feeding roll; feeding roller; cane roller; front roller
de Zuführrolle *f*; Zuführwalze *f*; Speisewalze *f*; Vorderwalze *f* (Zuckerfabrikation)
es rodillo *m* de alimentación; rodillo *m* alimentador
fr rouleau *m* d'alimentation; rouleau *m* d'amenée; cylindre *m* d'alimentation

1828
en **feed worm**; feed screw
de Einlaufschnecke *f*; Zuführschnecke *f*
es tornillo *m* de alimentación
fr vis *f* d'alimentation; vis *f* d'amenée

1829
en **ferment**
de gären; in Gärung sein; sich in Gärung befinden
es fermentar; estar en fermentación
fr fermenter; être en fermentation

1830
en **fermentation**
de Gärung *f*; Vergärung *f*; Fermentation *f*
es fermentación *f*
fr fermentation *f*

1831
en **fermentation bung**; fermentation lock
de Gärspund *m*; Gärtrichter *m*
es obturador *m* de la fermentación
fr bonde *f* de fermenteur

1832
en **fermentation cellar**; fermenting cellar
de Gärkeller *m*
es bodega *f* de fermentación
fr cave *f* de fermentation

1833
en **fermentation control**
de Gärführung *f*; Gärungssteuerung *f*
es control *m* de la fermentación
fr conduite *f* de fermentation

1834
en **fermentation cupboard**
de Gärschrank *m* (Bäckerei)
es artesa *f* de fermentación (panadería)
fr étuve *f* de fermentation; armoire *f* de fermentation

1835
en **fermentation on skins**
de Maischegärung *f*
es fermentación *f* del macerado
fr fermentation *f* directe de la maische

1836
en **fermentation tub**; fermentation vat; fermenting tub; fermentation vessel
de Gärbottich *m*; Gärbehälter *m*
es vasija *f* de fermentación; cuba *f* de fermentación
fr cuve *f* de fermentation

1837
en **fermented milk**
de Sauermilch *f*
es leche *f* fermentada
fr lait *m* fermenté

1838
en **fermenting aid**; microbial nutrient
de Gärungsaktivator *m*; Wuchsstoff *m*
es activador *m* de la fermentación
fr activateur *m* de fermentation; substance *f* de croissance

1839
en **ferreous**; ferrous
de eisenhaltig
es ferroso
fr ferreux; ferrugineux

F

1840
en **ferrocyanide**
de Ferrocyanid *n*
es ferrocianuro *m*
fr ferrocyanure *m*; cyanoferrate *m*

1841
en **ferulic acid**
de Ferulasäure *f*
es ácido *m* ferúlico
fr acide *m* férulique

1842
en **fibre GB**; fiber US
de Faser *f*
es fibra *f*
fr fibre *f*

1843
en **fibreglass GB**; fiberglass US
de Fiberglas *n*
es fibra *f* de vidrio
fr fibre *f* de verre

1844
en **fibre pad filter GB**; fiber pad filter US
de Gewebefilter *n*
es filtro *m* de almohadilla de fibras
fr filtre *m* de fibres; filtre *m* texturé

1845
en **fibrin**
de Fibrin *n*
es fibrina *f*
fr fibrine *f*

1846
en **fibrous**; fibry
de faserig; faserhaltig
es fibroso
fr fibreux

1847
en **fibrous**
de strohig (Konsistenz)
es pajizo (consistencia)
fr fibreux

1848
en **field test**
de Betriebsversuch *m*
es ensayo *m* de funcionamiento; ensayo *m* in situ
fr essai *m* en entreprise; essai *m* pilote

1849
en **fill**
de füllen; beschicken
es llenar; cargar
fr remplir; charger

1850
en **fill**
de füllen; abfüllen
es llenar; embotellar
fr remplir; soutirer

1851
en **filled chocolate**
de gefüllte Schokolade *f*
es chocolate *m* relleno
fr chocolat *m* fourré

1852
en **filler**; filling machine
de Füllgerät *n*; Abfüllanlage *f*; Abfüllmaschine *f*; Füller *m*
es máquina *f* envasadora
fr remplisseuse *f*; remplisseuse-doseuse *f*; installation *f* de remplissage

1853
en **filler neck**; filling hole; filler pipe; hopper; feed hopper
de Einfüllstutzen *m*; Füllstutzen *m*; Fülltrichter *m*; Einfüllöffnung *f*
es tolva *f* de alimentación
fr goulotte *f* de remplissage; tube *m* de remplissage; orifice *m* de remplissage; orifice *m* de charge; trémie *f* de remplissage; trémie *f* de charge

1854
en **fillet**; filet
de Filet *n*; Lende *f*
es filete *m*; solomillo *m*
fr filet *m*

1855
en **fillet**
de filetieren; filieren
es cortar en filetes
fr filer; fileter

1856
en **fill height**; filling level; level
de Füllhöhe *f*; Füllstand *m*; Niveau *n*
es nivel *m* de llenado
fr niveau *m* de remplissage; hauteur *m* de remplissage

1857
en **fill hot**
de heiß abfüllen; heiß füllen
es llenar en caliente
fr remplir à chaud; soutirer à chaud

1858
en **filling**
de Füllung *f*; Füllmasse *f*; Einlage *f*
es relleno *m*
fr charge *f*; masse *f* de remplissage

1859
en **filling and closing machine**; filler crowner
de Füll- und Verschließmaschine *f*
es máquina *f* envasadora y selladora
fr remplisseuse-fermeuse *f*; machine *f* remplisseuse et fermeuse

1860
en **filling head**
de Füllkopf *m*
es cabezal *m* llenador
fr tête *f* de remplissage

1861
en **filling line**
de Abfüllinie *f*
es linea *f* de envasado
fr ligne *f* de remplissage; repère *m* de remplissage

1862
en **filling tube**
de Füllrohr *n* (Flaschenfüller)
es tubo *m* de llenado (embotelladora)
fr tuyau *m* de remplissage

1863
en **filling valve**
de Füllventil *n*; Abfüllventil *n*
es válvula *f* de llenado
fr soupape *f* de remplissage; soupape *f* de soutirage

1864
en **fill weight**
de Abfüllgewicht *n*
es peso *m* neto
fr masse *f* de remplissage; masse *f* de charge; poids *m* net

1865
en **film**; foil
de Folie *f*
es lámina *f*; película *f*
fr feuille *f*; feuillet *m*; film *m*; pellicule *f*

1866
en **filter**
de Filter *n*; Filtriereinrichtung *f*
es filtro *m*
fr filtre *m*

1867
en **filter**; filtrate
de filtrieren; filtern
es filtrar
fr filtrer

1868
en **filteraid**; filtering aid
de Filterhilfsstoff *m*
es coadyuvante *m* de filtración
fr auxiliaire *m* de filtration; adjuvant *m* de filtration

1869
en **filter area**; filter surface
de Filterfläche *f*
es superficie *f* filtrante
fr surface *f* de filtration; aire *f* de filtration

1870
en **filter bag**; filter pouch
de Filtersack *m*; Filterbeutel *m*
es bolsa *f* de filtración
fr sac *m* de filtration; manche *m* de filtration

1871
en **filter bed**
de Filterbett *n*
es lecho *m* filtrante
fr lit *m* filtrant; couche *f* filtrante

1872
en **filter cake**; filter press cake; cake
de Filterkuchen *m*
es torta *f* de filtración
fr gâteau *m* de filtre; gâteau *m* de filtre-presse; cake *m* de filtre

1873
en **filter candle**; candle
de Filterkerze *f*
es filtro *m* de bujía
fr bougie *f* de filtre; bougie *f* filtrante

1874
en **filter cell**
de Filterzelle *f*
es célula *f* de filtro
fr cellule *f* filtrante; cellule *f* de filtration

1875
en **filter centrifuge**
de Filterzentrifuge *f*
es centrifugadora *f* filtradora
fr centrifugeuse *f* de filtration

1876
en **filter chamber**
de Filterkammer *f*
es cámara *f* de filtración
fr chambre *f* de filtration

1877
en **filter cloth**
de Filtertuch *n*; Koliertuch *n*
es tela *f* filtrante
fr toile *f* filtrante; toile *f* de filtration

1878
en **filter dryer**
de Filtertrockner *m*
es secadora *f* de filtro
fr sécheur *m* à filtre

1879
en **filter element**
de Filterelement *n*
es elemento *m* filtrante
fr élément *m* de filtre

1880
en **filter fabrics**; filtering fabrics
de Filtergewebe *n*
es tejido *m* filtrante
fr tissu *m* filtrant

1881
en **filter feed pump**
de Filterspeisepumpe *f*
es bomba *f* alimentadora del filtro
fr pompe *f* d'alimentation filtrante

1882
en **filter frame**; press frame
de Filterrahmen *m*
es bastidor *m* del filtro
fr cadre *m* de filtre

1883
en **filtering velocity**
de Filtriergeschwindigkeit *f*
es velocidad *f* de filtración
fr vitesse *f* de filtration

1884
en **filter layer**; filter
de Filterschicht *f*
es capa *f* filtrante
fr couche *f* filtrante

1885
en **filter medium**
de Filtermedium *n*
es medio *m* filtrante
fr milieu *m* de filtration

1886
en **filter membrane**
de Filtermembran *f*
es membrana *f* de filtración
fr membrane *f* de filtration; membrane *f* filtrante

1887
en **filter pad**
de Filterkissen *n*; Filterscheibe *f*
es almohadilla *f* filtrante
fr tampon *m* filtrant; coussin *m* filtrant

1888
en **filter plate**; press plate
de Filterplatte *f*
es placa *f* de filtro; placa *f* de filtro-prensa
fr plaque *f* de filtre; plaque *f* filtrante

1889
en **filter press**
de Filterpresse *f*
es filtro-prensa *m*
fr filtre-presse *f*

1890
en **filter pulp**
de Filtermasse *f* (Anschwemmfilter)
es pulpa *f* de filtración
fr masse *f* filtrante

1891
en **filter residue**; residue
de Filterrückstand *m*
es residuo *m* de filtración
fr résidu *m* de filtration

1892
en **filter stack**
de Filtereinsatz *m*
es conjunto *m* de filtros
fr garniture *f* de filtre; jeu *m* de filtre; pièce *f* de rechange de filtre

1893
en **filter sterilize**
de sterilfiltrieren
es esterilizar por filtración
fr filtrer stérilement

1894
en **filth**
de Schmutz *m* (bes. Verunreinigungen tierischer Herkunft)
es impureza *f* (de origen animal)
fr salissure *f*; souillure *f*

1895
en **filth test**
de Schmutztest *m*
es ensayo *m* de impurezas
fr test *m* de salissures

1896
en **filtrate**
de Filtrat *n*
es filtrado *m*
fr filtrat *m*

1897
en **filtrate discharge**
de Filtratablauf *m*
es descarga *f* del filtrado; salida *f* del filtrado
fr écoulement *m* de filtrat; débit *m* de filtrat

1898
en **filtration**; filtering
de Filtration *f*; Filtrieren *n*
es filtración *f*
fr filtration *f*

1899
en **fin**
de Flosse *f* (Fisch)
es aleta *f* (pescado)
fr nageoire *f*

1900
en **final attenuation**
de Endvergärungsgrad *m*
es grado *m* final de fermentación
fr atténuation *f* finale

1901
en **fine**; thingrained
de fein; feinkörnig
es fino; de grano fino
fr fin; à grain fin

1902
en **fine**
de fein; von besonderer Qualität
es fino; de calidad superior
fr fin; raffiné; de qualité supérieure

1903
en **fine**
de feinfiltrieren
es filtrar finamente
fr filtrer fin; filtrer finement

1904
en **fine grinding**
de Feinvermahlung *f*
es molienda *f* fina
fr broyage *m* fin

1905
en **fine semolina GB**; fine middlings US; fine first middlings US; farola US
de Feingrieß *m*
es sémola *f* fina
fr semoule *f* fine; semoule *f* à grains fins

1906
en **fine stoneware**
de Feinsteinzeug *n*
es loza *f* fina
fr grès *m* fin; poterie *f* fine; poterie *f* fine en grès

1907
en **fine weatings GB**; weatings GB; fine wheatfeed GB; fine wheatings GB; fine middlings US; shorts US
de Nachmehl *n*; Bollmehl *n*; Futtermehl *n*
es harina *f* para pienso
fr recoupe *f*; remoulage *m*; farine *f* basse

1908
en **finish drying**
de Endtrocknung *f*
es secado *m* final
fr séchage *m* de finition

1909
en **firm**; hard
de fest; knackig (Struktur)
es firme; duro (estructura)
fr ferme; consistant; dur; craquant; croustillant

1910
en **firming agent**; crisping agent
de Festigungsmittel *n*
es agente *m* endurecedor
fr produit *m* de renforcement; agent *m* de consistance

1911
en **fish**
de Fisch *m*
es pescado *m*
fr poisson *m*

1912
en **fish farming**
de Fischzucht *f*
es piscicultura *f*
fr pisciculture *f*

1913
en **fish finger GB**; fish stick US
de Fischstäbchen *n*
es varitas *pl f* de pescado
fr bâtonnet *m* de poisson; stick *m* de poisson

1914
en **fish offal**
de eßbare Fischinnereien *pl f* (Leber, Milchner, Rogen)
es despojos *pl m* comestibles de pescado (hígado, huevas)
fr abats *pl m* de poissons

1915
en **fish oil**; marine oil; train oil
de Tran *m*; Fischöl *n*
es aceite *m* de pescado
fr huile *f* de poisson

1916
en **fish poisoning**; ichthyism; ichthyismus
de Fischvergiftung *f*
es intoxicación *f* por pescado
fr ichtyosisme *f*

1917
en **fish waste**; fish offal; fish scrap
de Fischabfälle *pl m*
es desechos *pl m* de pescado
fr déchets *pl m* de poissons; déchets *pl m* de pisciculture

1918
en **fishy**
de fischig; fischartig
es tipo pescado
fr de poisson; semblable au poisson

1919
en **fissure**
de Riß *m*; Bruch *m* (Packung)
es fisura *f*; rotura (envase)
fr fissure *f*; cassure *f*; fente *f*

1920
en **fixative**
de Fixativ *n*; Fixateur *m* (Aroma)
es fijador *m* (aroma)
fr fixateur *m*

1921
en **flake**
de Flocke *f*
es copo *m*
fr flocon *m*

1922
en **flake**
de zu Flocken verarbeiten
es elaborar en forma de copos
fr mettre en flocons; réduire en flocons; façonner en flocons; travailler en flocons

1923
en **flame**
de Flamme *f*
es llama *f*
fr flamme *f*

1924
en **flammable**
de entflammbar
es inflamable
fr inflammable

1925
en **flan GB**
de Obsttorte *f*; Obstkuchen *m*
es pastel *m* de frutas; tarta *f* de frutas
fr tarte *f* aux fruits

F

1926
en **flange**; rim; double seam; roll seam
de Bördelrand *m* (Konservendose)
es reborde *m* (lata de conserva)
fr rebord *m* de boîte

1927
en **flange**; rim
de bördeln; falzen (Konservendose)
es rebordear (lata de conserva)
fr border; sertir

1928
en **flanged lid case**
de Stülpdeckelschachtel *f*
es caja *f* de tapa embutida
fr boîte *f* téléscopique

1929
en **flanged propeller**; edge propeller
de Randpropeller *m* (Rührwerk)
es hélice *f* con rebordes (dispositivo agitador)
fr hélice *f* décentrée

1930
en **flanging machine**
de Bördelmaschine *f*
es máquina *f* de rebordear
fr machine *f* à border; machine *f* à sertir; sertisseuse *f*

1931
en **flank**
de Dünnung *f* (Schwein)
es flanco *m*; ijada *f* (cerdo)
fr flanchet *m*

1932
en **flap**
de Verschlußkappe *f* (Faltschachtel)
es pestaña *f* de cierre (caja plegable)
fr rabat *m*; volet *m*

1933
en **flash dryer**; dispersion dryer; pneumatic dryer
de Förderlufttrockner *m*
es secadora *f* instantánea; secadora *f* neumática
fr sécheur *m* instantané; sécheur *m* pneumatique; sécheur *m* flash

1934
en **flash drying**; dispersion drying; pneumatic drying
de Förderlufttrocknung *f*
es secado *m* instantáneo; secado *m* neumático
fr séchage *m* instantané; séchage *m* ultra rapide; séchage *m* flash

1935
en **flash evaporator**
de Schnelldampferzeuger *m*
es evaporador *m* rápido; evaporador *m* instantáneo
fr évaporateur *m* instantané; évaporateur *m* ultra rapide; évaporateur *m* flash

1936
en **flash freezer**
de Schnellgefrierapparat *m*
es congelador *m* rápido; congelador *m* instantáneo
fr congélateur *m* instantané; congélateur *m* ultra rapide; congélateur *m* flash

1937
en **flash pasteurization**; flashing; high temperature short-time pasteurization
de Kurzzeitpasteurisation *f*; Kurzzeiterhitzung *f*
es pasteurización *f* rápida; pasteurización *f* instantánea
fr pasteurisation *f* instantanée; pasteurisation *f* flash; pasteurisation *f* HTST (high temperature, short time)

F

1938
en **flash pasteurizer**
de Kurzzeitpasteur *m*
es pasteurizador *m* rápido; pasteurizador instantáneo
fr pasteurisateur *m* flash; pasteurisateur *m* instantané

1939
en **flask**; balloon
de Kolben *m* (Behälter)
es matraz *m*
fr flacon *m*; fiole *f*; ballon *m*

1940
en **flat bag**
de Flachbeutel *m*
es bolsa *f* plana
fr sachet *m* plat

1941
en **flat beater**
de Mischarm *m* (Rührwerk)
es batidor *m* plano
fr bras *m* mélangeur; bras *m* d'agitateur

1942
en **flat bottom tank**
de Flachbodentank *m*
es depósito *m* de fondo plano
fr réservoir *m* à fond plat; tank *m* à fond plat

1943
en **flat bread**; unleavened bread
de Flachbrot *n*; Fladenbrot *n*
es pan *m* sin levadura; pan *m* ázimo; oblea *f* de pan
fr pain *m* non levé; pain *m* mollet

1944
en **flat screen**
de Plansieb *n*; Flachsieb *n*
es criba *f* plana
fr tamis *m* plat

1945
en **flat sour spoilage**; flat souring
de Flachsäuerung *f*
es acidificación *f* plana
fr altération *f* acide superficielle

1946
en **flat surface**; plane face
de Plattseite *f* (Käselaib)
es lado *m* plano (pieza de queso)
fr face *f*; planche *f*

1947
en **flatten**; flat
de auswalzen; flach walzen (Teig)
es aplanar con el rodillo (masa)
fr étaler; abaisser; laminer

1948
en **flavandiol**
de Flavandiol *n*
es flavandiol *m*
fr flavandiol *m*

1949
en **flavedo**
de Flavedo *f*
es (piel externa coloreada de los cítricos)
fr flavedo *m*

1950
en **flavour GB**; flavor US
de Flavour *n* (gesamter oraler Sinneseindruck eines Lebensmittels einschließlich Geruch, Geschmack, Textur)
es aroma *m*; flavor *m* (percepción sensorial oral que incluye olor, sabor y textura)
fr flaveur *f*; arôme *f*

1951
en **flavour enhancer GB**; flavour potentiator GB; flavor enhancer US; flavor potentiator US; flavor modifier US
de Aromaverstärker *m*
es reforzador *m* del sabor
fr exhausteur *m* d'arôme; renforçateur *m* d'arôme; potentiateur *m* d'arôme

1952
en **flavour impact**
de Aromawahrnehmung *f*
es percepción *f* del aroma
fr perception *f* des arômes

1953
en **flavouring GB**; flavoring US
de Würze *f*; Würzessenz *f*; Würzextrakt *m*
es condimento *m*
fr assaisonnement *m*; condiment *m*

1954
en **flavouring agent**; flavouring substance; flavouring GB
de Aromastoff *m*; Aromatisierungsmittel *n*
es aromatizante *m*; agente *m* aromatizante
fr agent *m* aromatisant; aromatisant *m*; agent *m* de sapidité

1955
en **flavouring source**
de Aromaträger *m*
es soporte *m* aromatizante
fr support *m* d'arôme; source *f* d'arôme

1956
en **flavour intensity**
de Aromaintensität *f*
es intensidad *f* del aroma; intensidad *f* del sabor
fr intensité *f* aromatique

1957
en **flavourless GB**; flavorless US, zestless
de fade; geruchlos; geschmacklos
es sin aroma; inodoro; insípido
fr fade; plat; sans goût; sans saveur; insipide

1958
en **flavourous GB**; flavoursome GB; flavoured GB; flavorous US; flavorsome US; flavored US; zestful
de würzig; schmackhaft; aromatisch
es sabroso; aromático
fr épicé; savoureux; qui a du goût; qui a de la saveur

1959
en **flavour retention**
de Aromaerhaltung *f*
es conservación *f* del aroma; retención *f* del aroma
fr rétention *f* d'arôme

1960
en **flavour threshold level**; odour threshold
de Aromaschwellenwert *m*
es umbral *m* de percepción del aroma
fr seuil *m* de perception d'arôme

1961
en **flesh**
de Fleisch *n* (des lebenden Tieres)
es carne *m* (del animal vivo)
fr chair *f*

1962
en **fleshy**
de fleischig
es carnoso
fr charnu

1963
en **flexible pack**
de Weichpackung *f*
es envase *m* flexible; paquete *m* blando
fr emballage *m* souple; empaquetage *m* souple

1964
en **flipper**
de Scheinbombage *f*
es (hinchazón de latas de conserva producido por llenado excesivo)
fr bombage *m* apparent; flochage *m* apparent

1965
en **flocculate**
de ausflocken
es flocular
fr floculer

1966
en **floor malting**
de Tennenmälzerei *f*
es maltería *f* en eras
fr aire *f* de maltage

1967
en **floral**; flowery
de blumig (Geruchseindruck)
es floral (olor)
fr floral; fleuri; de fleurs

1968
en **flotation**
de Flotation *f*
es flotación *f*
fr flottation *f*

1969
en **flour**
de Mehl *n*; Getreidemehl *n*
es harina *f*
fr farine *f*; farine *f* de céréales

1970
en **flour confectionery**; flour confections; pastry; fancy cakes; fancy pastry
de Feinbackwaren *pl f*; Feingebäck *n*; Konditoreiartikel *pl m*
es pastelería *f* fina
fr pâtisserie *f*

1971
en **flour extraction**
de Mehlausbeute *f*
es extracción *f* de harina
fr rendement *m* en farine; taux *m* d'extraction de la farine

1972
en **flour mill**
de Getreidemühle *f*; Mühle *f*
es molino *m* de harina
fr moulin *m* à farine; moulin *m* à céréales

1973
en **flour treatment**
de Mehlbehandlung *f*
es tratamiento *m* de la harina
fr traitement *m* de la farine

1974
en **flour treatment agent**; flour treating agent; flour improver
de Mehlbehandlungsmittel *n*; Mehlverbesserungsmittel *n*
es mejorante *m* de la harina; agente *m* de tratamiento de la harina
fr améliorant *m* de farine; additif *m* de traitement de farine

1975
en **floury**; mealy
de mehlig; mehlartig; mehlfein
es harinoso
fr farineux

1976
en **floury**; mealy
de mehlbestreut; mehlbedeckt; bemehlt
es enharinado
fr fariné; saupoudré de farine

1977
en **flow**; flux
de Fluß *m*; Durchfluß *m*; Strom *m*; Strömung *f*
es flujo *m*
fr flux *m*; écoulement *m*; courant *m*

1978
en **flow**
de fließen; strömen; laufen; rinnen
es fluir; correr
fr couler; s'écouler; faire couler

1979
en **flow chart**; flow diagram; flow sheet
de Fließschema *n*; Fabrikationsschema *n*; Verarbeitungsdiagramm *n*
es diagrama *m* de flujo
fr organigramme *m* de traitement; organigramme *m* de fabrication; schéma *m* de fabrication; plan *m* de fabrication

1980
en **flow controller**
de Durchflußregler *m*
es regulador *m* del flujo
fr appareil *m* de régulation du débit; régulateur *m* de débit; régulateur *m* de flux

1981
en **flow heater**
de Durchlauferhitzer *m*
es calentador *m* contínuo
fr réchauffeur *m* à flux; réchauffeur *m* en continu

1982
en **flowmeter**; fluidmeter
de Durchflußmesser *m*; Flüssigkeitszähler *m*
es fluxómetro *m*; medidor *m* de flujo
fr débitmètre *m*

1983
en **flow rate**
de Durchflußgeschwindigkeit *f*
es caudal *m*; velocidad *f* de flujo
fr débit *m*; vitesse *f* d'écoulement

1984
en **flow type dryer**
de Stromtrockner *m*
es secadora *f* de flujo
fr sécheur *m* à flux

1985
en **fluid bed dryer**; fluidized bed dryer; fluidized bed finish dryer
de Wirbelschichttrockner *m*
es secadora *f* de lecho fluidificado
fr sécheur *m* à lit fluidisé

1986
en **fluid bed drying**; fluidized bed drying; fluidized bed finish drying; suspension drying
de Wirbelschichttrocknung *f*
es secado *m* en lecho fluidificado
fr séchage *m* à lit fluidisé

1987
en **fluidized bed cooler**
de Fließbettkühler *m*
es refrigerador *m* de lecho fluidificado
fr refroidisseur *m* à lit fluidisé

1988
en **fluidized bed freezing**; fluidized freezing
de Fließbettgefrieren *n*
es congelación *f* en lecho fluidificado
fr congélateur *m* à lit fluidisé

1989
en **fluidized belt freezer**
de Wirbelschicht-Bandgefrierer *m*
es congelador *m* de cinta sobre lecho fluidificado
fr congélateur *m* à bande à lit fluidisé

1990
en **fluming water**; flume water
de Schwemmwasser *n* (Zuckerfabrikation)
es agua *f* de flotación (fabricación de azúcar)
fr eau *f* d'abattage; eau *f* de transport

1991
en **fluoride**
de Fluorid *n*
es fluoruro *m*
fr fluorure *m*

1992
en **fluorination**; fluoridation
de Fluorierung *f* (Trinkwasser)
es fluoración *f* (agua potable)
fr fluoration *f*

1993
en **fluorine**; fluorin
de Fluor *n*
es fluor *m*
fr fluor *m*

1994
en **flute**
de Riffel *f* (Mahlwalze)
es acanaladura *f* (rodillo de molienda)
fr cannelure *f*

1995
en **fluted roller**
de Rillenwalze *f*; Riffelwalze *f* (Walzenstuhl)
es rodillo *m* acanalado
fr cylindre *m* cannelé

1996
en **foam**; froth; spume; bubbles
de Schaum *m*
es espuma *f*
fr mousse *f*; écume *f*

1997
en **foam**; froth; spume; bubble
de schäumen
es espumar; producir espuma
fr mousser; écumer

1998
en **foam improver**
de Schaumverbesserungsmittel *n* (Bier)
es mejorante *m* de la espuma (cerveza)
fr améliorant *m* de tenue de mousse; renforçateur *m* de tenue de mousse

1999
en **foaminess**; frothiness; spuminess
de Schaum *m*; Schäumen *n*; Schaumigkeit *f* (schaumige Beschaffenheit)
es espumosidad *f*; consistencia *f* espumosa
fr propriété *f* moussante; qualité *f* moussante

2000
en **foaming agent**; aerating agent; whipping agent
de Verschäumungsmittel *n*; Aufschlagmittel *n*; Schaummittel *n*
es espumante *m*; agente *m* espumante
fr agent *m* moussant; produit *m* moussant; moussant *m*

2001
en **foam mat dryer**
de Schaumschichttrockner *m*
es secadora *f* sobre capa de espuma
fr sécheur *m* à tapis de mousse

F

2002
en **foam mat drying**
de Schaumschichttrocknung *f*; Schaummattentrocknung *f*; Schaumtrocknung *f*
es secado *m* sobre capa de espuma
fr séchage *m* sur mousse; séchage *m* sur tapis de mousse

2003
en **foam retention**
de Schaumhaltigkeit *f* (Bier)
es conservación *f* de la espuma (cerveza)
fr rétention *f* de mousse

2004
en **foam spray dryer**
de Schaumsprühtrockner *m*
es secadora *f* de pulverización de espuma
fr sécheur *m* à pulvérisation de mousse

2005
en **foam stability**
de Schaumbeständigkeit *f*; Schaumstabilität *f*
es estabilidad *f* de la espuma
fr stabilité *f* de mousse; tenue *f* de mousse

2006
en **foam stabilizer**
de Schaumstabilisator *m*; Schaumstabilisierungsmittel *n*
es estabilizador *m* de la espuma; agente *m* estabilizador de la espuma
fr stabilisateur *m* de mousse; produit *m* stabilisateur de mousse

2007
en **foamy**; frothy
de schaumig; aus Schaum bestehend
es espumoso
fr mousseux

2008
en **foddergrains**
de Futtergetreide *n*
es cereales *pl m* para pienso
fr céréale *f* fourragère

2009
en **folding bag**
de Faltbeutel *m*
es bolsa *f* plegable
fr sachet *m* pliant; sachet *m* à plis

2010
en **folding case**; folding box GB; folding carton US
de Faltschachtel *f*
es caja *f* plegable
fr boîte *m* pliante

2011
en **folic acid**; folacin
de Folsäure *f*
es ácido *m* fólico
fr acide *m* folique

2012
en **fondant**
de Fondant *m*
es fondant *m*
fr fondant *m*

2013
en **food**; foodstuff; edibles; eatables; consumables; esculent
de Lebensmittel *n*; Nahrungsmittel *n*; Eßware *f*
es alimento *m*; comestibles *pl m*
fr produit *m* alimentaire; denrée *f* alimentaire; vivres *pl*

2014
en **food**; nourishment; nutriment
de Speise *f*; Essen *n*; Nahrung *f*; Kost *f*
es comida *f*
fr aliment *m*; alimentation *f*; repas *m*; plat *m*; mets *m*

2015
en **food additive**; additive
de Lebensmittelzusatzstoff *m*; Lebensmittelzusatz *m*; Zusatzstoff *m*
es aditivo *m* alimentario; aditivo *m* de los alimentos
fr additif *m* alimentaire; additif *m*

2016
en **food contaminant**
de Lebensmittelkontaminante *f*
es contaminante *m* de los alimentos
fr contaminant *m* alimentaire

2017
en **food control**
de Qualitätskontrolle *f* von Lebensmitteln
es control *m* de calidad de alimentos
fr contrôle *m* de la qualité alimentaire; contrôle-qualité *m*

2018
en **food engineering**
de Lebensmittelverfahrenstechnik *f*; Lebensmittelingenieurwesen *n*
es ingeniería *f* de los alimentos
fr génie *m* industriel alimentaire

2019
en **food hypersensitivity**; food sensitivity
de Lebensmittelüberempfindlichkeit *f*
es hispersensibilidad *f* a los alimentos
fr hypersensibilité *f* alimentaire

2020
en **food inspection**; food surveillance; food supervision
de Lebensmittelüberwachung *f*
es inspección *f* de alimentos
fr contrôle *m* alimentaire

2021
en **food intake**; food ingestion; dietary intake
de Nahrungsaufnahme *f*; Lebensmittelverzehr *m*
es ingesta *f* de alimentos; toma *f* de alimentos
fr consommation *f* alimentaire

F

2022
en **food intolerance**; dietary intolerance; pseudo-allergy
de Lebensmittelintoleranz *f*
es intolerancia *f* a los alimentos
fr intolérance *f* alimentaire

2023
en **food irradiation**
de Lebensmittelbestrahlung *f*
es irradiación *f* de alimentos
fr irradiation *f* des aliments

2024
en **food labelling**
de Lebensmittelkennzeichnung *f*
es etiquetado *m* de alimentos
fr étiquetage *m* alimentaire

2025
en **food law**
de Lebensmittelgesetz *n*
es ley *f* alimentaria
fr réglementation *f* alimentaire

2026
en **food legislation**
de Lebensmittelgesetzgebung *f*
es legislación *f* alimentaria
fr législation *f* alimentaire; législation *f* sur les denrées alimentaires

2027
en **food microbiology**
de Lebensmittelmikrobiologie *f*
es microbiología *f* de los alimentos
fr micorbiologie *f* alimentaire

2028
en **food packaging**
de Lebensmittelverpackung *f*
es envasado *m* de alimentos
fr emballage *m* alimentaire; packaging *m* alimentaire

2029
en **food poisoning**
de Lebensmittelvergiftung *f*
es intoxicación *f* alimentaria
fr intoxication *f* alimentaire

2030
en **food preservation**
de Lebensmittelkonservierung *f*
es conservación *f* de alimentos
fr conservation *f* des aliments

2031
en **food processing**; food manufacture
de Lebensmittelverarbeitung *f*
es transformación *f* de alimentos; elaboración *f* de alimentos
fr transformation *f* des aliments; traitement *m* des aliments

2032
en **food science**
de Lebensmittelwissenschaft *f*
es ciencias *pl f* de la alimentation
fr science *f* des aliments; bromatologie *f*

2033
en **food spoilage**; food deterioration
de Lebensmittelverderb *m*
es deterioro *m* de los alimentos
fr altération *f* alimentation

2034
en **food supply**
de Lebensmittelversorgung *f*
es abastecimiento *m* de alimentos
fr ravitaillement *m*; approvisionnement *m*

2035
en **food technology**
de Lebensmittelwesen *n*; Lebensmitteltechnik *f*
es tecnología *f* de los alimentos
fr technologie *f* alimentaire

2036
en **foot valve**
de Bodenventil *n*
es válvula *f* de pie
fr soupape *f* d'aspiration; soupape *f* d'admission

2037
en **forced air drying**
de Trocknung *f* mit bewegter Luft
es secado *m* por circulación forzada de aire
fr séchage *m* à ventilation forcée

2038
en **forced draught cooling**
de Umluftkühlung *f*
es enfriamiento *m* por circulación forzada de aire
fr refroidissement *m* par ventilation forcée; refroidissement *m* par convection forcée

2039
en **forcemeat**; farcemeat; farce; stuffing
de Füllung *f*; Farce *f*; Fleischfarce *f*; Füllsel *n*
es relleno *m* (de carne)
fr farce *f*

2040
en **fore**; fore-end
de Vorderteil *n* (Schlachttier)
es parte *f* delantera (despiece de carne)
fr partie *f* avant

2041
en **foreign body**
de Fremdkörper *m*
es cuerpo *m* extraño
fr corps *m* étranger

2042
en **foreign fat**
de Fremdfett *n*
es grasa *f* extraña
fr matières *pl f* grasses étrangères; graisse *f* étrangère; graisse *f* exogène

2043
en **foreign substance**; extraneous substance
de Fremdstoff *m*
es sustancia *f* extraña
fr substance *f* étrangère

2044
en **fore knuckle**
de Vorderhaxe *f*
es articulación *f* delantera; codillo *m* delantero
fr jarret *m* avant

2045
en **forequarter**
de Vorderviertel *n*
es cuarto *m* delantero
fr quartier *m* avant

2046
en **fore rib**; top rib GB; short rib US
de Fehlrippe *f*; Querrippe *f*; Flache Rippe *f* (Rind)
es costilla *f* delantera
fr plat *m* de côtes; plat *m* de côtes découvertes

2047
en **foreshank**
de Vorderschenkel *m*
es brazo *m*; brazuelo *m*
fr gîte *f* avant

2048
en **formaldehyde**
de Formaldehyd *m*
es formaldehído *m*
fr formaldédyde *m*; aldéhyde *m* formique

2049
en **formate**
de Formiat *n*
es formiato *m*
fr formiate *m*

2050
en **formic acid**
de Ameisensäure *f*
es ácido *m* fórmico
fr acide *m* formique

2051
en **formula diet**; bilanced diet
de Formula-Diät *f*; bilanzierte Diät *f*
es dieta *f* equilibrada
fr formule *f* diététique; formule *f* de régime alimentaire

2052
en **formulation**; formula US; recipe GB; receipt
de Herstellungsvorschrift *f*; Rezept *n*; Herstellungsrezept *n*
es formulación *f*; receta *f*
fr formulation *f*; formule *f* de fabrication; recette *f* de fabrication

2053
en **formulation aid**; material handling aid US
de Formulierhilfsmittel *n*
es auxiliar *m* de formulación
fr auxiliaire *m* de formulation

2054
en **fortification**; enrichment; supplementation; complementation; improvement; nutrification US
de Verbesserung *f*; Anreicherung *f*; Aufbesserung *f* (Nährwert)
es enriquecimiento *m*; suplementación *f*
fr amélioration *f*; enrichissement *m*; complémentation *f*

2055
en **fortify**; enrich; improve; supplement; complement
de verbessern; anreichern
es enriquecer; reforzar
fr améliorer; enrichir; complémenter

2056
en **fortify**
de aufspriten (Wein)
es encabezar (vino)
fr remonter en alcool (vin)

2057
en **fractionation**; fractional distillation
de Fraktionierung *f*; fraktionierte Destillation *f*
es destilación *f* fraccionada
fr fractionnement *m*; distillation *f* fractionnée

2058
en **fragile**
de brüchig (Textur)
es frágil
fr fragile; cassant

2059
en **fragrant**; scented
de duftig; duftend (Wein)
es aromático (vino)
fr parfumé; odorant; qui a du bouquet

2060
en **frame filter**
de Rahmenfilter *n*
es filtro *m* prensa
fr filtre-presse *f*

2061
en **frame filter press**
de Rahmenfilterpresse *f*
es filtro-prensa *m* (de placas sin reborde)
fr filtre-presse *f* à cadres et plateaux

2062
en **frankfurter-type sausage**; cooked sausage US
de Brühwurst *f*
es salchicha *f* de Frankfurt
fr saucisse *f* type de Frankfort; saucisse *f* à cuire

2063
en **freeze**
de gefrieren
es congelarse
fr geler; congeler

2064
en **freeze**
de einfrieren; gefrieren
es congelar
fr congeler; mettre à congeler

2065
en **freeze**; freeze preserve
de einfrieren; gefrierkonservieren; durch Gefrieren haltbar machen
es congelar; conservar por congelación
fr congeler; surgeler; conserver par congélation

2066
en **freeze concentration**
de Gefrierkonzentrierung *f*; Gefrierkonzentrieren *n*
es concentración *f* por congelación
fr concentration *f* par congélation

F

2067
en **freeze-dry**; lyophilize
de gefriertrocknen
es secar por congelación; liofilizar
fr lyophiliser

2068
en **freeze dryer**
de Gefriertrockner *m*
es secadora *f* por congelación
fr lyophilisateur *m*

2069
en **freeze drying**; lyophilization; lyophilisation
de Gefriertrocknung *f*; Gefriertrocknen *n*; Vakuum-Sublimationstrocknung *f*
es secado *m* por congelación; liofilización *f*
fr lyophilisation *f*

2070
en **freezer**
de Gefrierkammer *f*
es congelador *m*
fr congélateur *m*; chambre *f* de congélation

2071
en **freezer**; deep freeze; deep freeze chest; deep freeze cabinet; chest freezer
de Tiefkühltruhe *f*; Gefriertruhe *f*
es congelador *m*; cámara *f* congeladora
fr congélateur-bahut *m*

2072
en **freezer**; freezing plant
de Gefrieranlage *f*; Froster *m*
es planta *f* de congelación
fr installation *f* de congélation

2073
en **freezerburn**
de Gefrierbrand *m*
es quemadura *f* por congelación
fr brûlure *f* par congélation

2074
en **freeze-thaw stable**
de gefrierstabil
es estable a la congelación-descongelación
fr stable à la congélation

2075
en **freezing**
de Einfrieren *n*; Gefrieren *n*
es congelación *f*
fr congélation *f*

2076
en **freezing compartment**
de Tiefkühlfach *n* (Kühlschrank)
es compartimento *m* de congelación (nevera)
fr compartiment *m* de congélateur; case *f* de congélateur

2077
en **freezing method**; freezing process
de Gefrierverfahren
es proceso *m* de congelación; método *m* de congelación
fr méthode *f* de congélation; procédé *m* de congélation

2078
en **freezing mixture**; cooling mixture
de Kältemischung *f*
es mezcla *f* frigorífica
fr mélange *m* réfrigérant

2079
en **freezing tunnel**; blast freeze tunnel; tunnel freezer
de Gefriertunnel *m*
es túnel *m* de congelación
fr tunnel *m* de congélation; tunnel *m* de surgélation

2080
en **fresh**; new
de frisch
es fresco
fr frais

2081
en **freshwater fish**; inland water fish
de Süßwasserfisch *m*
es pescado *m* de agua dulce
fr poisson *m* d'eau douce

2082
en **fridge-freezer**
de Gefrierkombination *f* (Haushaltskühlschrank mit Gefrierfach)
es nevera *f* con congelador
fr réfrigérateur-congélateur *m*; réfrigérateur-congélateur *m* combinés

2083
en **frizzle**
de rösten; knusprig braten
es asar a punto crujiente; freir a punto crujiente
fr faire frire; rôtir de façon croustillante

2084
en **froth**; spume
de verschäumen; zu Schaum verarbeiten; zum Schäumen bringen; aufschäumen; aufschäumen lassen
es espumar
fr monter en mousse; laisser mousser; convertir en mousse; porter au moussage

2085
en **frozen concentrate**
de Gefrierkonzentrat *n*
es concentrado *m* por congelación
fr concentré *m* congelé

2086
en **frozen storage**; freeze storage
de Gefrierlagerung *f*
es almacenamiento *m* bajo congelación
fr entreposage *m* sous congélation; stockage *m* sous congélation

2087
en **fructose**; fruit sugar; levulose; laevulose
de Fructose *f*; Laevulose *f*; Fruchtzucker *m*
es fructosa *f*
fr fructose *m*; lévulose *m*

2088
en **fruit**
de Frucht *pl f*
es fruto *m*
fr fruit *m*

2089
en **fruit**
de Obst *n*; Früchte *pl f*
es fruta *f*
fr fruits *pl m*

2090
en **fruit filling**
de Fruchtfüllung *f* (Gebäck)
es relleno *m* de frutas (pastelería)
fr fourrage *m* aux fruits

2091
en **fruit grader**
de Obstsortieranlage *f*
es clasificadora *f* de frutas
fr trieuse *f* de fruits; calibreuse-trieuse *f* de fruits; installation *f* de triage de fruits

2092
en **fruit jelly**
de Obstgelee *n*; Fruchtgelee *n*
es jalea *f* de frutas
fr gelée *f* de fruits

2093
en **fruit juice**
de Obstsaft *m*; Fruchtsaft *m*
es zumo *m* de frutas
fr jus *m* de fruits

2094
en **fruit juice concentrate**
de Fruchtsaftkonzentrat *n*
es concentrado *m* de zumo de frutas
fr concentré *m* de jus de fruits

2095
en **fruit packing station**
de Obstabpackbetrieb *m*
es planta *f* de empaquetado de frutas
fr installation *f* de conditionnement de fruits; station *f* de conditionnement de fruits

2096
en **fruit paste**
de Obstpaste *f*; Fruchtpaste *f*
es pasta *f* de frutas
fr pâte *f* de fruit

2097
en **fruit press**
de Obstpresse *f*; Fruchtpresse *f*
es prensadora *f* de frutas
fr presse *f* à fruits; pressoir *m* à fruits

2098
en **fruit pulp**; pulp; flesh; meat
de Fruchtfleisch *n*
es pulpa *f* de frutas
fr chaire *f* du fruit; pulpe *f*

2099
en **fruit pulp**
de Obstpulpe *f*
es pulpa *f* de frutas
fr pulpe *f* de fruits

2100
en **fruit puree**
de Obstpüree *n*
es puré *m* de frutas
fr purée *f* de fruits

2101
en **fruit squash**
de Getränkekonzentrat *n*
es triturado *m* de frutas
fr fruit *m* pressé pour boissons; concentré *m* de jus de fruits

2102
en **fruit syrup**
de Obstsirup *m*
es jarabe *m* de frutas
fr sirop *m* de fruits

2103
en **fruit wax**
de Fruchtwachs *n*
es cera *f* de frutas
fr cire *f* pour fruits

2104
en **fruit wine**
de Obstwein *m*
es vino *m* de frutas
fr cuvée *f* de fruits; jus *m* de fruits fermenté

2105
en **fruity**
de fruchtig (Wein)
es afrutado (vino)
fr fruité

2106
en **fry**; pan fry; pan
de braten; in der Pfanne braten
es freir
fr frire; faire frire; frire à la poêle

2107
en **fryer**; frier; frying equipment
de Bratgefäß *n*
es freidora *f*; equipo *m* de freir
fr récipient *m* pour friture; équipement *m* pour friture

2108
en **frying oil**
de Fritierfett *n*; Fritieröl *n*
es aceite *m* de freir
fr huile *f* pour friture

2109
en **frying pan**; dripping pan
de Bratpfanne *f*
es sartén *f*
fr poêle *f* à frire

2110
en **fudge**
de Fudge *f* (Weichkaramellenmasse mit hohem Fondantzusatz)
es fudge *m* (masa de caramelo blando con adición de fondant)
fr caramel *m* grainé; caramel *m* recristallisé fudge

2111
en **full**; full bodied
de körperreich; stark; schwer; vollmundig; voll (Wein)
es con cuerpo (vino)
fr étoffé; charpenté; concentré; compact; viril; solide; puissant (vin)

2112
en **fumarate**
de Fumarat *n*
es fumarato *m*
fr fumarate *m*

2113
en **fumaric acid**
de Fumarsäure *f*
es ácido *m* fumárico
fr acide *m* fumarique

2114
en **fumigant**; fumigating agent
de Begasungsmittel *n*
es fumigante *m*; agente *m* fumigante
fr produit *m* de fumigation; fumigant *m*

2115
en **fumigate**
de ausräuchern
es fumigar
fr fumiger; exposer à la fumée; traiter à la fumée

2116
en **fungicide**
de Fungizid *n*
es fungicida *m*
fr fongicide *m*

2117
en **fungicide**; fungicidal
de fungizid; pilztötend
es antifúngico
fr fongicide

2118
en **fungistatic**; mycostatic
de fungistatisch; pilzhemmend
es fungistático
fr fongistatique

2119
en **fungus**
de Pilz *m* (allgemein)
es hongo *m*
fr champignon *m*

2120
en **funnel**
de Trichter *m*
es embudo *m*
fr entonnoir *m*

2121
en **furcelleran**; Danish agar
de Furcelleran *n*
es furcelerano *m*
fr furcellarane *m*

2122
en **furfural**; furaldehyde
de Furfural *n*
es furfural *m*
fr furfural *m*

2123
en **furnace**
de Feuerung *f*
es fogón
fr four *m*; fourneau *m*; foyer *m*; chambre *m* de combustion

2124
en **fusel oil**
de Fuselöl *n*
es aceite *m* de fusel
fr huile *f* de fusel

2125
en **F-value**
de F-Wert *m* (Zeitperiode zur Sporenabtötung bei 121° C)
es valor-F *m*
fr valeur F *f* (temps de destruction des spores à 121° C)

2126
en **gadoid**
de Gadide *m* (schellfischartiger Seefisch)
es gádido *m*
fr gade *m*

2127
en **galactan**
de Galactan *n*
es galactano *m*
fr galactane *m*

2128
en **galactose**
de Galactose *f*
es galactosa *f*
fr galactose *m*

2129
en **galacturonic acid**
de Galacturonsäure *f*
es ácido *m* galacturónico
tr acide *m* galacturonique

2130
en **galbanum oil**
de Galbanumöl *n*
es esencia *f* de gálbano
fr oléo-résine *f* de galbanum

2131
en **gallate**
de Gallat *n*
es galato *m*
fr gallate *m*

2132
en **gallic acid**
de Gallussäure *f*
es ácido *m* gálico
fr acide *m* gallique

2133
en **gallisation**; gallization
de Naßverbesserung *f*; Naßzuckerung *f* (Most)
es (adición de sacarosa en solución acuosa del vino)
fr gallisation *f*; gallisage *m*; sucrage-mouillage *m*

2134
en **game**
de Wild *n*
es caza *f*; salvajina *f*
fr gibier *m*

2135
en **gamma rays**
de Gammastrahlen *pl m*
es rayos *pl m* gamma
fr rayons *pl m* gamma

2136
en **garden fresh**
de gartenfrisch
es fresco (recién cosechado en la huerta); recién cosechado
fr frais; frais du jardin

2137
en **garlic**
de Knoblauch *m*
es ajo *m*
fr ail *m*; aulx *pl m*

2138
en **garnish**
de Garnierung *f*; Beilage *f*
es guarnición *f*; acompañamiento *m*
fr garniture *f*

2139
en **garnish**
de garnieren
es acompañar (guarnición de alimentos)
fr garnir

2140
en **gas**
de Gas *n*
es gas *m*
fr gaz *m*

2141
en **gaseous sterilant**; gas sterilant
de Sterilisationsgas *n*; sterilisierendes Gas *n*
es gas *m* esterilizante
fr gaz *m* stérilisant; gaz *m* de stérilisation

2142
en **gastronomy**; culinary art
de Kochkunst *f*
es gastronomía *f*
fr gastronomie *f*; art *m* culinaire

2143
en **gather**; crop; pick; collect
de pflücken; abpflücken
es cosechar; recolectar
fr cueillir

2144
en **gather**; pick; vintage
de Trauben ernten; Trauben lesen; lesen
es vendimiar
fr vendanger

2145
en **gauge glass**
de Flüssigkeitsstandsanzeiger *m*
es tubo *m* indicador de nivel
fr indicateur *m* de niveau de liquide; indicateur *m* de jauge

2146
en **gauge line**
de Füllstrich *m*
es raya *f* indicadora de nivel
fr trait *m* de jauge

2147
en **gear pump**
de Zahnradpumpe *f*
es bomba *f* de engranajes
fr pompe *f* à engrenage

2148
en **gel**; jel
de Gel *n*
es gel *m*
fr gel *m*

2149
en **gelatin**; gelatine
de Gelatine *f*
es gelatina *f*
fr gélatine *f*

2150
en **gelatination**; gelatinization; gelling; gel formation; gelation; jellification US; setting
de Gelieren *n*; Gelbidlung *f*; Gelierung *f*; Hartwerden *n*; Festwerden *n*
es gelificación *f*; gelatinización *f*
fr gélatinisation *f*; gélification *f*; formation *f* de gel

2151
en **gelatinize**
de verkleistern (Stärke)
es gelificar; gelatinizar
fr gélatiniser

2152
en **gelatinous**
de gallertartig
es gelatinoso
fr gélatineux; gélatiniforme

2153
en **gelatinus**; gelatine US
de Geleesüßware *f*; Geleeware *f*; Geleeartikel *m*
es dulce *m* de gelatina
fr produit *m* gélifié; denrée *f* gélifiée; produit *m* sucré gélifié

2154
en **gelling agent GB**; jellifying agent US; jelling agent US
de Geliermittel *n*; Gelierhilfsmittel *n*
es gelificante *m*; agente *m* gelificante
fr agent *m* gélifiant; produit *m* de gélification; gélifiant *m*

2155
en **germ**
de Keim *m*
es germen *m*
fr germe *m*

2156
en **germicide**; germicidal
de keimtötend; keimwidrig
es germicida
fr germicide

2157
en **germicide**; sterilising agent
de keimtötendes Mittel *n*
es germicida *m*; agente *m* esterilizante
fr germicide *m*; produit *m* germicide

2158
en **germinate**
de keimen
es germinar
fr germer

2159
en **germ removal**
de Keimabtrennung *f*
es eliminación *f* de gérmenes
fr égermage *m*

2160
en **gherkin**
de Pfeffergurke *f*; Gewürzgurke *f*
es pepinillo *m*
fr cornichon *m*

2161
en **gibberellic acid**
de Gibberellinsäure *f*
es ácido *m* gibberélico
fr acide *m* gibbérélique

2162
en **gill**
de Lamelle *f* (Pilz)
es laminilla *f* (hongos)
fr lamelle *f*

2163
en **gill**; branchia
de Kieme *f*
es branquia *f*
fr branchie *f*

2164
en **ginger ale**
de Ingwerlimonade *f*
es refresco *m* de jengibre
fr boisson *f* gazeuse au gingembre

2165
en **gland**
de Drüse *f*
es glándula *f*
fr glande *f*

2166
en **glass**
de Glas *n*; Trinkglas *n*
es vaso *m*
fr verre *m*; verre *m* à boire

2167
en **glass**
de Glas *n* (Material)
es vidrio *m*
fr verre *m*

2168
en **glaze**; glace
de mit Gelee überziehen
es glasear; recubrir
fr napper; napper à la gelée

2169
en **glazing agent**; glacing agent
de Glasiermittel *n*; Überzugsmittel *n*
es agente *m* para glaseado; agente *m* de recubrimiento
fr produit *m* de nappage; produit *m* de glaçage

2170
en **gliadin**
de Gliadin *n*
es gliadina *f*
fr gliadine *f*

2171
en **globe type valve**
de Kugelventil *n*
es válvula *f* esférica; válvula *f* de bola
fr soupape *f* à bille; clapet *m* à bille

2172
en **globulin**
de Globulin *n*
es globulina *f*
fr globuline *f*

2173
en **glucan**
de Glucan *n*
es glucano *m*
fr glucane *m*

2174
en **gluconic acid**
de Gluconsäure *f*
es ácido *m* glucónico
fr acide *m* gluconique

2175
en **glucono delta-lactone**; GDL
de Gluconodelta-Lakton *n*
es delta-gluconolactona *f*
fr delta-glucono-lactone *f*

2176
en **glucose**; dextrose
de Glucose *f*; Dextrose *f*; Traubenzucker *m*
es glucosa *f*
fr glucose *m*

2177
en **glucoside**
de Glucosid *n*
es glucósido *m*
fr glucoside *m*

2178
en **glucuronic acid**
de Glucuronsäure *f*
es ácido *m* glucurónico
fr acide *m* glucuronique

2179
en **glume**
de Spelze *f*
es gluma *f*
fr glume *f*; balle *f*

2180
en **glutamate**
de Glutamat *n*
es glutamato *f*
fr glutamate *m*

2181
en **glutamic acid**
de Glutaminsäure *f*
es ácido *m* glutámico
fr acide *m* glutamique

2182
en **glutamine**
de Glutamin *n*
es glutamina *f*
fr glutamine *f*

2183
en **glutaric acid**
de Glutarsäure *f*
es ácido *m* glutárico
fr acide *m* glutarique

2184
en **glutathione**
de Glutathion *n*
es glutation *m*
fr glutathion *m*

2185
en **gluten**
de Gluten *n*; Kleber *m*
es gluten *m*
fr gluten *m*

2186
en **gluten bread US**; gluted bread
de Kleberbrot *n*
es pan *m* de gluten
fr pain *m* au gluten

2187
en **glycerol**; glycerin US; glycerine US
de Glycerin *n*
es glicerina *f*
fr glycérol *m*

2188
en **glyceryl monostearate**
de Glycerinmonostearat *n*
es monoestearato *m* de glicerilo
fr monostéarate *m* de glycéryle

2189
en **glycine**; glycin; glycocoll
de Glycin *n*; Glycocoll *n*
es glicocola *f*; glicina *f*
fr glycine *f*; glycocolle *m*

2190
en **glycogen**; animal starch
de Glycogen *n*
es glucógeno *m*; glicógeno *m*
fr glycogène *m*

2191
en **glycoside**
de Glycosid *n*
es glicósido *m*
fr glycoside *m*

2192
en **gold**
de Gold *n*
es oro *m*
fr or *m*

2193
en **good manufacturing practice**; GMP
de gute Herstellungspraxis *f*
es práctica *f* irreprochable de fabricación
fr bonnes pratiques *pl f* de fabrication; bonnes règles *pl f* de fabrication

2194
en **goose**
de Gans *f*
es ganso *m*
fr oie *f*

2195
en **grade**; class; quality grade; sort; rate; rank
de Güteklasse *f*; Qualitätstufe *f*; Rangstufe *f*; Wertstufe *f*
es grado *m* de calidad
fr niveau *m* de qualité; degré *m* de qualité; classe *f* de qualité; rang *m* de qualité

2196
en **grade**; sort; classify; rank
de sortieren; klassieren
es clasificar
fr classer; trier; calibrer

2197
en **grader**; sorter; sizer
de Sichter *m*; Sortiermaschine *f*; Klassiermaschine *f*
es clasificadora *f*; máquina *f* clasificadora
fr trieuse *f*; classeur *m*; calibreuse *f*

G

2198
en **grading screen**; grading sieve; classifying screen; screen
de Klassiersieb *n*; Sortiersieb *n*
es tamiz *m* clasificador
fr tamis *m* classeur; tamis *m* de classement; tamis *m* de triage; crible *m* de triage

2199
en **grain**; granule; corn
de Korn *n*; Körnchen *n*
es grano *m*; gránulo *m*
fr grain *m*; granule *m*

2200
en **grain**
de Getreide *n*
es cereales *pl m*
fr céréales *pl f*

2201
en **grain cleaning machine**
de Getreidereinigungsmaschine *f*
es máquina *f* aventadora de cereales; máquina *f* limpiadora de cereales
fr nettoyeur *m* de graines; nettoyeur *m* de céréales

2202
en **granulating agent**
de Granulierhilfsmittel *n*
es granulante *m*; agente *m* de granulación
fr agent *m* de granulation

2203
en **granulation drying**
de Granuliertrocknung *f*
es secado *m* por granulación
fr séchage *f* par granulation

2204
en **granulator**
de Granuliersieb *n*
es tamiz *m* granulador
fr tamis *m* de granulation

2205
en **granulator**
de Zuckertrockner *m*; Granulator *m*
es secadora *f* de azúcar; granuladora *m*
fr sécheur *m* de sucre; granulateur *m*

2206
en **grape**; vine fruit; wine grape
de Weintraube *f*; Weinbeere *f*
es uva *f*
fr grappe *f* de raisin; grain *m* de raisin

2207
en **grape crusher**; roller crusher
de Traubenmühle *f*
es prensa *f* de uvas
fr broyeur *m* à raisin; broyeur *m* à cylindres

2208
en **grapefruit**
de Grapefruit *f*
es pomelo *m*
fr pamplemousse *m*

2209
en **GRAS**; generally recognized as safe US
de (als unschädlich anerkannt)
es (de innocuidad reconocida)
fr (reconnu comme inoffensif)

2210
en **grate**
de Rost *m* (Gitter)
es parrilla *f*
fr grille *f*; grillage *m*

2211
en **grate**
de zerreiben; verreiben; reiben
es rallar
fr écraser; triturer; frotter

2212
en **grater**; attrition mill
de Reibemühle *f*; Scheibenmühle *f*
es rallador *m*
fr broyeur *m* par frottement

2213
en **gratinate**
de gratinieren; überbacken
es gratinar
fr gratiner

2214
en **gravity conveyor**
de Schwerkraftförderer *m*
es transportador *m* por gravedad
fr transporteur *m* par gravité

2215
en **gravy**; pan gravy
de Bratensoße *f*
es salsa *f* de asado; salsa *f* de frito
fr sauce *f* de roti; jus *m* de viande rotie

2216
en **grease**
de Tierfett *n*
es grasa *f* animal
fr graisse *f* animale

2217
en **grease proof**
de fettdicht
es impermeable a las grasas
fr étanche aux graisses

2218
en **greave**; scrap; crackling
de Fettgriebe *f*; Griebe *f*
es chicharrón *m*
fr rillon *m*; creton *m*

2219
en **green bean**; string bean; snap bean; French bean; wax bean; butter bean; runner bean
de Grüne Bohne *f*; Fisole *f*
es judía *f* verde
fr haricot *m* vert

2220
en **green coffee**; raw coffee
de Rohkaffee *m*
es café *m* verde
fr café *m* vert

2221
en **greenhouse**; greenery; stove GB; hothouse; forcing house GB
de Gewächshaus *n*; Glashaus *n*; Treibhaus *n*
es invernadero *m*
fr serre *f*; serre *f* de forçage

2222
en **green pepper**; Madagascar pepper
de Grüner Pfeffer *m*; Madagaskar-Pfeffer *m*
es pimiento *m* verde
fr poivre *m* vert

2223
en **griddle**
de kontaktbraten; kontaktgrillen; auf dem Blech backen
es asar sobre plancha
fr rôtir; griller; rôtir sur une tôle; rôtir au four

2224
en **grill**; griller; grid; gridiron; broiler
de Bratrost *m*; Grill *m*
es asador *m*; parrilla *f*
fr gril *m*; grille *f* à rôtir

2225
en **grill**
de Grillgut *n*
es asado *m* en parrilla
fr grillade *f*

G

2226
en **grill US**; charbroil; broil GB; carbonado
de grillen; grillieren; auf dem Rost braten
es asar en parrilla
fr griller; rôtir sur le gril

2227
en **grind**
de zerkleinern; zerstoßen
es moler
fr broyer; concasser

2228
en **grinder**; grinding machine; grinding apparatus; grinding mill; mill
de Mahleinrichtung *f*; Mühle *f*; Mahlwerk *n*; Zerkleinerungsgerät *n*; Zerkleinerungsvorrichtung *f*; Wolf *m*
es molino *m*; triturador *m*
fr broyeur; appareil *m* de broyage; installation *f* de broyage; moulin *m*

2229
en **gristle**; cartilage
de Knorpel *m*
es ternilla *f*; cartílago *m*
fr cartilage *m*

2230
en **gristly**; cartilaginous
de knorplig; knorpelig
es cartilaginoso
fr cartilagineux

2231
en **gritty**; sandy
de sandig; grießig; körnig (Geschmackseindruck)
es granuloso; arenoso
fr granuleux

2232
en **groats**; grits; grout
de Haferschrot *m*
es avena *f* mondada; sémola *f*
fr gruau *m* d'avoine

2233
en **groats mill**; grits mill
de Grützmühle *f*
es molino *m* de sémola
fr moulin *m* à gruau

2234
en **guanidine base**; guanidin base
de Guanidinbase *f*
es base *f* guanídica
fr guanidine *f* base

2235
en **guanine**; guanin
de Guanin *n*
es guanina *f*
fr guanine *f*

2236
en **guar gum**
de Guarkernmehl *n*; Guarmehl *n*; Guar *m*
es goma *f* guar
fr gomme *f* Guar; farine *f* de graines de Guar

2237
en **gum resin**
de Gummiharz *n*
es gomorresina *f*
fr gomme-résine *f*

2238
en **gush**
de überschäumen (Bier)
es rebosar espuma (cerveza)
fr déborder en moussant

2239
en **gyratory crusher**
de Kreiselbrecher *m*
es trituradora *f* giratoria
fr girobroyeur *m*

2240
en **haddock**
de Schellfisch *m*
es eglefino *m*
fr aiglefin *m*; haddock *m*

2241
en **haemoglobin**; hemoglobin
de Haemoglobin *n*
es hemoglobina *f*
fr hémoglobine *f*

2242
en **hake**; merluce; sea luce; sea pike
de Seehecht *m*; Meerhecht *m*; Hechtdorsch *m*
es merluza *f*
fr merluche *f*

2243
en **half-fat butter**
de Milchhalbfett *n*
es mantequilla *f* semigrasa
fr beurre *m* allégé (beurre à 50 % de matière grasse)

2244
en **half-fat margarine, halvarine**
de Halbfettmargarine *f*
es margarina *f* semigrasa
fr margarine *f* allégée; margarine *f* à 50 % de matière grasse

2245
en **halibut**
de Heilbutt *m*
es hipogloso *m*
fr flétan *m*

2246
en **halophilic**; halophile
de halophil
es halófilo
fr halophile

2247
en **halotolerant**
de halotolerant
es tolerante a la sal
fr halotolérant; tolérant au sel

2248
en **ham**
de Schinken *m*
es jamón *m*
fr jambon *m*

2249
en **hammer mill**; hammer crusher
de Hammermühle *f*
es trituradora *f* de martillo
fr broyeur *m* à marteaux; concasseur *m* à marteaux

2250
en **hand**; shoulder; forehock
de Schulterstück *n*; Schulter *f* (Schwein)
es brazuelo *m*; paletilla *f* (cerdo)
fr épaule *f*

2251
en **handling**
de innerbetriebliches Transportwesen *n*
es manipulación *f*; transporte *m* interior
fr manutention *f*

2252
en **hand mixer**
de Handmixer *m*
es mezclador *m* manual
fr mélangeur *m* à main; malaxeur *m* à main

2253
en **hang**; age
de abhängen (Fleisch)
es colgar; madurar (carne)
fr subir une maturation; vieillir; rassir

H

2254
en **haptic**; lingering; clinging GB; persistent
de haftend; anhaltend (Geschmack)
es persistente (sabor)
fr persistant

2255
en **hard**
de hart (auch Wasser)
es duro (agua)
fr dure

2256
en **hard bisbuit GB**; hard sweet biscuit US
de Hartkeks *m*
es galleta *f* dura
fr biscuit *m* sec

2257
en **hard candy US**; boiled sweet GB; hard boiled sweet
de Hartkaramelle *f*
es caramelo *m* duro
fr caramel *m* dur

2258
en **hard cure**; hard salting
de Hartsalzung *f* (Fisch)
es salazón *m* fuerte; salado *m* forte (pescado)
fr salage *m* fort

2259
en **hardening tunnel**
de Härtetunnel *m* (Eiscremefabrikation)
es túnel *m* de solidificación (fabricación de helados)
fr tunnel *m* de durcissement

2260
en **hardness**
de Härte *f*
es dureza *f* (agua)
fr dureté *f*

2261
en **harsh**; tart; rough
de herb (Wein)
es áspero (vino)
fr âpre; rapu; rèche (vin)

2262
en **harvest**; crop
de Ernte *f*
es cosecha *f*
fr récolte *f*; moisson *f* (blé)

2263
en **harvest**; crop
de ernten
es cosechar
fr récolter; moissonner (céréales)

2264
en **hazelnut**
de Haselnuß *f*
es avellana *f*
fr noisette *f*

2265
en **head**; loaf
de Kopf *m* (Salat o. Kohl)
es repollo *m*; lechuga *f* (arrepollada)
fr tête *f* (salade)

2266
en **head-removal machine**
de Köpfmaschine *f* (Fische)
es máquina *f* descabezadora (pescado)
fr étêteuse *f*

2267
en **health claim**
de gesundheitsbezogene Werbeaussage *f*
es lema *m* publicitario referente a la salud
fr déclaration *f* publique relative à la santé

2268
en **heat**
de Wärme *f*; Hitze *f*
es calor *m*
fr chaleur *f*

2269
en **heat**
de erhitzen; heizen; beheizen
es calentar
fr chauffer; réchauffer

2270
en **heat coagulation**; thermocoagulation
de Hitzekoagulierung *f*
es coagulación *f* térmica
fr coagulation *f* thermique; thermocoagulation *f*

2271
en **heat conduction**
de Wärmeleitung *f*
es conducción *f* térmica
fr thermoconduction *f*; conduction *f* thermique

2272
en **heater**
de Heizgerät *n*
es calentador *m*
fr appareil *m* de chauffage

2273
en **heat exchange**
de Wärmeaustausch *m*
es intercambio *m* de calor
fr échange *m* thermique; échange *m* de chaleur

2274
en **heat exchanger**
de Wärmeaustauscher *m*; Wärmetauscher *m*
es cambiador *m* de calor
fr échangeur *m* de chaleur

2275
en **heat inactivation**; thermal inactivation
de Hitzeinaktivierung *f*
es inactivación *f* térmica
fr inactivation *f* thermique; inactivation *f* par la chaleur

2276
en **heating jacket**
de Heizmantel *m*
es envoltura *f* calefactora; camisa *f* calefactora
fr chemise *f* chauffante; enveloppe *f* chauffante

2277
en **heating process**
de Erhitzungsverfahren *n*
es proceso *m* térmico; proceso *m* de calentamiento
fr procédé *m* de chauffage

2278
en **heating surface**; heat surface area
de Heizfläche *f*
es superficie *f* de calentamiento
fr surface *f* de chauffe

2279
en **heating worm**; heating coil; radiator coil
de Heizschlange *f*
es serpentín *m* calentador
fr serpentin *m* de réchauffement; bobine *f* thermique

2280
en **heat loss**
de Wärmeverlust *m*
es pérdida *f* de calor
fr perte *f* de chaleur

2281
en **heat preserving**; thermal preserving
de Hitzekonservierung *f*
es conservación *f* por calor
fr conservation *f* par la chaleur

H

2282
en **heat proof**; heat resisting; heat resistent
de wärmebeständig; hitzebeständig; hitzeresistent
es termoestable; resistente al calor
fr résistant à la chaleur; thermorésistant

2283
en **heat pump**
de Wärmepumpe *f*
es bomba *f* térmica; bomba *f* de calor
fr pompe *f* à chaleur

2284
en **heat recovery**
de Wärmerückgewinnung *f*
es recuperación *f* de calor
fr récupération *f* de chaleur

2285
en **heat sealable**
de heißsiegelfähig
es sellable por calor
fr thermosoudable; thermoscellable

2286
en **heat sealing**
de Heißsiegelung *f*; Heißsiegeln *n*
es sellado *m* térmico
fr thermosoudage; thermoscellage

2287
en **heat shock**; thermal shock
de Hitzeschock *m*
es choque *m* térmico
fr choc *m* thermique

2288
en **heat stability**; thermal stability; thermostability
de Hitzestabilität *f*; Wärmestabilität *f*; Hitzebeständigkeit *f*
es estabilidad *f* térmica
fr stabilité *f* thermique; thermostabilité *f*

2289
en **heat sterilization**
de Hitzesterilisation *f*
es esterilización *f* por calor; esterilización *f* termica
fr stérilisation *f* thermique; stérilisation *f* par la chaleur

2290
en **heavy**
de schwer; schwer verdaulich
es pesado
fr lourd; lourd à digérer

2291
en **heavy metal**
de Schwermetall *n*
es metal *m* pesado
fr métal *m* lourd

2292
en **helical blancher**
de Schneckenblanchierer *m*
es blanqueador *m* helicoidal
fr blancheur *m* hélicoïdal

2293
en **hemicellulose**
de Hemicellulose *f*
es hemicelulosa *f*
fr hémicellulose *f*

2294
en **hen's egg**; chicken egg; egg
de Hühnerei *n*
es huevo *m*; huevo *m* de gallina
fr œuf *m* de poule

2295
en **herb**; sweet herb
de Kraut *n*; Küchenkraut *n*; Gewürzkraut *n*
es hierba *f* de cocina; hierba *f* culinaria
fr herbes *pl f*; fines herbes *pl f*; plantes *pl f* aromatiques

2296
en **herbaceous**; herby
de krautartig; krautig; kräuterähnlich
es herbáceo
fr herbacé

2297
en **herbal**
de kräuterhaltig
es (con contenido de hierbas)
fr contentant des fines herbes; renfermant des fines herbes

2298
en **herb cheese**
de Kräuterkäse *m*
es queso *m* de hierbas
fr fromage *m* aux fines herbes

2299
en **hermetically sealed**
de luftdicht verschlossen; hermetisch verschlossen
es cerrado herméticamente
fr fermé hermétiquement; scellé hermétiquement

2300
en **herring**; sea herring US
de Hering *m*
es arenque *m*
fr hareng *m*

2301
en **heterofermentative**
de heterofermentativ
es heterofermentativo
fr hétérofermentaire

2302
en **hexamethylene tetramine**; hexamine
de Hexamethylentetramin *n*
es hexametilentetramina *f*; urotropina *f*
fr hexaméthylènetétramine *f*

2303
en **hexose**
de Hexose *f*
es hexosa *f*
fr hexose *m*

2304
en **high density lipoprotein**; HDL
de (Lipoproteinfraktion mit hoher Dichte)
es lipoproteína *f* de alta densidad; HDL
fr fraction *f* lipoprotéique de densité élevée

2305
en **high frequency thawing**
de Hochfrequenzauftauen *n*
es descongelación *f* por alta frecuencia
fr décongélation *f* par haute fréquence

2306
en **high fructose glucose syrup**
de Isoglucosesirup *m*
es jarabe *m* de alto contenido en glucosa y fructosa
fr sirop *m* d'isoglucose

2307
en **high pressure autoclave**
de Hochdruckautoklav *m*
es autoclave *m* de alta presión
fr autoclave *m* à haute pression; autoclave *m* à suppression

2308
en **high pressure extraction**
de Hochdruckextraktion *f*
es extracción *f* a alta presión
fr extraction *f* à haute pression

2309
en **high pressure homogenization**
de Hochdruckhomogenisierung *f*
es homogeneización *f* a alta presión
fr homogénéisation *f* à haute pression

2310
en **high speed mixer**
de Schnellkneter *m*; Intensivkneter *m*
es mezclador *m* de alta velocidad; amasador *m* de alta velocidad
fr malaxeur *m* à grande vitesse; pétrin *m* à grande vitesse

2311
en **high speed stirrer**; impeller
de Schnellrührer *m*
es agitador *m* de alta velocidad; agitador *m* rápido
fr agitateur *m* à grande vitesse; mélangeur *m* à grande vitesse

2312
en **high temperature pasteurization**
de Hocherhitzung *f*; Hochtemperaturpasteurisation *f*
es pasteurización *f* a alta temperatura
fr pasteurisation *f* à haute température

2313
en **high temperature short time extrusion cooking**
de Hochtemperatur-Kurzzeit-Extrusion *f* (Trockenflachbrotherstellung)
es extrusión *f* a alta temperatura por corto tiempo
fr cuisson-extrusion *f* à haute température et à grande vitesse

2314
en **hind knuckle**
de Hinterhachse *f*
es articulación *f* trasera
fr jarret *m* arrière

2315
en **hindquarter**
de Hinterviertel *n* (Schlachttier)
es cuarto *m* trasero (despiece de carne)
fr quartier *m* arriére

2316
en **hippuric acid**
de Hippursäure *f*
es ácido *m* hipúrico
fr acide *m* hippurique

2317
en **histamine**
de Histamin *n*
es histamina *f*
fr histamine *f*

2318
en **histidine**
de Histidin *n*
es histidina *f*
fr histidine *f*

2319
en **HLB**; hydrophile-lipophile balance; hydrophilic-lipophilic balance
de HLB-Wert *m* (Emulgator)
es equlibrio *m* hidrófilo-lipófilo; BHL
fr valeur *f* HLB (équilibre hydrophile-lipophile)

2320
en **hock**; heel; knuckle
de Hachse *f*; Haxe *f*
es codillo *m*; articulación *f*
fr jarret *m*

2321
en **hog casing**; pig casing
de Schweinsdarm *m* (Wursthülle)
es tripa *f* de cerdo
fr boyau *m* de porc

2322
en **holding method pasteurizer**
de Dauererhitzer *m* (Pasteur)
es pasteurizador *m* discontínuo
fr pasteurisateur *m* à température permanente

2323
en **holding time**; hold-up time
de Heißhaltezeit *f*; Haltezeit *f* (Hitzebehandlung)
es tiempo *m* de retención tratamiento *m* térmico
fr temps *m* de maintien; temps *m* de maintien en température; durée *f* de maintien

2324
en **hollow chocolate work**
de Schokoladehohlkörper *m*
es cuerpo *m* hueco de chocolate
fr pièce *f* creuse en chocolat

2325
en **hollow fiber ultrafiltration**
de Hohlfaserultrafiltration *f*
es ultrafiltración *f* de fibra hueca
fr ultrafiltration *f* en fibres creuses

2326
en **home economics US**; domestic science GB; household arts
de Hauswirtschaftslehre *f*; Hauswirtschaftskunde *f*; Hauswirtschaft *f*
es economía *f* doméstica
fr enseignement *m* d'économie familiale; formation *f* à la gestion familiale; connaissances *pl f* de gestion domestique; gestion *f* familiale

2327
en **homofermentative**
de homofermentativ
es homofermentativo
fr homofermentaire

2328
en **homogeneous**
de homogen
es homogéneo
fr homogène

2329
en **homogenize**
de homogenisieren
es homogeneizar
fr homogénéiser

2330
en **honey**; bee honey
de Honig *m*; Bienenhonig *m*
es miel *f*; miel *f* de abeja
fr miel *m*

2331
en **honey biscuit GB**; honey cookie US; pfeffernuss US
de Lebkuchen *m*; Honigkuchen *m*
es galleta *f* de miel
fr pain *m* d'épices

2332
en **honeycomb centrifuge**
de Honigschleuder *f*
es centrifugadora *f* de panal
fr extracteur *m* de miel; centrifugeuse *f* à miel

2333
en **hoop**; hoop fastener; bilge hoop
de Faßreifen *m*
es aro *m* de barril
fr cerceau *m* de tonneau

2334
en **hoop side**
de Randseite *f*; Worbseite *f* (Käse)
es canto *m* (queso)
fr talon *m*

2335
en **hop**
de Hopfen *m*
es lúpulo *m*
fr houblon *m*

H

2336
en **hopback**; hop jack; hop separator; hop strainer
de Hopfenseiher *m*
es colador *m* de lúpulo
fr filtre *m* à houblon

2337
en **hop cone**
de Hopfendolde *f*
es tolva *f* de lúpulo
fr cône *m* de houblon

2338
en **hopper**
de Käsemade *f*
es gusano *m* del queso
fr asticot *m* de fromage; ver *m* de fromage

2339
en **horizontal crusher**
de Horizontalmühle *f* (für Trauben)
es estrujadora *f* horizontal (uvas)
fr broyeur *m* horizontal; pressoir *m* horizontal (vin)

2340
en **horizontal plate freezer**
de Horizontalplattengefrierer *m*
es congelador *m* de placas horizontales
fr congélateur *m* à plateaux horizontaux

2341
en **horizontal press**
de Horizontalpresse *f* (für Trauben)
es prensa *f* horizontal
fr presse *f* horizontale

2342
en **horizontal pressure leaf filter**
de horizontales Kesselfilter *n*
es filtro *m* de hoja de presión horizontal
fr filtre *m* à pression horizontale

2343
en **hormone**
de Hormon *n*
es hormona *f*
fr hormone *f*

2344
en **horseradish**
de Meerrettich *m*
es rábano *m* picante
fr raifort *m*

2345
en **hot**
de scharf; scharf gewürzt
es picante; especiado
fr épicé

2346
en **hot bottling**
de Heißabfüllung *f* (in Flaschen)
es embotellado *m* en caliente
fr soutirage *m* à chaud; embouteillage *m* à chaud

2347
en **hot filling**
de Heißabfüllung *f*; Heißfüllung *f*
es llenado *m* en caliente
fr remplissage *m* à chaud

2348
en **hot smoking**
de Heißräucherung *f*
es ahumado *m* en caliente
fr fumage *m* à chaud; fumaison *f* à chaud

2349
en **hot spraying**
de Heißsprühverfahren *n* (Sprühtrocknung)
es pulverización *f* en caliente
fr pulvérisation *f* à chaud; vaporisation *f* à chaud

2350
en **hot water blancher**
de Heißwasserblanchierer *m*
es blanqueador *m* por agua caliente; escaldador *m* por agua caliente
fr blancheur *m* à eau chaude

2351
en **human milk**; mother's milk; breast milk
de Muttermilch *f*; Frauenmilch *f*
es leche *f* materna; leche *f* humana
fr lait *m* de femme; lait *m* humain; lait *m* maternel

2352
en **humectant**; moisture control agent; moisture retaining agent
de Feuchthaltemittel *n*; Feuchthalter *m*
es humectante *m*; controlador *m* de humedad
fr humectant *m*; humidifiant *m*; produit *m* de rétention de l'humidité; produit *m* conservant l'humidité

2353
en **humid**; damp; moist; wet
de feucht
es húmedo
fr humide

2354
en **humidifier**; humidor
de Befeuchtungsapparatur *f*
es humidificador *m*
fr humidificateur *m*

2355
en **humidify**; damp; dampen; moisten
de befeuchten; anfeuchten; feucht machen
es humidificar; humedecer
fr humidifier

2356
en **humulone**
de Humulon *n*
es humulona *f*
fr humulone *f*

2357
en **hunger**
de Hunger *m*
es hambre *f*
fr faim *f*

2358
en **hurdle**
de Horde *f*; Trockengestell *n*
es rejilla *f* para secado
fr claie *f*; étagére *f* à claire-voie

2359
en **hurdle technology**
de Hürdentechnologie *f* (Kombination mehrerer Konservierungsverfahren)
es tecnología *f* de procesos combinados
fr (technique de conservation des aliments par traitements combinés)

2360
en **husk**; hull; shell
de Schale *f*; Hülle *f*
es cáscara *f*; cascarilla *f*; mondadura *f*
fr cosse *f*; gousse *f*; coque *f*; coquille *f*; écaille *f*; écale *f*

2361
en **husk**; dehusk; hull; dehull; shell
de schälen
es descascarar; descascarillar; mondar
fr écosser; écailler; écaler; décortiquer

H

2362
en **husker**; huller
de Schälmaschine *f*
es máquina *f* descascarilladora; máquina *f* para pelado
fr écosseuse *f*

2363
en **hybrid**
de Hybride *f*; Kreuzung *f*
es híbrido *m*
fr hybride *m*

2364
en **hydraulic press**
de hydraulische Presse *f*; hydraulische Kelter *f*
es prensa *f* hidráulica
fr presse *f* hydraulique

2365
en **hydrochloric acid**
de Salzsäure *f*
es ácido *m* clorhídrico
fr acide *m* chlorhydrique

2366
en **hydrocooling**
de Eiswasserkühlung *f*
es refrigeración *f* por agua helada
fr réfrigération *f* par eau glacée

2367
en **hydrogen**
de Wasserstoff *m*
es hidrógeno *m*
fr hydrogène *m*

2368
en **hydrogenate**; hydrogenize; harden
de hydrieren; härten (Fette)
es hidrogenar
fr hydrogéner

2369
en **hydrogenated fat**; hydrogenated oil; hardened oil
de gehärtetes Fett *n*
es grasa *f* hidrogenada
fr huile *f* hydrogénée; graisse *f* hydrogénée

2370
en **hydrogenated glucose syrup**
de hydrierter Glucosesirup *m*
es jarabe *m* de glucosa hidrogenado
fr sirop *m* de glucose hydrogéné

2371
en **hydrogen swell**
de Wasserstoffbombage *f*
es hinchado *m* por hidrógeno
fr gonflement *m* butyrique; gonflement *m* à l'hydrogène

2372
en **hydro jetting**
de Spritzreinigung *f*; Hochdruckspritzreinigung *f*
es limpieza *f* por chorro de agua a presión
fr lavage *m* par hydrojet; nettoyage *m* par hydrojet

2373
en **hydrolyse**
de hydrolysieren
es hidrolizar
fr hydrolyser

2374
en **hydrophilic**; hydrophile
de hydrophil
es hidrófilo
fr hydrophile

2375
en **hydroxide**; hydroxid
de Hydroxid *n*
es hidróxido *m*
fr hydroxyde *m*

2376
en **hydroxybenzoic acid ester**; paraben
de Ester *m* der p-Hydroxybenzoesäure; PHB-Ester *m*
es éster *m* de ácido hidroxibenzoico; parabeno *m*
fr ester *m* de l'acide p-hydroxybenzoïque; PHB-ester *m*

2377
en **hydroxyethyl starch**
de Hydroxyethylstärke *f*
es hidroxietilalmidón *m*
fr hydroxyéthylamidon *m*

2378
en **hydroxymethylfurfural**; HMF
de Hydroxymethylfurfurol *n*; HMF *n*
es hidroximetilfurfural *m*
fr hydroxyméthylfurfural *m*; HMF *m*

2379
en **hydroxyproline**
de Oxyprolin *n*
es hidroxiprolina *f*
fr hydroxyproline *f*

2380
en **hydroxypropyl cellulose**
de Hydroxypropylcellulose *f*
es hidroxipropilcelulosa *f*
fr hydroxypropylcellulose *f*

2381
en **hydroxypropyl distarch glycerol**
de Hydroxypropyldistärkeglycerin *n*
es hidroxipropil dialmidón glicerina *f*
fr hydroxypropyldiamidon *m* du glycérol

2382
en **hydroxypropyl distarch phosphate**
de Hydroxypropyldistärkephosphat *n*
es fosfato de hidroxipropildialmidón *m*
fr phosphate *m* d'hydroxypropyldiamidon

2383
en **hydroxypropyl methylcellulose**
de Hydroxypropylmethylcellulose *f*
es hidroxipropilmetilcelulosa *f*
fr hydroxypropylméthylcellulose *f*

2384
en **hydroxypropyl starch**
de Hydroxypropylstärke *f*
es hidroxipropilalmidón *f*
fr hydroxypropylamidon *m*

2385
en **hygiene**
de Hygiene *f*
es higiene *f*
fr hygiène *f*

2386
en **hygroscopic**
de hygroskopisch; wasseranziehend
es higroscópico
fr hygroscopique

2387
en **hypervitaminosis**
de Hypervitaminose *f*
es hipervitaminosis *f*
fr hypervitaminose *f*

2388
en **hypochlorite**
de Hypochlorit *n*
es hipoclorito *m*
fr hypochlorite *m*

2389
en **hypoglycaemia GB**; hypoglycemia US
de Hypoglykämie *f*
es hipoglucemia *f*
fr hypoglycémie *f*

2390
en **ice**
de Eis *n*
es hielo *m*
fr glace *f*

2391
en **ice**; frost; glaze; glace
de glasieren; überglänzen; mit Zuckerglasur überziehen (Gebäck, Früchte)
es glasear; escarchar
fr glacer

2392
en **ice cream**
de Eiscreme *f*
es helado *m*
fr glace *f*; crème *f* glacée

2393
en **ice cream freezer**; ice cream maker
de Speiseeisbereiter *m* (Gerät)
es máquina *f* para fabricar helados
fr appareil *m* de fabrication de crèmes glacées; appareil *m* de congélation pour crèmes glacées

2394
en **ice cream mix**
de Eiscrememix *m*; Eiscrememischung *f*
es mezcla *f* para helados
fr mélange *m* de crèmes glacées; mix *m* de crèmes glacées

2395
en **ice crusher**
de Eismühle *f*
es picadora *f* de hielo
fr broyeur *m* à glace

2396
en **icing GB**; frosting; glaze; ice; sugar icing; topping
de Glasur *f*; Zuckerglasur *f*; Glasurmasse *f*; Überzug *m* (Gebäck, Früchte)
es glasear; escarchar
fr glaçage *m*; masse *f* pour glaçage

2397
en **icing sugar GB**; powdered sugar; confectioners' sugar US; pounded sugar; superfine granulated sugar
de Staubzucker *m*; Puderzucker *m*; Farinzucker *m*
es azúcar *m* en polvo
fr sucre *m* glace

2398
en **imitate**
de nachmachen
es imitar
fr imiter

2399
en **imitation parchment**
de Pergamentersatz *m*
es pergamino *m* de imitación
fr imitation *f* de parchemin

2400
en **imitation product**
de Imitat *n*; Imitationsprodukt *n*
es producto *m* de imitación
fr imitation *f*; produit *m* imité

2401
en **immature**; green; unripe; underripe; unmatured
de unreif; grün; unausgereift; nicht ausgereift; nicht reif
es inmaduro; verde
fr immature; pas mûr; pas mûri; vert

2402
en **immersion cooling**
de Tauchkühlung *f*
es enfriamiento *m* por inmersión
fr refroidissement *m* par immersion

2403
en **immersion freezer**
de Tauchfroster *m*
es refrigerador *m* por inmersión
fr congélateur *m* à immersion

2404
en **immersion heater**
de Tauchsieder *m*
es calentador *m* por inmersión
fr thermoplongeur *m*

2405
en **immersion pump**
de Spritzpökellake *f*
es bomba *f* de inmersión
fr pompe *f* à immersion

2406
en **immiscible**
de nicht mischbar; unmischbar
es inmiscible
fr non-miscible

2407
en **immobilized enzyme**
de immobilisiertes Enzym *n*
es enzima *f* inmovilizada
fr enzyme *f* immobilisée

2408
en **impact grinding**
de Prallvermahlung *f*
es molienda *f* por impacto
fr broyage *m* par percussion

2409
en **impermeable**
de undurchlässig
es impermeable
fr imperméable

2410
en **impregnation**
de Imprägnierung *f*; Sättigung *f*; Durchdringung *f*
es impregnación *f*
fr imprégnation *f*

2411
en **improver**; improving agent
de Verbesserungsmittel *n*
es mejorador *m*
fr améliorant *m*; produit *m* améliorant

2412
en **impulse food**
de extrudiertes Lebensmittel *n*
es alimento *m* extruído
fr aliment *m* extrudé

2413
en **impulse mixer**
de Extrudermischer *m*
es máquina *f* de extrusión; extrusora *f*
fr broyeur-extrudeur *m*

2414
en **impurity**
de Verunreinigung *f*
es impureza *f*
fr impureté *f*

2415
en **in-bottle-sterilization**
de Sterilisation *f* in der Flasche
es esterilización *f* en botella
fr stérilisation *f* en bouteille

2416
en **incompatibility**
de Unverträglichkeit *f*; Unmischbarkeit *f*
es incompatibilidad *f*
fr incompatibilité *f*

2417
en **incorporate**
de einmischen; einarbeiten; zusetzen; zugeben
es incorporar
fr incorporer

2418
en **incrustation**
de Verkrustung *f*
es incrustación *f*
fr incrustation *f*

2419
en **incubation**
de Bebrüten *n*; Brüten *n*; Bebrütung *f*
es incubación *f*
fr incubation *f*

2420
en **incubator**
de Brutschrank *m*
es incubadora *f*
fr incubateur *m*

2421
en **index**
de Index *m*; Kennzahl *f*; Meßzahl *f*
es índice *m*
fr indice *m*; indice *m* de mesure; indice *m* caractéristique

2422
en **indicate**
de anzeigen
es señalar; indicar; designar
fr indiquer

2423
en **indication of origin**
de Herkunftsangabe *f*
es denominación *f* de origen
fr indication *f* d'origine; appellation *f* d'origine; certificat *m* d'origine; label *m* d'origine

2424
en **indigestibility**; indigestibleness
de Unverdaulichkeit *f*
es indigestibilidad *f*
fr indigestibilité *f*

2425
en **indigestible**; indigestive; undigestible
de unverdaulich
es indigestible
fr indigeste

2426
en **indirect food additive US**
de (aus Verpackungsmitteln auf Lebensmitttel übergehender Stoff)
es (producto de migración de envases)
fr additif *m* alimentaire indirect (substance provenant de l'emballage et imprégnant l'aliment)

2427
en **individual quick freezing**
de Schnellgefrieren *n* kleinstückigen Gutes
es congelación *f* rápida individual
fr surgélation *f* individuelle; surgélation *f* par unité; surgélation *f* par fraction

2428
en **induction heating**; inductive heating
de induktive Heizung *f*; Induktionserhitzung *f*
es calentamiento *m* por inducción
fr chauffage *m* par induction; réchauffement *m* par induction

2429
en **inert gas**
de Inertgas *n*
es gas *m* inerte
fr gaz *m* inerte

2430
en **infeed**
de Zuführung *f*; Maschinenzulauf *m*; Einspeisung *f*
es alimentación *f*
fr arrivée *f*; amenée *f*; alimentation *f*

I

2431
en **infeed chain**
de Zuführband *n*
es cadena *f* alimentadora
fr chaîne *f* d'alimentation; bande *f* d'amenée

2432
en **infeed conveyer**
de Zubringerförderer *m*
es transportador *m* alimentador
fr transporteur *m* d'amenée; transporteur *m* d'alimentation; convoyeur *m* d'alimentation

2433
en **infestation**
de Befall *m* (tierische Parasiten)
es infestación *f*
fr infestation *f*

2434
en **inflow**
de Zufluß *m*; Zustrom *m*
es flujo *m*
fr entrée *f*; arrivée *f*; afflux *m*

2435
en **infrared dryer**
de Infrarottrockner *m*
es secadora *f* por rayos infrarrojos
fr sécheur *m* à rayonnement infrarouge; sécheur *m* à infrarouge

2436
en **infrared heater**
de Infraroterhitzer *m*
es calentador *m* por rayos infrarrojos
fr réchauffeur *m* à infrarouge

2437
en **infusion**
de Infusion *f*; Aufguß *m*
es infusión *f*
fr infusion *f*

2438
en **ingredient**; component
de Zutat *f*
es ingrediente *m*; componente *m*
fr ingrédient; composant *m*

2439
en **inhibit**
de hemmen (Mikroorganismen)
es inhibir
fr inhiber

2440
en **inhibitor**
de Hemmstoff *m*
es inhibidor *m*
fr inhibiteur *m*

2441
en **inhomogeneous**
de inhomogen; ungleichmäßig verteilt
es no homogéneo
fr non homogène; hétérogène

2442
en **injection**
de Einpumpen *n*; Injektion *f*; Einspritzen *n*
es inyección *f*
fr injection *f*

2443
en **injection needle**
de Spritznadel *f* (Pökelung)
es aguja *f* de inyección
fr aiguille *f* d'injection

2444
en **injection nozzle**; jet
de Einspritzdüse *f*
es boquilla *f* de inyección
fr buse *f* d'injection

2445
en **injection pipe**
de Einspritzrohr *n*
es tubo *m* de inyección
fr tuyau *m* d'injection; conduit *m* d'injection

2446
en **injection valve**
de Einspritzventil *n*
es válvula *f* de inyección
fr soupape *f* d'injection

2447
en **inlet**; intake
de Zufluß *m*; Einlaß *m*; Einlaßöffnung *f*
es aflujo *m*; entrada *f*
fr entrée *f*; admission *f*

2448
en **inosine**
de Inosin *n*
es inosina *f*
fr inosine *f*

2449
en **inosinic acid**
de Inosinsäure *f*
es ácido *m* inosínico
fr acide *m* inosinique

2450
en **inositol**; inosite
de Inosit *n*
es inosita *f*
fr inositol *m*

2451
en **insecticide**
de Insektizid *n*
es insecticida *m*
fr insecticide *m*

2452
en **insoluble**
de unlöslich
es insoluble
fr insoluble

2453
en **inspect**; supervise; check
de kontrollieren; überwachen; beaufsichtigen
es inspeccionar; supervisar
fr contrôler; vérifier; surveiller; inspecter

2454
en **inspection**; supervision
de Kontrolle *f*; Aufsicht *f*; Überwachung *f*
es inspección *f*; supervisión *f*
fr contrôle *m*; vérification *f*; surveillance *f*; inspection *f*

2455
en **instability**
de Instabilität *f*; Unbeständigkeit *f*
es inestabilidad *f*
fr instabilité *f*

2456
en **instant**
de sofort löslich
es instantáneo (soluble)
fr instantané; soluble instantanément; à dissolution instantanée

2457
en **instant food**
de Instant-Lebensmittel *n*; sofort lösliches Lebensmittel *n*
es alimento *m* instantáneo
fr produit *m* alimentaire soluble; produit *m* alimentaire instantané

2458
en **instantize**
de instantisieren
es instantaneizar
fr instantaniser; rendre instantané

2459
en **insulated container**
de Isolierbehälter *m*
es contenedor *m* aislado
fr réservoir *m* isolé

2460
en **intake**; uptake
de Aufnahme *f*; Einnehmen *n*
es ingestión *f*; toma *f*
fr consommation *f*

2461
en **intake study**
de Verzehrserhebung *f*
es estudio *m* de la ingesta
fr étude *f* de consommation; enquête *f* sur la consommation

2462
en **intake valve**
de Einlaßventil *n*
es válvula *f* de entrada
fr soupape *f* d'admission

2463
en **intense sweetener**; high intensity sweetener; artificial sweetener
de Süßstoff *m*; Intensivsüßstoff *m*
es edulcorante *m* artificial; edulcorante *m* intenso
fr édulcorant *m*

2464
en **interesterification**; transesterification; rearrangement; randomization
de Umesterung *f* (Fette)
es transesterificación
fr interestérification *f*; transestérification *f*

2465
en **intermediate**
de Zwischenprodukt *n*; Halbfertigerzeugnis *n*
es producto *m* intermedio
fr intermédiaire *m*; produit *m* intermédiaire

2466
en **intermediate moisture food**; IMF
de Lebensmittel *n* von mittlerer Feuchtigkeit; halbfeuchtes Lebensmittel *n*
es alimento *m* de humedad intermedia
fr produit *m* alimentaire à humidité moyenne

2467
en **inversion**
de Inversion *f*
es inversión *f*
fr inversion *f*

2468
en **invert**
de invertieren
es invertir
fr invertir

2469
en **invertase**
de Invertase *f*
es invertasa *f*
fr invertase *f*

2470
en **invert sugar**
de Invertzucker *m*
es azúcar *m* invertido
fr sucre *m* inverti

2471
en **iodate**
de Iodat *n*
es yodato *m*
fr iodate *m*

2472
en **iodide**
de Iodid *n*
es yoduro *m*
fr iodure *m*

2473
en **iodine**
de Iod *n*
es yodo *m*
fr iode *m*

2474
en **ion exchange**
de Ionenaustausch *m*
es intercambio *m* iónico
fr échange *m* d'ions

2475
en **ion exchanger**
de Ionenaustauscher *m*
es cambiador *m* de iones
fr échangeur *m* d'ions

2476
en **ion exchange resin**; exchange resin
de Ionenaustauschharz *n*; Ionenaustauscher *m*
es resina *f* de intercambio iónico
fr résine *f* échangeuse d'ions

2477
en **ionising radiation**; ionising irradiation
de ionisierende Bestrahlung *f*; Bestrahlung *f* mit ionisierenden Strahlen
es radiación *f* ionizante
fr radiation *f* ionisante; irradiation *f* par rayons ionisants

2478
en **iron**
de Eisen *n*
es hierro *m*
fr fer *m*

2479
en **irradiate**
de bestrahlen
es irradiar
fr irradier

2480
en **irradiation**; radiation
de Bestrahlung *f*
es irradiación *f*; radiación *f*
fr irradiation *f*

2481
en **irrigation cooler**; Baudelot cooler; sprinkling cooler
de Rieselkühler *m*; Berieselungskühler *m*
es refrigerador *m* de Baudelot; refrigerador *m* por rociado
fr refroidisseur *m* à ruisellement

2482
en **isoascorbic acid**; erythorbic acid
de Isoascorbinsäure *f*
es ácido *m* isoascórbico
fr acide *m* isoascorbique

2483
en **isoglucose**
de Isoglucose *f*
es isoglucosa *f*
fr isoglucose *m*

2484
en **isoleucine**; isoleucin
de Isoleucin *n*
es isoleucina *f*
fr isoleucine *f*

2485
en **isomalt**
de Isomalt *m*
es isomalta *f*
fr isomalt *m*

2486
en **isomerose**; high fructose corn syrup; high fructose syrup; glucose-fructose syrup
de Isomerose *f*; Glucose-Fructose-Sirup *m*
es isomerosa *f*
fr isomérose *m*; sirop *m* de glucose-fructose; sirop *m* d'isoglucose

2487
en **jacket**
de Mantel *m* (zum Kühlen o. Heizen)
es camisa *f*; envoltura *f* (calefactora o refrigerante)
fr chemise *f*; gaine *f*; enveloppe *f*; jaquette *f*

2488
en **jam**
de Konfitüre *f*
es confitura *f*
fr confiture *f*

2489
en **Japanese persimmon**; kaki; date plum
de Kakipflaume *f*; Dattelpflaume *f*
es caqui *m*
fr kaki *m*

2490
en **jellify**; jelly
de in Gelee einlegen; in Aspik einlegen; zu Aspik verarbeiten
es conservar en gelatina
fr inclure dans la gelée; mettre en gelée; préparer en aspic

2491
en **jellify**; jelly
de verdicken; eindicken
es gelatinizar; espesar
fr gélifier

2492
en **jelly GB**; jello US
de Gelee *n*; eingedickter Fruchtsaft *m*
es jalea *f*
fr gelée *f*

2493
en **jelly GB**; jello US; gel; jel
de Gallerte *f*
es gelatina *f*
fr gélatine *f*; gelée *f*

2494
en **jerky**; jerked beef; jerk; charqui
de (Trockenrindfleisch)
es carne *f* seca; cecina *f*
fr viande *f* de bœuf séchée

2495
en **jet condenser**
de Einspritzkondensator *m*
es condensador *m* de inyección
fr condenseur *m* à jet; condenseur *m* à injection

2496
en **jet cooling**
de Luftstrahlkühlung *f*
es enfriamiento *m* por inyección
fr refroidissement *m* par jet d'air

2497
en **jet cork**
de Spritzkorken *m*
es tapón *m* perforado
fr bouchon *m* gicleur; bouchon *m* à jet

2498
en **jet freezing**
de Gefrieren *n* im Luftstrahl; Gefrieren *n* durch Anblasen
es congelación *f* por inyección de aire
fr congélation *f* par jet d'air

2499
en **jetter**
de Einspritzgerät *n* (Flaschenabfüllung)
es inyector *m* (embotellado)
fr injecteur *m*

2500
en **joint**
de zerlegen; zerteilen (Schlachtkörper)
es despiezar
fr découper

2501
en **jolting table**; jarring table
de Rütteltisch *m* (Sektherstellung)
es mesa *f* vibradora
fr pupitre *m* de remuage

2502
en **jowl**
de Kopfstück *n* (Fisch)
es cabeza *f* de pescado
fr hure *f*

2503
en **judge**; taster; grader
de Prüfer *m* (Qualitätsprüfung)
es catador *m*
fr juge *m*; dégustateur *m*

2504
en **juice**
de Saft *m*
es zumo *m*; jugo *m*
fr jus *m*

2505
en **juice clarification**; juice purification
de Saftreinigung *f* (Zuckerfabrikation)
es clarificación *f* de jugos (fabricación de azúcar)
fr épuration *f*

2506
en **juice extractor**; juicer
de Entsafter *m*; Saftzentrifuge *f*
es extractor *m* de jugo; centrifugadora *f* de jugos
fr extracteur *m* de jus; centrifugeuse *f* á jus de fruits

2507
en **juice gutter**
de Saftrinne *f*
es canalón *m* de zumos
fr gouttière *f* à jus

2508
en **juice lifter**; montejus
de Saftheber *m* (Zuckerfabrikation)
es elevador *m* de jugos (fabricación de azúcares)
fr montejus *m*

2509
en **juice separating chamber**
de Klärbehälter *m* (Most)
es recipiente *m* de clarificación (mosto)
fr tank *m* de clarification; cuve *f* de clarification

2510
en **juice separator**
de Mostseparator *m*; Klärschleuder *f*
es centrífuga *f* de mosto; separador *m* clarificador
fr centrifugeuse *f* à moût; centrifugeuse *f* à jus de fruits

2511
en **juicy**; sappy, sapful; succulent
de saftig
es jugoso; suculento
fr juteux

2512
en **juniper berry**
de Wacholderbeere *f*
es enebrina *f*
fr baie *f* de genièvre; genièvre *m*

2513
en **juniper oil**; juniper berry oil
de Wacholderöl *n*
es esencia *f* de enebro
fr huile *f* essentielle de genièvre

2514
en **junket**
de Dickmilch *f* (mit Lab dickgelegt)
es leche *f* cuajada
fr lait *m* caillé; lait *m* emprésuré

2515
en **karaya gum**; gum karaya; sterculia gum
de Karayagummi *m* u. *n*
es goma *f* de Karaya
fr gomme *f* Karaya

2516
en **keep**; store
de aufbewahren; lagern
es mantener; almacenar; conservar
fr conserver; garder; entreposer; stocker

2517
en **keep**
de sich halten
es conservarse
fr se conserver; se garder

2518
en **keeping properties**
de Lagereigenschaften *pl f*
es propiedades *m* de conservación
fr propriété *f* de conservation; propriété *f* de stockage

2519
en **keeping quality**; storability; storage stability
de Lagerfähigkeit *f*; Haltbarkeit *f*
es calidad *f* de conservación; estabilidad *f* de conservación
fr aptitude *f* à la conservation; aptitude *f* au stockage; stabilité *f* à la conservation

2520
en **keg**
de Keg *n* (Biertransportfaß)
es barril *m* metálico (transporte de cerveza)
fr fût *m*; fût *m* cylindrique

2521
en **keg filler**
de Kegfüllanlage *f*
es instalación *f* de llenado de barriles metálicos
fr soutireuse *f* à fûts

2522
en **kelp**
de Kelp *m* (Braunalge)
es kelp *m* (alga parda)
fr laminaire *f*

2523
en **kench**
de trocken salzen (Fisch)
es salar en seco (pescado)
fr saler à sec

2524
en **kench cure**
de Trockensalzung *f* (Fisch)
es salazón *m* en seco (pescado)
fr salage *m* à sec

2525
en **kephalin**; cephalin
de Kephalin *n*
es cefalina *f*
fr céphaline *f*

2526
en **keratin**
de Keratin *n*
es queratina *f*
fr kératine *f*

2527
en **kernel**
de Kern *m*
es pepita *f*
fr noyau *m*; pépin *m*

2528
en **kerosene**
de kerosinartig (Geruchseindruck)
es de tipo keroseno (olor)
fr de kérosène; semblable au kérosène

2529
en **ketchup GB**; katchup; catsup US
de Ketchup *m*
es catsup *m*; ketchup *m*; catchup *m*
fr ketchup *m*

2530
en **ketonaemia GB**; ketonemia US
de Ketonämie *f*
es cetonemia *f*
fr cétonémie *f*; acétonémie *f*

2531
en **ketonic rancidity**
de Ketonranzigkeit *f*
es ranciedad *f* cetónica
fr rancissement *m* cétonique

2532
en **ketonuria**
de Ketonurie *f*
es cetonuria *f*
fr cétonurie *f*; acétonurie *f*

2533
en **ketose**
de Ketose *f*
es cetosa *f*
fr cétose *m*

2534
en **key component**
de Schlüsselverbindung *f* (Aroma)
es componente *m* clave
fr composant *m* clé

2535
en **kidney**
de Niere *f*
es riñon *m*
fr rein *m*

2536
en **kieselgur filter**
de Kieselgurfilter *n*
es filtro *m* de kieselgur
fr filtre *m* kieselguhr

2537
en **kiln**; kiln dryer; drying kiln
de Darre *f*; Darrofen *m*
es tostadero *m*
fr séchoir *m*; four *m* à sécher; four *m* àdessécher; touraille *f* (malt)

2538
en **kiln floor**
de Darrboden *m*
es fondo *m* del horno; base *f* del horno
fr plateau *m* de séchage; aire *f* de séchage

2539
en **kind**; sort; variety; type
de Art *f*; Sorte *f*; Gattung *f*
es género *m*; clase *f*; tipo *m*
fr sorte *f*; variété *f*; type *m*; genre *m*; espèce *f*

2540
en **kipper GB**; smoked herring US
de Kipper *m* (kaltgeräucherter Hering o. Lachs)
es arenque *f* ahumado
fr (hareng ou saumon fumé)

2541
en **kitchen**
de Küche *f*; Küchenraum *m*
es cocina *f*
fr cuisine *f*

2542
en **kiwi fruit**; kiwi; Chinese gooseberry
de Kiwi *f*; Kiwifrucht *f*
es kiwi *m*
fr kiwi *m*

2543
en **klipfish**; klippfish
de Klippfisch *m*
es bacalao *m* seco
fr morue *f*

2544
en **knead**; mix; work
de kneten; durchkneten (Brotteig)
es amasar
fr pétrir; malaxer

2545
en **kneader**; kneading machine
de Kneter *m*; Knetmaschine *f*; Knetwerk *n*
es amasadora *f*
fr pétrin *m* de boulangerie; pétrin *m* mécanique; machine *f* à pétrir; malaxeur *m*

2546
en **kneader-mixer**; kneadmixer
de Mischkneter *m*
es amasadora-mezcladora *f*
fr pétrin *m* mélangeur; pétrin *m* malaxeur; machine *f* à mélanger et pétrir la pâte

2547
en **kneading trough**; baking basin; baking tray
de Teigmulde *f*; Backmulde *f*; Backtrog *m*
es artesa *f* de amasar
fr pétrin *m*; maie *f*; huche *f* à pétrir

2548
en **kneading worm screw**
de Knetschnecke *f*
es amasadora *f* de tornillo sin fin
fr vis *f* sans fin de pétrin

2549
en **knife**
de Messer *n*
es cuchillo *m*
fr couteau *m*

2550
en **knife disk**
de Messerscheibe *f*; Schneidscheibe *f* (Schneidemaschine)
es disco *m* de cuchilla
fr disque *m* à trancher; disque *m* de trancheuse

2551
en **kohlrabi**; turnip cabbage; turnip rooted cabbage; kale turnip US
de Kohlrabi *m*; Oberkohlrabi *m*
es colinabo *m*
fr choux-rave *m*

2552
en **kosher**; kasher
de koscher
es kosher; koscher (alimentos preparados según el ritual judío)
fr kascher; casher; cawcher

2553
en **kraft paper**
de Kraftpapier *n*; braunes Packpapier *n*
es papel *m* Kraft; papel *m* de envolver
fr papier *m* kraft

2554
en **krill**
de Krill *m*
es krill *m*
fr krill *m*

2555
en **kumquat**; cumquat
de Kumquat *f*
es kumquat *m*
fr kumquat *m*

2556
en **kwashiorkor**
de Kwaschiorkor *m*
es kwashiorkor *m*
fr kwaschiorkor *m*

2557
en **label**
de Etikett *n*; Packungsaufschrift *f*; Aufklebeschild *n*
es etiqueta *f*
fr étiquette *f*

2558
en **label**
de deklarieren
es etiquetar
fr déclarer; indiquer

2559
en **label declaration**
de Packungsdeklaration *f*
es texto *m* de la etiqueta; declaración *f* de la etiqueta
fr déclaration *f* sur paquet; indication *f* sur paquet

2560
en **labelling machine**; labeller
de Etikettiermaschine *f*
es etiquetadora *f*; máquina *f* de etiquetar
fr étiqueteuse *f*; machine *f* à étiqueter

2561
en **laboratory**; lab
de Laboratorium *n*; Labor *n*
es laboratorio *m*
fr laboratoire *m*

2562
en **lacquer**
de lackieren
es barnizar; lacar
fr vernir; vernisser

2563
en **lacquer**
de Lack *m* (mit physikalischer Trocknung)
es barniz *m*; laca *f*
fr vernis *m*; laque *f*

2564
en **lactalbumin**; lactoalbumin; milk albumin
de Milchalbumin *n*; Lactalbumin *n*
es lactoalbúmina *f*
fr lactalbumine *f*; albumine *f* du lait

2565
en **lactate**
de Lactat *n*
es lactato *m*
fr lactate *m*

2566
en **lacteous**; lacteal
de milchig; milchartig; milchähnlich
es lactato *m*
fr laiteux

2567
en **lactic acid**
de Milchsäure *f*
es ácido *m* láctico
fr acide *m* lactique

2568
en **lactic acid bacteria**; lactics
de Milchsäurebakterien *pl n*
es bacterias *pl f* lácticas
fr bactéries *pl f* lactiques

2569
en **lactic acid curd**; acid curd
de Sauermilchquark *m*
es cuajada *f* láctica; cuajada *f*
fr caillé *m* lactique; caillé *m* acide

2570
en **lactic and fatty acid esters of glycerol**; lactic acid esters of mono- and diglycerides; lactylated mono- and diglycerides; lactoglycerides
de Mono- und Diglyceride *pl n* von Speisefettsäuren verestert mit Milchsäure; Milchsäureester *pl m* der Mono- und Diglyceride von Speisefettsäuren
es lactoglicéridos *pl m*; glicerina *m* esterificada con ácido láctico y ácidos grasos
fr esters *pl m* d'acide lactique et d'acide gras du glycérol; esters *pl m* lactiques de mono- et diglycérides d'acides gras

2571
en **lactitol**
de Lactit *m*
es lactitol *m*
fr lactitol *m*

2572
en **lactoglobulin**
de Lactoglobulin *n*; Milchglobulin *n*
es lactoglobulina *f*
fr lactoglobuline *f*; globuline *f* du lait

2573
en **lactose**
de Lactose *f*; Milchzucker *m*
es lactosa *f*
fr lactose *m*

2574
en **lactose intolerance**
de Lactoseintoleranz *f*
es intolerancia *f* a la lactosa
fr intolérance *f* au lactose

2575
en **ladle**
de schöpfen
es sacar (con cucharón)
fr puiser

2576
en **lager**; lager beer
de (untergäriges engl. Bier)
es cerveza *f* de fermentación baja
fr (bière de fermentation basse)

2577
en **lager yeast**
de untergärige Hefe *f*
es levadura *f* para fermentación baja
fr levure *f* de fermentation basse

2578
en **lag phase**
de Inkubationsphase *f* (Mikrobiologie)
es fase *f* de latencia; fase *f* de incubación
fr phase *f* de latence; phase *f* d'incubation

2579
en **lake**
de Farblack *m*
es laca *f* coloreada
fr pigment *m* laqué; colorant *m* laqué

2580
en **lamb**; lamb meat
de Lammfleisch *n*; Lamm *n*
es carne *f* de cordero
fr viande *f* d'agneau

2581
en **lamella**
de Lamelle *f*; dünnes Blättchen *n*
es laminilla *f*
fr lamelle *f*

2582
en **laminar flow**
de laminare Strömung *f*
es flujo *m* laminar
fr écoulement *m* laminaire

2583
en **lap seal**
de überlappt siegeln
es sellar con solapa
fr sceller après recouvrement; sceller après chevauchement

2584
en **lard**
de Schmalz *n*; Schweineschmalz *n*
es manteca *f* de cerdo
fr saindoux *m*

2585
en **lard**; interlard
de spicken
es mechar; lardear
fr larder; entrelarder; piquer

2586
en **large intestine**
de Dickdarm *m*
es intestino *m* grueso
fr gros intestin *m*

2587
en **late blowing**
de Spätblähung *f* (Käse)
es hinchazón *f* tardía (queso)
fr gonflement *m* tardif

2588
en **laurel oil**; laurel leaves oil
de Lorbeeröl *n*
es esencia *f* de laurel
fr huile *f* essentielle de laurier

2589
en **lauric acid**; dodecanoic acid
de Laurinsäure *f*
es ácido *m* láurico
fr acide *m* laurique; acide *m* dodécanoïque

2590
en **lauroleic acid**
de Lauroleinsäure *f*
es ácido *m* lauroleico
fr acide *m* lauroleïque

2591
en **lauter**
de läutern (Brauerei)
es clarificar (cervecería)
fr filtrer

2592
en **lauter tun**; lauter tub
de Läuterbottich *m*
es tina *f* de filtración; cuba *f* de filtración (cervecería)
fr cuve *f* filtre

2593
en **lavender**
de Lavendel *m*
es espliego *m*; lavándula *f*
fr lavande *f*

2594
en **layer**
de Schicht *f*; Lage *f*
es capa *f*
fr couche *f*

2595
en **layer cake**
de Schichttorte *f*; Cremetorte *f*
es pastel *m* de varias capas
fr biscuit *m* fourré; gâteau *m* fourré

2596
en **layer filtration**
de Schichtenfiltration *f*
es filtración *f* por capas
fr filtration *f* sur couche

2597
en **layer yeast**; film yeast; surface yeast; top yeast
de Kahmhefe *f*; Oberflächenhefe *f*
es micoderma *f*; levadura *f* superficial
fr levure *f* de surface

2598
en **leach**
de auslaugen
es lixiviar
fr lessiver

2599
en **lead**
de Blei *n*
es plomo *m*
fr plomb *m*

2600
en **leaf**
de Blatt *n*
es hoja *f*
fr feuille *f*

2601
en **leaf catcher**
de Blattfänger *m* (Zuckerfabrikation)
es colector *m* de hojas (fabricación de azúcar)
fr désherbeur *m* de betteraves

2602
en **leaf vegetables**; leafy vegetables US; green vegetables; greens
de Blattgemüse *n*
es verdura *f* de hojas; hortaliza *f* verde
fr légume *m* vert

2603
en **leak**
de Leck *n*; Leckage *f*; Undichtigkeit *f*; undichte Stelle *f*
es fuga *f*
fr fuite *f*; partie *f* non étanche; fente *f*; voie *f* d'eau

2604
en **leak**
de lecken; undicht sein
es perder; rezumar; no ser hermético
fr fuir; avoir une fuite; couler

2605
en **leakage**
de Auslaufen *n* (aus einem Leck)
es fuga *f*; derrame *m*
fr fuite *f*; écoulement *m*

2606
en **leaker**
de undichter Behälter *m* (Faß, Dose)
es recipiente *m* con fugas
fr réservoir *m* non étanche

2607
en **leakiness**
de Undichtheit *f*; Undichtigkeit *f*
es falta *f* de estanqueidad
fr manque *m* d'étanchéité; non étanchéité *f*; défaut *m* d'étanchéité

2608
en **leaky**
de wasserlässig (Butter)
es con gotas de agua (mantequilla)
fr qui coule; qui perd de l'eau

2609
en **lean**
de fettarm; mager (Fleisch)
es magro; sin grasa
fr maigre

2610
en **leaven**; sour dough
de Sauerteig *m*
es masa *f* acidificada
fr levain *m*

2611
en **leaven**; rise
de aufgehen; gehen (Teig)
es fermentar; crecer; subir (masa)
fr lever

2612
en **leavened bread GB**
de Hefebrot *n*
es pan *m* con levadura
fr pain *m* levé; pain *m* fermenté à la levure

2613
en **leavening acid**
de Säureträger *m* (Backpulver)
es ácido *m* leudante (levadura en polvo)
fr acide *m* de levage

2614
en **leavening agent**; aerating agent; raising agent
de Teiglockerungsmittel *n*; Triebmittel *n*; Backtriebmittel *n*
es leudante *m*; agente *m* leudante
fr accélérateur *m* de levage; agent *m* accélérateur de levage de la pâte

2615
en **lecithin**
de Lecithin *n*
es lecitina *f*
fr lécithine *f*

2616
en **leek**; Spanish onion
de Lauch *m*; Winterlauch *m*; Porree *m*
es puerro *m*
fr poireau *m*

2617
en **lees**; grounds; bottoms; deposit; yeast lees; sediment; dregs; emptings US; feculence; foots; wine lees; yeast
de Geläger *n*; Bodensatz *m*; Hefetrub *m*; Depot *n*; Satz *m*; Grund *m* (Wein)
es lías *pl f* de vino
fr lie *f*; dépôt *m*; dépôt *m* de levure; fond *m*; fond *m* de fût

2618
en **leg GB**; hind shank US
de Keule *f* (Fleischstück)
es pierna *f* (despiece de carne)
fr cuisse *f*; gîte *f* (bœuf); gigot *m* (mouton)

2619
en **leg ham**; bone ham
de Knochenschinken *m*
es jamón *m* (con hueso)
fr jambon *m* à l'os

2620
en **legume**; bean; pulse
de Leguminose *f*; Hülsenfrucht *f*
es legumbre *f*
fr légumineuse *f*; légume *m* en grain; légume *m* sec

2621
en **lemma**; lower palea; inferior palea
de Rückenspelze *f* (Getreide)
es glumilla *f* dorsal
fr glumelle *f* inférieure

2622
en **lemon**
de Zitrone *f*
es limón *m*
fr citron *m*

2623
en **lemonade**
de Limonade *f* (bes. Citruslimonade)
es refresco *m*
fr limonade *f*

2624
en **lemon balm**; balm; bee balm; mells balm; common balm; melissa
de Melisse *f*; Zitronenmelisse *f*
es melisa *f*
fr mélisse *f*; citronnelle *f*

2625
en **lemon grass oil**; citronella oil
de Lemongrasöl *n*; Citronellöl *n*
es esencia *f* de lemongras
fr essence *f* de citronnelle

2626
en **lemon oil**
de Limonenöl *n*
es esencia *f* de limón
fr essence *f* de citron

2627
en **lemon peel**
de Zitronenschale *f*
es corteza *f* de limón
fr zeste *m* de citron

2628
en **lemon press**; lemon squeezer
de Zitronenpresse *f*
es exprimidor *f* de limones
fr presse-citron *m*

2629
en **lentil**
de Linse *f* (Hülsenfrucht)
es lenteja *f*
fr lentille *f*

2630
en **lettuce**; round lettuce; cabbage lettuce; garden lettuce
de Kopfsalat *m*
es lechuga *f*
fr laitue *f*; laitue *f* pommée

2631
en **leucine**; leucin
de Leucin *n*
es leucina *f*
fr leucine *f*

2632
en **level controller**
de Füllstandsregler *m*
es controlador *m* de nivel
fr régulateur *m* de niveau

2633
en **level gauge**; level indicator; level meter
de Füllstandsanzeiger *m*; Niveauanzeiger *m*
es indicador *m* de nivel
fr indicateur *m* de niveau; jauge *m* de niveau

2634
en **lever lock**; lever stopper; lever type closure
de Hebelverschluß *m*
es cierre *m* de palanca
fr serrure *m* à levier; fermeture *f* à levier

2635
en **levigate**
de anteigen; anschlämmen; zu einer Paste verreiben
es levigar
fr léviger

2636
en **liaison**
de Binden *n*; Dicken *n*; Verdicken *n* (Soßen u. Suppen)
es ligazon *f*; ligado *m*
fr liaison *f*; épaississement *m*

2637
en **licence GB**; license US
de Konzession *f*; Erlaubnis *f*; behördliche Genehmigung *f* (zum Alkoholausschank)
es licencia *f*; concesión *f*
fr licence *f*; concession *f*

2638
en **license**
de konzessionieren
es autorizar; conceder
fr céder une licence; accorder une licence

2639
en **lick**
de lecken; ablecken
es lamer
fr lécher

2640
en **licorice**; liquorice; glycyrrhiza sweetroot
de Süßholzwurzel *f*
es regaliz *m* (raiz)
fr racine *f* de réglisse

2641
en **licorice**; liquorice; glycyrrhiza
de Lakritze *f*
es regaliz *m* (preparado)
fr réglisse *f*

2642
en **lid**; top
de Stülpdeckel *m*
es tapa *f* embutida
fr couvercle *m* cloche

2643
en **ligament**
de Ligament *n* (Fleisch)
es ligamento *m* (carne)
fr ligament *m*; tendon *m*

2644
en **light**; lite US; low caloric; calorie reduced
de kalorienvermindert; leicht
es bajo en calorías
fr allégé; pauvre en calories; basses-calories; peu calorique

2645
en **light**
de leicht; dünn
es ligero; diluído
fr léger; mince

2646
en **light**
de leicht; leicht verdaulich
es ligero; fácilmente digerible
fr léger; très digestible

2647
en **light weight bottle**
de Leichtflasche *f*
es botella *f* ligera; botella *f* de poco peso
fr bouteille *f* allégée

2648
en **lime**
de Kalk *m*
es oxido *m* cálcico
fr chaux *f*

2649
en **lime**
de Saure Limette *f*; Limette *f*; Citronelle *f*
es lima *f*
fr lime *f*; citron *m* doux

2650
en **limit**
de Höchstgrenze *f*; Höchstmenge *f*
es límite *m* máximo
fr limite *f*; limite *f* supèrieure

2651
en **limit dextrin**
de Grenzdextrin *n*
es dextrina *f* límite
fr dextrines *pl f* limites

2652
en **limonene**; citrene
de Limonen *n*
es limoneno *m*
fr limonène *m*

2653
en **line**
de Leitung *f*
es línea *f*; conducción *f*
fr conduite *f*

2654
en **liner**; insert
de Einsatz *m*; Einlage *f* (Verpackung)
es revestimiento *m*; forro *m* (empaquetado)
fr contre-emballage *m*

2655
en **link**
de einzelnes Würstchen *n*
es pieza *f* de una ristra de embutido
fr saucisse *f* unitaire

L

2656
en **link**
de abbinden (Wurst)
es ligar; unir (embutidos)
fr ficeler; nouer

2657
en **linoleate**
de Linolat *n*
es linoleato *m*
fr linoléate *m*

2658
en **linoleic acid**
de Linolsäure *f*
es ácido *m* linoleico
fr acide *m* linoléique

2659
en **linolein**
de Linolein *n*
es linoleína *f*
fr linoléine *f*

2660
en **linolenate**
de Linolenat *n*
es linoleato *m*
fr linolénate *f*

2661
en **linolenic acid**
de Linolensäure *f*
es ácido *m* linolénico
fr acide *m* linolénique

2662
en **linseed oil**
de Leinöl *n*; Leinsamenöl *n*
es aceite *m* de linaza
fr huile *f* de lin

2663
en **lipid**; lipide
de Lipid *n*; Lipoid *n*
es lípido *m*
fr lipide *m*

2664
en **lipoic acid**; thioctic acid
de Liponsäure *f*
es ácido *m* lipoico
fr acide *m* lipoïque

2665
en **lipoid**
de fettartig; lipoidähnlich; lipoid
es lipoide
fr lipoïde

2666
en **lipolysis**
de Lipolyse *f*; Fettspaltung *f*
es lipolisis *f*
fr lipolyse *f*

2667
en **lipolytic**
de fettspaltend; lipolytisch
es lipolítico
fr lipolytique

2668
en **lipophilic**
de lipophil
es lipófilo
fr lipophile

2669
en **lipoprotein**
de Lipoprotein *n*
es lipoproteína *f*
fr lipoprotéine *f*

2670
en **liqueur GB**; cordial US
de Likör *m*
es licor *m*
fr liqueur *f*

2671
en **liqueur**
de dosieren (Schaumweinherstellung)
es añadir licor de tiraje (vinos espumosos)
fr ajouter la liqueur; doser la liqueur

2672
en **liquid**
de Flüssigkeit *f*
es líquido *m*
fr liquide *m*

2673
en **liquid**; fluid
de flüssig
es líquido; fluido
fr liquide

2674
en **liquid egg**
de Flüssigei *n*
es huevo *m* líquido
fr œuf *m* liquide

2675
en **liquid filler**
de Füllgerät *n* für Flüssigkeiten
es envasador *m* para líquidos
fr remplisseuse *f*

2676
en **liquid rennet**
de Flüssiglab *n*
es cuajo *m* líquido
fr présure *f* liquide

2677
en **liquid ring pump**
de Flüssigkeitsringpumpe *f*
es bomba *f* de circuito de líquidos
fr pompe *f* à anneau liquide

2678
en **liquid smoke**
de Flüssigrauch *m*
es humo *m* líquido
fr fumée *f* liquide; fumée *f* en solution

2679
en **liquid sugar**
de Flüssigzucker *m*
es azúcar *m* líquido
fr sucre *m* liquide

2680
en **liquor**
de Flüssigkeit *f*; Saft *m*
es licor *m*; jugo *m*
fr liquide *m*; jus *m*

2681
en **list of ingredients**; ingredient list
de Zutatenliste *f*
es lista *f* de ingredientes; composición *f*
fr liste *f* des ingrédients

2682
en **liver**
de Leber *f*
es hígado *m*
fr foie *m*

2683
en **liver loaf**; liver paté
de Leberpastete *f*
es pastel *m* de hígado; pasta *f* de hígado
fr pâté *m* de foie

2684
en **liver sausage GB**; liverwurst US; liver pudding US; leberwurst US
de Leberwurst *f*
es embutido *m* de pasta de hígado
fr saucisse *f* de foie

2685
en **live steam**
de Frischdampf *m*
es vapor *m* vivo; vapor *m* de caldera
fr vapeur *f* vive

2686
en **livestock**; cattle
de Vieh *n*; Viehbestand *m*
es ganado *m*; ganadería *f*
fr cheptel *m*; bétail *m*; bestiaux *pl m*

2687
en **live weight**
de Lebendgewicht *n*
es peso *m* en vivo
fr poids *m* vif

2688
en **load**
de Kelterinhalt *m*; Kelterbeladung *f*; Maischekuchen *m*
es carga *f* (de la prensa de vino)
fr charge *f* en cuve; charge *f* en maische

2689
en **load**
de Keimbelastung *f*
es contaminación *f* microbiológica
fr charge *f* en germe

2690
en **loading table**
de Aufgabetisch *m* (Füllmaschine)
es mesa *f* de carga (envasadora)
fr table *f* de chargement

2691
en **loaf**
de Laib *m* (Brot o. Käse)
es pieza *f*; libreta *f*; barra *f* (pan o queso)
fr miche *f* (pain); meule *f* (fromage)

2692
en **loaf**
de Hut *m* (Zucker)
es azúcar *m* de pilón
fr pain *m* de sucre

2693
en **lobster**
de Hummer *m*
es bogavante *m*
fr homard *m*

2694
en **locust bean gum**; locust bean gum powder; carob flour; carob bean gum; St. John's bread
de Johannisbrotkernmehl *n*
es goma *f* garrofín
fr farine *f* de caroube

2695
en **log phase**; logarithmic phase
de logarithmische Phase *f* (Mikroorganismen)
es fase *f* logarítmica
fr phase *f* logarithmique

2696
en **loin**; short loin
de Lende *f*
es lomo *m*
fr faux-filet *m*; aloyau *m*

2697
en **lollipop GB**; lolly; sucker US
de Lollie *m*; Lutschbonbon *m* u. *n*; Lutscher *m*
es caramelo *m*; pirulí *m*
fr bonbon *m* à sucer

2698
en **long drink**
de Longdrink *m* (verdünntes Mixgetränk)
es (bebida alcohólica diluida)
fr longdrink *m*

2699
en **long goods**
de lange Ware *f* (Teigwaren)
es (pastas alimenticias largas)
fr pâtes *pl f* longues

2700
en **long grain rice**; Patna rice
de Langkornreis *m*; Patnareis *m*
es arroz *m* de grano largo
fr riz *m* à grains longs

2701
en **long life milk**; long storage milk
de H-Milch *f*
es leche *f* de larga duración
fr lait *m* longue conservation; lait *m* UHT

2702
en **long term storage**
de Langlagerung *f*; langfristige Lagerung *f*
es almacenamiento *m* a largo plazo
fr entreprosage *m* longue durée; stockage *m* longue durée

2703
en **loose**; in bulk
de lose; unverpackt
es sin embalar; suelto
fr en vrac

2704
en **loose**
de locker (Geschmackseindruck)
es suelto; esponjoso (gusto)
fr léger; fluide; mince

2705
en **loose freezing**
de Gefrieren *n* losen Gutes
es congelación *f* de material suelto
fr congélation *f* en masse divisée

2706
en **loss**
de Verlust *m*; Ausfall *m*
es pérdida *f*; daño *m*
fr perte *f*

2707
en **loss**
de Schwund *m*; Schwand *m*
es pérdida *f*; consunción *f*
fr perte *f*

2708
en **lossfree**
de verlustfrei
es sin pérdidas
fr sans perte

2709
en **loss of drying**
de Trocknungsverlust *m*; Trockenverlust *m*
es pérdida *f* por secado
fr perte *f* au séchage

2710
en **lot**; parcel
de Posten *m*; Los *n*
es lote *m*; paquete *m*
fr lot *m*

L

2711
en **lovage**
de Liebstöckel *n*
es levístico *m*
fr livèche *f*

2712
en **low-acid food US**
de schwachsaures Lebensmittel *n* (mit einem pH-Wert über 4,6 u. einer Wasseraktivität über 0,85)
es alimentos *pl m* de baja acidez
fr produit *m* alimentaire faiblement acide (pH supérieur à 4,6 et activité de l'eau supérieure à 0,85)

2713
en **low-alcohol beer**
de alkoholarmes Bier *n*
es cerveza *f* baja en alcohol
fr bière *f* à faible teneur en alcool; bière *f* faiblement alcoolisée; bière *f* sans alcool

2714
en **low-calorie beverage**; light beverage
de kalorienarmes Getränk *n*; brennwertarmes Getränk *n*; Leichtgetränk *n*
es bebida *f* baja en calorías
fr boisson *f* basses-calories; boisson *f* allégée; boisson *f* peu énergétique; boisson *f* light

2715
en **low-calorie diet**
de kalorienarme Kost *f*; brennwertarme Kost *f*; energiereduzierte Kost *f*
es dieta *f* baja en calorías
fr alimentation *f* basses-calories; alimentation *f* pauvre en calories; alimentation *f* peu énergétique

2716
en **low count**
de keimarm
es con contenido bajo de gérmenes; pobre en gérmenes
fr à nombre de germes faibles

2717
en **lower bunghole**; tap hole
de Zapfloch *n* (Faß)
es agujero *m* del tapón (barril)
fr trou *m* de bonde

2718
en **lowfat cheese**
de Magerkäse *m*
es queso *m* magro (contenido bajo de grasas)
fr fromage *m* maigre

2719
en **lowfat dry milk**
de fettarmes Milchpulver *n*; fettarme Trockenmilch *f*
es leche *f* en polvo desnatada (contenido bajo de grasas)
fr lait *m* demi-écrémé en poudre; poudre *f* de lait demi-écrémé

2720
en **low fermentation**
de Untergärung *f* (Brauerei)
es fermentación *f* baja
fr fermentation *f* basse

2721
en **low grade**
de minderwertig
es de calidad inferior
fr de qualité inférieure

2722
en **low pressure tank**
de Niederdrucktank *m*
es tanque *m* a baja presión
fr cuve *f* basse pression

2723
en **low-speed mixer**
de Langsammischer *m*
es mezclador *m* de baja velocidad
fr mélangeur *m* petite vitesse; malaxeur *m* petite vitesse

2724
en **lukewarm**; tepid
de lau; lauwarm
es tibio; templado
fr tiède

2725
en **lump**
de Klumpen *m*; Brocken *m*
es grumo *m*; terrón *m*
fr masse *f*; masse *f* compacte; motte *f*; morceau *m*

2726
en **lump**; lump together; bake; cake
de zusammenbacken; verklumpen; sich verklumpen; klumpig werden
es aglomerarse; aterronarse; apelmazarse
fr mettre en masse; agglomérer; s'agglomérer; se mettre en masse; se prendre en masse

2727
en **lump ice**
de Stückeis *n*
es hielo *m* en trozos
fr glace *f* en morceaux

2728
en **lumpy**
de klumpig; verklumpt
es aglomerado; aterronado; apelmazado
fr pris en masse; aggloméré

2729
en **lung**
de Lunge *f*
es pulmón *m*
fr poumon *m*

2730
en **luxury pack**
de Luxuspackung *f*
es envase *m* de lujo
fr emballage *m* de luxe

2731
en **lycopene**
de Lycopin *n*
es licopina *f*
fr lycopène *m*

2732
en **lye**
de Lauge *f*
es lejía *f*
fr lessive *f*

2733
en **lye peeling**; caustic peeling
de Laugenschälung *f*
es pelado *m* con lejía
fr épluchage *m* à la lessive caustique; épluchage *m* caustique

2734
en **lyophilic**
de liophil
es liófilo
fr lyophile

2735
en **lysine**; lysin
de Lysin *n*
es lisina *f*
fr lysine *f*

2736
en **lysinoalanine**
de Lysinoalanin *n*
es lisinalanina *f*
fr lysyl-alanine *f*; lysinoalanine *f*

2737
en **lysozyme**
de Lysozym *n*
es lisozima *f*
fr lysozyme *m*

2738
en **mace**; blade of mace
de Muskatblüte *f*; Macis *f*
es macis *m*
fr macis *m*; arille *f* de noix de muscade

2739
en **macerate**; steep
de einweichen; aufweichen; quellen; aufquellen; macerieren
es remojar; macerar
fr mettre à tremper; mettre à gonfler; macérer

2740
en **machine**
de maschinell bearbeiten
es elaborar mecánicamente
fr traiter mécaniquement; travailler mécaniquement

2741
en **machine milking**
de Maschinenmelken *n*
es ordeño *m* mecánico
fr traite *f* mécanique; traite *f* à la machine

2742
en **macrofiltration**; particle filtration; coarse filtration
de Vorfiltration *f*; Grobfiltration *f*
es macrofiltración *f*
fr filtration *f* grossière; macro-filtration *f*; préfiltration *f*

2743
en **macronutrient**
de Makronährstoff *m*
es macronutriente *m*
fr macronutriment *m*; macroélément *m*

2744
en **madeirisation**
de Firnwerden *n* (Wein)
es maderización *f* (vino)
fr madérisation *f*

2745
en **magazine**
de Magazin *n*; Vorratsraum *m*; Warenlager *n*
es almacén *m*; depósito *m*
fr magasin *m*; dépôt *m*

2746
en **maggot**
de Made *f*; Larve *f*
es larva *f*; cresa *f*
fr ver *m*; asticot *m*

2747
en **magnesium**
de Magnesium *n*
es magnesio *m*
fr magnésium *m*

2748
en **magnetic separation**
de Magnetabscheidung *f*
es separación *f* magnética
fr séparation *f* magnétique

2749
en **magnetic separator**
de Magnetabscheider *m*
es separador *m* magnético
fr séparateur *m* magnétique; déferreur *m* magnétique

2750
en **magnetic stirrer**
de Magnetrührer *m*
es agitador *m* magnético
fr agitateur *m* magnétique

2751
en **magnum**
de Doppelflasche *f*
es (botella de 1,5 litros)
fr magnum *m*

2752
en **main**
de Hauptrohr *n*; Sammelleitung *f*
es tubo *m* principal
fr conduite *f* principale; canalisation *f* principale

2753
en **main note**; bottom note
de Hauptaromakomponente *f*; Grundnote *f*
es componente *m* principal del aroma; sabor *m* predominante
fr composé *m* aromatique principal; composé *m* aromatique essentiel; composé *m* aromatique de base; note *f* de base

2754
en **maize germ oil**; corn oil; maize oil
de Maiskeimöl *n*
es aceite *m* de gérmen de maiz; aceite *m* de maiz
fr huile *f* de germe de maïs

2755
en **make cheese**
de käsen; Käse herstellen
es elaborar queso; fabricar queso
fr faire du fromage; fabriquer du fromage

2756
en **make up**
de Ausstattung *f*
es equipo *m*; equipamiento *m*
fr équipement *m*

2757
en **malabsorption**
de Resorptionsstörung *f*
es malabsorción *f*
fr défaut *m* d'absorption; défiscience *f* d'absorption; mauvaise absorption *f*

2758
en **malate**
de Malat *n*
es malato *m*
fr malate *m*

2759
en **malic acid**
de Äpfelsäure *f*
es ácido *m* málico
fr acide *m* malique

2760
en **malnutrition**
de Fehlernährung *f*; falsche Ernährung *f*
es malnutrición *f*
fr malnutrition *f*; sous-alimentation *f*; alimentation *f* défisciente

2761
en **malodour GB**; malodor US
de Fehlgeruch *m*
es mal olor *m*
fr mauvaise odeur *f*; odeur *f* nauséabonde

2762
en **malo-lactic fermentation**
de Säureabbau *m* (Wein)
es fermentación *f* maloláctica
fr fermentation *f* malo-lactique

2763
en **malonate**
de Malonat *n*
es malonato *m*
fr malonate *m*

2764
en **malonic acid**
de Malonsäure *f*
es ácido *m* malónico
fr acide *m* malonique

2765
en **malt**
de Malz *n*
es malta *f*
fr malt *m*

2766
en **malt**
de mälzen
es maltear
fr malter

2767
en **malt beverage**
de Malzgetränk *n*
es bebida *f* de malta
fr boisson *f* maltée

2768
en **malt coffee**
de Malzkaffee *m*
es infusión *f* de malta (sucedáneo de café)
fr café-malt *m*; malt *m* torréfié

2769
en **malt extract**
de Malzextrakt *m*
es extracto *m* de malta
fr extrait *m* de malt

2770
en **malt flour**
de Malzmehl *n*
es harina *f* de malta
fr farine *f* de malt

2771
en **malthouse**; maltings
de Mälzerei *f*; Mälzereibetrieb *m*
es maltería *f*
fr malterie *f*

2772
en **malting aid**
de Keimungsaktivator *m*
es activador *m* del malteado
fr auxiliaire *m* de maltage; activateur *m* de germination de l'orge

2773
en **malting barley**
de Braugerste *f*
es cebada *f* cervecera
fr orge *m* de malterie

2774
en **malting box**; germination box
de Keimkasten *m* (Mälzerei)
es caja *f* de germinación (cervecería)
fr case *f* de germination

2775
en **maltitol**
de Maltit *m*
es maltitol *m*
fr maltitol *m*

2776
en **malt mill**
de Malzmühle *f*; Schrotmühle *f*
es trituradora *f* de malta
fr moulin *m* à malt; broyeur *m* à malt

2777
en **maltodextrin**
de Maltodextrin *n*
es maltodextrina *f*
fr maltodextrine *f*

2778
en **maltol**
de Maltol *n*
es maltol *m*
fr maltol *m*

2779
en **maltose**; malt sugar
de Maltose *f*
es maltosa *f*
fr maltose *m*

M

2780
en **maltotriose**
de Maltotriose *f*
es maltotriosa *f*
fr maltotriose *m*

2781
en **malt starch**
de Malzstärke *f*
es fécula *f* de malta; almidón *m* de malta
fr amidon *m* de malt

2782
en **maltster**; maltman
de Mälzer *m*
es maltero *m*
fr malteur *m*

2783
en **malty**
de malzig; malzartig
es maltoso
fr malteux

2784
en **mammoth pump**; airlift pump; air jet lift
de Mammutpumpe *f*; Drucklufttheber *m*
es bomba *f* Mamut; (bomba de extracción por inyección de aire comprimido)
fr pompe *f* mammouth; émulseur *m*

2785
en **mandarin**; mandarine; king mandarin
de Mandarine *f*
es mandarina *f*
fr mandarine *f*

2786
en **manducatory**
de zum Kauen bestimmt
es para masticar
fr destiné à être mâché; destiné à être mastiqué

2787
en **manganese**
de Mangan *n*
es manganeso *m*
fr manganèse *m*

2788
en **mango**
de Mangofrucht *f*; Mangopflaume *f*
es mango *m*
fr mangue *f*

2789
en **manhole**
de Mannloch *n* (Faß)
es agujero *m* de hombre; registro *m*
fr trou *m* d'homme; orifice *m* de visite; orifice *m* d'accès

2790
en **mannan**
de Mannan *n*
es manano *m*
fr mannane *f*

2791
en **mannitol**; mannite; mannite sugar
de Mannit *m*
es manita *f*
fr mannitol *m*

2792
en **mannose**
de Mannose *f*
es manosa *f*
fr mannose *m*

2793
en **manometer**; pressure gauge
de Manometer *n*
es manómetro *m*
fr manomètre *m*

2794
en **manually operated**
de handgetrieben (Maschine)
es accionado a mano; de funcionamiento manual
fr conduit manuellement; piloté manuellement

2795
en **maple sugar**
de Ahornzucker *m*
es azúcar *m* de arce
fr sucre *m* d'érable

2796
en **maple syrup**; maple sirup; maple honey; maple molasses US
de Ahornsirup *m*
es jarabe *m* de arce
fr sirop *m* d'érable

2797
en **margaric acid**
de Margarinsäure *f*
es ácido *m* margárico
fr acide *m* margarique

2798
en **margarine**; margarin US; oleo-margarine US
de Margarine *f*
es margarina *f*
fr margarine *f*

2799
en **marinade**; marinated fish; acid cured fish; vinegar cured fish
de Marinade *f*; Fischmarinade *f*
es escabeche *m*; pescado *m* en escabeche
fr marinade *f*

2800
en **marinate**; marinade
de marinieren; beizen
es escabechar; poner en escabeche
fr mariner

2801
en **marjoram**; sweet marjoram
de Majoran *m*
es mejorana *f*
fr marjolaine *f*; origan *m*

2802
en **mark**
de Bezeichnung *f*; Markierung *f*
es marca *f*
fr marque *f*; code *m*

2803
en **mark**; code
de markieren
es marcar
fr marquer

2804
en **marmalade**
de Marmelade *f* (Citrusmarmelade)
es mermelada *f* de cítricos (especialmente de naranja)
fr confiture *f* d'oranges

2805
en **marrow**
de Mark *n*
es médula *f*; tuétano *m*
fr moelle *f*

2806
en **marrow bone**; soup bone
de Markknochen *m*
es hueso *m* de caña; hueso *m* con tuétano
fr os *m* à moelle

2807
en **marzipan**; marchpane
de Marzipan *n*
es mazapán *m*
fr massepain *m*

2808
en **mash**
de Maische *f* (Brauerei)
es malta *f* remojada (cebada machacada y macerada para cervecería)
fr maische *f*

2809
en **mash**; mush; pulp
de Brei *m*; Mus *n*
es puré *m*; pulpa *f*; pasta *f*
fr bouillie *f*; purée *f*; compote *f*

2810
en **mash**
de einmaischen
es macerar
fr empâter

2811
en **mash**; mush; beat
de zerstampfen
es machacar
fr broyer; écraser; réduire en bouillie; écraser en purée

2812
en **mash cooler**
de Maischekühler *m*
es enfriador *m* para malta remojada; refrigerador *m* del macerado
fr refroidisseur *m* à maische

2813
en **mashed**
de breiig (Geschmackseindruck)
es viscoso (con textura de puré)
fr de bouillie

2814
en **masher**; beater
de Stampfer *m*
es maceradora *f*; machacadora *f*
fr pilon *m*; batteur *m*

2815
en **mash filter**
de Maischefilter *n*
es filtro *m* de mosto (cervecería)
fr filtre *m* à maische

2816
en **mashing tub**; mashtun; tun; mash ton; mash tub; mash tank
de Maischbottich *m*; Einmaischgefäß *n*
es cuba *f* de braceado; cuba *f* de mezcla (cervecería)
fr cuve *f* à maische; cuve *f* matière

2817
en **mashy**; mushy
de breiig; zerquetscht
es machacado; reducido a puré
fr broyé; écrasé; réduit en bouillie

2818
en **mask**
de überdecken (Geruch o. Geschmack)
es enmascarar (olor o sabor)
fr masquer

2819
en **mass**
de Masse *f*
es masa *f*
fr masse *f*

2820
en **massecuite**; fillmass US
de Füllmasse *f* (Zuckerfabrikation)
es masa *f* cocida (fabricación de azúcar)
fr masse *f* cuite

2821
en **mass production**
de Massenproduktion *f*
es fabricación *f* en serie; producción *f* en masa
fr production *f* de masse

2822
en **masticability**; chewability
de Kaubarkeit *f*
es masticabilidad *f*
fr masticabilité *f*

2823
en **masticable**; manducable
de kaubar
es masticable
fr masticable

2824
en **masticate**; chew; manducate
de kauen
es masticar
fr mâcher; mastiquer

2825
en **masticatory substance**; chewing gum base; gum base
de Kaumasse *f*
es goma *f* de mascar; masticatorio *m*
fr gomme *f* à mâcher; base *f* de gomme à mâcher; gomme *f* base

2826
en **mastic gum**
de Mastix *n*
es goma *f* de lentisco
fr mastic *m*; gomme-mastic *f*

2827
en **match**
de Ware *f* gleicher Qualität
es mercancía *f* de igual calidad
fr denrées *pl f* de même qualité; marchandise *f* de même qualité

2828
en **maté**; Brazilian tea; Paraguay tea; maté tea
de Matetee *m*
es hierba *f* mate; mate *m*
fr maté *m*

2829
en **material**; matter; stuff; substance
de Material *n*; Stoff *m*; Rohstoff *m*
es material *m*; sustancia *f*
fr matière *f*; matière *f* première; matière *f* brute; substance *f*

2830
en **mature**
de reifen; reif werden
es madurar
fr mûrir; maturer; arriver à maturité

2831
en **maturing agent**
de Reifungsmittel *n*
es agente *m* de maduración; activador *m* de la maduración
fr agent *m* de maturation

2832
en **mayonnaise**
de Mayonnaise *f*
es mahonesa *f*
fr mayonnaise *f*

2833
en **mead**; hydromel
de Met *m*; Honigwein *m*
es hidromiel *f*
fr hydromel *m*

2834
en **meal**
de Mahl *n*; Mahlzeit *f*; Essen *n*; Speise *f*
es comida *f*
fr repas *m*; mets *m*; plat *m*

2835
en **meal**
de mit Mehl bestreuen
es enharinar; espolvorear con harina
fr fariner; saupoudrer de farine

2836
en **mealy**
de mit Mehl bestäubt
es harinoso
fr fariné; saupoudré de farine

2837
en **measle**
de Finne *f*
es cisticercosis *f* muscular
fr cysticerque *m*

2838
en **measure**; measuring unit
de Maß *n*; Maßeinheit *f*
es medida *f*; unidad *f* de medida
fr mesure *f*; unité *f* de mesure

2839
en **measure**; meter
de messen; abmessen
es medir
fr mesurer

2840
en **measurement control**
de Meßüberwachung *f*
es control *m* de medida
fr contrôle *m* de mesure

2841
en **measuring and controlling equipment**
de Meß- und Steuerungseinrichtung *f*
es equipo *m* de medida y control
fr équipement *m* de mesure et de contrôle

2842
en **measuring and control technique**
de Meß- und Regeltechnik *f*
es técnica *f* de medida y control
fr technique *f* de mesure et de contrôle

2843
en **measuring instrument**; measuring apparatus; metering device
de Meßgerät *n*; Meßinstrument *n*
es instrumento *m* de medida
fr instrument *m* de mesure; appareil *m* de mesure

2844
en **measuring line**
de Eichstrich *m*
es raya *f* de calibrado
fr trait *m* de mesure

2845
en **measuring sensor**
de Meßsensor *m*
es sensor *m* de medida
fr sonde *f* de mesure; capteur *m*; détecteur *m*

2846
en **measuring valve**
de Dosierventil *n*; Zumeßventil *n*; Zugabeventil *n*
es válvula *f* dosificadora
fr soupape *f* de mesure; soupape *f* de réglage; soupape *f* d'admission; soupape *f* de dosage

2847
en **meat**
de Fleisch *n*
es carne *f*
fr viande *f*

2848
en **meat**; meat dish
de Fleischgericht *n*; Fleischspeise *f*; Fleisch *n*
es guiso *m* de carne
fr plat *m* de viande; viande *f*

2849
en **meat by-products**; slaughter by-products; slaughterhouse by-products
de Schlachtnebenprodukte *pl n*; Schlachttierabgänge *pl m*
es subproductos *pl m* de matadero; subproductos *pl m* de la carne
fr sous-produit *m* d'abattoir

2850
en **meat extract**; extract of meat
de Fleischextrakt *m*
es extracto *m* de carne
fr extrait *m* de viande

2851
en **meat inspection**
de Fleischbeschau *f*
es inspección *f* de la carne
fr inspection *f* sanitaire de la viande; contrôle *m* sanitaire de la viande

2852
en **meat portioning machine**
de Fleischportioniermaschine *f*
es máquina *f* de partir carne
fr portionneuse *f* de viande

2853
en **meat processing plant**
de Fleischverarbeitungsbetrieb *m*
es planta *f* de elaboración de carnes; fábrica *f* de productos cárnicos
fr installation *f* de transformation de la viande

2854
en **meaty**
de fleischig
es carnoso
fr charnu

2855
en **mechanical filter**
de mechanisches Filter *n*
es filtro *m* mecánico
fr filtre *m* mécanique

2856
en **mechanically deboned meat**
de mechanisch entbeintes Fleisch *n*
es carne *f* deshuesada mecánicamente
fr viande *f* désossée mécaniquement

2857
en **mechanical peeler**
de mechanische Schälmaschine *f*
es mondadora *m* mecánica
fr éplucheuse *f* mécanique

2858
en **medium dry**; semi-dry
de halbtrocken (Wein)
es semiseco (vino)
fr demi-sec

2859
en **medium fat cheese**
de Halbfettkäse *m*
es queso *m* semi-graso
fr fromage *m* allégé; fromage *m* semi-gras

2860
en **medium sweet**; semi-sweet
de halbsüß (Wein)
es semi-dulce
fr semi-sucré

2861
en **melangeur**
de Melangeur *m*
es mezclador *m*
fr mélangeur *m*

2862
en **melanin**
de Melanin *n*
es melanina *f*
fr mélanine *f*

2863
en **melanoidine**
de Melanoidin *n*
es melanoidina *f*
fr mélanoïdine *f*

2864
en **melliferous**; mellific
de honigtragend
es melífero
fr méllifère

2865
en **mellow**; mellowy
de reif; saftig; weich (Frucht)
es maduro; jugoso (frutas)
fr mûr; juteux; tendre

2866
en **melon**
de Gartenmelone *f*; Zuckermelone *f*; Melone *f*
es melón *m*
fr melon *m*

2867
en **melt**; spleen
de Milz *f*
es bazo *m*
fr rate *f*

2868
en **melt**; fuse; liquefy
de schmelzen; flüssig werden; zergehen; zerfließen
es fundirse
fr fondre; se liquéfier

2869
en **melting point**; fusing point
de Schmelzpunkt *m*
es punto *m* de fusión
fr point *m* de fusion

2870
en **melt tank**
de Schmelztank *m*
es tanque *m* de fusión
fr cuve *f* de fusion

2871
en **membrane**; film
de Membran *f*; Häutchen *n*; Film *m*
es membrana *f*; película *f*
fr membrane *f*; film *m*

2872
en **membrane filter**; diaphragm filter
de Membranfilter *n*
es filtro *m* de membrana
fr filtre *m* à membrane

2873
en **membrane filtration**
de Membranfiltration *f*
es filtración *f* por membrana
fr filtration *f* sur membrane

2874
en **menthol**
de Menthol *n*
es mentol *m*
fr menthol *m*

2875
en **mercury**
de Quecksilber *n*
es mercurio *m*
fr mercure *m*

2876
en **meringue**; kiss
de Baiser *m* (Schaumgebäck)
es merengue *m*
fr meringue *f*

2877
en **mesh**
de Masche *f* (Sieb)
es malla *f* (tamiz)
fr maille *f*; mesh *f*

2878
en **mesh size**; mesh aperture; size of meshes
de Maschenweite *f* (Sieb)
es abertura *f* de mallas
fr ouverture *f* de maille

2879
en **mesophilic**
de mesophil
es mesófilo
fr mésophile

2880
en **metabisulphite GB**; metabisulfite US
de Metabisulfit *n*
es metabisulfito *m*
fr métabisulfite *m*

2881
en **metabolic**
de metabolisch; den Stoffwechsel betreffend
es metabólico
fr métabolique

2882
en **metabolic disease**; metabolic disorder; nutritional disturbance
de Stoffwechselkrankheit *f*; Ernährungsstörung *f*
es enfermedad *f* metabólica
fr maladie *f* métabolique

2883
en **metabolism**
de Stoffwechsel *m*; Metabolismus *m*
es metabolismo *m*
fr métabolisme *m*

2884
en **metabolite**
de Stoffwechselprodukt *n*; Metabolit *m*
es metabolito *m*
fr métabolite *m*

2885
en **metal closure clip**
de Metallverschlußclip *m* (Wursthülle)
es grapa *f*; cierre *m* metálico (tripa de embutidos)
fr clip *m* métallique

2886
en **metal detector**
de Metalldetektor *m*
es detector *m* de metales
fr détecteur *m* de métal

2887
en **metallic flavour**; metallic taste
de Metallgeschmack *m*
es sabor *m* metálico
fr goût *m* métallique; goût *m* de métal

2888
en **meter**
de Zählapparatur *f*; Zählwerk *n*; Zähler *m*
es medidor *m*; contador *m*
fr compteur *m*

2889
en **meter**
de zählen (instrumentell)
es contar
fr mesurer

M

2890
en **methionine**
de Methionin *n*
es metionina *f*
fr méthionine *f*

2891
en **methyl cellulose**
de Methylcellulose *f*
es metil-celulosa *f*
fr méthylcellulose *f*

2892
en **methyl ethyl cellulose**
de Methylethylcellulose *f*
es metil-etil-celulosa *f*
fr méthyl-éthylcellulose *f*

2893
en **methyl p-hydroxy benzoate**; methyl paraben
de p-Hydroxybenzoesäuremethylester *m*
es p-hidroxy benzoato *m* de metilo
fr p-hydroxybenzoate *f* de méthyle; ester *m* méthylique de l'acide p-hydroxybenzoïque

2894
en **metmyoglobin**
de Metmyoglobin *n*
es metamioglobina *f*
fr métmyoglobine *f*

2895
en **micelle**; micella
de Mizelle *f*
es micela *f*
fr micelle *f*

2896
en **microbial**
de mikrobiell; durch Mikroorganismen verursacht
es microbiano
fr microbien

2897
en **microbial rennet**; rennet substitute
de Labaustauschstoff *m*; mikrobielles Lab *n*
es cuajo *m* microbiano
fr présure *f* d'origine microbienne; substitut *m* fongique de la présure

2898
en **microbicidal**
de mikrobizid
es microbicida
fr germicide; microbicide

2899
en **microcrystalline cellulose**; cellulose gel
de mikrokristalline Cellulose *f*
es celulosa *f* microcristalina
fr cellulose *f* microcristalline

2900
en **microencapsulate**
de mikroverkapseln
es microencapsular
fr microencapsuler

2901
en **microflora**
de Mikroflora *f*
es microflora *f*
fr microflore *f*

2902
en **micronize**
de mikronisieren; feinstvermahlen
es micronizar
fr microniser

2903
en **micronutrient**
de Mikronährstoff *m*; Spurennährstoff *m*
es micronutriente *m*
fr oligoélément *m*; oligo-nutriment *m*; microélément *m*

2904
en **microorganisms**; microbes
de Mikroorganismen *pl m*; Mikroben *pl f*
es microorganismos *m*; microbios *m*
fr microorganismes *pl m*; microbes *pl m*

2905
en **microwave**
de Mikrowelle *f*
es microondas *pl f*
fr micro-onde *f*

2906
en **microwave drying**
de Mikrowellentrocknung *f*
es secado *m* por microondas
fr séchage *m* par micro-ondes

2907
en **microwave generator**
de Mikrowellengenerator *m*
es generador *m* de microondas
fr générateur *m* de micro-ondes

2908
en **microwave oven**
de Mikrowellenherd *m*
es horno *m* de microondas
fr four *m* à micro-ondes

2909
en **microwave radiation**; microwave treatment
de Mikrowellenbehandlung *f*
es irradiación *f* por microondas; tratamiento *m* con microondas
fr traitement *m* par micro-ondes; irradiation *f* par micro-ondes

2910
en **microwave vacuum dryer**
de Mikrowellenvakuumtrockner *m*
es secadora *f* al vacío por microondas
fr sécheur *m* à micro-ondes à vide

2911
en **middle**; middle cut
de Mittelstück *n* (Fleisch)
es corte *m* central; pieza *f* central (carne)
fr aloyau *m* (bœuf); longe *f* (veau)

2912
en **middlings GB**; dunst GB; small middlings US
de Dunst *m* (Mahlfraktion)
es acemite *m* (fracción de molienda)
fr recoupe *f*; finots *pl m*

2913
en **middlings purifier**
de Grießputzmaschine *f*
es purificador *m* de acemite
fr sasseur *m*

2914
en **migrate**
de migrieren; übergehen
es migrar
fr migrer

2915
en **mild**; soft
de mild; leicht
es blando; suave; ligero
fr doux

2916
en **milk**
de Milch *f*
es leche *f*
fr lait *m*

2917
en **milk can**; milk churn
de Milchkanne *f*
es cántara *f* m de leche
fr bidon *m* à lait

2918
en **milk collecting centre**; milk collecting depot
de Milchsammelstelle *f*
es centro *m* colector de leche
fr centre *m* de collecte de lait; poste *m* de collecte de lait

2919
en **milk condensing plant**; milk condensery
de Kondensmilchfabrik *f*
es fábrica *f* de leche condensada
fr usine *f* de lait concentré

2920
en **milk imitation product**
de Milchimitat *n*
es producto *m* de imitación de leche
fr produit *m* d'imitation du lait

2921
en **milking machine**; milker
de Melkmaschine *f*
es ordeñadora *f*
fr trayeuse *f*; machine *f* à traire

M

2922
en **milk intolerance**
de Milchunverträglichkeit *f*
es intolerancia *f* a la leche
fr intolérance *f* au lait

2923
en **milk powder**; powdered milk; dry milk
de Milchpulver *n*; Trockenmilch *f*
es leche *f* en polvo
fr poudre *f* de lait; lait *m* en poudre; lait *m* deshydraté

2924
en **milk separator**
de Milchzentrifuge *f*
es centrifugadora *f* de leche; separador *m* de leche
fr centrifugeuse *f* à lait; écrémeuse *f*

2925
en **mill**; milling plant
de Mühle *f*
es molino *m*
fr moulin *m*; minoterie *f*

2926
en **mill**; grind
de mahlen
es moler; triturar
fr moudre; broyer

2927
en **mill dryer**
de Mahltrockner *m*
es secadora *f* de molienda
fr sécheur-broyeur *m*

2928
en **miller**
de Müller *m*
es molinero *m*
fr meunier *m*; minotier *m*

2929
en **millet US**; Indian millet GB
de Hirse *f*; Rispenhirse *f*
es mijo *m*
fr millet *m*

2930
en **mill hopper**
de Mahltrichter *m*
es tolva *f* de molino
fr trémie *f* de minoterie

2931
en **milling**
de Müllerei *f*
es molinería *f*
fr meunerie *f*; minoterie *f*

2932
en **milling disk**; grinding disk
de Mahlscheibe *f*
es disco *m* de molienda; placa *f* de molienda
fr meule *f* de broyage; disque *m* de broyage

2933
en **milling performance**
de Vermahlungseigenschaften *pl f*
es propiedades *pl m* de molienda
fr valeur *f* meunière; qualité *f* meunière

2934
en **milling product**
de Mühlenprodukt *n*; Mahlerzeugnis *n*
es producto *m* de molienda
fr produit *m* de meunerie

2935
en **mill run**
de Mahlgut *n*
es campaña *f* de molienda; material *m* para molienda
fr produit *m* à moudre; matière *f* première de meunerie

2936
en **millstone**; quern stone; burstone; burr; grindstone
de Mühlstein *m*; Mahlstein *m*
es piedra *f* molar; piedra *f* de molino; muela *f*
fr meule *f*

2937
en **mince**
de wolfen; durchdrehen; faschieren; emincieren
es picar (carne)
fr hacher; émincer; couper en petits morceaux

2938
en **minced meat GB**; mince GB; ground meat US; hamburger meat US; comminuted meat
de Hackfleisch *n*; Gehacktes *n*
es carne *f* picada
fr viande *f* hachèe; hachis *m*

2939
en **mincer GB**; meat mincer US; meat hasher; meat grinder US; mincing machine
de Fleischwolf *m*
es picadora *f* de carne
fr hachoir *m* à viande

2940
en **mincing knife**; chopping knife
de Hackmesser *n*; Wiegemesser *n*
es cuchillo *m* para picar carne
fr couperet *m*

2941
en **mineral**
de Mineralstoff *m*
es sustancia *f* mineral
fr produit *m* minéral; substance *f* minérale; élément *m* minéral

2942
en **mineral intake**
de Mineralstoffaufnahme *f*
es ingesta *f* de minerales; toma *f* de minerales
fr consommation *f* d'éléments minéraux; prise *f* d'éléments minéraux

2943
en **mineral water**; mineral GB
de Mineralwasser *n*
es agua *f* mineral
fr eau *f* minérale

2944
en **mingle**; commingle
de mengen; vermengen
es mezclar
fr mélanger

2945
en **minimum durability**
de Mindesthaltbarkeitsdatum *n*
es fecha *f* mínima de caducidad
fr date *f* limite de conservation

2946
en **mint**
de Minze *f*
es menta *f*; hierba buena *f*
fr menthe *f*

2947
en **misbrand**; mislabel
de falsch bezeichnen
es etiquetar erróneamente
fr mal étiqueter; mal marquer; mal indiquer

2948
en **miscella**
de Miszella *f* (Öl-Lösungsmittel-Gemisch bei der Ölsaatextraktion)
es miscela *f* (aceites)
fr micelle *f*

2949
en **miscible**; mixable
de mischbar
es miscible
fr miscible

2950
en **mite**
de Milbe *f*
es ácaro *m*
fr mite *f*

2951
en **mix**; blend; commingle; mixture
de Mischung *f*; Gemisch *n*; Mixtur *f*
es mezcla *f*; mixtura *f*
fr mélange *m*; mixture *f*

2952
en **mix**; blend
de mischen; vermischen
es mezclar
fr mélanger

2953
en **mixed bed ion exchange**
de Mischbettionenaustausch *m*
es intercambio *m* iónico sobre lecho mixto
fr échange *m* d'ions à lit mélangé; échange *m* d'ions àlit mixte

2954
en **mixed pickles**; sour pickles; pickles
de Mixed Pickles *pl*; Pickles *pl*
es encurtidos *pl m*; encurtidos *pl m* mixtos
fr conserves *pl f* mixtes au vinaigres; pickles *pl m* mélangés; pickles *pl m* en mélange

2955
en **mixer**; mixing apparatus; blender
de Mischer *m*; Mixer *m*
es mezclador *m*
fr mélangeur *m*; malaxeur *m*; mixer *m*

2956
en **mixing chamber**
de Mischkammer *f*
es cámara *f* mezcladora
fr chambre *f* de mélange

2957
en **mixing cone**
de Kegelmischer *m*
es cono *m* mezclador
fr cône *m* mélangeur

2958
en **mixing nozzle**
de Mischdüse *f*
es tobera *f* mezcladora; boquilla *f* mezcladora
fr buse *f* de mélange; injecteur *m* de mélange

2959
en **mixing paddle**; shearing paddle
de Knetarm *m* (Extruder)
es paleta *f* mezcladora (extrusora)
fr bras *m* mélangeur

2960
en **mixing ratio**
de Mischungsverhältnis *n*
es relación *f* de mezcla
fr rapport *m* de mélange; proportion *f* de mélange

2961
en **mixing rod**
de Rührbesen *m*
es varilla *f* mezcladora
fr fouet *m* mélangeur

2962
en **mixing screw**
de Mischschnecke *f*
es husillo *m* mezclador
fr vis *f* mélangeuse

2963
en **mixing tank**
de Mischtank *m*
es depósito *m* de mezclado
fr cuve *f* de mélange

2964
en **mixing valve**
de Mischventil *n*
es válvula *f* mezcladora
fr soupape *f* de mélange; clapet *m* de mélange

2965
en **mixing vessel**; mixing container
de Mischbehälter *m*
es recipiente *m* de mezcla
fr réservoir *m* de mélange; tank *m* de mélange

2966
en **modified starch**
de modifizierte Stärke *f*
es almidón *m* modificado
fr amidon *m* modifié

2967
en **modifying agent**
de Modifiziermittel *n*
es agente *m* modificador; modificador *m*
fr agent *m* de modification; modifiant *m*

2968
en **moisture**; humidity
de Feuchtigkeit *f*
es humedad *f*
fr humidité *f*

2969
en **moisture content**; humidity content; water content
de Wassergehalt *m*; Feuchtigkeitsgehalt *m*
es contenido *m* de humedad
fr teneur *f* en humidité; teneur *f* en eau

2970
en **moisture control**; humidity control
de Feuchtigkeitsregelung *f*; Feuchtigkeitsregulierung *f*
es control *m* de humedad; regulación *f* de la humedad
fr contrôle *f* de l'humidité

2971
en **moisture expeller**
de Entwässerungspresse *f*
es prensa *f* extractora de agua
fr presse *f* à déshumidifier

2972
en **moisture loss**
de Feuchtigkeitsverlust *m*
es pérdida *f* de humedad
fr perte *f* en humidité; perte *f* en eau

2973
en **moisture meter**
de Feuchtigkeitsmeßgerät *n*
es higrómetro *m*; medidor *m* de humedad
fr humidimètre *m*; hygromètre *m*

2974
en **molasses US**; treacle GB; black treacle GB; blackstrap
de Melasse *f*
es melaza *f*
fr mélasse *f*

2975
en **monoacetin**; glyceryl monoacetate
de Monoacetin *n*; Glycerinmonoacetat *n*
es monoacetina *f*; monoacetato *m* de glicerilo
fr monoacétine *f*; monoacétate *m* de glycéryle

2976
en **monobromoacetic acid**
de Monobromessigsäure *f*
es ácido *m* monobromoacético
fr acide *m* monobromoacétique

2977
en **monoglyceride**
de Monoglycerid *n*
es monoglicérido *m*
fr monoglycéride *m*

2978
en **monooleate**; glyceryl monooleate
de Ölsäuremonoglycerid *n*
es monooleato *m*; monoglicérido *m* de ácido oleico
fr monooléine *f*; monoglycéride *m* de l'acide oléique; monooléate *m* de glycéryle

2979
en **monopalmitate**; glyceryl monopalmitate; monopalmitin
de Palmitinsäuremonoglycerid *n*
es monopalmitato *m*; monoglicérido *m* de ácido palmítico
fr monopalmitine *f*; monoglycéride *m* de l'acide palmitique; monopalmitate *m* de glycéryle

2980
en **monosaccharide**; monose
de Monosaccharid *n*; Monose *f*
es monosacárido *m*
fr monosaccharide *m*; ose *m*

2981
en **monostarch phosphate**
de Monostärkephosphat *n*
es fosfato *m* de monoalmidón
fr phosphate *m* de monoamidon

2982
en **monostearate**; glyceryl monostearate; monostearin
de Stearinsäuremonoglycerid *n*
es monoestearato *m*; monoglicérido *m* de ácido esteárico
fr monostéarine *f*; monoglycéride *m* de l'acide stéarique; monostéarate *m* de glycéryle

2983
en **montanic acid**
de Montansäure *f*
es ácido *m* montánico
fr acide *m* montanique

2984
en **montan wax**
de Montanwachs *n*
es cera *f* montana
fr cire *f* montanique

2985
en **mould GB**; mold US; form
de Form *f*; Gießform *f*
es molde *m*
fr moule *m*; forme *f*

2986
en **mould GB**; mold US
de Schimmel *m*; Schimmelpilz *m*
es moho *m*
fr moisissure *f*

2987
en **mould GB**; mold US; form
de gießen (in Formen)
es moldear
fr mouler

2988
en **mould GB**; mold US; turn mouldy
de schimmeln; verschimmeln
es enmohecerse
fr moisir; se couvrir de moisissures

2989
en **mould automation machine**
de Formautomat *m* (Schokoladeverarbeitung)
es máquina *f* de moldeado automático (chocolate)
fr formeuse-mouleuse *f* automatique

2990
en **moulding GB**; molding US
de Eintafeln *n* (Schokolade)
es moldear en tabletas (chocolate)
fr moulage *m*

2991
en **moulding machine GB**; moulding plant GB; molding machine US; molding plant US
de Eintafelanlage *f*
es instalación *f* de moldeado
fr mouleuse *f*; installation *f* de moulage; unité *f* de moulage; ligne *f* de moulage (chocolat)

2992
en **mould prone GB**; mold prone US
de schimmelanfällig
es enmohecible; sensible al enmohecimiento
fr sensible aux moisissures; susceptible de moisir

2993
en **mouldy GB**; moldy US; mildewy; mildewed
de schimmelig; verschimmelt; stockig
es enmohecido; mohoso
fr moisi

2994
en **mousy off-flavour**; mousy smell; mousiness
de Mäuseln *n* (Weinfehler)
es gusto *m* a ratones (vino)
fr odeur *f* de souris (vin)

2995
en **mouth**
de Mund *m*
es boca *f*
fr bouche *f*

2996
en **mouth**; lip; rim; bottle mouth
de Mündung *f* (Flasche)
es boca *f* de botella
fr goulot *m*

2997
en **mouthcoating**; fatty; oily
de fettig; ölig (Geschmack)
es oleoso; graso (gusto)
fr huileux; graisseux (goût)

2998
en **mucilage**
de Pflanzenschleim *m*
es mucílago *m*
fr mucilage *m*

2999
en **mucilaginous**
de schleimig (Pflanzenteile)
es mucilaginoso
fr mucilagineux

3000
en **mucin**
de Mucin *n*
es mucina *f*
fr mucine *f*

3001
en **muconic acid**
de Muconsäure *f*
es ácido *m* mucónico
fr acide *m* muconique

3002
en **mucous membrane**
de Schleimhaut *f*
es mucosa *f*
fr muqueuse *f*

3003
en **mud**
de Schlamm *m*; Schlick *m*
es barro *m*
fr boue *f*

3004
en **mugwort**; motherwort; artemisia
de Beifuß *m*
es artemisa *f*
fr armoise *f*

M

3005
en **multi-deck baking oven**; multi-deck oven
de Mehretagenofen *m*; Mehretagenbackofen *m*
es horno *m* de varias placas (para hornadas simultáneas)
fr four *m* à étages multiples

3006
en **multigrain bread**
de Mehrkornbrot *n*
es pan *m* de varios cereales
fr pain *m* à plusieurs céréales

3007
en **multi-needle injection machine**
de Vielnadel-Injektor *m* (Pökelmaschine)
es máquina *f* de inyección con agujas múltiples (salazón)
fr injecteur *m* à aiguilles multiples

3008
en **multipack**; multi-unit pack
de Mehrstückpackung *f*
es envase *m* múltiple (paquete con varios envases individuales)
fr emballage *m* multiple; emballage *m* à pièces multiples

3009
en **multi-plate freezer**
de Mehrplattenfroster *m*
es congelador *m* de placas múltiples
fr congélateur *m* à plateaux multiples

3010
en **multiple sheet filter**
de Mehrschichtenfilter *n*
es filtro *m* capas de múltiples
fr filtre *m* à couches multiples

3011
en **multistage dryer**
de Mehrstufentrockner *m*
es secadora *f* de etapas múltiples
fr séchoir *m* à étages multiples

3012
en **multistage drying**
de Mehrstufentrocknung *f*
es secado *m* por etapas múltiples
fr séchage *m* par paliers; séchage *m* par étapes

3013
en **multistage freeze concentration process**
de mehrstufiges Gefrierkonzentrierverfahren *n*
es proceso *m* de congelación por etapas múltiples
fr procédé *m* de concentration par congélation par paliers

3014
en **muscle**
de Muskel *m*
es músculo *m*
fr muscle *m*

3015
en **mushroom**; edible fungus
de eßbarer Pilz *m*; Pilz *m*
es seta *f*; hongo *m* comestible
fr champignon *m*; champignon *m* comestible

3016
en **mussel**
de Muschel *f*
es mejillón *m*
fr moule *f*

3017
en **must**; grape must
de Most *m*; Traubenmost *m*
es mosto *m*; mosto *m* de uvas
fr moût *m*; moût *m* de raisin

3018
en **mustard**
de Senf *m*
es mostaza *f*
fr moutarde *f*

3019
en **must clarification**
de Mostklärung *f*
es clarificación *f* del mosto
fr clarification *f* du moût

3020
en **must pump**
de Maischepumpe *f* (Traubenmaische)
es bomba *f* de mosto (estrujado de uvas)
fr pompe *f* à moût

3021
en **musty**; mouldy GB; moldy US
de moderig; schimmelig; muffig; dumpf (Aromaeindruck)
es mohoso; enmohecido (aroma)
fr moisi; renfermé

3022
en **mutagenic**
de mutagen
es mutágeno
fr mutagéne

3023
en **mutton**; ovine meat
de Hammelfleisch *n*
es carne *f* de cordero
fr viande *f* de mouton

3024
en **myoglobin**
de Myoglobin *n*
es mioglobina *f*
fr myoglobine *f*

3025
en **myosin**
de Myosin *n*; Muskeleiweiß *n*
es miosina *f*
fr myosine *f*

3026
en **myristate**
de Myristat *n*
es miristato *m*
fr myristate *m*

3027
en **myristic acid**
de Myristinsäure *f*
es ácido *m* mirístico
fr acide *m* myristique

3028
en **myrosin**
de Myrosin *n*
es mirosina *f*
fr myrosine *f*

3029
en **narrow casing**; small casing
de kleinkalibrige Wursthülle *f*
es envoltura *f* estrecha; tripa *f* estrecha (embutidos)
fr boyau *m* de petit calibre

3030
en **native starch**
de native Stärke *f*
es almidón *m* natural
fr amidon *m* natif

3031
en **natural**
de natürlich
es natural
fr naturel

3032
en **natural casing**
de Naturdarm *m*
es tripa *f* natural (embutidos)
fr boyau *m* naturel

3033
en **natural flavour**; natural flavouring substance; natural flavouring agent
de natürlicher Aromastoff *m*
es aromatizante *m* natural
fr arôme *m* naturel; substance *f* aromatique naturelle

3034
en **nature-identical**
de naturidentisch
es idéntico al natural (aromatizante)
fr identique au naturel

3035
en **nature-identical flavour**; nature-identical flavouring substance; nature-identical flavouring agent
de naturidentischer Aromastoff *m*
es aromatizante *m* idéntico al natural
fr arôme *m* identique à l'arôme naturel; substance *f* aromatique identique à l'arôme naturel

3036
en **neck**; scrag; scrag end; middle neck; collar
de Nackenstück *n*; Nacken *m*; Kamm *m*; Kammstück *n*; Halsstück *n*; Hals *m* (Fleisch)
es pescuezo *m*; cuello *m*
fr collier *m*

3037
en **nectar**; fruit nectar
de Nektar *m*; Fruchtnektar *m*; Obstnektar *m*
es néctar *m*; néctar *m* de fruta
fr nectar *m*; nectar *m* de fruits

3038
en **needle valve**
de Nadelventil *n*
es válvula *f* de aguja
fr soupape *f* à pointeau

3039
en **nematode**
de Nematode *f*
es nematodo *m*
fr nématode *m*

3040
en **neohesperidin**
de Neohesperidin *n*
es neohesperidina *f*
fr néohespéridine *f*

3041
en **neroli oil**; orange blossom oil
de Neroliöl *n*; Pomeranzenblütenöl *n*
es esencia *f* de azahar
fr essence *f* de néroli

3042
en **net contents declaration**
de Nettoinhaltsangabe *f*
es declaración *f* del contenido neto
fr déclaration *f* du contenu net

3043
en **neutral**
de neutral
es neutro
fr neutre

3044
en **neutralizing agent**; neutralizer
de Neutralisationsmittel *n*
es neutralizador *m*; agente *m* neutralizante
fr agent *m* de neutralisation; agent *m* neutralisant

3045
en **niacin**; nicotinic acid
de Niacin *n*; Nikotinsäure *f*
es niacina *f*; ácido *m* nicotínico
fr niacine *f*; acide *m* nicotinique

3046
en **niacinamide**; nicotinamide
de Nikotinsäureamid *n*
es niacinamida *f*; nicotinamida *f*
fr niacinamide *f*; nicotinamide *f*

3047
en **nib**
de Düseneinsatz *m*; Spitze *f*
es punta *f*; extremidad *f* (tobera)
fr insert *m* de buse; pointe *f* de buse

3048
en **nib**
de Kakaobohnenstückchen *n*
es fragmento *m* de grano de cacao
fr morceau *m* de fève de cacao

3049
en **nib**
de zerkleinern (Kakaobohnen)
es desmenuzar (granos de cacao)
fr briser; concasser

3050
en **nibble**
de anknabbern; annagen; benagen
es mordisquear; roer; morder
fr grignoter; mordiller

3051
en **nickel steel**
de Nickelstahl *m*
es acero *m* al níquel
fr acier *m* au nickel

3052
en **nisin**
de Nisin *n*
es nisina *f*
fr nisine *f*

3053
en **nitrate**
de Nitrat *n*
es nitrato *m*
fr nitrate *m*

3054
en **nitre GB**; niter US; saltpetre GB; saltpeter US
de Salpeter *m*
es nitro *m*; salitre *m*; nitrato *m*
fr salpêtre *m*

3055
en **nitrite**
de Nitrit *n*
es nitrito *m*
fr nitrite *m*

3056
en **nitrite curing salt**
de Nitritpökelsalz *n*
es nitrito *m* para curado
fr sel *m* au nitrite; sel *m* nitrité

3057
en **nitrogen**
de Stickstoff *m*
es nitrógeno *m*
fr azote *m*

3058
en **nitrogen flushing**
de Stickstoffspülung *f* (Packung)
es gaseado *m* con nitrógeno (envasado)
fr purge *f* à l'azote; balayage *m* à l'azote

3059
en **nitrosamine**; nitrosamin
de Nitrosamin *n*
es nitrosamina *f*
fr nitrosamine *f*

3060
en **nitrosomyoglobin**
de Nitrosomyoglobin *n*
es nitrosomioglobina *f*
fr nitrosomyoglobine *f*

3061
en **nobbing GB**; naping GB
de Köpfen *n*; Nobben *n*; Spalten *n*; Kehlen *n* (Fische)
es descabezar (pescado)
fr ótôtage *m*

3062
en **noble rot**
de Edelfäule *f* (Trauben)
es podredumbre *m* noble (uvas)
fr pourriture *f* noble

3063
en **nominal quantity**
de angegebene Füllmenge *f*; Füllmenge *f*
es contenido *m* indicado; contenido *m* nominal
fr quantité *f* nominale; quantité *f* déclarée

3064
en **non-adiabatic dryer**
de nichtadiabatischer Trockner *m*
es secadora *f* no adiabática
fr sécheur *m* non-adiabatique

3065
en **non-alcoholic**; alcoholfree
de alkoholfrei
es sin alcohol; no alcohólico
fr sans alcool; non alcoolisé

3066
en **non-alcoholic beer**
de alkoholfreies Bier *n*
es cerveza *f* sin alcohol
fr bière *f* sans alcool

3067
en **non-alcoholic wine**; alcoholfree wine
de alkoholfreier Wein *m*; entalkoholisierter Wein *m*
es vino *m* sin alcohol
fr vin *m* sans alcool

3068
en **no names**
de namenlose Produkte *pl n* (Produkte ohne Markennamen)
es productos *pl m* sin nombre registrado; productos *pl m* sin marca
fr produit *m* sans dénomination; produit *m* sans marque

3069
en **nonanal**; pelargonic aldehyde
de Nonanal *n*; Pelargonaldehyd *m*
es aldehído *m* pelargónico
fr nonanal *m*; aldéhyde *m* pélargonique

3070
en **non-brewed condiment**
de Essigessenz *f*
es esencia *f* de vinagre
fr vinaigre *m* blanc

3071
en **non-enzymatic browning**; Maillard reaction
de nichtenzymatische Bräunung *f*; nichtenzymatisches Braunwerden *n*
es pardeamiento *m* no enzimático
fr brunissement *m* non enzymatique; réaction *f* de Maillard

3072
en **non-essential**
de nicht essentiell (Wirkstoff)
es no esencial (principio activo)
fr non essentiel

3073
en **nonfat solids**; fat free dry matter; solids non-fat; SNF
de fettfreie Trockenmasse *f*
es extracto *m* seco magro
fr matière *f* sèche non grasse

3074
en **non-nutritive sweetener**; non-caloric sweetener
de kalorienfreier Süßstoff *m*
es edulcorante *m* sin calorías
fr édulcorant *m* sans calories; édulcorant *m* non énergétique; édulcorant *m* acalorique

3075
en **non-returnable bottle**; one-way bottle
de Einwegflasche *f*
es botella *f* no retornable
fr bouteille *f* non consignée; bouteille *f* non reprise

3076
en **non-returnable packing**; one-trip container US; expendable packing; single service container US
de Einwegverpackung *f*; Einwegbehälter *m*; verlorene Packung *f*
es envase *m* no retornable
fr emballage *m* non consigné; emballage *m* perdu; emballage *m* non repris

3077
en **non-saponifiable fraction**; unsaponifiable matter
de Unverseifbares *n*
es insaponificable *m*
fr fraction *f* insaponifiable; insaponifiable *m*

3078
en **non-volatile**
de nichtflüchtig
es no volátil
fr non volatile

3079
en **noodle**
de Nudel *f*
es tallarín *m*; fideo *m*
fr nouille *f*; pâte *f* alimentaire

3080
en **note**
de Geschmacksnote *f*; Note *f*
es nota *f* característica de sabor
fr note *f* gustative

3081
en **note**
de Geruchsnote *f*; Note *f*
es nota *f* característica de olor
fr note *f* olfactive

3082
en **no-time process**
de Schnellknetverfahren *n* (Brot)
es proceso *m* de amasado rápido
fr procédé *m* accéléré de pétrissage

3083
en **nougat**
de Nougat *n*
es nougat *m* (variedad de mazapán)
fr nougat *m*

3084
en **nourish**
de nähren; nahrhaft sein
es ser nutritivo, nutrir
fr nourrir; être nourrissant; être nutritif

3085
en **nourish**; nutrify; feed
de ernähren; nähren; speisen; verpflegen
es nutrir; alimentar
fr nourrir; alimenter

3086
en **nozzle**
de Düse *f*; Zerstäuberdüse *f*
es tobera *f*; boquilla *f*
fr buse *f*; gicleur *m*; injecteur *m*

3087
en **nucleic acid**
de Nukleinsäure *f*
es ácido *m* nucleico
fr acide *m* nucléique

3088
en **nut**
de Nuß *f*
es nuez *f*
fr noix *f*

3089
en **nutmeg**
de Muskatnuß *f*
es nuez *f* moscada
fr noix *f* muscade

3090
en **nutrient**
de Nährstoff *m*
es nutriente *m*
fr nutriment *m*; substance *f* nutritive

3091
en **nutrient requirement**; nutritional requirement
de Nährstoffbedarf *m*
es demanda *f* de nutrientes
fr besoin *m* nutritionnel

3092
en **nutrient supplement**; dietary supplement; nutritional additive
de Nährstoffzusatz *m*; Nährwertzusatz *m*
es suplemento *m* nutritivo
fr nutriment *m* additionel; nutriment *m* supplémentaire

3093
en **nutrition**
de Ernährung *f*
es nutrición
fr nutrition *f*; alimentation *f*

3094
en **nutritional labelling**
de Nährwertkennzeichnung *f*
es indicación *f* del valor nutritivo
fr étiquetage *m* alimentaire; étiquetage *m* de la valeur nutritionnelle

3095
en **nutritive**; nutritious; alimentative; alimental; alimentary; nutritional; nourishing
de nahrhaft; nährend
es nutritivo
fr nutritif; nutritionnel; nourrissant

3096
en **nutritive sweetener**; sugar substitute; caloric sweetener; bulk sweetener
de kalorienhaltiges Süßungsmittel *n*; Zuckeraustauschstoff *m*
es edulcorante *m* calórico; sucedáneo *m* del azúcar
fr édulcorant *m* énergétique; édulcorant *m* calorique

3097

en **nutritive value**; nutritional value; nutrient content; dietary value

de Nährwert *m*

es valor *m* nutritivo

fr valeur *f* nutritive; valeur *f* nutritionnelle; valeur *f* alimentaire

3098
en **oat flakes**; rolled oats; flaked oats
de Haferflocken *pl f*
es copos *pl m* de avena
fr flocons *pl f* d'avoine

3099
en **oats**; oat
de Hafer *m*
es avena *f*
fr avoine *f*

3100
en **obese**; adipose; corpulent; overweight; adipose
de übergewichtig; beleibt; fettleibig; korpulent; adipös; kräftig; rundlich; mollig
es obeso; corpulento
fr obèse; corpulant; adipeux; ventru; bedonnant; rond

3101
en **obesity**; obeseness; adiposity; fatness; corpulence; corpulency
de Fettleibigkeit *f*; Fettsucht *f*; Übergewichtigkeit *f*; Beleibtheit *f*; Korpulenz *f*; Adipositas *f*
es obesidad *f*
fr obésité *f*; corpulence *f*; adiposité *f*; excès *m* de poids

3102
en **octopus**; octopod; devilfish; poulp
de Krake *f*; Tintenfisch *m*
es pulpo *m*
fr poulpe *m*; pieuvre *f*

3103
en **octyl gallate**
de Octylgallat *n*
es galato *m* de octilo
fr gallate *m* d'octyle

3104
en **odour GB**; odor US; smell GB
de Geruch *m*
es olor *m*
fr odeur *f*

3105
en **odourless GB**; odorless US; unscented
de geruchlos
es inodoro
fr sans odeur; inodore

3106
en **odour removing agent**
de Desodorisierungsmittel *n*
es agente *m* desodorizante
fr produit *m* désodorisant; désodorisant *m*

3107
en **oenin**; oenocyanin
de Önin *n*
es oenidina *f*
fr oenine *f*; oenocyanine *f*

3108
en **oenologist**; enologist
de Önologe *m*; Weinfachmann *m*; Weinchemiker *m*
es enólogo *m*
fr oenologue *m*

3109
en **oenology**; enology; vinology
de Önologie *f*; Weinkunde *f*; Weinchemie *f*
es enología *f*
fr oenologie *f*

3110
en **oestrogen GB**; estrogen US
de Oestrogen *n*
es estrógeno *m*
fr oestrogène *m*

3111
en **oestrogenic GB**; estrogenic US
de oestrogen
es estrógeno
fr oestrogène

3112
en **off**; bad
de verdorben
es deteriorado
fr pas frais; gâté; avarié

3113
en **offal**
de Abfall *m*
es desecho *m*; desperdicio *m*
fr déchet *m*; rebut *m*

3114
en **offals**; meat offal; slaughterhouse waste; abattoir waste; butcher's offal; organ meat US
de Schlachthausabfall *m*; Schlachtabfall *m*
es despojos *pl m* (matadero)
fr déchets *pl m* d'abattoir; déchets *pl m* de boucherie; abats *pl m*

3115
en **off-flavour GB**; off-flavor US; foreign flavour GB; foreign flavor US; off-odour GB; off-odor US
de Fremdgeruch *m*; Fremdaroma *n*; Fremdton *m*
es defecto *m* del aroma; olor *m* extraño
fr odeur *f* ètrangère; arôme *m* étranger

3116
en **off-flavour GB**; off-flavor US; foreign flavour GB; foreign flavor US; off-taste; smack
de Fremdgeschmack *m*; Beigeschmack *m*
es defecto *m* del sabor; sabor *m* extraño
fr goût *m* étranger; flaveur *f* étrangère

3117
en **oil**
de Öl *n*
es aceite *m*
fr huile *f*

3118
en **oil**
de ölen; einölen
es aceitar; engrasar
fr huiler

3119
en **oil cake**; seed cake
de Ölkuchen *m*; Ölpreßkuchen *m*
es torta *f* de semillas oleaginosas
fr tourteau *m*

3120
en **oiliness**; greasiness
de Öligkeit *f*; Fettigkeit *f*
es oleaginosidad *f*
fr onctuosité *f*

3121
en **oil off**
de ausölen (Butter u. Margarine)
es exudar aceite (mantequilla o margarina)
fr déshuiler

3122
en **oilseed**
de Ölsaat *f*
es semilla *f* oleaginosa
fr graine *f* oléagineuse; oléagineux *m*

3123
en **oil separator**
de Ölabscheider *m*
es separador *m* de aceite
fr déshuileur *m*

3124
en **oleaginous**; oily
de ölartig
es oleaginoso; aceitoso
fr huileux; gras

3125
en **oleate**
de Oleat *n*
es oleato *m*
fr oléate *m*

3126
en **oleic acid**; elaic acid
de Ölsäure *f*
es ácido *m* oleico
fr acide *m* oléique

3127
en **olein**
de Olein *n*
es oleína *f*
fr oléine *f*

3128
en **oleo oil**; liquid oleo
de Preßtalg *m*
es sebo *m* exprimido (fracción líquida del sebo)
fr huile *f* de suif

3129
en **oleoresin**
de Ölharz *n*; Oleoresin *n*
es oleorresina *f*
fr oléorésine *f*

3130
en **oleostearin**
de Oleostearin *n*
es oleoestearina *f*
fr oléostéarine *f*

3131
en **olfaction**
de Geruchswahrnehmung *f*
es olfato *m*
fr olfaction *f*; odorat *m*

3132
en **olfactory**
de olfaktorisch; die Geruchsorgane betreffend
es olfatorio; olfativo
fr olfactif

3133
en **oligosaccharide**
de Oligosaccharid *n*
es oligosacárido *m*
fr oligosaccharide *m*

3134
en **olive**
de Olive *f*
es aceituna *f*
fr olive *f*

3135
en **olive oil**
de Olivenöl *n*
es aceite *m* de oliva
fr huile *f* d'olive

3136
en **onion**
de Zwiebel *f*
es cebolla *f*
fr oignon *m*

3137
en **open dating**; open date marking
de offene Datumskennzeichnung *f*
es marcado *m* abierto de datos
fr date *f* ouverte; datage *m* ouvert

3138
en **openness**
de Lochung *f* (Käse)
es conjunto *m* de los ojos (queso)
fr ouverture *f*

3139
en **openness**; porosity
de Porung *f* (Gebäck)
es porosidad *f*; esponjosidad *f* (productos horneados)
fr porosité *f*

3140
en **open tart**
de Tortenboden *m*
es fondo *m* para tarta
fr fond *m* de tarte

3141
en **operating pressure**
de Betriebsdruck *m*
es presión *f* de funcionamiento
fr pression *f* de fonctionnement

3142
en **operational process**
de Verarbeitungsprozeß *m*
es proceso *m* de elaboración
fr mode *m* opératoire; procédé *m* de fabrication; process *m*

3143
en **operations water**
de Brauchwasser *n*
es agua *f* de uso industrial
fr eau *f* industrielle

3144
en **orange**; sweet orange
de Orange *f*; Apfelsine *f*
es naranja *f*
fr orange *f*

3145
en **orangeade**
de Orangeade *f*; Orangenlimonade *f*
es refresco *m* de naranja
fr orangeade *f*

3146
en **orange peel**; orange rind; citrus peel
de Orangenschale *f*
es cáscara *f* de naranja
fr écorce *f* d'orange; zeste *m* d'orange

3147
en **oregano US**; oreganum
de Wilder Majoran *m*; Origano *m*
es orégano *m* mejicano
fr marjolaine *f* batârde; origan *m*

3148
en **organoleptic**
de organoleptisch
es organoléptico
fr organoleptique

3149
en **origan**; pot marjoram
de Dost *m*
es orégano *m*
fr marjolaine *f*; origan *m*

3150
en **original gravity GB**; original extract US
de Stammwürzegehalt *m*
es extracto *m* original
fr teneur *f* en extrait de base; teneur *f* en extrait initial

3151
en **orotic acid**
de Orotsäure *f*
es ácido *m* orótico
fr acide *m* orotique

3152
en **orthophenylphenol**; o-phenylphenol
de Orthophenylphenol *n*
es ortofenilfenol *m*
fr orthophénylphénol *m*

3153
en **orthophosphate**
de Orthophosphat *n*
es ortofosfato *m*
fr orthophosphate *m*

3154
en **orthophosphoric acid**
de Orthophosphorsäure *f*
es ácido *m* ortofosfórico
fr acide *m* orthophosphorique

3155
en **oscillating conveyer**; shaking gutter
de Schüttelrinne *f*
es transportador *m* oscilante
fr transporteur *m* oscillant; gouttière *f* oscillante

3156
en **osmophilic**
de osmophil
es osmófilo
fr osmophile

3157
en **osmotic dehydration**
de osmotische Trocknung *f*
es deshidratación *f* osmótica
fr deshydratation *f* osmotique

3158
en **osmotolerant**
de osmotolerant
es tolerante a la ósmosis
fr osmotolérant

3159
en **outdoor tank**
de Außentank *m*
es depósito *m* externo; depósito *m* al aire libre
fr cuve *f* extérieure; cuve *f* à ciel ouvert; cuve *f* outdoor; tank *m* outdoor

3160
en **outlet**; outlet opening; orifice; exit; way out
de Auslaß *m*; Ausfluß *m*; Ausflußöffnung *f*
es salida *f*; abertura *f* de salida
fr sortie *f*; échappement *m*; écoulement *m*; orifice *m* de sortie

3161
en **outlet pipe**; drain; run off
de Abflußrohr *n*
es tubo *m* de desagüe
fr tuyau *m* d'écoulement

3162
en **ovalbumin**; egg albumin; egg albumen; ovalbumen
de Eieralbumin *n*; Ovalbumin *n*
es ovoalbúmina *f*
fr ovalbumine *f*; albumine *f* d'œuf

3163
en **oval wheel flow meter**; oval wheel meter
de Ovalradzähler *m*
es contador *m* de disco oval; contador *m* de rueda oval
fr débimètre *m* à roue ovale; compteur *m* à roue ovale

3164
en **oven**
de Ofen *m*
es horno *m*
fr four *m*

3165
en **oven spring**; oven fermentation; oven kick US
de Ofentrieb *m*
es fermentación *f* en horno
fr forçage *m* en étuve; fermentation *f* en étuve

3166
en **overcrust**; crust
de überkrusten; mit einer Kruste versehen
es encostrar; formar costra
fr encroûter; recouvrir d'une croûte

3167
en **overdo**; overcook
de zu lange braten; zu stark braten; übergaren
es recocer; requemar
fr cuire trop longtemps; rotir trop longtemps

3168
en **overdose**
de überdosieren
es sobredosificar
fr surdoser; doser trop fortement; mettre une dose trop forte

O

3169
en **overfill**
de überfüllen; zu stark füllen
es llenar en exceso
fr trop remplir; remplir de trop

3170
en **overflow basin**
de Überlaufbehälter *m*
es cubeta *f* de rebose; pila *f* de rebose
fr bassin *m* de trop-plein; réservoir *m* de trop-plein

3171
en **overflow pipe**
de Überlaufrohr *n*
es tubería *f* de rebose
fr tuyau *m* de trop-plein

3172
en **overflow valve**
de Überlaufventil *n*
es válvula *f* de rebose
fr soupape *f* de trop-plein; soupape *f* de débordement

3173
en **overheat**; superheat
de überhitzen
es sobrecalentamiento *m*
fr surchauffer

3174
en **overnutrition**
de Überernährung *f*
es sobrealimentación *f*
fr suralimentation *f*

3175
en **overripe**
de überreif; zu reif
es demasiado maduro; pasado
fr trop mûr; blet (fruit); trop fait (fromage)

3176
en **overrun**; whip
de Aufschlag *m* (Eiscreme, Süßwaren)
es batido *m*; montado *m*
fr couverture *f*; nappage *m*

3177
en **oversize**; siftings
de Siebrückstand *m*; Grobkorn *n*
es residuo *m* de cribado; grano *m* grueso
fr criblure *f*

3178
en **ox**
de Ochse *m*
es buey *m*
fr bœuf *m*

3179
en **oxalic acid**
de Oxalsäure *f*
es ácido *m* oxálico
fr acide *m* oxalique

3180
en **oxidation flavour**; oxidized flavour
de Oxidationsgeschmack *m*
es sabor *m* a oxido
fr goût *m* d'oxydé; goût *m* d'oxydation

3181
en **oxidative**
de oxidativ
es oxidante
fr oxydatif

3182
en **oxide**; oxid
de Oxid *n*
es óxido *m*
fr oxyde *m*

3183
en **oxidize**; oxidate
de oxidieren
es oxidar
fr oxyder

3184
en **oxidized starch**
de oxidativ abgebaute Stärke *f*
es almidón *m* oxidado
fr amidon *m* dégradé par oxydation; amidon *m* oxydé

3185
en **oxidizing agent**; oxidant
de Oxidationsmittel *n*
es oxidante *m*; agente *m* oxidante
fr agent *m* oxydant; oxydant *m*

3186
en **oxtail**
de Ochsenschwanz *m*
es rabo *m* de buey
fr queue *f* de bœuf; oxtail *m*

3187
en **oxygen**
de Sauerstoff *m*
es oxígeno *m*
fr oxygène *m*

3188
en **oyster**
de Auster *f*
es ostra *f*
fr huître *f*

3189
en **ozonation**; ozonization
de Ozonierung *f*; Ozonisierung *f*; Ozonbehandlung *f*
es ozonización *f*
fr ozonisation *f*; traitement *m* par l'ozone

3190
en **ozone**
de Ozon *n*
es ozono *m*
fr ozone *m*

3191
en **ozonizer**
de Ozonisator *m*
es ozonizador *m*
fr ozoniseur *m*; ozonateur *m*

3192
en **pack**; package; box
de Packung *f*
es caja *f*; paquete *m*
fr paquet *m*; emballage *m*; boîte *f*

3193
en **pack**
de verpacken; einpacken; packen
es embalar; empaquetar
fr emballer; empaqueter

3194
en **packaging**; package
de Verpackung *f*
es embalaje *m*
fr emballage *m*; conditionnement *m*; packaging *m*

3195
en **packaging material**; packing material; wrapping material
de Verpackungsmaterial *n*; Packmaterial *n*; Packstoff *m*
es material *m* de embalaje
fr matériel *m* d'emballage; matériel *m* de packaging

3196
en **packaging net**
de Verpackungsnetz *n*
es red *f* de embalaje
fr filet *m* d'emballage

3197
en **pack date**
de Verpackungsdatum *n*
es fecha *f* de envasado; fecha *f* de empaquetado
fr date *f* d'emballage

3198
en **packing line**
de Verpackungsstraße *f*
es línea *f* de envasado; línea *f* de empaquetado
fr ligne *f* d'emballage

3199
en **packing paper**; parcel paper; wrapping paper
de Packpapier *n*; Einwickelpapier *n*
es papel *m* de empaquetado; papel *m* de envoltura
fr papier *m* d'emballage

3200
en **packing plant**; packing station; packaging plant
de Verpackungsanlage *f*
es instalación *f* de empaquetado; instalación de envasado
fr installation *f* d'emballage; station *f* d'emballage; installation *f* de packaging

3201
en **Padang cassia**; Batavia cassia
de Padangcassia *f*
es canela *f* china
fr cannelle *f* d'Indonésie; cannelle *f* de Padang

P

3202
en **paddle**; stirring stick
de Rührstab *m*
es varilla *f* agitadora
fr ailette *f*; pale *f*; palette *f*

3203
en **paddle agitator**; paddle mixer
de Schaufelrührer *m*
es agitador *m* de paletas
fr agitateur *m* à palettes; agitateur *m* à pales

3204
en **paddle washer**
de Schaufelwäscher *m*
es lavador *m* de paletas
fr laveuse *f* à palettes

3205
en **paddy**; paddy rice; raw rice
de Paddy *m*; Naturreis *m*; Rohreis *m*; ungeschälter Reis *m*
es arroz *m* con cáscara
fr riz *m* paddy; riz *m* non décortiqué

3206
en **pail**; bucket
de Eimer *m*; Kübel *m*
es cubo *m*
fr seau *m*; baquet *m*

3207
en **palatability**; palatableness; savoriness US; savouriness GB
de Schmackhaftigkeit *f*
es sabrosidad *f*
fr sapidité *f*; saveur *f*; bon goût *m*

3208
en **pallet**; platform
de Palette *f*
es plataforma *f* de almacenamiento; palete *m*
fr palette *f*

3209
en **palletize**
de palettieren
es paletizar; colocar sobre paletes
fr palettiser

3210
en **palmitate**
de Palmitat *n*
es palmitato *m*
fr palmitate *m*

3211
en **palmitic acid**; hexadecanoic acid
de Palmitinsäure *f*
es ácido *m* palmítico
fr acide *m* palmitique; acide *m* hexadécanoïque

3212
en **pan**
de Pfanne *f*
es sartén *f*
fr poêle *f*; poêlon *m*

3213
en **pan**; sugar coat
de dragieren (Süßwaren)
es hacer grageas (dulces)
fr dragéifier

3214
en **pan broil**
de in der Pfanne schmoren
es rehogar en sartén
fr cuire à l'étuvée; cuire à petit feu; cuire à l'étouffée; mijoter; dauber

3215
en **panel**
de Prüfungsgremium *n*; Panel *n*; Testpanel *n*
es catadores *pl m*; equipo *m* de catadores
fr jury *m*; commission *f* de contrôle

3216
en **pan greasing material**; pan greasing agent; pan grease
de Backformenfett *n*
es engrasante *m* de moldes
fr graisse *f* à moules; matière *f* grasse à enduire les moules

3217
en **pan house**; pan station
de Kochstation *f* (Zuckerfabrikation)
es sala *f* de cocción (fabricación de azúcar)
fr atelier *m* de cristallisation; station *f* de cristallisation

3218
en **panned confections**; panned goods; comfit; dragees
de Drageeartikel *pl m*
es grageas *pl f* (dulces)
fr dragées *pl f*; confiseries *pl f*; confits *pl m*

3219
en **pan-ready**
de bratfertig
es dispuesto para asar; dispuesto para freir
fr prêt à rôtir

3220
en **pantothenic acid**
de Pantothensäure *f*
es ácido *m* pantoténico
fr acide *m* pantothénique

3221
en **pap**
de Brei *m*
es papilla *f*
fr bouillie *f*

3222
en **papain**
de Papain *n*
es papaína *f*
fr papaïne *f*

3223
en **paper**
de Papier *n*
es papel *m*
fr papier *m*

3224
en **papery flavour**
de Papiergeschmack *m*
es sabor *m* a papel
fr goût *m* de papier

3225
en **pappy**
de pappig; breiig
es pastoso
fr comme de la bouillie; semblable à une bouillie; pâteux

3226
en **paprika**; paprica; red pepper; Spanish paprika; Spanish pepper; bell pepper; sweet bell pepper; red bell pepper; garden pepper; pepper; green pepper; sweet pepper; pimiento; pod pepper; green sweet pepper
de Paprika *m*; Spanischer Pfeffer *m*; Gemüsepaprika *m*; Schotenpfeffer *m*
es pimiento *m*
fr poivron *f*; piment *m* doux; paprika *m*

3227
en **paraffin**
de Paraffin *n*
es parafina
fr paraffine *f*

3228
en **parboil**; parcook; precook
de ankochen; vorkochen
es sancochar
fr pré-cuire; faire une pré-cuisson

3229
en **parboiled rice**; converted rice
de Schnellkochreis *m*
es arroz *m* sancochado
fr riz *m* pré-cuit; riz *m* étuvé

3230
en **parch**
de ausdörren; austrocknen
es secar
fr dessécher

3231
en **parchment paper**
de Pergamentpapier *n*
es papel *m* pergamino
fr papier *m* parchemin; papier *m* parcheminé; papier *m* sulfurisé

3232
en **parsley**
de Petersilie *f*
es perejil *m*
fr persil *m*

3233
en **part**; portion; proportion
de Teil *m*; Anteil *m*; Portion *f*
es parte *f*; porción *f*
fr part *f*; portion *f*; partie *f*

3234
en **part**
de zerteilen; teilen
es partir
fr partager; faire des parts; découper en parts

3235
en **particle**
de Teilchen *n*; Korn *n*; Stückchen *n*
es partícula *f*; gránulo *m*
fr particule *f*; petite part *f*; granule *m*; petit morceau *m*

3236
en **particle drying**
de Teilchentrocknung *f*
es secado *m* de partículas
fr séchage *m* particulaire

3237
en **particle size**
de Teilchengröße *f*; Korngröße *f*
es tamaño *m* de partícula; granulometría *f*
fr dimension *f* des particules; dimension *f* granulométrique

3238
en **particle size distribution**
de Teilchengrößeverteilung *f*; Korngrößenverteilung *f*
es distribución *f* granulométrica
fr distribution *f* granulométrique; répartition *f* granulométrique

3239
en **parting paper**
de Trennpapier *n*
es papel *m* separador
fr papier *m* de séparation; papier *m* de chemisage

3240
en **partly baked**
de vorgebacken; halbgebacken
es prehorneado; semihorneado
fr partiellement cuit; cuit à demi; demi-cuit; pré-cuit

3241
en **partridge**; Hungarian partridge
de Rebhuhn *n*; Feldhuhn *n*
es perdiz *f*
fr perdrix *f*

3242
en **pass**; strain
de passieren; durchdrücken
es pasar a presión; tamizar a presión
fr passer; passer à travers

3243
en **passionfruit**; purple granadilla; purple passionfruit
de Maracuja *f*; Passionsfrucht *f*; Purpurgranadilla *f*
es granadilla *f*
fr fruit *m* de la passion

3244
en **pasta**
de Teig *m* (Teigwarenherstellung)
es masa *f* (preparación de pastas alimenticias)
fr pâte *f*

3245
en **pasta**
de Teigwaren *pl f*
es pastas *pl f* alimenticias
fr pâtes *pl f*; pâtes *pl f* alimentaires

3246
en **paste**
de Paste *f*
es pasta *f*
fr pâte *f*

3247
en **paste**
de zu einem Brei verarbeiten
es preparar una pasta
fr travailler jusqu'à obtention d'une pâte; confectionner la pâte

3248
en **pasteurization**
de Pasteurisation *f*
es pasteurización *f*
fr pasteurisation *f*

3249
en **pasteurize**
de pasteurisieren
es pasteurizar
fr pasteuriser

3250
en **pasteurizer**
de Pasteur *m*; Pasteurisierapparat *m*
es pasteurizador *m*
fr pasteurisateur *m*

3251
en **pastry filling**
de Gebäckfüllung *f*
es relleno *m* de pastelería
fr fourrage *m* pour pâtisserie

3252
en **pastry margarine**
de Backmargarine *f*
es margarina *f* para pastelería
fr margarine *f* pour pâtisserie

3253
en **pastry mould**
de Pastetenform *f*
es molde *m* de pastelería
fr moule *m* à pâtisserie

3254
en **pasty**
de pastös; teigig; teigartig
es pastoso
fr pâteux

3255
en **pat**
de klopfen
es golpear
fr taper

3256
en **paté**
de Pastete *f* (bes. Leberpastete)
es pastel *m*; paté *m*
fr pâté *m*

3257
en **pathogen**; pathogenic
de pathogen; krankheitserregend
es patógeno
fr pathogène

3258
en **patty**
de Pastetchen *n*
es pastelillo *m*
fr petit pâté *m*; bouchée *f* à la reine

3259
en **patty moulding machine**
de Pastetenformmaschine *f*
es máquina *m* moldeadora de pastelillos
fr machine *f* à mouler les pâtés; mouleuse *f* de pâtés

3260
en **paunch**
de ausweiden
es destripar
fr éviscérer; vider

3261
en **pea**
de Erbse *f*
es guisante *m*
fr pois *m*

3262
en **peach**
de Pfirsich *m*
es melocotón *m*
fr pêche *f*

3263
en **pea huller**; pea sheller; pea podder
de Erbsenschälmaschine *f*
es máquina *f* peladora de guisantes
fr écosseuse *f*; écosseuse *f* à pois

3264
en **peanut**; earth nut; groundnut GB
de Erdnuß *f*
es cacahuete *f*
fr arachide *f*

3265
en **peanut butter**
de Erdnußbutter *f*
es mantequilla *f* de cacahuete
fr beurre *m* d'arachide

3266
en **peanut oil**; arachis oil
de Erdnußöl *n*
es aceite *m* de cacahuete
fr huile *f* d'arachide

3267
en **pear**
de Birne *f*
es pera *f*
fr poire *f*

3268
en **pearl barley**; peeled barley; pearl meal; pot meal; hulled barley; pot barley; peeled barley
de Graupen *pl f*; Rollgerste *f*; Perlgraupen *pl f*; Gerstengraupen *pl f*
es cebada *f* perlada
fr orge *f* perlée

3269
en **pearl millet**
de Perlhirse *f*; Negerhirse *f*; Rohrkolbenhirse *f*
es panizo *m* negro
fr millet *m* perlé

3270
en **pearl onion**; silverskin onion
de Perlzwiebel *f*
es cebollino *m*
fr carambole *m*; poireau *m* d'été

3271
en **pearl sago**
de Perlsago *m*
es sagú *m* perlado
fr sagou *m* perlé

3272
en **peat flavour**; peaty flavour
de Torfaroma *n*
es sabor *m* a turba
fr odeur *f* de tourbe; arôme *m* de tourbe

3273
en **peaty**
de rauchig (von Torfrauch)
es turboso (por humo de turba)
fr enfumé; fumeux

3274
en **pecan**
de Pekannußbaum *m*; Pekan *m*
es pacana *f*
fr pacanier *m*; pacane *f*

3275
en **pectic acid**
de Pektinsäure *f*
es acido *m* péctico
fr acide *m* pectique

3276
en **pectin**
de Pektin *n*
es pectina *f*
fr pectine *f*

3277
en **pectolytic**
de pektolytisch; pektinspaltend
es pectolítico
fr pectolytique; pectinolytique

3278
en **peel**
de schälen; enthäuten; abziehen (Obst, Früchte)
es pelar; mondar (fruta)
fr peler; éplucher

3279
en **peeling aid**; surface removal agent
de Schälhilfsmittel *n*; Schälmittel *n*
es producto *m* auxiliar para pelado
fr auxiliaire *m* d'épluchage

3280
en **peel oven**; deck oven
de Einschießofen *m* (Backofen)
es horno *m* para pelado
fr four *m* à pain; four *m* de cuisson

3281
en **pelargonic acid**; nonanoic acid
de Pelargonsäure *f*; Nonansäure *f*
es ácido *m* pelargónico
fr acide *m* pélargonique; acide *m* nonanoïque

3282
en **pellet**
de Kügelchen *n*; Pellet *n*
es pelet *m*
fr boulette *f*; pastille *f*; granulé *m*; pellet *m*

3283
en **pellet**
de pelletieren
es peletizar
fr pastiller; faire des pastilles; granuler

3284
en **pellet press**; pelletizer
de Pelletpresse *f*
es prensa *f* para pelets
fr presse *f* à pastilles; presse *f* de pastillage; pastilleuse *f*

3285
en **pellicle**
de Häutchen *n*; Überzug *m*; Belag *m*
es película *f*
fr pellicule *f*

3286
en **pentosan**
de Pentosan *n*
es pentosano *m*
fr pentosane *m*

3287
en **pentose**
de Pentose *f*
es pentosa *f*
fr pentose *m*

3288
en **pepper**
de Pfeffer *m*
es pimienta *f*
fr poivre *m*

3289
en **peppermint**
de Pfefferminze *f*
es menta *f* piperita
fr menthe *f* poivrée

3290
en **peppery**
de pfeffrig; gepfeffert
es picante
fr poivré

3291
en **peptide**
de Peptid *n*
es péptido *m*
fr peptide *m*

3292
en **per capita consumption**
de Pro-Kopf-Verbrauch *m*
es consumo *m* per cápita
fr consommation *f* par tête; consommation *f* per capita

3293
en **percolate**
de perkolieren; filtern; durchfiltern (Kaffee)
es percolar
fr filtrer; percoler

3294
en **percolating filter**
de Sickerkörper *m* (Abwasserreinigung)
es filtro *m* de percolación
fr lit *m* percolateur; couche *f* d'infiltration

3295
en **percolator**
de Perkoliereinrichtung *f*
es percolador *m*
fr percolateur *m*

3296
en **perforated sheet**
de Lochblech *n*
es placa *f* perforada
fr tôle *f* perforée

3297
en **perfume**
de parfümieren
es perfumar
fr parfumer

3298
en **perfume rancidity**
de Parfümranzigkeit *f*
es ranciedad *f* del perfume
fr odeur *f* de rancissement

3299
en **pericarp**
de Perikarp *n*; Fruchthülle *f*
es pericarpio *m*
fr péricarpe *m*

3300
en **Perigord black truffle**; black truffle
de Schwarzer Périgord-Trüffel *m*
es trufa *f* negra; trufa *f* de Perigord
fr truffe *f* noire; truffe *f* du Périgord

3301
en **perishable**
de leicht verderblich
es perecedero; caduco
fr périssable

3302
en **perl wine**
de Perlwein *m*
es vino *m* perlado
fr vin *m* pétillant

3303
en **permanent hardness**; residual hardness
de bleibende Härte *f* (Wasser)
es dureza *f* permanente
fr dureté *f* résiduelle

3304
en **permeability**
de Permeabilität *f*; Durchlässigkeit *f*
es permeabilidad *f*
fr perméabilité *f*

3305
en **permeable**
de durchlässig
es permeable
fr perméable

3306
en **permitted**; admissible
de zugelassen
es permitido; admisible
fr permis; autorisé

3307
en **peroxide**
de Peroxid *n*
es peróxido *m*
fr peroxyde *m*

3308
en **perry GB**
de Birnenwein *m*; Birnenmost *m*
es perada *f*; vino *m* de peras
fr poiré *m*; poirée *m*

3309
en **persipan**
de Persipan *n*
es persipan *m*
fr (pâte de noyaux de pêches)

3310
en **pesticide**
de Pestizid *n*; Schädlingsbekämpfungsmittel *n*
es plaguicida *m*
fr pesticide *m*; produit *m* phytosanitaire

3311
en **pH-adjustment**
de pH-Einstellung *f*; Einstellung *f* des pH-Wertes
es ajuste *m* del pH
fr ajustement *m* du pH

3312
en **pH-control**; pH-regulation
de pH-Regelung *f*
es control *m* del pH
fr contrôle *m* du pH

3313
en **phenolic**
de phenolartig (Geruchseindruck)
es fenólico
fr phénolique; de phénol; semblable au phénol

3314
en **phenylalanine**
de Phenylalanin *n*
es fenilalanina *f*
fr phénylalanine *f*

3315
en **phenylketonuria**
de Phenylketonurie *f*
es fenilcetonuria *f*
fr phénylcétonurie *f*

3316
en **phosphate**
de Phosphat *n*
es fosfato *m*
fr phosphate *m*

3317
en **phosphate-crosslinked starch**
de phosphatmodifizierte Stärke *f*
es almidón *m* modificado con fosfato
fr amidon *m* phosphaté; amidon *m* réticulé phosphaté

3318
en **phosphated distarch phosphate**
de phosphatiertes Distärkephosphat *n*
es fosfato *m* de dialmidón difosfatado
fr phosphate *m* de diamidon phosphaté

3319
en **phosphatide**
de Phosphatid *n*
es fosfátido *m*
fr phosphatide *m*

3320
en **phosphatidic acid**
de Phosphatidsäure *f*
es ácido *m* fosfatídico
fr acide *m* phosphatidique

3321
en **phospholipid**; phospholipide
de Phospholipid *n*
es fosfolípido *m*
fr phospholipide *m*

3322
en **phosphoproteid**
de Phosphoproteid *n*
es fosfoproteido *m*
fr phosphoprotéine *f*

3323
en **phosphoric acid**
de Phosphorsäure *f*
es ácido *m* fosfórico
fr acide *m* phosphorique

3324
en **phosphorus**
de Phosphor *m*
es fósforo *m*
fr phosphore *m*

3325
en **phytic acid**
de Phytinsäure *f*
es ácido *m* fítico
fr acide *m* phytique

3326
en **phytin**
de Phytin *n*
es fitina *f*
fr phytine *f*

3327
en **phytosterol**
de Phytosterin *n*
es fitosterol *m*
fr phytostérol *m*

3328
en **pick**
de abbeeren; abzupfen (Beeren)
es despalillar (bayas)
fr cueillir des baies

3329
en **picking table**
de Lesetisch *m*
es mesa *f* de clasificación; mesa *f* de selección
fr table *f* de triage

3330
en **pickle**; marinade
de Essiglake *f*; Marinade *f*; Würztunke *f*
es escabeche *m*; adobo *m*; solución *f* para encurtido
fr marinade *f*

3331
en **pickle**
de sauer einlegen
es encurtir
fr conserver au vinaigre

3332
en **pickling injection machine**
de Pökelspritzmaschine *f*
es inyectora *f* de salmuera
fr injecteur *m* de saumure

3333
en **pie**
de Pastete *f*
es pastel *m*
fr pâté *m* en croûte

3334
en **piece curing**
de Stückpökelung *f*
es curado *m* de piezas
fr salage *m* par pièce; salage *m* par unité

3335
en **pie shell**; pie crust
de leere Pastete *f*; Blindpastete *f*
es hojaldre *m* para rellenar
fr croûte *f*

3336
en **pig**; hog
de Schwein *n*; Schlachtschwein *n*
es cerdo *m*
fr porc *m*; porc *m* de boucherie

3337
en **pigment**
de Pigment *n*
es pigmento *m*
fr pigment *m*

3338
en **pile**
de anhäufen; stapeln
es apilar
fr entasser; empiler; amonceler; gerber

3339
en **pilfer-proof**; pilfer-proof closure
de Sicherheitsverschluß *m*
es cierre *m* de seguridad
fr fermeture *f* de sécurité

3340
en **pilot plant**
de Versuchsanlage *f*
es planta *f* piloto
fr installation *f* pilote; unité *f* pilote

3341
en **pimaricin**; natamycin
de Pimaricin *n*; Natamycin *n*
es pimaricina *f*; natamicina *f*
fr pimaricine *f*; natamycine *f*

3342
en **pimpernel**
de Pimpernelle *f*
es pimpinela *f* blanca
fr boucage *m*; petit boucage *m*

3343
en **pineapple**; ananas; pine
de Ananas *f*
es piña *f* tropical
fr ananas *m*

3344
en **pine nut**
de Piniennuß *f*; Pinienkern *m*
es piñón *m*
fr pignon *m*; pigne *f*

3345
en **pin mill**
de Stiftmühle *f*
es molino *m* de cruceta
fr broyeur *m* à aiguilles

3346
en **pipe**; tube
de Röhre *f*; Rohr *n*
es tubo *m*
fr tuyau *m*

3347
en **pipeline**
de Rohrleitung *f*
es tubería *f*; conducción *f*
fr pipeline *m*; canalisation *f*; conduite *f*

3348
en **piperine**
de Piperin *n*
es piperina *f*
fr pipérine *f*

3349
en **piping bag**
de Dressierbeutel *m* (Konditorei)
es bolsa *f* de acabado (confitería)
fr poche *f* à douille

3350
en **piping nozzle**
de Spritztülle *f*
es boquilla *f* inyectora
fr buse *f* d'injection

3351
en **piquant**
de pikant (Wein)
es picante (vino)
fr piquant

3352
en **piston pump**
de Kolbenpumpe *f*
es bomba *f* de émbolo
fr pompe *f* à piston

3353
en **pit**
de einmieten; in einer Miete einlagern
es almacenar en silo subterráneo
fr mettre en silo-tranchée; mettre en silo-meule

3354
en **pitching yeast**
de Anstellhefe *f* (Brauerei)
es levadura *f* de siembra (cervecería)
fr levure *f* d'ensemencement

3355
en **pitchy taste**
de Pechgeschmack *m*
es sabor *m* a pez
fr goût *m* de poix; goût *m* de bitume

3356
en **pitting**; pitting corrosion
de Lochfraß *m* (Konservendose)
es picadura *f*; corrosión *f*
fr corrosion *f* par piqûres

3357
en **pizza**
de Pizza *f*
es pizza *f*
fr pizza *f*

3358
en **pizza crust**
de Pizzaboden *m*
es base *f* para pizza
fr fond *m* de pizza

3359
en **plain cake**
de Rührkuchen *m*
es bizcocho *m* (con poca grasa y azúcar)
fr biscuit *m* ordinaire; génoise *f*; biscuit *m* de Savoie

3360
en **planetary mixer**
de Planetenrührwerk *n*
es mezclador *m* planetario
fr mélangeur *m* à mouvement planétaire

3361
en **plansifter**
de Plansichter *m* (Mehl)
es criba *f* múltiple (harina)
fr plansichter *m*; blutoir *m*

3362
en **plant**; factory; factory plant; mill
de Werk *n*; Betriebsstätte *f*; Fabrik *f*; Betrieb *m*; Fertigungsanlage *f*
es fábrica *f*; planta *f* (industrial)
fr installation *f*; usine *f*; fabrique *f*; industrie *f*; entreprise *f*

3363
en **plant**
de Pflanze *f*
es planta *f* (vegetal)
fr plante *f*

3364
en **plantain**
de Mehlbanane *f*; Kochbanane *f*
es plátano *m*; banana *f*
fr banane *f* des Antilles

3365
en **plasma**
de Plasma *n*
es plasma *m*
fr plasma *m*

3366
en **plastic film**
de Kunststoffolie *f*
es película *f* de plástico
fr film *m* plastique; feuille *f* en matière plastique

3367
en **plasticizer**
de Weichmacher *m*
es plastificante *m*
fr plastifiant *m*

3368
en **plastics**; plastic material
de Kunststoff *m*
es plástico *m*
fr matière *f* plastique; plastique *m*

3369
en **plate and frame press**
de Rahmenpresse *f*
es prensa *f* con portaplacas
fr presse *f* à cadres et à plateaux

3370
en **plate and frame type filter**
de Stützschichtenfilter *n*
es filtro *m* de capas con portaplacas
fr filtre *m* à cadres et à plateaux

3371
en **plate cooler**
de Plattenkühler *m*
es refrigerante *m* de placas
fr refroidisseur *m* à plaques

3372
en **plate count**
de Keimzahlbestimmung *f*
es recuento *m* de gérmenes
fr numération *f* de germes; détermination *f* du nombre de germes

3373
en **plate dryer**
de Tellertrockner *m*
es secadora *f* de placas
fr sécheur *m* à plateaux

3374
en **plate evaporator**
de Plattenverdampfer *m*
es evaporador *m* de placas
fr évaporateur *m* à plaques

3375
en **plate filter**
de Plattenfilter *n*
es filtro *m* de placas
fr filtre *m* à plaques

3376
en **plate freezer**
de Plattenfroster *m*
es congelador *m* de placas
fr congélateur *m* à plaques

3377
en **plate heater**
de Plattenerhitzer *m*
es calentador *m* de placas
fr réchauffeur *m* à plaques

3378
en **plate heat exchanger**
de Plattenwärmeaustauscher *m*
es cambiador *m* de calor de placas
fr échangeur *m* de chaleur à plaques

3379
en **plate sterilizer**
de Plattensterilisierapparat *m*
es esterilizador *m* de placas
fr stérilisateur *m* à plaques

3380
en **platform dryer**
de Plattformtrockner *m*
es secadora *f* de plataforma
fr séchoir *m* à plate-forme

3381
en **pluck**; pick
de pflücken (Teeblätter)
es recolectar (hojas de té)
fr cueillir

3382
en **pluck**; pick
de rupfen (Geflügel)
es desplumar
fr plumer

3383
en **plum**; quetsche
de Pflaume *f*; Zwetschge *f*; Zwetsche *f*
es ciruela *f*
fr quetsche *f*; prune-pruneau *f*

3384
en **pneumatic conveyer**
de pneumatischer Förderer *m*
es transportador *m* neumático
fr transporteur *m* pneumatique

3385
en **pneumatic conveying**
de pneumatische Förderung *f*
es transporte *m* neumático
fr transport *m* pneumatique; transport *m* par air comprimé

3386
en **pneumatic discharging device**
de pneumatische Entleerungseinrichtung *f*
es dispositivo *m* neumático de descarga
fr installation *f* de déchargement pneumatique

3387
en **poach**; coddle
de garziehen; pochieren; stocken
es escalfar
fr pocher

3388
en **pod GB**; shuck US
de enthülsen (Erbsen)
es desgranar
fr écosser

3389
en **pod GB**; shuck US
de Hülse *f* (Frucht)
es vaina *f* (fruto)
fr cosse *f* (pois); gousse *f* (haricot); écale *f* (noix)

3390
en **poisoning**; intoxication
de Vergiftung *f*; Vergiften *n*
es envenenamiento *m*; intoxicación *f*
fr empoisonnement *m*; intoxication *f*

3391
en **pole bean**; climbing bean; runner bean GB
de Stangenbohne *f*
es judía *f* trepadora
fr haricot *m* à rames

3392
en **polishing**; polishing filtration; fine filtration
de Feinfiltration *f*; Glanzfiltration *f*; Polierfiltration *f*; Blankfiltration *f*
es filtración *f* de abrillantado
fr filtration *f* fine

3393
en **polishing filter**; after filter
de Feinfilter *n*; Polierfilter *n*
es filtro *m* abrillantador
fr filtre *m* fin

3394
en **pollution**
de Verschmutzung *f*; Verunreinigung *f*
es contaminación *f*
fr pollution *f*

3395
en **polydextrose**
de Polydextrose *f*
es polidextrosa *f*
fr polydextrose *m*

3396
en **polyglycerol esters of fatty acids**; polyglycerol fatty acid esters; glyceran fatty acid esters
de Polyglycerinester *pl m* von Speisefettsäuren; Fettsäurepolyglycerinester *pl m*; Polyglycerinester *pl m*
es poliglicéridos *pl m* de ácidos grasos
fr esters *pl m* d'acides gras du polyglycérol; polyglycérides *pl m* d'acides gras

3397
en **polyglycerol esters of interesterified ricinoleic acid**; polyglycerol esters of polycondensated fatty acids from castor oil; glyceran esters of condensated castor oil fatty acids; polyglycerol polyricinoleate
de Polyglycerin-Polyricinoleat *n*; Polyglycerinester *pl m* polykondensierter Ricinolsäure *f*
es poliglicéridos *pl m* de ácido ricinoleico policondensado
fr polyglycérides *pl m* d'acide ricinoléique polycondensé; esters *pl m* d'acide ricinoléique interestérifié du polyglycérol

3398
en **polymer**
de Polymer *n*
es polímero *m*
fr polymère *m*

3399
en **polyoxyethylene (20) sorbitan monolaurate**; polysorbate 20
de Polyoxyethylen-(20)-sorbitan-monolaurat *n*; Polysorbat 20 *n*
es monolaurato *m* de polioxietileno (20) sorbitano; polisorbato 20 *m*
fr monolaurate *m* de polyoxyéthylène (20) sorbitane; polysorbate 20 *m*

3400
en **polyoxyethylene (20) sorbitan monooleate**; polysorbate 80
de Polyoxyethylen-(20)-sorbitan-monooleat *n*; Polysorbat 80 *n*
es monooleato *m* de polioxietileno (20) sorbitano; polisorbato 80 *m*
fr monooléate *m* de polyoxyéthylène-20-sorbitane; polysorbate 80 *m*

3401
en **polyoxyethylene (20) sorbitan monopalmitate**; polysorbate 40
de Polyoxyethylen-(20)-sorbitan-monopalmitat *n*; Polysorbat 40 *n*
es monopalmitato *m* de polioxietileno (20) sorbitano; polisorbato 40 *m*
fr monopalmitate *m* de polyoxyéthylène-20-sorbitane; polysorbate 40 *m*

3402
en **polyoxyethylene (20) sorbitan monostearate**; polysorbate 60
de Polyoxyethylen-(20)-sorbitan-monostearat *n*; Polysorbat 60 *n*
es monoestearato *m* de polioxietileno (20) sorbitano; polisorbato 60 *m*
fr monostéarate *m* de polyoxyéthylène-20-sorbitane; polysorbate 60 *m*

3403
en **polyoxyethylene (20) sorbitan tristearate**; polysorbate 65
de Polyoxyethylen-(20)-sorbitan-tristearat *n*; Polysorbat 65 *n*
es triestearato *m* de polioxietileno (20) sorbitano; polisorbato 65 *m*
fr tristéarate *m* de polyoxyéthylène-20-sorbitane; polysorbate 65 *m*

3404
en **polyoxyethylene (40) stearate**
de Polyoxyethylenstearat *n*
es estearato *m* de polioxietileno (40)
fr stéarate *m* de polyoxyéthylène

3405
en **polypeptid**; polypeptide
de Polypeptid *n*
es polipéptido *m*
fr polypeptide *m*

3406
en **polyphosphate**
de Polyphosphat *n*
es polifosfato *m*
fr polyphosphate *m*

3407
en **polysaccharide**
de Polysaccharid *n*
es polisacárido *m*
fr polysaccharide *m*

3408
en **polysorbate**
de Polyoxyethylensorbitanester *m*; Polysorbat *n*
es polisorbato *m*
fr ester *m* de polyoxyéthylène sorbitane; polysorbate *m*

3409
en **polyunsaturated fatty acid**
de mehrfach ungesättigte Fettsäure *f*
es ácido *m* graso poliinsaturado
fr acide *m* gras polyinsaturé

3410
en **polyvinylpyrrolidone**
de Polyvinylpyrrolidon *n*
es polivinilpirrolidona *f*
fr polyvinylpyrrolidone *f*

3411
en **pomace**; marc
de Treber *pl*; Trester *pl* (Kelterrückstände)
es orujo *m*
fr marc *m*

3412
en **pome**; pomiferous fruit; pome fruit; seed fruit
de Kernobst *n*; Kernfrucht *f*
es pomo *m*; fruta *f* de pepitas
fr fruit *m* à pépins

3413
en **pomelo**; shaddock
de Pomelo *f*; Pampelmuse *f*
es pomelo *m*
fr pamplemousse *m*

3414
en **popcorn**; pop maize
de Röstmais *m*; Puffmais *m*; Popcorn *n*
es palomitas *pl f* de maíz
fr maïs *m* éclaté; maïs *m* à griller; popcorn *m*

3415
en **poppy seed**; mawseed
de Mohnsamen *m*
es semilla *f* de amapola
fr graine *f* de pavot

3416
en **porcelain**
de Porzellan *n* (bes. technisches Porzellan)
es porcelana *f*
fr porcelaine *f*

3417
en **pork**
de Schweinefleisch *n*
es carne *f* de cerdo
fr viande *f* de porc; porc *m*

3418
en **pork belly**; belly of pork; belly pork
de Schweinebauch *m*; Kaiserfleisch *n*
es vientre *m* de cerdo
fr poitrine *f* de porc

3419
en **porker**
de Mastschwein *n*
es cerdo *m* de engorde
fr porc *m* gras; porc *m* de boucherie

3420
en **porous**
de porös; durchlässig; undicht
es poroso
fr poreux

3421
en **porridge GB**; oatmeal porridge GB; oatmeal US; hot cereal US
de Haferschleim *m*; Hafergrütze *f*
es porridge *m*; papilla *f* de avena
fr bouillie *f* d'avoine; porridge *m*; gruau *m* d'avoine

3422
en **portion**; divide; mess
de portionieren
es dividir; hacer porciones
fr découper en portions; diviser en portions; portionner

3423
en **portioning device**; portioning equipment
de Portioniervorrichtung *f*
es dispositivo *m* para hacer porciones
fr portionneuse *f*

3424
en **portion pack**
de Portionspackung *f*
es envase *m* de porciones
fr emballage *m* en portions

3425
en **posh food**
de Luxusspeise *f*
es alimentos *pl m* selectos; alimentos *pl m* de lujo
fr aliment *m* de luxe

3426
en **positive pump**
de Druckpumpe *f*
es bomba *f* impelente
fr pompe *f* foulante

3427
en **post-filtration**
de Nachfiltration *f*
es filtración *f* posterior
fr post-filtration *f*

3428
en **post-harvest treatment**
de Behandlung *f* nach der Ernte
es tratamiento *m* post-cosecha
fr traitement *m* après récolte

3429
en **post-mix beverage dispensing system**
de Postmix-Verfahren *n*
es sistema *m* de dispensación de bebidas post-mezcla
fr système *m* de distribution de boissons après mélange; système *m* post-mix de distribution de boissons; système *m* post-mix

3430
en **pot**
de Topf *m*
es pote *m*; olla *f*; cazuela *f*
fr pot *m*; faitout *m*; marmite *f*

P

3431
en **potassium**
de Kalium *n*
es potasio *m*
fr potassium *m*

3432
en **potato**
de Kartoffel *f*
es patata *f*
fr pomme *f* de terre

3433
en **pot roast**; pot
de im Topf schmoren; poelieren
es estofar; guisar en cazuela
fr poêler; mijoter

3434
en **pot still**
de Kesselbrennofen *m* (Destilliervorrichtung zur Whiskyherstellung)
es alambique *m*
fr alambic *m* à feu nu

3435
en **pouch**; bag; sachet
de Beutel *m*; Beutelchen *n*; Säckchen *n*
es saquito *m*; bolsa *f*
fr petit sac *m*; sachet *m*

3436
en **poultry**; poultry meat
de Geflügelfleisch *n*; Geflügel *n*
es carne *f* de ave
fr viande *f* de volaille; volaille *f*

3437
en **poultry slaughterhouse**
de Geflügelschlachterei *f*
es matadero *m* de aves
fr abattoir *m* à volaille

3438
en **pound**; bray; grind
de zerstoßen; zerstampfen
es machacar
fr piler; broyer

3439
en **pound cake**
de Topfkuchen *m*; Pfundkuchen *m* (aus gleichen Teilen Mehl, Zucker u. Fett)
es bizcocho *m* de una libra (cantidades iguales de harina, azúcar y grasa)
fr quatre-quarts *m*

3440
en **pour**
de gießen; schütten
es verter
fr verser; arroser

3441
en **powder**
de Pulver *n*
es polvo *m*
fr poudre *f*

3442
en **prawn**
de große Garnele *f*
es camarón *m*
fr crevette *f* rose; bouquet *m*

3443
en **prebake**; par-fry
de vorbacken; teilweise backen
es hornear previamente; prehornear
fr cuire préalablement; précuire

3444
en **prebreak**
de vorbrechen (Getreide)
es triturar previamente
fr concasser préalablement; préconcasser

3445
en **pre-break system**
de Brechstuhlsystem *n* (Müllerei)
es sistema *m* de pretrituración
fr système *m* de préconcassage

3446
en **precipitant**; precipitating agent
de Fällungsmittel *n*
es precipitante *m*; agente *m* precipitante
fr précipitant *m*; agent *m* de précipitation

3447
en **precipitate**
de Ausfällung *f*; Niederschlag *m*
es precipitado *m*
fr précipité *m*

3448
en **precipitate**
de fällen; ausfällen
es precipitar
fr précipiter

3449
en **preclarification**; preclearing
de Vorklärung *f*
es preclarificacion *f*
fr préclarification *f*

3450
en **precoat**; precoating
de Voranschwemmung *f* (Filtration)
es acumulación *f* previa (filtración a través de tamices con masa filtrante)
fr précouche *f*; prédépot *m*

3451
en **precoat filter**; alluviation filter; filteraid filter; powder filter
de Anschwemmfilter *n*
es tamiz *m* con masa filtrante
fr filtre *m* à couches; filtre *m* alluvial

3452
en **precoat filtration**; bodyfeed filtration
de Anschwemmfiltration *f*
es filtracion *f* a través de tamices con masa filtrante
fr filtration *f* sur couches

3453
en **precool**
de vorkühlen
es refrigerar previamente; prerrefrigerar; preenfriar
fr prérefroidir; préréfrigérer

3454
en **precooler**; forecooler
de Vorkühler *m*; Vorkühlabteil *n*
es refrigerador *m* previo; prerrefrigerador *m*; preenfriador *m*
fr prérefroidisseur *m*

3455
en **precream**
de voremulgieren
es preemulsionar
fr pré-émulsionner

3456
en **precursor**
de Vorstufe *f*
es precursor *m*
fr précurseur *m*

3457
en **predry**
de vortrocknen
es presecar; secar previamente
fr présécher

3458
en **pre-evaporator**
de Vorverdampfer *m*
es evaporador *m* previo; preevaporador *m*
fr pré-évaporateur *m*

3459
en **pre-gelatinized flour**
de Quellmehl *n*
es harina *f* pregelatinizada
fr farine *f* prégélatinisée

3460
en **pre-gelatinized starch**; swelling starch
de Quellstärke *f*
es almidón *m* pregelatinizado
fr amidon *m* prégélatinisé

3461
en **pre-harvest treatment**
de Behandlung *f* vor der Ernte
es tratamiento *m* antes de la cosecha; tratamiento *m* precosecha
fr traitement *m* avant récolte

3462
en **preheat**
de vorwärmen; vorheizen
es precalentar
fr préchauffer

3463
en **preliminary cleaning**
de Vorreinigung *f*; Siloreinigung *f* (Müllerei)
es limpieza *f* preliminar; limpieza *f* de silo (molineria)
fr nettoyage *m* préliminaire; prénettoyage *m*

3464
en **premise**
de Anlage *f* (Fabrikteil)
es instalación *f*
fr lieu *m*; local *m*; dépendance *f*

3465
en **premium beer**
de Premiumbier *n*
es cerveza *f* premium
fr bière *f* de luxe

3466
en **premix**
de Vormischung *f*
es premezcla *f*
fr prémélange *m*

3467
en **premix**; preblend
de vormischen
es premezclar
fr prémélanger

3468
en **premix bin**
de Vormischzelle *f*; Vormischbehälter *m* (Müllerei)
es silo *m* de premezcla
fr silo *m* de prémélange; cellule *f* de prémélange

3469
en **prepack**
de vorverpacken
es preempaquetar
fr pré-emballer

3470
en **preparation**
de Zubereitung *f*; Präparat *n*
es preparación *f*; preparado *m*
fr préparation *f*

3471
en **preparation**
de Herstellung *f*; Zubereitung *f* (Tätigkeit)
es obtención *f*; preparación *f* (acción)
fr fabrication *f*; préparation *f*

3472
en **prepare**; fix
de zubereiten; herstellen; anrichten
es preparar; elaborar
fr préparer; fabriquer; produire

3473
en **pre-rigor state**
de schlachtwarmer Zustand *m* (Fleisch)
es estado *m* pre-rigor (carne)
fr état *m* antérieur à la rigidité cadavérique; état *m* de prérigidité cadavérique

3474
en **pre-rinse**
de Vorspritzen *n* (Flaschenreinigung)
es enjuagado *m* previo
fr rinçage *m* préalable; prérinçage *m*

3475
en **presentation**; get-up
de Aufmachung *f*; Ausstattung *f* (Weinflasche)
es presentación *f*; aspecto *m*
fr présentation *f*

3476
en **preservation**; preserving
de Konservierung *f*; Erhaltung *f*; Haltbarmachung *f*
es conservación *f*
fr conservation *f*

3477
en **preservative**; antimicrobial agent; antimicrobial preservative; food preservative
de Konservierungsstoff *m*; Konservierungsmittel *n*
es conservante *m*; agente *m* antimicorbiano; conservante *m* de alimentos
fr conservateur *m*; agent *m* de conservation; agent *m* anti-microbien; conservateur *m* alimentaire

3478
en **preservative**
de konservierend
es conservante
fr conservateur; qui conserve

3479
en **preserve**; conserve; confection
de Eingemachtes *n*; Einmachgut *n* (gezuckert)
es conserva *f* (azucarada)
fr conserve *f*

3480
en **preserve**
de Dauerware *f*; konserviertes Gut *n*
es conserva *f*
fr conserve *f*; appertisé *m*

3481
en **preserve**
de konservieren; einmachen; haltbarmachen
es conservar; poner en conserva
fr conserver; mettre en conserve

3482
en **pre-slaughter**; ante mortem
de vor dem Schlachten *n*
es ante mortem
fr avant l'abattage; ante mortem

3483
en **pre-soak**
de Vorweiche *f* (Flaschenreinigung)
es remojo *m* previo
fr prétrempage *m*; trempage *m* préliminaire; prétrempe *f*

3484
en **presort**
de vorsortieren
es preclasificar; preseleccionar
fr trier préalablement

3485
en **press**; squeezer
de Presse *f*
es prensa *f*; exprimidor *m* (frutas)
fr presse *f*

3486
en **press**; wine press
de Kelter *f*
es prensa *f*; lagar *m* (uvas)
fr pressoir *m*

3487
en **press**; crush; express; squeeze; squeeze out
de pressen; auspressen; abpressen; ausdrücken
es prensar; exprimir
fr presser; pressurer; exprimer

3488
en **press**; block US; briquet
de verpressen; brikettieren
es prensar; conglomerar (briquetas)
fr briqueter; agglomérer en briquette

3489
en **press aid**
de Preßhilfsmittel *n*
es coadyuvante *m* de prensado
fr auxiliaire *m* de pressage; adjuvant *m* de pressage

3490
en **press bottom**
de Kelterboden *m*
es fondo *m* de la prensa; suelo *m* del lagar
fr fond *m* de pressoir

3491
en **press cage**
de Kelterkorb *m*; Preßkorb *m*
es cesta *f* de la prensa
fr panier *m* de pressoir

3492
en **press cake**; expeller cake
de Preßkuchen *m*; Preßrückstand *m*
es torta *f* de prensado
fr gâteau *m* de presse; galette *f* de presse; cake *m*; tourteau *m*

3493
en **press cloth**
de Preßtuch *n*
es tela *f* de filtro
fr toile *f* de presse; tissu *m* de presse

3494
en **pressed good GB**; compressed good; tablet
de Komprimat *n*
es material *m* comprimido
fr comprimé *m*; tablette *f*; cachet *m*

3495
en **press room**
de Kelterhaus *n*
es lagar *m*; sala *f* de prensado
fr pressoir *m*

3496
en **pressure**
de Druck *m*
es presión *m*
fr pression *f*

3497
en **pressure aeration**
de Druckbelüftung *f*
es aireación *f* a presión
fr aération *f* sous pression; aération *f* en surpression

3498
en **pressure atomization**
de Düsenzerstäubung *f*
es pulverización *f* a presión
fr pulvérisation *f* sous pression; atomisation *f* sous pression

3499
en **pressure boiling**
de Druckkochen *n*
es cocción *f* a presión
fr cuisson *f* sous pression

3500
en **pressure controller**
de Druckregler *m*
es regulador *m* de presión
fr régulateur *m* de pression

3501
en **pressure cook**
de druckgaren
es cocinar a presión
fr cuire sous pression

3502
en **pressure cooker**
de Drucktopf *m*; Druckkocher *m*
es olla *f* a presión
fr cocotte-minute *f*; auto-cuiseur *m*

3503
en **pressure drum filter**
de Druck-Drehfilter *n*
es filtro *m* de tambor a presión
fr filtre *m* à tambour à pression; filtre *m* rotatif à pression

3504
en **pressure extraction**
de Preßextraktion *f*
es extracción *f* a presión
fr extraction *f* sous pression

3505
en **pressure fermentation**
de Druckvergärung *f*
es fermentación *f* a presión
fr fermentation *f* sous pression

3506
en **pressure filter**; press filter
de Druckfilter *n*
es filtro *m* a presión
fr filtre *m* à pression

3507
en **pressure reducing valve**
de Druckreduzierventil *n*
es válvula *f* reductora de presión
fr soupape *f* de détente; soupape *f* de décompression

3508
en **pressure vessel**
de Druckgefäß *n*; Druckbehälter *m*
es recipiente *m* a presión
fr récipient *m* sous pression; réservoir *m* sous pression

3509
en **pretreat**
de vorbehandeln
es tratar previamente; pretratar
fr prétraiter

3510
en **pretzel**; bretzel
de Brezel *f*
es brezel *f*; galleta *f* salada
fr bretzel *m*

3511
en **primary fermentation**
de Hauptgärung *f*
es fermentación *f* primaria
fr fermentation *f* primaire; fermentation *f* principale

3512
en **prime**
de Spitzenqualität *f*
es selecto; de primera calidad
fr qualité *f* supérieure; première qualité *f*

3513
en **prime fore rib GB**; short loin US; American prime rib of beef; prime rib; best rib; entrecote GB
de Hochrippe *f* (Fleischstück vom Rind)
es chuleta *f* de primera calidad
fr côte *f* première

3514
en **procedure**
de Verfahren *n*
es procedimiento *m*
fr procédé *m*; mode *m* opératoire

3515
en **process**; method
de Verfahren *n*; Prozeß *m*; Methode *f*
es proceso *m*; método *m*
fr procédé *m*; processus *m*; process *m*; méthode *f*

3516
en **process automation**
de Prozeßautomation *f*
es automatización *f* del proceso
fr automatisation *f* de procédé

3517
en **process cheese US**; processed cheese
de Schmelzkäse *m*
es queso *m* fundido
fr fromage *m* fondu

3518
en **process control**
de Prozeßkontrolle *f*; Prozeßsteuerung *f*
es control *m* del proceso
fr contrôle *m* de procédé de fabrication; commande *f* de procédé industriel; commande *f* de procédé de fabrication

3519
en **processed food**
de Fertiglebensmittel *n*
es alimento *m* preparado
fr aliment *m* manufacturé; aliment *m* prétraité; aliment *m* prêt à l'emploi

3520
en **processing**; treatment
de Verarbeitung *f*; Bearbeitung *f*; Behandlung *f*
es tratamiento *m*; elaboración *f*
fr transformation *f*; traitement *m*; opération *f* de transformation

3521
en **processing aid**; technical aid; food processing aid; aid; manufacturing auxiliary GB
de technischer Hilfsstoff *m*; Verarbeitungshilfsstoff *m*
es aditivo *m* técnico; producto *m* auxiliar de fabricación
fr auxiliaire *m* de transformation; auxiliaire *m* de fabrication

3522
en **processing quality**
de Verarbeitungsqualität *f*
es calidad *f* de elaboración; calidad *f* de tratamiento
fr qualité *f* des opérations de transformation; qualité *f* des traitements

3523
en **produce**; fabricate; manufacture; make
de erzeugen; herstellen; fertigen; verfertigen; anfertigen; produzieren; fabrizieren
es producir; fabricar; elaborar
fr produire; fabriquer; manufacturer

3524
en **producer**; manufacturer; maker
de Hersteller *m*; Erzeuger *m*; Produzent *m*
es productor *m*; fabricante *m*
fr producteur *m*; fabricant *m*

3525
en **product**; produce
de Produkt *n*; Erzeugnis *n*
es producto *m*
fr produit *m*

3526
en **production**; fabrication; manufacture
de Produktion *f*; Erzeugung *f*; Herstellung *f*; Fabrikation *f*; Gewinnung *f*; Fertigung *f*; Anfertigung *f*; Zubereitung *f*
es producción *f*; fabricación *f*; manufactura *f*
fr production *f*; fabrication *f*

3527
en **production capacity**
de Produktionskapazität *f*
es capacidad *f* de producción
fr capacité *f* de production; capacité *f* de fabrication

3528
en **production control**; factory control
de Produktionskontrolle *f*; Produktionsüberwachung *f*; Fabrikationskontrolle *f*
es control *m* de producción; control *m* de fabricación
fr contrôle *m* de production; contrôle *m* de fabrication

3529
en **product yield**
de Produktausbeute *f*
es rendimiento *m* de producto; volumen *m* de producción
fr rendement *m* de production; rendement *m* de fabrication

3530
en **proline**; prolin
de Prolin *n*
es prolina *f*
fr proline *f*

3531
en **proof**; prove
de Stückgare *f* (Bäckerei)
es fermentación *f* por piezas (panadería)
fr apprêt *m*

3532
en **proof**
de dicht; undurchlässig
es impermeable
fr imperméable; étanche

3533
en **proof**; prove
de garen; reifen lassen (Teig)
es fermentar (masa)
fr fermenter; laisser lever

3534
en **proof time**; proofing time
de Standzeit *f* (Teig)
es tiempo *m* de fermentación (masa)
fr temps *m* de fermentation; temps *m* de levage

3535
en **propellent**; propellant; propellant gas
de Treibgas *n*
es propelente *m*; propulsante *m*; gas *m* impulsor
fr gaz *m* propulseur; gaz *m* entraîneur; gaz *m* vecteur

3536
en **propeller**; propeller type agitator; propeller mixer
de Propellerrührwerk *n*
es agitador *m* de paletas
fr agitateur *m* à hélice; mélangeur *m* à hélice

3537
en **propeller pump**
de Flügelpumpe *f*
es bomba *f* de paletas
fr pompe *f* à palettes; pompe *f* rotative à ailettes

3538
en **propionate**
de Propionat *n*
es propionato *m*
fr propionate *m*

3539
en **propionic acid**
de Propionsäure *f*
es ácido *m* propiónico
fr acide *m* propionique

3540
en **proprietary article**; trademark US
de Markenartikel *m*
es artículo *m* de marca registrada
fr article *m* de marque; article *m* propre à un fabriquant; article *m* à marque de fabrique; article *m* à marque déposée

3541
en **propylene glycol**; propanediol
de Propylenglycol *n*
es propilenglicol *m*
fr propylène *m* glycol; propanediol *m*

3542
en **propylene glycol alginate**
de Propylenglycolalginat *n*
es alginato *m* de propilenglicol
fr alginate *m* de propylène glycol

3543
en **propylene glycol monostearate**
de Propylenglycolmonostearat *n*
es monoestereato *m* de propilenglicol
fr monostéarate *m* de propylène glycol

3544
en **propyl gallate**
de Propylgallat *n*
es galato *m* de propilo
fr gallate *m* de propyle

3545
en **propyl p-hydroxy benzoate**; propyl paraben
de p-Hydroxybenzoesäurepropylester *m*
es p-hidroxibenzoato *m* de propilo; propilparabeno *m*
fr p-hydroxybenzoate *m* de propyle

3546
en **protective coating**; preservative coating; protective cover
de Schutzüberzug *m*
es recubrimiento *m* protector
fr couche *f* de protection; couverture *f* de protection

3547
en **protective colloid**
de Schutzkolloid *n*
es coloide *m* protector
fr colloïde *m* de protection

3548
en **protective gas**; packaging gas; packing gas
de Schutzgas *n*
es gas *m* protector
fr gaz *m* de protection; gaz *m* de conservation

3549
en **protein**
de Protein *n*; Eiweiß *n*
es proteína *f*
fr protéine *f*

3550
en **protein hydrolysate**
de Eiweißhydrolysat *n*; Proteinhydrolysat *n*
es hidrolizado *m* de proteínas
fr hydrolysat *m* de protéines

3551
en **protein isolate**
de Eiweißisolat *n*; Proteinisolat *n*
es aislado *m* de proteínas
fr isolat *m* de protéines

3552
en **protein quality**; protein value
de Eiweißwertigkeit *f*; biologische Wertigkeit *f* der Proteine
es valor *m* proteico; valor *m* biológico de las proteínas
fr valeur *f* protéique; qualité *f* biologique des protéines

3553
en **proteolytic**
de proteolytisch; eiweißspaltend; eiweißabbauend
es proteolítico
fr protéolytique

3554
en **provitamin**
de Provitamin *n*
es provitamina *f*
fr provitamine *f*

3555
en **prune**; dried prune
de Backpflaume *f*; Trockenpflaume *f*
es ciruela *f* pasa
fr prune *f*; pruneau *m* séché

3556
en **psychrophile**; psychrophilic
de psychrophil; kälteliebend (Mikroorganismen)
es psicrófilo
fr psychrophile

3557
en **psychrotroph**; psychrotrophic
de psychrotroph; sehr kältetolerant (Mikroorganismen)
es psicrótrofo; psicrotolerante
fr psychrotrophe

3558
en **puff**; pop
de puffen
es hinchar; inflar
fr faire éclater

3559
en **puffed corn**
de Puffmais *m*; Popmais *m*
es maíz *m* inflado
fr maïs *m* soufflé

3560
en **puffed rice**
de Puffreis *m*
es arroz *m* inflado
fr riz *m* soufflé

3561
en **puffer**; globefish; fugu
de Kugelfisch *m*
es pez *m* globo
fr orbe *m* étoilé

3562
en **puffing gun**
de Puffkanone *f* (zur Herstellung von Pufferzeugnissen)
es cañón *m* de inflado
fr machine *f* à souffler; canon *m* à gonfler les céréales

3563
en **puff paste**; puff pastry dough
de Blätterteig *m*
es masa *f* de hojaldre
fr pâte *f* feuilletée

3564
en **puff pastry**; puff; flaky pastry
de Blätterteiggebäck *n*; Blätterteig *m*
es hojaldre *m*
fr pâtisserie *f* à pâte feuilletée

3565
en **pug mill**
de Kollergang *m*
es molino *m* de muelas verticales
fr malaxeur *m*

3566
en **pull date**
de letzter Verkaufstag *m*
es último día *m* de venta
fr date *f* limite de vente

3567
en **pulp**
de Pulpe *f*; Pülpe *f*
es pulpa *f*
fr pulpe *f*

3568
en **pulp**; pulpify
de zerstampfen; in Brei verwandeln
es reducir a pulpa
fr écraser; réduire en bouillie

3569
en **pulp filter**; layer filter
de Schichtenfilter *n*
es filtro *m* de capas
fr filtre *m* à couches

3570
en **pulp press**
de Pülpenpresse *f*; Schnitzelpresse *f*; Rübenschnitzelpresse *f* (Zuckerfabrikation)
es prensa *f* para pulpa (fabricación de azúcar de remolacha)
fr presse *f* à pulpes

3571
en **pulpy**; pulpous; squashy
de breiig; matschig
es pulposo; carnoso
fr pulpeux; pâteux

3572
en **pulverize**; powder; atomize
de zerstäuben; durch Zerstäubung trocknen
es pulverizar; atomizar
fr pulvériser; vaporiser; atomiser

3573
en **pulverize**; powder; levigate
de fein zermahlen; pulverisieren; pulvern
es pulverizar (molienda fina)
fr pulvériser; réduire en poudre; broyer fin

3574
en **pump**
de Pumpe *f*
es bomba *f*
fr pompe *f*

3575
en **pump**
de spritzen; einspritzen (Pökelung)
es inyectar (salazón)
fr injecter

3576
en **pump**
de pumpen
es bombear
fr pomper

3577
en **pumping**; injection cure
de Spritzpökelung *f*
es salazón *f* por inyección
fr saumurage *m* par injection

3578
en **pumpkin**; summer squash US; gourd; sugar pumpkin
de Gartenkürbis *m*; Sommerkürbis *m*
es calabaza *f*
fr potiron *m*; citrouille *f*

3579
en **pungent**; biting
de stechend; beißend (Geruch)
es picante; acre; punzante (olor)
fr piquant; mordant

3580
en **pure**; sheer
de rein; unvermischt; pur; schier; unverdünnt
es puro
fr pur

3581
en **puree**
de Püree *n*
es puré *m*
fr purée *f*

3582
en **puree**
de pürieren
es hacer puré
fr réduire en purée

3583
en **pure middlings**; purified middlings
de geputzter Grieß *m*
es salvado *m* purificado
fr semoule *f* sassée

3584
en **purify**
de reinigen
es purificar
fr purifier

3585
en **putrefaction**; putrescence; putrescency; foulness; rot; rottenness; putridity; putridness
de Fäulnis *f*; Verwesung *f*
es putrefacción *f*; podredumbre *f*
fr putréfaction *f*; décomposition *f*; putridité *f*

3586
en **putrefy**; rot; decompose
de faulen; verfaulen; verwesen
es pudrir; descomponer
fr pourrir; putréfier; se décomposer

3587
en **putrid**; foul; rotten
de faul; faulig; verfault; verwest
es podrido; descompuesto
fr pourri; putréfié; décomposé

3588
en **pyruvic acid**
de Brenztraubensäure *f*
es ácido *m* pirúvico *m*
fr acide *m* pyruvique

3589
en **quality**
de Qualität *f*
es calidad *f*
fr qualité *f*

3590
en **quality control**; quality assurance
de Qualitätskontrolle *f*; Qualitätssicherung *f*; Qualitätsüberwachung *f*
es control *m* de calidad
fr contrôle *m* de la qualité; contrôle *m* qualité

3591
en **quality criterion**
de Qualitätsmerkmal *n*
es criterio *m* de calidad
fr critère *m* de qualité

3592
en **quality evaluation**; quality assessment
de Qualitätsprüfung *f*; Qualitätsbeurteilung *f*; Qualitätsbewertung *f*; Qualitätsbestimmung *f*
es evaluación *f* de la calidad; verificatión *f* de la calidad
fr évaluation *f* de la qualité; estimation *f* de la qualité

3593
en **quality specification**
de Qualitätsanforderung *f*; Qualitätsspezifikation *f*
es especificaciones *pl f* de calidad
fr spécification *f* de la qualité

3594
en **quarg**
de Quark *m*; Topfen *m*
es queso *m* fresco; quark *m*
fr fromage *m* blanc; caillé *m*; caillebote *f*

3595
en **quarter**
de Viertel *n* (Schlachttier)
es cuarto *m*
fr quartier *m*

3596
en **quaternary ammonium compound**
de quartäre Ammoniumverbindung *f*
es compuesto *m* de amonio cuaternario
fr ammonium *m* quaternaire

3597
en **quercite**; quercitol; acorn sugar
de Quercit *m*; Eichelzucker *m*
es quercita *f*
fr quercitol *m*; quercite *m*; sucre *m* de gland

3598
en **quern**; quern mill
de Handmühle *f*
es molino *m* manual (cereales)
fr moulin *m* à bras

3599
en **quince**
de Quitte *f*
es membrillo *m*
fr coing *m*

3600
en **quinine**; quinin
de Chinin *n*
es quinina *f*
fr quinine *f*

3601
en **quinoline yellow**; acid yellow 3; food yellow 13
de Chinolingelb *n*
es amarillo *m* de quinoleína
fr jaune *m* de quinoléine

3602
en **rabbit**; cony US
de Wildkaninchen *n*; Kaninchen *n*
es conejo *m*
fr lapin *m*; lapin *m* de garenne

3603
en **rack**; stand
de Ständer *m*; Gestell *n*
es estante *m*
fr étagère *f*; rayonnage *m*; gondole *f*

3604
en **rack**
de abfüllen (Bier in Fässer)
es envasar (cerveza en barriles)
fr soutirer

3605
en **rack**; devat; draw off
de abstechen (Wein)
es descubar; sangrar (vino)
fr mettre en perce

3606
en **rack and cloth press**
de Packpresse *f*
es prensa *f* enfardeladora
fr presse *f* à empaqueter; presse-empaqueteuse *f*

3607
en **racker**
de Abfüllapparat *m* (Bier)
es envasadora *f* (barriles de cerveza)
fr soutireuse *f*

3608
en **rack freezer**
de Stikkenfroster *m*
es refrigerador *m* de cremallera
fr congélateur *m* à rayons; congélateur *m* à étagères

3609
en **rack oven**
de Stikkenofen *m*
es horno *m* de cremallera
fr four *m* à étagères

3610
en **radappertization**; radioappertization; radiation sterilization; radiosterilization
de Strahlensterilisation *f*
es esterilización *f* por irradiación
fr radappertisation *f*; stérilisation *f* par irradiation

3611
en **radiator**
de Heizkörper *m*; Heizelement *n*
es radiador *m*
fr radiateur *m*

3612
en **radicidation**
de Radikidation *f* (Ausschaltung von Infektions- u. Intoxikationserregern durch Bestrahlung)
es radicización *f* (reducción del numero de determinados microorganismos patógenos viables no esporulantes a niveles no detectables)
fr radicidation *f*

3613
en **radish**; white radish
de Rettich *m*
es rábano *m* blanco
fr radis *m*

3614
en **radurization**; radiation pasteurization; radiopasteurization
de Strahlenpasteurisation *f*
es pasteurización *f* por irradiación
fr radurisation *f*; pasteurisation *f* par irradiation

3615
en **radurize**
de durch Strahlen pasteurisieren
es pasteurizar por irradiación
fr pasteuriser par irradiation; raduriser

3616
en **raffinate**
de Raffinat *n*
es refinado *m*
fr raffinat *m*

3617
en **raffinose**; melitose; melitriose
de Raffinose *f*
es rafinosa *f*; melitosa *f*
fr raffinose *m*

3618
en **ragout**
de Ragout *n*
es ragú *m*
fr ragoût *m*

3619
en **raise**; prove
de zum Gehen bringen; aufgehen lassen; treiben (Teig)
es fermentar; subir (masa)
fr faire lever; laisser lever; laisser gonfler

3620
en **raised cake**
de Hefekuchen *m*
es pastel *m* con levadura
fr gâteau *m* à la levure

3621
en **raised pastry**
de Hefegebäck *n*
es pastelería *f* con levadura
fr pâtisserie *f* à la levure

3622
en **raisin**
de Rosine *f*; Weinbeere *f*
es pasa *f*; uva *f* pasa
fr raisin *m* sec

3623
en **raisin bun**; raisin roll US
de Rosinenbrötchen *n*
es bollo *m* de pasas
fr petit pain *m* aux raisins; petit pain *m* au lait aux raisins

3624
en **rake conveyer**; drag conveyer
de Rechenförderer *m*
es transportador *m* de rastrillo
fr transporteur *m* à râteaux

3625
en **ramp**
de Rampe *f*; Abladerampe *f*; Laderampe *f*
es rampa *f*
fr rampe *f*; rampe *f* de déchargement; rampe *f* de chargement

3626
en **rancid**
de ranzig
es rancio
fr rance

3627
en **rancidity**; oxidative rancidity; rancidness
de Ranzidität *f*; Ranzigkeit *f*
es ranciedad *f*
fr rancissement *m*; rancidité *f*

3628
en **random sample**
de Zufallsstichprobe *f*
es muestra *f* aleatoria
fr échantillon *m* aléatoire; échantillon *m* prélevé au hasard

3629
en **random test**
de Stichprobenuntersuchung *f*
es ensayo *m* aleatorio; ensayo *m* estadístico
fr essai *m* au hasard; test *m* au hasard

3630
en **rank**
de stinkig
es penetrante (olor)
fr fétide; puant; infect

3631
en **ranking test**; ranking order test
de Rangordnungstest *m*
es ensayo *m* de clasificacíon jerárquica
fr essais *pl m* classés par rang; tests *pl m* classés par rang

3632
en **rape cake**
de Rapskuchen *m* (Preßkuchen nach dem Auspressen des Rüböls)
es torta *f* de colza
fr gâteau *m* de presse de colza; cake *m* de colza; tourteaux *pl m* de colza

3633
en **rapeseed**; colza; coleseed; rape
de Rübsen *pl*; Rübsamen *pl m*; Rübsaat *f*
es colza *f*
fr colza *m*; graine *f* de colza

3634
en **rape wine**
de Tresterwein *m*
es aguapié *m*
fr piquette *f*

3635
en **rapid curing process**; quick curing
de Schnellpökelverfahren *n*; Schnellpökelung *f*
es curado *m* rápido
fr procédé *m* de salage rapide; salage *m* rapide

3636
en **rapid hardener**
de Schnellhärter *m* (Eiscremeherstellung)
es endurecedor *m* rápido
fr durcisseur *m* rapide

3637
en **rapid kneading machine**
de Schnellkneter *m*
es amasadora *f* rápida
fr malaxeur *m* rapide; pétrin *m* mécanique rapide

3638
en **rapid lautering**
de Schnellabläuterung *f* (Brauerei)
es clarificación *f* rápida (cervecería)
fr filtration *f* rapide

3639
en **rapidly cooling crystallizer**
de Schnellkühlkristallisator *m* (Zuckerfabrikation)
es cristalizador *m* de enfriamiento rápido (fabricación de azúcar)
fr cristallisateur *m* à refroidissement rapide

3640
en **rare US**; rare done US; underdone GB
de roh; blutig (Steak)
es poco hecho; sangrante (filete)
fr saignant

3641
en **rasp**
de Raspel *f*; Reibe *f*
es rallador *m*
fr râpe *f*

3642
en **raspberry**; red raspberry
de Himbeere *f*
es frambuesa *f*
fr framboise *f*

3643
en **rate**
de Grad *m*; Ausmaß *n*
es proporción *f*; grado *m*
fr taux *m*; degré *m*

3644
en **ratio**
de Verhältnis *n*
es proporción *f*; relación *f*
fr proportion *f*; rapport *m*

3645
en **raw**; crude; uncooked
de roh; ungekocht
es crudo; no cocinado
fr cru; non cuit

3646
en **raw**; green
de roh; grün (Geschmack)
es crudo; verde (sabor)
fr cru; vert

3647
en **raw**; crude; unprepared; undressed
de roh; nicht zubereitet
es crudo; no preparado
fr cru; non préparé

3648
en **raw**; crude; unprepared; rough; natural
de roh; unverarbeitet; unbearbeitet
es crudo; no elaborado
fr brut; non traité; naturel

3649
en **raw grain**; unmalted grain
de Rohfrucht *f*; ungemälztes Getreide *n*
es grano *m* crudo (cervecería)
fr grains *pl m* crus

3650
en **raw juice**; diffusion juice
de Rohsaft *m* (Zuckerfabrikation)
es jugo *m* de difusión (fabricación de azúcar)
fr jus *m* brut; jus *m* sucré brut; jus *m* de diffusion

3651
en **raw milk**; crude milk
de Rohmilch *f*
es leche *f* cruda
fr lait *m* cru

3652
en **raw sugar**; unrefined sugar
de Rohzucker *m*
es azúcar *m* no refinado
fr sucre *m* brut; sucre *m* non raffiné

3653
en **ray fungus**
de Strahlenpilz *m*
es actinomyces *m*
fr champignon *m* à croissance radiale

3654
en **reactor**
de Reaktor *m*; Reaktionsgefäß *n*
es reactor *m*
fr réacteur *m*

3655
en **ready**
de gebrauchsfertig
es preparado; listo para usar
fr prêt à l'emploi

3656
en **ready meal**
de Fertiggericht *n*
es alimento *m* preparado
fr plat *m* cuisiné; plat *m* manufacturé

3657
en **ready-to-bake**
de backfertig
es listo para hornear
fr prêt à cuire

3658
en **ready-to-cook**
de kochfertig
es listo para cocinar
fr prêt à cuire

3659
en **ready-to-eat**
de eßfertig
es listo para comer
fr prêt à manger; prêt à consommer

3660
en **ready-to-serve**; table-ready
de tafelfertig; tischfertig
es listo para servir
fr prêt à être servi

3661
en **receiver**; receiver tank; collecting vessel
de Auffanggefäß *n*; Sammelbehälter *m*
es recipiente *m* colector; colector *m*
fr récipient *m*; réservoir *m*; récipient *m* collecteur; réservoir *m* collecteur; cuve *f* collectrice

3662
en **receiver**
de Vorlage *f*; Destillationsvorlage *f*
es colector *m* de destilación
fr condenseur *m*; collecteur *m* de distillation

3663
en **recirculation air**
de Umluft *f*
es aire *m* de recirculación
fr air *m* de recirculation

3664
en **reclaim**; recover; regain
de wiedergewinnen; zurückgewinnen
es recuperar
fr récupérer

3665
en **recloseable**; resealable
de wiederverschließbar
es (que se puede volver a cerrar)
fr qui se referme; refermable; rescellable

3666
en **recommended daily allowance**; recommended daily intake; recommended daily amount GB
de empfohlene tägliche Aufnahmemenge *f*
es ración *f* diaria recomendada
fr dose *f* journalière recommandée; dose *f* journalière conseillée; quantité *f* journalière recommandée

3667
en **reconstituent**
de Roborans *n*; Aufbaumittel *n*
es reconstituyente *m*
fr reconstituant *m*

3668
en **reconstitute**; redissolve
de wiederauflösen; rekonstituieren
es reconstituir; redisolver
fr reconstituer; redissoudre

3669
en **reconstituted juice**
de rückverdünnter Saft *m*
es zumo *m* reconstituído
fr jus *m* reconstitué

3670
en **recontaminate**
de rekontaminieren; reinfizieren; nachinfizieren
es recontaminar; reinfectar
fr recontaminer

3671
en **recooler**
de Nachkühler *m*
es postenfriador *m*
fr refroidisseur *m* secondaire

3672
en **record**
de registrieren; aufzeichnen (Meßinstrument)
es registrar; indicar (instrumento de medida)
fr enregistrer; tracer

3673
en **recorder**; recording instrument
de registrierendes Meßgerät *n*
es instrumento *m* registrador de medida
fr enregistreur *m*; appareil *m* de mesure enregistreur

3674
en **recovery plant**; regeneration plant
de Rückgewinnungsanlage *f*; Wiedergewinnungsanlage *f*
es planta *f* recuperadora; instalación *f* de recuperación
fr installation *f* de récupération; installation *f* de régénération

3675
en **rectification**; redistillation
de Rektifizierung *f*
es rectificación *f*; redestilación *f*
fr rectification *f*

3676
en **rectification plant**
de Rektifizieranlage *f*
es planta *f* de rectificación; instalación *f* de rectificación
fr installation *f* de rectification

3677
en **rectifier**; rectificator; dephlegmator
de Rektifizierapparat *m*
es rectificador *m*
fr rectificateur *m*

3678
en **rectify**; redistil; fine still
de rektifizieren
es rectificar; redestilar
fr rectifier

3679
en **rectifying column**; fractionating column
de Fraktionierkolonne *f*
es columna *f* de rectificación; columna *f* de fraccionamiento
fr colonne *f* de fractionnement; colonne *f* de rectification

3680
en **red alga**
de Rotalge *f*
es alga *f* roja
fr algue *f* rouge

3681
en **red cabbage**
de Rotkohl *m*; Rotkraut *n*; Blaukraut *n*
es col *f* roja
fr choux *m* rouge

3682
en **red currant**
de Rote Johannisbeere *f*
es grosella *f* roja
fr groseille *f*; groseille *f* rouge; groseille *f* en grappe

3683
en **reduce**; evaporate; boil away; inspissate
de eindampfen; eindicken; einkochen; reduzieren
es reducir; evaporar
fr réduire; évaporer; épaissir par évaporation

3684
en **reduced must US**
de Traubensaftkonzentrat *n*
es mosto *m* concentrado (uva)
fr concentré *m* de jus de raisin

3685
en **reducing agent**
de Reduktionsmittel *n*
es reductor *m*; agente *m* reductor
fr agent *m* réducteur; substance *f* réductrice; réducteur *m*

3686
en **reducing diet**; slimming diet; calorie controlled diet
de Reduktionskost *f*; Schlankheitskost *f*; Abmagerungsdiät *f*
es dieta *f* de adelgazamiento; dieta *f* de calorías controladas
fr régime *m* alimentaire amaigrissant; régime *m* amaigrissant

3687
en **reducing sugar**
de reduzierender Zucker *m*
es azúcar *m* reductor
fr sucre *m* réducteur

3688
en **reducing valve**
de Reduzierventil *n*
es válvula *f* reductora
fr détendeur *m*; manodétendeur *m*

3689
en **reduction**
de Ausmahlung *f* (Getreide)
es molienda *f* (cereales)
fr mouture *f*; broyage *m*

3690
en **reductive**
de reduktiv
es reductor
fr réducteur

3691
en **red wine**
de Rotwein *m*
es vino *m* tinto
fr vin *m* rouge

3692
en **refermentation**; after fermentation; secondary fermentation
de Nachgärung *f*
es refermentación *f*; fermentación *f* secundaria
fr fermentation *f* secondaire

3693
en **refill**
de Nachfüllung *f*
es rellenado *m*
fr complément *m* de remplissage; recharge *f*; remplissage *m*

3694
en **refine**
de raffinieren; läutern
es refinar; clarificar
fr raffiner

3695
en **refine**
de walzen (Schokolade)
es refinar; laminar (chocolate)
fr aplatir; passer au rouleau

3696
en **refined sugar**; raffinade; white sugar
de Raffinade *f*; Raffinadezucker *m*; Weißzucker *m*
es azúcar *m* refinado; azúcar *m* blanco
fr sucre *m* raffiné; sucre *m* blanc

3697
en **refinery**; refining plant
de Raffinerie *f*
es refinería *f*
fr raffinerie *f*

3698
en **reflux valve**; flowback valve
de Rückschlagventil *n*
es válvula *f* de retención; válvula *f* de retroceso
fr soupape *f* à reflux; soupape *f* de non retour; clapet *m* de retenue

3699
en **refreeze**
de wiedereinfrieren
es recongelar
fr recongeler

3700
en **refresh**
de abschrecken; rafraichieren
es refrescar
fr rafraîchir; refroidir

3701
en **refrigerant**; cooling agent; chilling agent; freezing agent
de Kältemittel *n*; Kühlmittel *n*; Gefriermittel *n*
es refrigerante *m*; agente *m* refrigerante
fr produit *m* réfrigérant; agent *m* de refroidissement; agent *m* de congélation; produit *m* de congélation

3702
en **refrigerate**
de kühlkonservieren
es refrigerar; conservar en frío
fr conserver au froid

3703
en **refrigerated storage**; chilling; cold storage
de Kühllagerung *f*; Kaltlagerung *f*
es almacenamiento *m* refrigerado; conservación *f* en frío
fr entreposage *m* au froid; entreposage *m* frigorifique; stockage *m* au froid

3704
en **refrigerated transport**
de Kühltransport *m*
es transporte *m* refrigerado
fr transport *m* frigorifique; transport *m* sous froid

3705
en **refrigerating machine**; refrigerating engine
de Kältemaschine *f*
es refrigerador *m*; máquina *f* refrigeradora
fr machine *f* frigorifique

3706
en **refrigerating plant**; cooling plant
de Gefrieranlage *f*; Kälteanlage *f*
es instalación *f* frigorífica
fr installation *f* frigorifique; installation *f* de congélation

3707
en **refrigerating store**
de Kühlhauslager *n*
es almacén *m* frigorífico
fr entrepôt *m* frigorifique

3708
en **refrigerating system**
de Kälteanlage *f*; Kältesystem *n*
es sistema *m* de refrigeración
fr système *m* frigorifique; système *m* de réfrigération

3709
en **refrigerator**; fridge
de Kühlschrank *m*
es nevera *f*; frigorífico *m*
fr réfrigérateur *m*

3710
en **regenerate**
de regenerieren
es regenerar
fr régénérer

3711
en **regimen**; diet rule
de Diätplan *m*; Ernährungsplan *m*
es régimen *m* dietético; plan *m* dietético
fr régime *m*; régime *m* alimentaire

3712
en **regulation**
de Verordnung *f*; Gesetzesvorschrift *f*; Bestimmung *f*
es regulación *f*
fr règlement *m*; règlementation *f*; législation *f*; disposition *f* légale

3713
en **regulator**
de Reguliervorrichtung *f*; Regulator *m*
es regulador *m*
fr régulateur *m*; système *m* de régulation

3714
en **regulatory status**
de lebensmittelrechtliche Zulässigkeit *f*
es reglamentación *f* (alimentos)
fr recevabilité *f* selon la législation visant les denrées alimentaires

3715
en **reject**; reject goods; refuse; scraps; scrapings; recrement
de Ausschuß *m*; Ausschußware *f*
es desecho *m*; mercancía *f* de desecho
fr rebut *m*; déchet *m*; marchandise *f* de rebut; produit *m* de rebut

3716
en **reject**; discard
de aussortieren; ausscheiden; verwerfen
es desechar; rechazar
fr rejeter; refuser

3717
en **reject rate**
de Ausschußquote *f*
es tasa *f* de desechos; tasa *f* de rechazos
fr taux *m* de rebuts; taux *m* de déchets

3718
en **relabel**
de neu etikettieren; umetikettieren
es reetiquetar; volver a marcar
fr étiqueter à nouveau; changer d'étiquette

3719
en **relative humidity**
de relative Feuchte *f*; relative Feuchtigkeit *f*
es humedad *f* relativa
fr humidité *f* relative

3720
en **release agent**; releasing agent; antistick agent; depanning agent; pan release agent; mould release agent GB; mold release agent US; moulding agent GB; molding aid US; lubricant
de Formtrennmittel *n*; Trennmittel *n*
es desmoldeador *m*; agente *m* de desmoldeado
fr agent *m* de démoulage; auxiliaire *m* de démoulage

3721
en **relief valve**
de Überdruckventil *n*
es válvula *f* de seguridad
fr soupape *f* de surpression; soupape *f* de décharge; soupape *f* de sécurité

3722
en **relish**
de Würze *f*
es sabrosidad *f*; sazón *f*
fr assaisonnement *m*; épice *f*; condiment *m*

3723
en **relish**
de Geschmack *m*; Wohlgeschmack *m*
es sabor *m* agradable
fr goût *m*; saveur *f*; bon goût *m*

3724
en **remainder**
de Rest *m*; Restbestand *m*
es resto *m*; remanente *m*
fr reste *m*; résidu *m*

3725
en **remainder bread**
de Rückbrot *n*; Altbrot *n*
es (recortes de pan para reciclado)
fr pain *m* rassi

3726
en **remelt**
de umschmelzen; einschmelzen
es refundir
fr refondre; fondre à nouveau; faire fondre à nouveau

3727
en **remoulade**; remolade
de Remoulade *f*
es salsa *f* tártara
fr remoulade *f*

3728
en **remould GB**; remold US
de umformen
es remoldear
fr mouler à nouveau; remouler; changer de forme

3729
en **render**; reduce; try
de ausschmelzen; auslassen; ausbraten (Fett)
es fundir (grasa)
fr faire fondre

3730
en **rennet**; rennin
de Lab *n*; Labferment *n*; Käselab *n*
es cuajo *m*
fr présure *f*

3731
en **rennet**
de laben; einlaben
es añadir cuajo
fr emprésurer

3732
en **rennet casein**
de Labcasein *n*
es caseína *f* de cuajo
fr caséine-présure *f*

3733
en **rennet cheese**
de Labkäse *m*
es queso *m* de cuajo
fr fromage *m* de présure; fromage *m* de caillage à la prèsure

3734
en **rennet extract**
de Labextrakt *m*
es extracto *m* de cuajo
fr extrait *m* de présure

3735
en **renneting time**
de Dicklegungszeit *f*; Labzeit *f*
es tiempo *m* de coagulación; tiempo *m* de cuajado
fr temps *m* d'emprésurage; temps *m* de coagulation à la présure

3736
en **rennet powder**
de Labpulver *n*
es cuajo *m* en polvo
fr poudre *f* de présure

3737
en **rennet strength**
de Labstärke *f*
es fuerza *f* del cuajo
fr pouvoir *m* d'emprésurage; activité *f* de la présure

3738
en **rennin**
de Rennin *n*
es renina *f*; quimosina *f*
fr chymosine *f*; présure *f* purifiée

3739
en **renovate**
de auffrischen
es renovar
fr raviver; rafraîchir

3740
en **repack**
de umpacken
es reenvasar; reempaquetar
fr ré-emballer; changer d'emballage

3741
en **requirement**; need
de Bedarf *m* (Nährstoff)
es requisito *m*; exigencia *f*
fr besoin *m*; exigence *f*

3742
en **reserve**
de Vorrat *m*; Reserve *f*
es reserva *f*
fr réserve *f*

3743
en **reservoir**; source
de Vorratstank *m*; Reservoir *n* (bes. Wasserreservoir)
es depósito *m*
fr réservoir *m*; citerne *f* de réserve

3744
en **residue**; residuum; leaving
de Rückstand *m*
es residuo *m*
fr résidu *m*

3745
en **residue sugar**; residual sugar
de Restzucker *m*; Restsüße *f* (Wein)
es azúcar *m* residual (vino)
fr sucre *m* résiduel

3746
en **resin**
de Harz *n*
es resina *f*
fr résine *f*

3747
en **resistance**
de Widerstandsfähigkeit *f*; Beständigkeit *f*
es resistencia *f*
fr résistance *f*

3748
en **resistance**
de Resistenz *f* (Mikroorganismen)
es resistencia *f* (microorganismos)
fr résistance *f*

3749
en **resistance of cutting**
de Schnittfestigkeit *f*
es resistencia *f* al corte
fr résistance *f* à la coupe; résistance *f* à la découpe; résistance *f* au tranchage

3750
en **resistant**
de resistent (Mikroorganismen)
es resistente (microorganismos)
fr résistant

3751
en **resistant**
de beständig
es resistente
fr résistant

3752
en **resorption**; reabsorption; absorption
de Resorption *f*; Aufnahme *f*
es resorción *f*; reabsorción *f*
fr résorption *f*; absorption *f*; réabsorption *f*

3753
en **restructured meat**; moulded meat GB; molded meat US
de Formfleisch *n*
es carne *f* reestructurada
fr viande *f* moulée; viande *f* formée; viande *f* restructurée

3754
en **retail**
de Kleinverkauf *m*; Detailverkauf *m*
es venta *f* al detalle
fr vente *f* au détail

3755
en **retail package**
de Einzelhandelspackung *f*; Kleinpackung *f*
es envase *m* para venta al detalle; envase *m* individual
fr emballage *m* unitaire

3756
en **retinal**; vitamin A aldehyde; retinaldehyde
de Retinal *n*
es retinal *m*; vitamina *f* A (aldehído)
fr rétinal *m*

3757
en **retinoic acid**; vitamin A acid
de Vitamin-A-Säure *f*
es ácido *m* retinoico; vitamina *f* A (ácido)
fr acide *m* rétinoïque

3758
en **retinol**; vitamin A alcohol
de Retinol *n*
es retinol *m*; vitamina *f* A (alcohol)
fr rétinol *m*; vitamine A 1 *f*

3759
en **retort crate US**
de Autoklaveneinsatz *m*
es jaula *f* para autoclave; cesta *f* para autoclave
fr panier *m* de stérilisateur; panier *m* d'autoclave

3760
en **retort pouch US**
de sterilisierfähiger Beutel *m*
es bolsa *f* esterilizable
fr sachet *m* stérilisable

3761
en **retrogradation**; ageing GB; aging US
de Retrogradation *f*
es retrogradación *f*
fr rétrogradation *f*

3762
en **retrograde**
de retrogradieren
es retrogradar
fr rétrograder

3763
en **returnable package**; reusable container
de Mehrwegpackung *f*; Leihverpackung *f*; Leihpackung *f*
es envase *m* retornable
fr emballage *m* consigné; emballage *m* en retour; emballage *m* repris

3764
en **return bottle**; returnable bottle; multi-trip bottle
de Mehrwegflasche *f*; Pfandflasche *f*
es botella *f* retornable
fr bouteille *f* consignée

3765
en **reverse osmosis**; inverse osmosis; hyperfiltration
de Reversosmose *f*; Umkehrosmose *f*; umgekehrte Osmose *f*
es ósmosis *f* inversa
fr osmose *f* inverse; osmose *f* réverse

3766
en **reversible sole oven**
de Auszugofen *m*; Auszugbackofen *m*
es horno *m* de solera reversible
fr four *m* à plaques mobiles; four *m* à chariot mobile

3767
en **revitaminization**
de Revitaminierung *f*
es revitaminización *f*
fr revitaminisation *f*

3768
en **revolving screen**; reel
de Drehsieb *n*
es criba *f* giratoria
fr tamis *m* rotatif

3769
en **revolving tray oven**; reel oven
de Drehbackofen *m*
es horno *m* de bandeja giratoria
fr four *m* à plateau tournant; four *m* à plateau rotatif

3770
en **rewarm**
de aufwärmen
es recalentar
fr réchauffer

3771
en **rework**
de umarbeiten; aufarbeiten
es reelaborar
fr retravailler

3772
en **rhamnose**
de Rhamnose *f*
es ramnosa *f*
fr rhamnose *m*

3773
en **rhubarb**; pie-plant US
de Rharbarber *m*
es ruibarbo *m*
fr rhubarbe *f*

3774
en **rh-value**
de rH-Wert *m*
es valor rH *m*
fr valeur *f* du rH

3775
en **ribbed cooler**
de Rippenkühler *m*
es refrigerante *m* de aletas
fr refroidisseur *m* à ailettes; réfrigérant *m* à ailettes

3776
en **ribbon blender**
de Bandmischer *m*
es mezclador *m* de cinta
fr mélangeur *m* à ruban

3777
en **ribbon macaroni**
de Bandnudel *f*
es tallarin *m*
fr pâtes *pl f* alimentaires plates; nouille *f* plate

3778
en **riboflavin**; lactoflavin; lactoflavine
de Riboflavin *n*; Lactoflavin *n*; Vitamin B 2 *n*
es riboflavina *f*; lactoflavina *f*; vitamina *f* B 2
fr riboflavine *f*; lactoflavine *f*; vitamine B 2 *f*

3779
en **riboflavin 5'-phosphate**
de Riboflavin 5'-Phosphat *n*
es 5'-fosfato *m* de riboflavina
fr riboflavine 5'-phosphate *f*

3780
en **ribonucleic acid**
de Ribonucleinsäure *f*
es ácido *m* ribonucleico
fr acide *m* ribonucléique

3781
en **ribonucleoside**
de Ribonucleosid *n*
es ribonucleósido *m*
fr ribonucléoside *m*

3782
en **ribonucleotide**
de Ribonucleotid *n*
es ribonucleótido *m*
fr ribonucléotide *m*

3783
en **ribose**
de Ribose *f*
es ribosa *f*
fr ribose *m*

3784
en **rice**
de Reis *m*
es arroz *m*
fr riz *m*

3785
en **rice grain**; rice corn
de Reiskorn *n*
es grano *m* de arroz
fr grain *m* de riz

3786
en **rich**
de kräftig (Geruch, Geschmack)
es fuerte; intenso (olor, sabor)
fr puissant; fort; riche

3787
en **rickets**; rachitis; rhachitis
de Rachitis *f*
es raquitismo *m*
fr rachitisme *m*

3788
en **riddle**; shake
de rütteln (Sektherstellung)
es agitar; sacudir
fr remuer

3789
en **riddle rack**; shaking rack; shaking table; A-rack
de Rüttelpult *n* (Sektherstellung)
es mesa *f* vibratoria
fr pupitre *m* de remuage

3790
en **rider tank**
de Satteltank *m*
es cisterna *f* superior
fr citerne *f* semi-remorque

3791
en **riffle flume**
de Fluter *m* (Stärkefabrikation)
es canal *m* de ranura (fabricación de almidón)
fr déversoir *m*

3792
en **rigor mortis**
de Totenstarre *f*
es rigor *m* mortis
fr rigidité *f* cadavérique

3793
en **rind**
de Rinde *f* (Käse)
es corteza *f* (queso)
fr croûte *f*

3794
en **rind**
de Schwarte *f*; Speckschwarte *f*
es corteza *f*; corteza *f* de tocino
fr couenne *f*

3795
en **rind**; paring
de Schale *f* (bes. Obst u. Gemüse)
es cáscara *f*; monda *f* (especialmente de fruta o verdura)
fr peau *f*; pelure *f*; écorce *f*; zeste *m* (agrume); cosse *f* (pois)

3796
en **rind**; pare
de schälen; abschälen
es descortezar; pelar
fr peler; éplucher; gratter

3797
en **rindless cheese**; crustless cheese
de rindenloser Käse *m*
es queso *m* sin corteza
fr fromage *m* sans croûte

3798
en **rind-removing machine**
de Entschwartungsmaschine *f*
es máquina *f* descortezadora
fr découenneuse *f*

3799
en **rinse**; flush
de abspülen; ausspülen; nachspülen; spülen
es enjuagar; lavar con agua
fr rincer; laver

3800
en **rinsing machine**; rinser
de Spülmaschine *f*
es máquina *f* de enjuagar
fr machine *f* à rincer; laveuse-rinceuse *f*; rinceuse *f*

3801
en **ripe**
de reif
es maduro
fr mûr

3802
en **ripe**; mature; developed
de ausgereift (Käse)
es maduro; curado (queso)
fr fait (fromage)

3803
en **ripe**
de reif; voll entwickelt (Wein)
es maduro (vino)
fr mûr; arrivé à maturité

3804
en **ripe**; mature
de eßreif; mundreif
es maduro
fr mûr

3805
en **ripen**
de reifen; reif werden (Obst)
es madurar (fruta)
fr mûrir

3806
en **ripeness**; maturity
de Reife *f*; Reifezustand *m* (Obst)
es madurez *f* (fruta)
fr maturité *f*

3807
en **ripening room**
de Reifungsraum *m* (Käse)
es sala *f* de maduración (queso)
fr chambre *f* d'affinage; chambre *f* de maturation; local *m* de maturation

3808
en **riser pipe**
de Steigrohr *n*
es tubo *m* ascendente
fr conduite *f* montante

3809
en **rising-film evaporator**; climbing-film evaporator
de Steigfilmverdampfer *m*; Kletterfilmverdampfer *m*; Kletterverdampfer *m*
es evaporador *m* de película ascendente
fr évaporateur *m* à film montant; évaporateur *m* à film ascendant

3810
en **rising power**
de Triebkraft *f* (Hefe)
es potencia *f* leudante (levadura)
fr pouvoir *m* fermentaire

3811
en **roast US**; joint GB; roast joint; roast meat
de Braten *m*; Rostbraten *m*; Bratenfleisch *n*
es asado *m*; carne *f* asada
fr rôti *m*; viande *f* à rôtir

3812
en **roast**; shallow fry
de braten; rösten
es asar; tostar
fr rôtir; griller

3813
en **roast**
de rösten (Kaffee)
es tostar (café)
fr torréfier

3814
en **roastbeef**
de Roastbeef *n*
es rosbif *m*; carne *f* de vaca asada
fr rosbif *m*; rôti *m* de bœuf

3815
en **roasted malt**
de Röstmalz *n*
es malta *f* tostada
fr malt *m* torréfié

3816
en **roaster**
de Röster *m*; Röstvorrichtung *f*; Röstapparat *m*
es tostador *m*; asador *m*
fr rôtissoire *f*

3817
en **roasting degree**
de Röstgrad *m*
es grado *m* de tostación
fr degré *m* de rôtissage; degré *m* de torréfaction (café)

3818
en **roasting dextrin**
de Röstdextrin *n*
es dextrina *f* de tostación
fr dextrine *f* de rôtissage; dextrine *f* de grillage

3819
en **roasting oven**
de Bratofen *m*
es horno *m* para asar
fr four *m* à rôtir

3820
en **rock salt**
de Steinsalz *n*
es sal *f* gema
fr sel *m* gemme

3821
en **rod filter**
de Stabfilter *n*
es filtro *m* de varilla
fr filtre *m* à tiges; filtre *m* à barres

3822
en **roe**; roe deer
de Reh *n*
es corzo *m*
fr chevreuil *m*

3823
en **roes**; fish roes; hard roes
de Fischrogen *m*; Rogen *m*
es huevas *pl f*; huevas *pl f* de pescado
fr œuf *m* de poisson; rogue *f*

3824
en **roll**; bread roll
de Brötchen *n*; Semmel *f*
es panecillo *m*
fr petit pain *m*

3825
en **roll**; roulade; collared beaf; collar
de Fleischroulade *f*; Roulade *f*
es rollo *m* de carne
fr roulade *f*; paupiette *f*

3826
en **roll**
de rollen; ausrollen
es enrollar
fr rouler; étaler; étendre; abaisser (pâte)

3827
en **roll corrugation**
de Walzenriffelung *f* (Müllerei)
es acanalado *m* del cilindro (molinieria)
fr cannelure *f* de cylindre

3828
en **roller**; roll
de Walze *f*
es cilindro *m*; rodillo *m*
fr rouleau *m*; cylindre *m*

3829
en **roller**
de Zylinder *m*; Trommel *f*
es cilindro *m*; tambor *m*
fr cylindre *m*; tambour *m*; rouleau *m*

3830
en **roller conveyer**
de Rollenbahn *f*
es transportador *m* de rodillos
fr transporteur *m* à rouleaux libres

3831
en **roller crusher**
de Walzmühle
es trituradora *f* de rodillos
fr broyeur *m* à cylindres

3832
en **roller drying**; roller drying process
de Walzentrocknung *f*; Walzentrocknungsverfahren *n*
es secado *m* sobre rodillos
fr séchage *m* au tambour; séchage *m* au rouleau

3833
en **roller mill**; roll mill; barrel mill; roller frame
de Walzenstuhl *m*
es molino *m* de rodillos
fr broyeur *m* à rouleau; broyeur *m* à cylindres

3834
en **roll-on closure**
de Anrollverschluß *m* (Flasche)
es cierre *m* de rosca (frasco)
fr fermeture *f* à galet

3835
en **root**
de Wurzel *f*
es raíz *f*
fr racine *f*

3836
en **root pulper**
de Rübenquetschmaschine *f*
es trituradora *f* de remolacha
fr broyeur *m* de betteraves

3837
en **root vegetable**; root
de Wurzelgemüse *n*
es verduras *pl f* de raíz; hotalizas *pl f* de raíz
fr légume-racine *m*

3838
en **rope**; ropiness
de Fadenziehen *n* (Brot)
es viscosidad *f*; filamentosidad *f* (pan)
fr filage *m*

3839
en **ropy**; long
de lind; zäh; ölig (Wein)
es ahilado (vino)
fr épais; visqueux; pâteux; onctueux; lourd; gras (vin)

3840
en **ropy**; long
de fadenziehend (Brot)
es viscoso; filamentoso (pan)
fr filant

3841
en **rose hip**; hip; rose berry; rose haw
de Hagebutte *f*
es escaramujo *m*
fr cynorhodon *m*; fruit *m* de l'églantier; gratte-cul *m*

3842
en **rosemary**
de Rosmarin *m*
es romero *m*
fr romarin *m*

3843
en **rosé wine**; pink wine
de Roséwein *m*; Rosé *m*; Weißherbst *m*
es vino *m* rosado
fr vin *m* rosé; rosé *m*

3844
en **rotary atomizer**
de Rotationszerstäuber *m*
es pulverizador *m* rotatorio
fr pulvérisateur *m* rotatif; atomiseur *m* rotatif

3845
en **rotary beater**; beater; cream beater
de Sahneschläger *m*
es batidor *m* de nata
fr batteur *m*; batteur *m* rotatif; batteur *m* à crème

3846
en **rotary blancher**
de Rotationsblanchierer *m*
es blanqueador *m* rotatorio
fr blancheur *m* rotatif

3847
en **rotary drum dryer**
de Drehtrommeltrockner *m*
es secadora *f* de tambor rotatorio
fr sécheur *m* à tambour rotatif

3848
en **rotary drum filter**
de Trommeldrehfilter *n*
es filtro *m* de tambor rotatorio
fr filtre *m* à tambour rotatif

3849
en **rotary drum precoat filter**
de Trommeldrehanschwemmfilter *n*
es filtro *m* de amianto de tambor rotatorio
fr filtre *m* à tambour rotatif à couches; filtre *m* rotatif à couches

3850
en **rotary dryer**
de rotierender Trockner *m*
es secadora *f* rotatoria
fr sécheur *m* rotatif; cylindre *m* de séchage

3851
en **rotary evaporator**
de Rotationsverdampfer *m*
es evaporador *m* rotatorio
fr évaporateur *m* rotatif

3852
en **rotary filter**
de Drehfilter *n*
es filtro *m* rotatorio
fr filtre *m* rotatif

3853
en **rotary pump**; rotary abutment pump
de Drehkolbenpumpe *f*; Kreiskolbenpumpe *f*
es bomba *f* rotatoria
fr pompe *f* rotative; pompe *f* à piston tournant; pompe *f* à piston rotatif

3854
en **rotary retort US**; rotating autoclave; shaking autoclave; agitating pressure cooker
de Drehautoklav *m*; Rotationsautoklav *m*
es autoclave *m* rotatorio
fr autoclave *m* rotatif

3855
en **rotary sieve**; gyrating sieve; rotary sifter
de Trommelsieb *n*
es tamiz *m* rotatorio
fr tamis *m* rotatif; tamis *m* à tambour; tambour *m* cribleur

3856
en **rotary sterilization**
de Rotationsterilisation *f*
es esterilización *f* rotatoria
fr stérilisation *f* par rotation

3857
en **rotary vacuum filter**
de Vakuumdrehfilter *n*
es filtro *m* rotatorio de vacío
fr filtre *m* rotatif sous vide

3858
en **rotary vacuum precoat filtration**
de Vakuumdrehanschwemmfiltration *f*
es filtración *f* rotatoria en vacío con revestimiento previo
fr filtration *f* rotative sous vide sur couches

3859
en **rotary washer**
de Trommelwaschmaschine *f*; Trommelwäscher *m*
es lavador *m* rotatorio
fr machine *f* à laver à tambour

3860
en **rotating drum**
de Drehtrommel *f*
es tambor *m* rotatorio
fr tambour *m* rotatif

3861
en **rotating leaf filter**
de Drehscheibenfilter *n*
es filtro *m* de placa rotatoria
fr filtre *m* rotatif à disques

3862
en **round**
de Keule *f* (Fleischstück)
es redondo *m* (pieza de carne)
fr globe *m*; cuisse *f*

3863
en **rounder**; dough piece rounder
de Rundmaschine *f* (Bäckerei)
es máquina *f* redondeadora (panadería)
fr bouleuse *f*

3864
en **rouse**; dredge
de vorsalzen (Fisch)
es presalar (pescado)
fr présaler

3865
en **roux**
de Einbrenne *f*; Mehlschwitze *f*
es harina *f* tostada en manteca
fr roux *m*

3866
en **rub**
de rebeln (Kräuter)
es frotar; raspar (hierbas)
fr frotter; frictionner

3867
en **rue oil**
de Rautenöl *n*
es esencia *f* de ruda
fr essence *f* de rue

3868
en **ruh tank**
de Reifetank *m* (Bier)
es tanque *m* de maduración (cerveza)
fr tank *m* d'attente; tank *m* de garde

3869
en **rule**
de Regel *f*; Richtlinie *f*; Rechtsregel *f*; Norm *f*; Vorschrift *f*
es norma *f*; regla *f*
fr règlement *m*; norme *f*; instruction *f*; prescription *f*

3870
en **rum**
de Rum *m*
es ron *m*
fr rhum *m*

3871
en **rumpsteak**
de Rumpsteak *n*
es bistec *m* de lomo de vaca
fr rumsteak *m*

3872
en **running millstone**; upper millstone
de Läuferstein *m* (oberer, rotierender Mühlstein)
es piedra *f* superior de molino
fr meule *f* mobile; meule *f* supérieure

3873
en **run over**
de Überlauf *m* (Gefäß)
es rebosadero *m*
fr débordement *m*

3874
en **rusk**; zwieback US
de Zwieback *m*
es bizcocho *m* seco
fr biscotte *f*

3875
en **rust**; mildew
de Brand *m*; Rost *m* (Getreidekrankheit)
es tizón *m* (enfermedad de los cereales)
fr rouille *f*

3876
en **rutin**
de Rutin *n*
es rutina *m*
fr rutine *f*

3877
en **rye**
de Roggen *m*
es centeno *m*
fr seigle *m*

3878
en **rye bread**; rye US
de Roggenbrot *n*
es pan *m* de centeno
fr pain *m* de seigle

3879
en **rye flour**
de Roggenmehl *n*
es harina *f* de centeno
fr farine *f* de seigle

3880
en **rye meal**
de Roggenschrotmehl *n*
es harina *f* gruesa de centeno
fr gruau *m* de seigle

3881
en **saccharide**; saccharid
de Saccharid *n*
es sacárido *m*
fr saccharide *m*

3882
en **saccharification**; saccharinization
de Verzuckerung *f*; Zuckerbildung *f*
es sacarificación *f*
fr saccharification *f*

3883
en **saccharin**
de Saccharin *n*
es sacarina *f*
fr saccharine *f*

3884
en **sack piler**
de Sackstapler *m*
es apilador *m* de sacos
fr gerbeur *m*; chariot *m* élévateur de sacs; chariot *m* empileur de sacs

3885
en **saddle of mutton**; baron of mutton
de Hammelrücken *m*
es lomo *m* de carnero
fr selle *f*

3886
en **safe**
de sicher; unschädlich; unbedenklich
es inocuo
fr sûr; inoffensif; admissible

3887
en **safety valve**
de Sicherheitsventil *n*
es válvula *f* de seguridad
fr soupape *f* de sûreté; soupape *f* de sécurité; soupape *f* de surpression

3888
en **safflower**; American saffron
de Färberdistel *f*; Saflor *m*
es alazor *m*; azafrán *m* bastardo
fr carthame *m*; safran *m* bâtard

3889
en **saffron**
de Safran *m*
es azafrán *m*
fr safran *m*

3890
en **sage**; garden sage
de Salbei *m* u. *f*
es salvia *f*
fr sauge *f*

3891
en **sago**; palm sago
de Sago *m*
es sagú *m*
fr sagou *m*

3892
en **Saigon cassia bark**; Saigon cinnamon bark
de Saigonzimtrinde *f*; Japanzimt *m*
es corteza *f* de canela de Saigón
fr écorce *f* de cassia; cannelle *f* de Saïgon

3893
en **salad**
de Salat *m*
es ensalada *f*
fr salade *f*

3894
en **saladin malting**; box malting
de Kastenmälzerei *f*
es maltería *f* en cajas
fr maltage *m* en case

3895
en **salami**
de Salami *f*
es salami *m*
fr salami *m*

S

3896
en **salicylic acid**
de Salicylsäure *f*
es ácido *m* salicílico
fr acide *m* salicylique

3897
en **saliva**; spittle; salivary juice
de Speichel *m*; Speichelflüssigkeit *f*; Spucke *f*
es saliva *f*
fr salive *f*; liquide *m* salivaire

3898
en **salivary gland**
de Speicheldrüse *f*
es glándula *f* salivar
fr glande *f* salivaire

3899
en **salmon**
de Lachs *m*; Salm *m*
es salmón *m*
fr saumon *m*

3900
en **salmonellosis**
de Salmonellose *f*
es salmonelosis *f*
fr salmonellose *f*

3901
en **salt**
de Salz *n* (allgemein)
es sal *f* (en general)
fr sel *m*

3902
en **salt**; table salt; culinary salt
de Salz *n*; Kochsalz *n*; Speisesalz *n*
es sal *f*; sal *f* de mesa; sal *f* de cocina
fr sel *m* de cuisine; sel *m* de table

3903
en **salt**
de salzen; einsalzen
es salar
fr saler

3904
en **saltern**; salt garden
de Salzgarten *m*; Saline *f*
es yacimiento *m* de sal; salina *f*
fr marais *m* salant

3905
en **salt fish**
de Salzfisch *m*
es pescado *m* salado
fr poisson *m* salé

3906
en **salting tub**
de Pökelfaß *n*
es barril *m* de salazón
fr tonneau *m* pour salaison; fût *m* pour salaison; cuve *f* pour salaison

3907
en **salt meat**; salt junk; salt horse; salted meat
de Salzfleisch *n*
es carne *f* salada
fr viande *f* salée

3908
en **salt spring**; salina; salt well; mineral spring; spa
de Solequelle *f*; Mineralsalzquelle *f*; Heilquelle *f*
es manantial *m* de agua mineral
fr source *f* salée; source *f* saline; source *f* d'eau salée

3909
en **salt stick US**; salt straw GB
de Salzstange *f*
es barra *f* de sal
fr baguette *f* au sel; stick *m* au sel

3910
en **salt substitute**
de Kochsalzersatz *m*
es sucedáneo *m* de sal
fr substitut *m* de sel de cuisine; produit *m* de remplacement du sel de cuisine

3911
en **salt tax**
de Salzsteuer *f*
es impuesto *m* sobre la sal
fr gabelle *f*; impôt *m* sur le sel

3912
en **saltworks**; saltern
de Salzsiederei *f*; Salzwerk *n*
es salinas *pl f* (industria)
fr saline *f*; usine *f* de production de sel

3913
en **salty**; salt; saline
de salzig; salzhaltig
es salado; salino
fr salé; saumâtre

3914
en **sample**; specimen
de Probe *f*; Muster *n*; Warenprobe *f*
es muestra *f*
fr échantillon *m*; spécimen *m*

3915
en **sandalwood**; red sandalwood
de Sandelholz *n*
es madera *f* de sándalo
fr bois *m* de Santal

3916
en **sand filter**
de Sandfilter *n*; Kiesfilter *n*
es filtro *m* de arena
fr filtre *m* à sable

3917
en **sandiness**
de Sandigkeit *f*
es arenosidad *f*
fr caractère *m* sablonneux

3918
en **sandy**
de sandig (Geschmackseindruck)
es arenoso (gusto)
fr sableux; sablonneux

3919
en **sanitary US**; hygienic; hygienical
de hygienisch
es higiénico; sanitario
fr hygiénique; sanitaire

3920
en **sanitary standard**; hygiene standard
de Hygienestandard *m*
es norma *f* sanitaria; norma *f* de higiene
fr standard *m* de salubrité; standard *m* sanitaire; standard *m* d'hygiène

3921
en **sap**
de Pflanzensaft *m*
es zumo *m*
fr sève *f*; suc *m* de plante; jus *m* de plante

3922
en **sapodilla**; sapodilla plum
de Sapotaapfel *m*; Sapote *f*; Sapotille *f*; Sapotillpflaume *f*
es zapote *m*
fr sapote *f*; sapotille *f*; baie *f* de sapotier; pomme *f* de sapotier

3923
en **saprogenic**; saprogenous
de fäulniserregend
es saprógeno
fr provoquant la putréfaction; putréfactif

3924
en **sardine**; pilchard
de Sardine *f*
es sardina *f*
fr sardine *f*

3925
en **sargeant electronic evaporation**
de Hochfrequenztrocknung *f*
es secado *m* por alta frecuencia
fr évaporation *f* haute fréquence; séchage *m* haute fréquence

3926
en **satiate**; sate; satisfy
de sättigen
es saturar;saciar
fr rassasier

3927
en **saturate**
de sättigen; saturieren (Lösung)
es saturar (disolución)
fr saturer

3928
en **saturated fatty acid**
de gesättigte Fettsäure *f*
es ácido *m* graso saturado
fr acide *m* gras saturé

3929
en **saturated syrup**; clairce
de Kochkläre *f*; Kläre *f* (Zuckerfabrikation)
es jarabe *m* saturado
fr clairce *f*; égout *m* riche

3930
en **sauce**
de Soße *f*; Tunke *f*
es salsa *f*
fr sauce *f*

3931
en **sauce base**; gravy base
de Soßenpulver *n*
es salsa *f* en polvo
fr sauce *f* en poudre; sauce *f* deshydratée; sauce *f* base; sauce *f* base deshydratée

3932
en **saucepan**; stewpan
de Schmortopf *m*; Kasserolle *f*
es cacerola *f*
fr cocotte *f*; faitout *m*; fait-tout *m*

3933
en **sauerkraut**; pickled cabbage; kraut US
de Sauerkraut *n*
es col *f* agria; choucroute *f*
fr choucroute *f*

3934
en **sausage**
de Wurst *f*
es embutido *m*
fr saucisse *f*

3935
en **sausage casing**; casing
de Wursthülle *f*; Wursthaut *f*
es tripa *f* para embutidos
fr boyau *m* pour saucisses; boyau *m* naturel pour saucisses

3936
en **sausage filler**; sausage filling machine; sausage stuffing machine; sausage machine
de Wurstfüllmaschine *f*
es máquina *f* rellenadora de embutidos
fr poussoir *m*

3937
en **sausage meat**; meat emulsion
de Wurstbrät *n*; Wurstmasse *f*; Fleischbrät *n*
es carne *f* para embutidos; emulsión *f* cárnica para embutidos
fr pâte *f* à saucisses; émulsion *f* de viande pour saucisses; émulsion *f*; chair *f* à saucisses; breat *m*

3938
en **sauté**
de sautieren; schwenken; abschmalzen
es saltear
fr faire sauter

3939
en **save-all**; catch-all; catchpot; entrainment separator
de Saftfänger *m*; Tropfenfänger *m*; Hodek *m* (Zuckerfabrikation)
es artesa *f* de rebose (fabricación de azúcar)
fr désucreur *m*

3940
en **savory**; summer savory
de Bohnenkraut *m*
es ajedrea *f*
fr sariette *f*

3941
en **savoy**; savoy cabbage
de Wirsingkohl *m*; Wirsing *m*
es col *f* rizada
fr choux *m* de Milan

3942
en **saw disk**
de Sägescheibe *f* (Rührwerk)
es disco *m* de sierra (mecanismo agitador)
fr disque *m* de scie

3943
en **saxitoxin**
de Saxitoxin *n* (Muschelgift)
es saxitoxina *f*
fr saxitoxine *f*

3944
en **scab**; scurf; scald
de Schorf *m* (Äpfel)
es costra *f* (manzana)
fr croûte *f*

3945
en **scabby**; scurfy
de schorfig
es costroso
fr croûteux; couvert de croûtes

3946
en **scald**
de brühen; abbrühen; überbrühen; abwällen
es escaldar
fr ébouillanter; échauder; blanchir

3947
en **scale**; fish scale
de Schuppe *f* (Fisch)
es escama *f* (pescado)
fr écaille *f*

3948
en **scale**; encrustation
de Krustenbildung *f*
es formación *f* de costra
fr encroûtement *m*; formation *f* d'une croûte

3949
en **scale**; scale pan; weight scale
de Waagschale *f*
es platillo *m* (de balanza)
fr plateau *m* de balance

3950
en **scale**
de Skala *f*
es escala *f*
fr échelle *f*; graduation *f*

3951
en **scale**; descale
de abschuppen; entschuppen
es desescamar
fr écailler; enlever les écailles

3952
en **scallop**; escalop; escallop GB
de Kamm-Muschel *f*
es venera *f*
fr coquille *f* Saint Jacques; pétoncle *m*; peigne *m*

3953
en **scaly**; scaled
de schuppig
es escamoso
fr écailleux

3954
en **scan**
de ausleuchten; inspizieren (Faß)
es iluminar; inspeccionar (barril)
fr balayer à la lumière; examiner à la lampe; explorer à la lampe

3955
en **scarlet runner**; scarlet runner bean; kidney bean US; red kidney bean
de Feuerbohne *f*
es judía *f* pinta
fr haricot *m* d'Espagne

3956
en **scleroprotein**; fibroprotein
de Skleroprotein *n*; Gerüsteiweiß *n*; Strukturprotein *n*; Faserprotein *n*
es escleroproteína *f*
fr scléroprotéine *f*; fibroprotéine *f*; protéine *f* fibreuse

3957
en **scombroid poisoning**; scombroid fish poisoning
de Makrelenvergiftung *f* (durch biogene Amine)
es intoxicación *m* por escómbridos
fr empoissonnement *m* par le maquereau; intoxication *f* par le maquereau; intoxication *f* scombroïde

3958
en **scoop**
de portionieren (Eiscreme)
es hacer porciones con cuchara (helado)
fr portionner; faire des portions

3959
en **score**; gash
de einkerben; einritzen; ciselieren
es hacer muescas; rayar; cincelar
fr inciser; entailler; encocher; ciseler

3960
en **scoring scheme**; grading scheme
de Bewertungsschema *n*
es esquema *m* de clasificación; esquema *m* de valoración
fr schéma *m* d'évaluation; programme *m* d'évaluation

3961
en **scrap**; scraping
de Abfall *m*; Ausschuß *m*
es ralladura *f*; desecho *m*; mondadura *f*
fr reste *m*; déchet *m*; rebut *m*

3962
en **scrap**; bit
de Stückchen *n*
es trocito *m*
fr fragment *m*; morceau *m*; petit morceaux *m*

3963
en **scrape**; peel
de schrappen; schaben
es rascar; pelar; mondar
fr racler; gratter

3964
en **scraped surface cooler**
de Kratzkühler *m*
es enfriador *m* de superficie rayada
fr refroidisseur *m* à racleur

3965
en **scraped surface freezer**
de Walzenfroster *m*
es congelador *m* de superficie rayada
fr congélateur *m* à racleur; congélateur *m* à cylindres racleurs

3966
en **scraper**
de Abstreichmesser *n*; Abstreichvorrichtung *f*; Schaber *m*; Kratzer *m*
es rascador *m*
fr grattoir *m*; racloir *m*; racle *m*; raclette *f*

3967
en **scraper conveyer**
de Kratzförderer *m*
es transportador *m* con rasquetas
fr transporteur *m* à raclette

3968
en **screen**
de sichten; grob sieben
es tamizar; cribar
fr tamiser; cribler; passer au tamis; passer au crible

3969
en **screen filter**
de Siebfilter *n*
es filtro *m* de criba
fr filtre-tamis *m*; filtre *m* tamiseur

3970
en **screening centrifuge**
de Siebzentrifuge *f*
es centrifugadora *f* cribadora
fr centrifugeuse *f* de tamisage; centrifugeuse *f* cribleuse; centrifugeuse *f* de triage

3971
en **screening drum**; sieve drum; sizing drum
de Siebtrommel *f*
es clasificador *m* de tambor
fr tambour *m* tamiseur; tambour *m* cribleur; tambour *m* classeur

3972
en **screening fabrics**
de Siebgewebe *n*
es tejido *m* para tamices; tejido *m* para cribas
fr toile *f* à tamis; toile *f* à bluter

3973
en **screw**; worm
de Schnecke *f* (Extruder; Förderer usw.)
es tornillo *m* sin fin; husillo *m*
fr vis *f*; vis *f* sans fin

3974
en **screw cap**; screw top; screw closure
de Schraubverschluß *m*; Schraubdeckel *m*; Gewindedeckel *m*
es cierre *m* de rosca; tapa *f* de rosca; tapón *m* de rosca
fr fermeture *f* à vis; couvercle *m* à visser; bouchon *m* à vis; capsule *f* à vis; obturateur *m* à vis; bouchon *m* fileté

3975
en **screw cap bottle**
de Schraubdeckelflasche *f*
es botella *f* con tapón de rosca
fr bouteille *f* à couvercle à visser; bouteille *f* à couvercle à vis; bouteille *f* à couvercle vissant

3976
en **screw cap glass**; twist-off glass
de Schraubdeckelglas *n*; Schraubverschlußglas *n*
es frasco *m* con tapón roscado; tarro *m* con tapa de rosca
fr verre *m* á fermeture à vis; bocal *m* à fermeture à vis; verre *m* à couvercle vissant

3977
en **screw conveyer**; spiral conveyer
de Schneckenförderer *m*
es transportador *m* de tornillo sin fin
fr transporteur *m* à vis sans fin; convoyeur *m* à vis sans fin

3978
en **screw conveyer dryer**
de Schneckentrockner *m*
es secadora *f* de tornillo sin fin
fr sécheur *m* à vis sans fin; sécheur-transporteur *m* à vis sans fin; sécheur convoyeur *m* à vis sans fin

3979
en **screw extruder**
de Schneckenextruder *m*
es extrusora *f* de tornillo sin fin
fr extrudeur *m* à vis sans fin

3980
en **screw mixer**
de Schneckenmischer *m*
es mezclador *m* de tornillo sin fin
fr mélangeur *m* à vis sans fin

3981
en **screw press**; screw wine press
de Spindelkelter *f*; Schraubenkelter *f*
es prensa *f* de tornillo para lagar
fr presse *f* à vis; pressoir *m* à vis

3982
en **screw propeller**
de Schraubenpropeller *m* (Rührwerk)
es paleta *f* de tornillo sin fin (agitador)
fr hélice *f* à vis; propulseur *m* à hélice

3983
en **scuffle**
de Scharrer *m* (zum Reinigen von holzgefeuerten Backöfen)
es escarbador *m* (para hornos de leña)
fr racloir *m*

3984
en **scum**; offal scum
de Schaum *m* (bes. unreiner u. unerwünschter)
es espuma *f* (impura o no deseada)
fr mousse *f*; écume *f*

3985
en **scum**
de abschäumen
es espumar
fr écumer

3986
en **scummy**
de schaumbedeckt; schaumig
es espumoso; cubierto de espuma
fr écumeux; couvert d'écume

3987
en **scurvy**
de Skorbut *m*
es escorbuto *m*
fr scorbut *m*

3988
en **scutellum**; shield
de Schildchen *n* (Getreidekorn)
es escutelo *m* (cereales)
fr scutellum *m*

3989
en **sea cucumber**; trepang
de Seegurke *f*; Seewalze *f*; Meergurke *f*; Trepang *m*
es cohombro *m* de mar
fr tripang *m*; trépang *m*; concombre *m* de mer

3990
en **sea fish**; marine fish; salt water fish
de Seefisch *m*; Meeresfisch *m*
es pez *m* marino
fr poisson *m* de mer; poisson *m* marin

3991
en **seafood US**; marine food
de Meerestiere *pl n*
es pescado *m* y mariscos *pl m* comestibles
fr fruit *m* de mer

3992
en **seal**
de Dichtung *f*
es junta *f*; impermeabilización *f*
fr joint *m* d'étanchéité; garniture *f* étanche

3993
en **seal**
de Kapsel *f*
es cápsula *f*
fr capsule *f*

3994
en **seal**
de Siegel *n*
es precinto *m*
fr sceau *m*; cachet *m*

3995
en **seal**
de einsiegeln; versiegeln; einkapseln; verkapseln (Aroma)
es sellar; encapsular; precintar
fr sceller; encapsuler; cacheter

3996
en **sealing agent**; sealant
de Dichtungsmittel *n*; Abdichtungsmittel *n*
es sellante *m*; impermeabilizante *m*
fr agent *m* d'étanchéité; produit *m* d'étanchéité

3997
en **sealing ring**; seal ring
de Dichtungsring *m*
es anillo *m* de junta
fr anneau *m* d'étanchéité; joint *m* circulaire d'étanchéité

3998
en **seam**; fold; can seam
de Falz *m* (Konservendose)
es reborde *m* (lata de conserva)
fr agrafe *f*; rainure *f*

3999
en **seam**
de falzen
es rebordear; cerrar con reborde
fr agrafer; sertir

4000
en **sear**; stir fry
de schnell anbraten; rasch anbraten
es saltear
fr griller; saisir; faire saisir

4001
en **sea salt**; bay salt; solar salt
de Meersalz *n*; Seesalz *n*; Siedesalz *n*
es sal *f* marina
fr sel *m* de mer; sel *m* marin

4002
en **season**; savour GB; savor US; spice
de würzen
es sazonar; condimentar
fr assaisonner; épicer; relever

4003
en **seasoning**
de Würze *f*; Würzung *f*
es condimentación *f*
fr assaisonnement *m*; condiment *m*; épice *f*

4004
en **seasoning agent**; seasoning
de Würzmittel *n*
es condimento *m*
fr produit *m* d'assaisonement

4005
en **sea water**
de Seewasser *n*; Meerwasser *n*; Salzwasser *n*
es agua *f* de mar
fr eau *f* de mer

4006
en **seaweed**; tang; kelp
de Tang *m*; Seetang *m*; Meeresalge *f*
es alga *f* marina
fr algue *f* marine

4007
en **secondary direct food additive US**
de (Zusatzstoff, der wieder aus einem Lebensmittel entfernt wird)
es aditivo *m* secundario directo (aditivo que se vuelve a separar del alimento)
fr (additif alimentaire éliminé ultérieurement)

4008
en **secrete**
de abscheiden; absondern
es segregar
fr secréter

4009
en **sedimentation**; settling
de Sedimentation *f*; Ablagerung *f*
es sedimentación *f*
fr sédimentation *f*

4010
en **seed**
de Samen *m*; Same *m*
es semilla *f*
fr graine *f*; semence *f*

4011
en **seedless**; pipless
de kernlos
es sin pepitas
fr sans pépins

4012
en **seed oil**
de Samenöl *n*
es aceite *m* de semillas
fr huile *f* d'oléagineux; huile *f* de graines oléagineuses

4013
en **segment**
de Scheibe *f*; Spalte *f* (Orange)
es segmento *m*; gajo *m* (naranja)
fr quartier *m*

4014
en **segregate**; separate; sort out
de separieren; klassieren; ausscheiden; abtrennen; absondern; aussortieren
es separar; clasificar
fr séparer; classer; trier; mettre à part; mettre de côté; isoler

4015
en **select**; choose; pick
de auswählen; aussortieren; selektieren
es seleccionar; elegir
fr choisir; sélectionner

4016
en **selenium**
de Selen *n*
es selenio *m*
fr sélénium *m*

4017
en **self-adhesive label**
de Selbstklebeetikett *n*
es etiqueta *f* autoadhesiva
fr étiquette *f* auto-adhésive; étiquette *f* auto-collante

4018
en **self-cleaning**
de selbstreinigend
es autolimpiante
fr auto-nettoyant

4019
en **self priming pump**
de selbstansaugende Pumpe *f*
es bomba *f* autoaspirante
fr pompe *f* à auto-amorçage; pompe *f* à amorçage automatique

4020
en **self-raising flour GB**; self-rising flour US
de Fertigmehl *n* (Mehl mit Backpulverzusatz)
es harina *f* autoleudante
fr farine *f* prête à l'emploi; farine *f* semi-facturée

4021
en **semi-permeable**
de halbdurchlässig
es semipermeable
fr semi-perméable

4022
en **semi-preserve**
de Präserve *f*; Halbkonserve *f*
es semiconserva *f*
fr semi-conserve *f*

4023
en **semi-preserved fish product**
de Fischpräserve *f*; Fischhalbkonserve *f*
es producto *m* de pescado semiconservado; semiconserva *f* de pescado
fr semi-conserve *f* à base de poisson; semi-conserve *f* de poisson

4024
en **semolina GB**; farina US; wheat farina
de Grieß *m*; Weizengrieß *m*
es sémola *f*
fr semoule *f*; semoule *f* de blé

4025
en **sensory examination**; sensory analysis
de sensorische Prüfung *f*; sensorische Untersuchung *f*; Sinnenprüfung *f*
es análisis *m* sensorial
fr analyse *f* sensorielle

4026
en **sensory value**
de Genußwert *m*
es valor *m* sensorial
fr valeur *f* sensorielle

4027
en **separator disk**
de Zentrifugenteller *m*
es disco *m* de centrifugación
fr disque *m* de centrifugeuse

4028
en **separator shaft**
de Separatorspindel *f*
es eje *m* del separador
fr axe *m* de séparateur; arbre *m* de séparateur

4029
en **separator slime**
de Zentrifugenschlamm *m*
es lodo *m* de centrifugación
fr boue *f* de centrifugation

4030
en **sequestrant**; sequestering agent; complexing agent; chelating agent
de Komplexbildner *m*; Chelatbildner *m*; Komplexierungsmittel *n*
es secuestrante *m*; complejante *m*; quelante *m*
fr agent *m* complexant; agent *m* chélatant

4031
en **serine**; serin
de Serin *n*
es serina *f*
fr sérine *f*

4032
en **sesame oil**
de Sesamöl *n*
es aceite *m* de sésamo
fr huile *f* de sésame

4033
en **set milk**; curds and whey; clabber
de Dickmilch *f*; Setzmilch *f*
es leche *f* cortada
fr lait *m* caillé; caillé *m*

4034
en **set of sieves**
de Siebsatz *m*
es juego *m* de tamices
fr jeu *m* de tamis; série *f* de tamis; ensemble *m* de tamis

4035
en **setting properties**; baking properties
de Backfähigkeit *f* (Mehl)
es propiedades *pl f* de cocción (harina)
fr aptitude *f* boulangère

4036
en **settling tank**; settling basin; settler
de Absetzbottich *m*; Absetzbecken *n*; Klärbecken *n*
es tanque *m* de sedimentación
fr cuve *f* de décantation; bassin *m* de décantation; bassin *m* de clarification

4037
en **sewer**
de Abwasserkanal *m*; Kanal *m*
es alcantarilla *f*; desagüe *m*
fr égout *m*

4038
en **shake**
de schütteln
es agitar
fr agiter; secouer

4039
en **shaker device**; shaking machine
de Schüttelvorrichtung *f*; Schütteleinrichtung *f*; Schüttelmaschine *f*
es dispositivo *m* agitador
fr installation *f* d'agitation; installation *f* à secousses; appareil *m* à agiter; appareil *m* à secousses; agitateur *m*

4040
en **shaking sifter**; shaker screen; shaking screen; shaker grader; riddle
de Schüttelsieb *n*; Rüttelsieb *n*; Schüttelsichter *m*
es criba *f* vibratoria
fr crible *m* à secousses; crible *m* oscillant; crible *m* vibrant; tamis *m* vibrant; classeur *m* vibrant

4041
en **shallot**; eschallot; cibol; scallion
de Schalotte *f*; Bolle *f*
es chalote *m*
fr échalote *f*

4042
en **shank US**; shin GB
de Bug *m*; Schulterstück *n*; Schulter *f*; Beinfleisch *n* (Rind)
es pierna *f*; codillo *m*; paleta *f*
fr épaule *f*

4043
en **shape**; form; mould GB; mold US
de formen; ausformen; verformen; tournieren
es moldear
fr façonner; former; mettre en forme; mouler

4044
en **sheep**
de Schaf *n*
es oveja *f*
fr mouton *m*

4045
en **sheet filter**; leaf filter
de Blattfilter *n*
es filtro *m* de hoja; filtro *m* de capa
fr filtre *m* en papier

4046
en **shelf freezer**
de Hordengefriereinrichtung *f*
es congelador *m* de estanterías
fr congélateur *m* à étagères; congélateur *m* à plateaux; congélateur *m* à rayons

4047
en **shelf life**
de Haltbarkeitsdauer *f*; Haltbarkeit *f*; Lagerfähigkeit *f*
es estabilidad *f* de almacenamiento; durabilidad *f* (almacenamiento)
fr durée *f* de conservation; durée *f* d'entreposage; temps *m* de conservation á l'entreposage; temps *m* de stockage

4048
en **shelf stable**
de lagerstabil (bei Raumtemperatur)
es estable (almacenamiento a temperatura ambiente)
fr stable à l'entreposage; stable au stockage

4049
en **shell**; unshell; dehull
de schälen
es mondar; descascarillar; separar la vaina
fr décortiquer; écosser; écaler; éplucher

4050
en **sheller**; shelling machine
de Schälmaschine *f*
es máquina *f* mondadora
fr décortiqueuse *f*; éplucheuse *f*; écosseuse *f*

4051
en **sherry**
de Sherry *m*
es jerez *m*
fr vin *m* de Xérés; Sherry *m*

4052
en **shirr**
de raffen (Wursthüllen)
es fruncir (tripa de embutidos)
fr froncer

4053
en **shoot**
de Schößling *m*; Reis *n*; Schoßtrieb *m*
es brote *m*
fr pousse *f*; rejet *m*; rameau *m*

4054
en **shore cure**
de Landsalzung *f* (Salzung von Fischen nach dem Anlanden)
es salazón *f* en la orilla (salazón de pescado tras la arribada)
fr salage *m* à terre

4055
en **short**; mellow
de mürbe; bröckelig (Gebäck)
es tierno; friable (pasteles)
fr friable; cassant

4056
en **short**; transient
de kurz (Geschmackseindruck)
es corto; efímero (sabor)
fr furtif; court

4057
en **shortening US**; fat GB
de Backfett *n*
es shortening *m* (grasas hidrogenadas para productos horneados)
fr matière *f* grasse pour cuisson; graisse *f* pour cuisson; graisse *f* émulsifiable

4058
en **short goods**
de kurze Ware *f* (Teigwaren)
es (pastas alimenticias cortas)
fr pâtes *pl f* alimentaires courtes; pâtes *pl f* courtes

4059
en **short paste**; short crust; short dough
de Mürbeteig *m*
es masa *f* corta
fr pâte *f* sablée

4060
en **short pastry**; shortcrust pastry
de Mürbeteiggebäck *n*
es pasteleria *f* de masa corta
fr pâtisserie *f* à pâte sablée

4061
en **shouldered box**
de Eindrückdeckeldose *f*
es lata *f* con rebordes
fr boîte *f* à couvercle rentrant

4062
en **shoulder label**
de Schulteretikett *n* (Flaschen)
es collarín *m* (etiqueta de botellas)
fr collerette *f*; étiquette *f* de col

4063
en **shred**
de Stückchen *n*; Schnitzel *m* u. *n*; Bröckchen *n*; Krümel *m*
es trocito *m*; pedacito *m*; migaja *f*
fr petit morceau *m*; petite tranche *f*; miette *f*; brisure *f*

4064
en **shred**
de zerkleinern; schnitzeln
es desmenuzar; triturar
fr réduire en morceaux; briser; casser; désintégrer; déchiqueter

4065
en **shredder**
de Shredder *m*; Zerkleinerungsmaschine *f*
es trituradora *f*; desmenuzadora *f*
fr déchiqueteuse *f*

4066
en **shrimp**; pink shrimp
de Garnele *f*; Shrimp *m*; Rote Garnele *f*; Krabbe *f*
es camarón *m*
fr crevette *f* grise; crevette *f* rose

4067
en **shrink**
de schrumpfen; zum Schrumpfen bringen
es encoger; contraer
fr se rétracter; rétrécir; se contracter

4068
en **shrink film**
de Schrumpffolie *f*
es película *f* contráctil
fr film *m* rétractable; feuille *f* rétractable; pellicule *f* rétractable; film *m* rétrécissable

4069
en **shrink film packaging machine**
de Schrumpffolienverpackungsmaschine *f*
es máquina *f* de empaquetado con película contráctil
fr fardeleuse *f*; emballeuse *f* à film rétractable; enveloppeuse *f*; enveloppeuse *f* wrap-around

4070
en **shrinking**; shrink packaging; shrink wrapping
de Einschrumpfen *n*
es empaquetado *m* con película contráctil
fr rétraction *f*; emballage *m* par rétraction; packaging *m* par rétraction

4071
en **shrink tunnel**
de Schrumpftunnel *m*
es túnel *m* de contracción
fr tunnel *m* de rétraction

4072
en **shrink-wrap**; shrink
de einschrumpfen; in Schrumpffolie verpacken
es empaquetado *m* con película contráctil
fr emballer par rétraction; emballer en feuille rétractable; emballer wrap-around

4073
en **side seam**
de Seitenfalz *m* (Konservendose)
es reborde *m* lateral (lata de conserva)
fr agrafe *f*

4074
en **sieve**; sift; sifter
de Sieb *n*
es tamiz *m*; criba *f*
fr tamis *m*; crible *m*; classeur *m*

4075
en **sieve analysis**
de Siebanalyse *f*
es análisis *m* por tamizado
fr analyse *f* au tamis; analyse *f* par tamisage

4076
en **sieve grating**
de Siebrost *n*
es rejilla *f* de criba
fr grille *f* de tamis; grille *f* de crible

4077
en **sift**; sieve
de sieben; durchsieben
es tamizar; cribar
fr tamiser; cribler; passer au tamis; passer au crible; bluter

4078
en **sifter area**
de Sichtfläche *f* (Sieb)
es área *f* del tamiz
fr surface *f* de tamisage

4079
en **sifting**; siftings
de Siebsel *n*; Durchgesiebtes *n*; Unterkorn *n*
es tamizado *m*; granzas *pl m*
fr criblure *f*; produit *m* de tamisage; produit *m* de criblage; menus *pl m* de crible

4080
en **sifting plant**
de Siebanlage *f*
es instalación *f* de tamizado
fr installation *f* de tamisage; installation *f* de criblage

4081
en **sightglass**; glasswindow US; observation glass
de Schauglas *n*
es mirilla *f* de observación
fr hublot *m* de regard; hublot *m* d'observation; fenêtre *f* d'observation

4082
en **silage**
de Silage *f*; Silofutter *n*
es ensilado *m*
fr ensilage *m*; fourrage *m* ensilé

4083
en **silic acid**; silicic acid
de Kieselsäure *f*
es ácido *m* silícico
fr acide *m* silicique

4084
en **silica gel**
de Kieselgel *n*; Silicagel *n*
es gel *m* de sílice
fr silicagel *m*; gel *m* de silice

4085
en **silicate**
de Silikat *n*
es silicato *m*
fr silicate *m*

4086
en **silicon**; silicium
de Silizium *n*
es silicio *m*
fr silicium *m*

4087
en **silicone**
de Silikon *n*
es silicona *f*
fr silicone *f*

4088
en **silicula**; silique; siliqua
de Schote *f*
es silicua *f*
fr silique *f*

4089
en **silo**
de Silo *n*
es silo *m*
fr silo *m*

4090
en **silver**
de Silber *n* (Metall)
es plata *f*
fr argent *m*

4091
en **simmer**
de ziehen lassen; köcheln; mijotieren
es hervir a fuego lento
fr cuire à petit feu; faire cuire à petit feu; mijoter

4092
en **sinewy**; stringy; tendinous
de sehnig; flechsig; faserig (Fleisch)
es tendinoso (carne)
fr filandreux; fibreux; tendineux

4093
en **singe**
de sengen; absengen; abflammen (Geflügel)
es chamuscar; sollamar (aves)
fr flamber

4094
en **single cell protein**; SCP
de Einzellerprotein *n*
es proteína *f* unicelular
fr protéine *f* d'organismes unicellulaires; POU *f*

4095
en **single drum dryer**
de Einzylindertrockner *m*
es secadora *f* de tambor único
fr sécheur *m* à tambour unique; sécheur *m* mono-tambour

4096
en **single-screw extruder**
de Einschneckenextruder *m*; Einwellenextruder *m*
es extrusora *m* mono husillo
fr extrudeur *m* à une vis; extrudeur *m* à vis unique; extrudeur *m* mono-vis

4097
en **single sheet filter**
de Einschichtenfilter *n*
es filtro *m* de una sola capa
fr filtre *m* mono-couche

4098
en **sirloin**; tenderloin US; silverside GB; undercut GB; sirloin steak; tenderloin steak US; loin; short loin
de Lendenstück *n*; Lendensteak *n*; Lende *f*
es lomo *m*
fr aloyau *m*

4099
en **size**
de klassieren; nach Größe sortieren; größenmäßig ordnen
es clasificar por tamaño
fr cribler; trier; classer; calibrer

4100
en **size distribution**
de Korngrößenverteilung *f*
es distribución *f* por tamaños; distribución *f* granulométrica
fr distribution *f* granulométrique

4101
en **skim**; skim the cream off; separate; cream
de entrahmen; abrahmen
es desnatar
fr écrémer

4102
en **skim milk**; skimmed milk
de Magermilch *f*
es leche *f* desnatada
fr lait *m* écrémé

4103
en **skin**
de Schale *f*; Hülse *f*; Rinde *f*; Pelle *f*
es piel *f*; pellejo *m*; corteza *f*; mondadura *f*
fr coquille *f*; cosse *f*; écorce *f*; peau *f*; pelure *f*

4104
en **skin**; hide; dehide
de enthäuten; abhäuten
es despellejar; mondar
fr dépouiller

4105
en **skin**
de schälen; abschälen; pellen; abziehen
es pelar
fr peler; éplucher; dépouiller; écosser; décortiquer

4106
en **skin**; flay
de abschwarten
es despellejar; desollar; descortezar
fr découenner; enlever la couenne

4107
en **skin**
de abbalgen (Wild)
es despellejar; desollar (caza)
fr dépouiller; dépecer

4108
en **skinless**
de ohne Haut (Würstchen)
es sin piel (salchichas)
fr sans boyau

4109
en **skinless sausage**
de Schäldarmwürstchen *n*
es salchicha *f* sin piel (con vaina de plástico)
fr saucisse *f* á peler

4110
en **slat conveyer**
de Flaschentransportband *n*
es cinta *f* transportadora de botellas
fr transporteur *m* à lattes pour bouteilles

4111
en **slat conveyer**
de Plattenbandtransporteur *m*
es cinta *f* transportadora de placas articuladas
fr transporteur *m* à lattes

4112
en **slaughter**; slaughtering; butchering
de Schlachten *n*; Schlachtung *f*
es matanza *f*; sacrificio *m* (animales)
fr abattage *m*

4113
en **slaughter**; kill; butcher
de schlachten
es matar; sacrificar (animales)
fr abattre

4114
en **slaughterhouse**; shambles; abattoir
de Schlachthaus *n*; Schlachthof *m*
es matadero *m*
fr abattoir *m*

4115
en **slaughter value**
de Schlachtwert *m*
es valor *m* de matadero
fr valeur *f* d'abattage; valeur *f* bouchère

4116
en **slaughter-warm**
de schlachtwarm
es caliente (carne de matadero)
fr à la température d'abattage

4117
en **slaughter weight**; slaughter deadweight; deadweight; carcass weight
de Schlachtgewicht *n*
es peso *m* en canal
fr poids *m* à l'abattage

4118
en **slice**
de Scheibe *f*; Schnitte *f*
es rodaja *f*; rebanada *f*
fr tranche *f*; rondelle *f*

4119
en **slice**; slice up; cut up GB
de in Scheiben schneiden; aufschneiden; escalopieren
es rebanar; cortar en lonchas
fr trancher; couper en tranche; émincer; escaloper

4120
en **sliceable**
de schnittfest; schneidbar; schnittfähig
es rebanable; cortable
fr ferme au tranchage; tranchable; bon au tranchage

4121
en **slicer US**; slicing machine
de Schneider *m*; Schneidemaschine *f*; Aufschnittmaschine *f*; Schnitzelwerk *n*
es máquina *f* cortadora (rebanadas, lonchas)
fr trancheuse *f*; machine *f* à trancher

4122
en **slicer knife**; slicing knife
de Schnitzelmesser *n*; Schneidemesser *n*
es cuchillo *m* (rebanadas, lonchas)
fr couteau *m* de trancheuse; couteau *m* à trancher; couteau *m* à émincer

4123
en **slim**; slender; thin
de schlank
es delgado; esbelto
fr mince; svelte; menu élancé

4124
en **slime**
de Schleim *m*
es mucílago *m*
fr mucus *m*; humeur *f* visqueuse

4125
en **slimy**
de schleimig
es mucilaginoso
fr visqueux; muqueux; gluant

4126
en **slit**
de in Streifen schneiden; stifteln
es cortar en tiras
fr couper en bandes

4127
en **slit**
de aufschlitzen; schlitzen (Fleisch)
es tajar; hender (carne)
fr entailler; taillader; fendre; dépecer

4128
en **slow sand filtration**
de Langsamfiltration *f* (Wasser)
es filtración *f* lenta (agua a través de arena)
fr filtration *f* lente sur lit de sable

4129
en **sludge**
de Klärschlamm *m*
es lodo *m* de clarificación
fr boue *f*; vase *f*; boue *f* de décantation

4130
en **sludge digester**
de Faulturm *m*
es digestor *m* de lodos
fr digesteur *m* de boues

4131
en **sludge removal**
de Entschlammung *f*
es separación *f* de lodos
fr débourbage *m*; deschlammage *m*

4132
en **slurry**
de Brei *m*; dünne Masse *f*
es papilla *f*; pasta *f*
fr masse *f* liquide; boue *f* liquide; schlamms *pl m*

4133
en **small intestine**
de Dünndarm *m*
es intestino *m* delgado
fr intestin *m* grêle

4134
en **smear**
de Schmiere *f* (Käse)
es producto *m* para untar (queso)
fr couverture *f*; étalement *m*

S

4135
en **smeary**
de schmierig
es untuoso
fr poisseux; couvert de taches; barbouillé

4136
en **smell**; stench; stink
de Gestank *m*
es hedor *m*
fr mauvaise odeur *f*; odeur *f* nauséabonde; puanteur *f*

4137
en **smell**; smelling; olfaction
de Geruchssinn *m*; Geruch *m*
es olfato *m*
fr odorat *m*; olfaction *f*

4138
en **smell**; stink
de stinken; übel riechen
es apestar; oler mal
fr sentir mauvais; puer; empester

4139
en **smell**
de riechen
es oler
fr sentir

4140
en **smell defect**
de Geruchsfehler *m*
es defecto *m* del olor
fr défaut *m* d'olfaction

4141
en **smoke**
de Rauch *m*; Räucherrauch *m*
es humo *m*
fr fumée *f*; fumée *f* pour fumaison

4142
en **smoke**; fume
de räuchern
es ahumar
fr fumer; boucaner

4143
en **smoke flavour**
de Raucharoma *n* (als Zusatz)
es aromatizante *m* para ahumado
fr arôme *m* de fumée

4144
en **smoke generator**
de Rauchgenerator *m*
es generador *m* de humo
fr générateur *m* de fumée

4145
en **smoke point**
de Rauchpunkt *m* (Öl)
es temperatura *f* de formación de humo; punto *m* de humo (aceites)
fr point *m* de fumée

4146
en **smoking chamber**; smoke chamber
de Räucherkammer *f*
es cámara *f* de ahumado
fr fumoir *m*; chambre *f* de fumaison; chambre *f* de fumage

4147
en **smoking liquid**
de Räucheressenz *f*
es líquido *m* para ahumado
fr solution *f* de fumée; solution *f* d'arôme de fumée; fumée *f* liquide

4148
en **smoking oven**
de Räucherofen *m*
es horno *m* para ahumado
fr four *m* de fumoir

4149
en **smoky**
de rauchig (Geruch)
es ahumado (olor)
fr fumé

4150
en **smooth**; creamy
de cremig; glatt; sahnig (Geschmack)
es cremoso; suave (gusto)
fr crémeux; onctueux; velouté; lisse

4151
en **smooth roll**
de Glattwalze *f* (Müllerei)
es rodillo *m* alisador (molinería)
fr cylindre *m* lisse

4152
en **smooth roller mill**
de Glattwalzenstuhl *m*
es molino *m* de rodillos alisadores
fr broyeur *m* á cylindres lisses; convertisseur *m* à cylindres lisses

4153
en **snack**
de Snack *m*; Imbiß *m*; Zwischenmahlzeit *f*
es refrigerio *m*; piscolabis *m*
fr casse-croûte *m*; petit repas *m*; collation *f*

4154
en **snail**
de Schnecke *f*
es caracol *m*
fr escargot *m*

4155
en **sniff**; snuff
de schnuppern; schnüffeln
es olfatear; oliscar
fr humer; renifler

4156
en **snip**
de Schnipsel *m* u. *n*
es recorte *m*; retazo *m*
fr petit morceau *m*; petit bout *m*; petite pièce *f*

4157
en **snip**
de schnippeln
es recortar en trozos pequeños
fr couper à petits coups de ciseaux; entailler

4158
en **soak**
de Einweichflüssigkeit *f*
es remojo *m*; liquido *m* de maceración
fr liquide *m* de trempage; solution *f* de trempage

4159
en **soak**; water
de wässern
es empapar; remojar
fr tremper; imbiber; imprégner; mouiller

4160
en **soapy**
de seifig
es jabonoso
fr savonneux

4161
en **socket**
de Stutzen *m* (Behälter)
es receptáculo *m*
fr support *m*; pied *m*; appui *m*; soutien *m*

4162
en **soda water**; soda; seltzer water
de Sodawasser *n*; Soda *n*; Sprudel *m*
es gaseosa *f*; soda *f*
fr eau *f* gazeuse; eau *f* de Seltz; eau *f* bicarbonatée

4163
en **sodium**
de Natrium *n*
es sodio *m*
fr sodium *m*

4164
en **soft**
de weich (auch Wasser)
es blando (agua)
fr doux; tendre

4165
en **soft cure**; light cure; mild cure
de Mildsalzung *f* (Fische)
es salazón *f* media (pescado)
fr salage *m* doux

4166
en **soft drink**; non-alcoholic drink; non-alcoholic beverage
de alkoholfreies Erfrischungsgetränk *n*; nichtalkoholisches Getränk *n*
es bebida *f* no alcohólica
fr boisson *f* non alcoolisée; boisson *f* rafraîchissante; boisson *f* gazeuse sucrée

4167
en **soften**
de enthärten (Wasser)
es ablandar (agua)
fr adoucir

4168
en **soft ice**; soft ice cream
de Softeis *n*
es helado *m* cremoso (pastoso)
fr crème *f* glacée

4169
en **soft rot**
de Weichfäule *f*
es podredumbre *f* húmeda
fr pourriture *f* molle

4170
en **soft wheat**
de Weichweizen *m*
es trigo *m* candeal; trigo *m* blando
fr blé *m* tendre

4171
en **solanine**
de Solanin *n*
es solanina *f*
fr solanine *f*

4172
en **soldered seam**
de Lötnaht *f* (Konservendose)
es reborde *m* soldado (lata de conserva)
fr agrafe *f* contresoudée; bord *m* contresoudé

4173
en **sole**
de Seezunge *f*
es lenguado *m*
fr sole *f*

4174
en **solid**
de fest
es sólido
fr solide

4175
en **solidification**; setting
de Verdichtung *f*; Verfestigung *f*; Erstarrung *f*
es solidifidación *f*
fr solidification *f*

4176
en **solidify**
de erstarren; fest werden
es solidificar
fr solidifier

4177
en **solidifying point**
de Erstarrungspunkt *m*
es punto *m* de solidificación
fr point *m* de solidification

4178
en **solubility**
de Löslichkeit *f*
es solubilidad *f*
fr solubilité *f*

4179
en **solubilizer**; solubilizing agent
de Lösungsvermittler *m*
es solubilizante *m*; agente *m* solubilizante
fr solubilisant *m*; agent *m* solubilisant; agent *m* de solubilisation

4180
en **soluble**
de löslich
es soluble
fr soluble

4181
en **solution**
de Lösung *f*
es solución *f*; disolución *f*
fr solution *f*

4182
en **solvent**
de Lösemittel *n*; Lösungsmittel *n*
es disolvente *m*
fr solvant *m*

4183
en **solvent extraction**
de Lösemittelextraktion *f*
es extracción *f* con disolvente
fr extraction *f* par un solvant

4184
en **sorbate**
de Sorbat *n*
es sorbato *m*
fr sorbate *m*

4185
en **sorbet**; water ice
de Sorbet *n*; Wassereis *n*
es sorbete *m*
fr sorbet *m*

4186
en **sorbic acid**
de Sorbinsäure *f*
es ácido *m* sórbico
fr acide *m* sorbique

4187
en **sorbitan ester**
de Sorbitanester *m*
es éster *m* de sorbitano
fr ester *m* de sorbitane

4188
en **sorbitan monolaurate**
de Sorbitanmonolaurat *n*
es monolaurato *m* de sorbitano
fr monolaurate *m* de sorbitane

4189
en **sorbitan monooleate**
de Sorbitanmonooleat *n*
es monooleato *m* de sorbitano
fr monooléate *m* de sorbitane

4190
en **sorbitan monopalmitate**
de Sorbitanmonopalmitat *n*
es monopalmitato *m* de sorbitano
fr monopalmitate *m* de sorbitane

4191
en **sorbitan monostearate**
de Sorbitanmonostearat *n*
es monoestearato *m* de sorbitano
fr monostéarate *m* de sorbitane

4192
en **sorbitan tristearate**
de Sorbitantristearat *n*
es triestearato *m* de sorbitano
fr tristéarate *m* de sorbitane

4193
en **sorbitol**
de Sorbit *m*
es sorbita *f*
fr sorbitol *m*

4194
en **sorbose**
de Sorbose *f*
es sorbosa *f*; sorbinosa *f*
fr sorbose *m*

4195
en **sorgho**; sorghum
de Sorghum *n*; Durra *f*; Mohrenhirse *f*
es sorgo *m*
fr sorgho *m*; sorgo *m*

4196
en **sorption isotherm**
de Sorptionsisotherme *f*
es isoterma *f* de absorción
fr isotherme *m* de sorption

4197
en **sort**
de verlesen
es clasificar; seleccionar
fr trier; classer; assortir

4198
en **soup**
de Suppe *f*
es sopa *f*
fr soupe *f*

4199
en **soup base**
de Suppenpulver *n*
es sopa *f* en polvo
fr poudre *f* pour soupe; poudre-base *f* pour soupe; base *f* pour soupe; soupe *f* deshydratée

4200
en **sour**
de Säure *f* (saurer Geschmack)
es acidez *f* (sabor)
fr acidité *f*; aigreur *f*

4201
en **sour**
de sauer geworden (durch Gärung)
es agriado (por fermentación)
fr suri; devenu acide; devenu aigre; à tourné à l'aigre; tourné

4202
en **sour**; acidify
de sauer werden; säuern; versäuern
es agriarse
fr devenir acide; devenir aigre; surir; tourner; tourner à l'aigre

4203
en **sour milk**
de saure Milch *f*
es leche *f* agria; leche *f* acidificada
fr lait *m* aigre; lait *m* tourné

4204
en **sourness**; acetosity; acidity
de Herbheit *f*
es aspereza *f*; acidez *f*
fr acidité *f*; aigreur *f*

4205
en **soursop**; prickly apple; sour apple
de Stachelannone *f*; Zimmetapfel *m*; Annone *f*
es guanábana *f*; anona *f*
fr annone *f*; anone *f*; corossol *m* épineux; sour-sop *m*

4206
en **soused herring**; marinated herring
de marinierter Hering *m*
es arenque *m* en escabeche
fr hareng *m* mariné

4207
en **soya bean GB**; soybean US
de Sojabohne *f*
es soja *f*; haba *f* de soja
fr graine *f* de soja; graine *f* de soya

4208
en **soya lecithin GB**; soy lecithin US
de Sojalecithin *n*
es lecitina *f* de soja
fr lécithine *f* de soja

4209
en **soya oil GB**; soybean oil US
de Sojaöl *n*
es aceite *m* de soja
fr huile *f* de soja

4210
en **soya protein concentrate**
de Sojaeiweißkonzentrat *n*
es concentrado *m* de proteínas de soja
fr concentrat *m* de protéines de soja

4211
en **soya protein isolate**
de Sojaeiweißisolat *n*
es aislado *m* de proteínas de soja
fr isolat *m* de protéines de soja

4212
en **soya sauce GB**; soy sauce US
de Sojasoße *f*
es salsa *f* de soja
fr sauce *f* de soja

4213
en **space diet**
de Astronautennahrung *f*
es dieta *f* para astronautas
fr alimentation *f* pour cosmonautes; alimentation *f* pour voyages spaciaux

4214
en **spacing**
de Vereinzelung *f* (Flaschen am Füllautomat)
es espaciamiento *m* (de botellas en envasador automático)
fr espacement *m*; écartement *m*; intervalle *f*; alignement *m*

4215
en **spare rib**
de Rippenstück *n*; Rippenspeer *m* (Schwein)
es costilla *f* de cerdo (casi descarnada)
fr côtes *pl f*; cotty *m*

4216
en **sparge**
de anschwänzen; überschwänzen (Brauerei)
es regar; rociar (cervecería)
fr laver; rincer; arroser

4217
en **sparge pipe**
de Zerstäuberrohr *n*
es tubo *m* rociador
fr tuyau *m* de pulvérisation

4218
en **sparging**
de Stickstoffspülung *f* (während des Umpumpens von Getränken)
es rociado *m* con agua caliente; lavado *m* (durante el bombeado de bebidas)
fr barbotage *m* à l'azote

4219
en **sparging liquor**
de Überschwänzwasser *n* (Brauerei)
es agua *f* para lavado (cervecería)
fr eau *f* d'arrosage

4220
en **spargings**
de Nachgüsse *pl m* (Brauerei)
es aguas *pl f* de lavado (cervecería)
fr moût *m* second

4221
en **sparkle**; effervesce; fizzle; fizz; ; bubble
de perlen; moussieren; schäumen; sprudeln (Getränke)
es producir espuma; efervescer
fr pétiller; mousser; buller; perler

4222
en **sparkling**; effervescent; evervescing; spumescent; fizzy; gassy
de schäumend; sprudelnd; moussierend
es efervescente; espumoso
fr pétillant; moussant; mousseux; effervescent

4223
en **sparkling wine**
de Schaumwein *m*; Sekt *m*
es vino *m* espumoso
fr vin *m* mousseux; mousseux *m*

4224
en **spatter**
de spritzen; spratzen (Fett)
es salpicar (grasa)
fr éclabousser

4225
en **spearmint oil**
de Krauseminzenöl *n*
es esencia *f* de menta
fr essence *f* de menthe

4226
en **speciality bread**; variety bread
de Spezialbrot *n*
es pan *m* especial; variedades *pl m* de pan
fr spécialité *f* de pain; pain *m* spécial

4227
en **specification**
de Spezifikation *f*
es especificación *f*
fr spécification *f*; description *f*; caractéristique *f* technique

4228
en **specified sugar products**
de Zuckerarten *pl f*
es variedades *pl f* de azúcar
fr sucres *pl m*

4229
en **speck**
de Stippe *f*
es mácula *f*; mota *f*
fr petite tache *f*; moucheture *f*; tavelure *f* (fruit)

4230
en **speckled**; specky
de stippig
es moteado; jaspeado
fr tacheté; moucheté; tavelé

4231
en **spelt**; dinkel
de Dinkel *m*
es espelta *f*
fr épeautre *m*

4232
en **spent grains**; brewers' grain
de Treber *m* (Brauerei)
es bagazo *m* (cervecería)
fr drêches *pl f*; drêches *pl f* de brasserie

4233
en **spent grains dryer**
de Trebertrockner *m*
es secador *m* de bagazo
fr sécheur *m* à drêches

4234
en **spent hops**
de Hopfentreber *m*
es bagazo *m* de lúpulo
fr trub *m*

4235
en **spermaceti**
de Walrat *m* u. *n*
es esperma *f* de ballena; espermaceti *m*
fr blanc *m* de baleine; spermaceti *m*

4236
en **sperm oil**
de Spermöl *n*
es aceite *m* de esperma
fr huile *f* de baleine

4237
en **sphingomyelin**
de Sphingomyelin *n*
es esfingomielina *f*
fr sphingomyéline *f*

4238
en **spice**
de Gewürz *n* (aus tropischen Pflanzen)
es especia *f*
fr épice *f*; aromate *m*

4239
en **spice cookie US**
de Spekulatius *m*
es galleta *f* especiada
fr spéculaus *m*; petit gâteau *m* aux épices

4240
en **spice extract**
de Gewürzextrakt *m*
es extracto *m* de especias
fr extrait *m* d'épices

4241
en **spicy**; piquant; racy
de würzig; pikant
es picante; especiado
fr épicé; relevé; piquant

4242
en **spill**
de verschütten
es derramar
fr répandre; renverser

4243
en **spillage**
de übergelaufene Flüssigkeit *f*; verschüttete Flüssigkeit *f*
es líquido *m* derramado; líquido *m* vertido
fr liquide *m* renversé; liquide *m* répandu

4244
en **spinach**; spinage
de Spinat *m*
es espinaca *f*
fr épinard *m*

4245
en **spin chiller**
de Spin-Kühler *m*
es (baño refrigerante para aves sacrificadas)
fr refroidisseur *m* à tambour rotatif

4246
en **spin cooler**
de Rotationskühler *m*
es refrigerador *m* rotatorio
fr refroidisseur *m* rotatif

4247
en **spindle valve**
de Spindelventil *n*
es válvula *f* de husillo
fr soupape *f* en T

4248
en **spinning**
de Verspinnen *n* (Eiweißfasern)
es hilado *m* (fibras de proteinas)
fr filage *m*

4249
en **spin pasteurization**
de Rotationspasteurisation *f*
es pasteurización *f* rotatoria
fr pasteurisation *f* par rotation

4250
en **spiny lobster**; sea crayfish GB; sea crawfish US; rock lobster; crawfish
de Languste *f*
es langosta *f*
fr langouste *f*

4251
en **spiral chute**
de Wendelrutsche *f*
es rampa *f* en espiral; rampa *f* helicoidal
fr descendeur *m* hélicoïdal

4252
en **spiral dryer**
de Spiraltrockner *m*
es secadora *f* en espiral; secadora *f* helicoidal
fr sécheur *m* hélicoïdal

4253
en **spiral heater**
de Spiralerhitzer *m*
es calentador *m* en espiral; calendador *m* helicoidal
fr réchauffeur *m* à spirale

4254
en **spiral mixer**; helical stirrer
de Spiralmischer *m*; Wendelrührer *m*
es mezclador *m* en espiral; mezclador *m* helicoidal
fr mélangeur *m* à spirale; mélangeur *m* à ailette hélicoïdale

4255
en **spiral trieur**
de Schneckentrieur *m*; Spiraltrieur *m*
es molturador *m* en espiral; molturador *m* helicoidal
fr trieuse *f* à vis sans fin; trieuse *f* à spirale

4256
en **spirits GB**; liquor US; hard liquor US; hard drink
de Spirituose *f*
es licor *m*
fr spiritueux *pl m*; alcools *pl m*

4257
en **spirit vinegar**
de Spritessig *m*
es vinagre *m* de alcohol
fr vinaigre *m* d'alcool

4258
en **spit**; broach
de Bratspieß *m*; Spieß *m*
es asador *m*; espetón *m*
fr broche *f*; broche *f* de grill

4259
en **spit** ; stick
de aufspießen (Fleisch)
es espetar (carne)
fr embrocher; enfiler sur une broche

4260
en **spit broil**
de auf dem Rost unter Drehen grillen
es asar a la parrilla (con giro)
fr griller au tourne-broche

4261
en **spit roast**
de am Spieß braten; am Spieß grillen
es asar en espetón
fr griller à la broche

4262
en **split**; halve
de spalten (Tierkörper)
es abrir en canal (cuerpos de animales)
fr fendre

4263
en **split**
de der Länge nach aufschneiden (Fisch)
es cortar longitudinalmente (pescado)
fr couper dans le sens de la longueur; ouvrir dans le sens de la longueur

4264
en **spoil**; deteriorate; rot; taint
de verderben
es deteriorarse; estropearse
fr se gâter; s'abimer; se détériorer; s'altérer

4265
en **spoilable**
de verderblich
es deteriorable; perecedero
fr périssable

4266
en **spoilage**; deterioration; rot
de Verderb *m*; Verderbnis *f*
es deterioro *m*
fr détérioration *f*; altération *f*

4267
en **sponge**; sponge dough; predough
de Vorteig *m*; Hefestück *n*
es masa *f* de levadura
fr levain *m*

4268
en **sponge cake**; sponge mass
de Wiener Masse *f*
es bizcocho *m* esponjoso
fr biscuit *m* de Savoie; masse *f* pour biscuit de Savoie; masse *f* pour génoise

4269
en **sponge dough method**; long method
de indirekte Teigführung *f*
es método *m* de masa esponjosa
fr panification *f* à travail sur pouliche; travail *m* sur pouliche; travail *m* levain-levure

4270
en **spongy**; spongeous
de locker (Gebäck)
es esponjoso (panadería)
fr spongieux; léger

4271
en **spontaneous fermentation**
de Spontangärung *f*; spontane Gärung *f*
es fermentación *f* espontánea
fr fermentation *f* spontanée

4272
en **sporeforming**
de sporenbildend
es esporulador; esporulante
fr formant des spores; sporulant

4273
en **spray**
de sprühen; versprühen
es pulverizar
fr pulvériser; asperger; vaporiser

4274
en **spray chamber**
de Zerstäubungskammer *f*; Sprühkammer *f*
es cámara *f* de pulverización
fr chambre *f* de pulvérisation; chambre *f* de vaporisation

4275
en **spray cooling**
de Sprühkühlung *f*; Zerstäubungskühlung *f*
es enfriamiento *m* por pulverización
fr refroidissement *m* par pulvérisation

4276
en **spray cooling**
de Kaltsprühung *f* (Zerstäubungstrocknung)
es pulverización *f* en frío (secado por pulverización)
fr vaporisation *f* à froid; pulvérisation *f* à froid

4277
en **spray dryer**
de Sprühtrockner *m*
es secadora *f* por aspersión; secadora *f* por pulverización
fr sécheur *m* à pulvérisation; sécheur-atomiseur *m*

4278
en **spray drying**
de Sprühtrocknung *f*
es secado *m* por pulverización
fr séchage *m* par pulvérisation; séchage *m* par atomisation

4279
en **spray freezer**
de Sprühfroster *m*
es congelador *m* por pulverización
fr congélateur *m* á pulvérisation

4280
en **spray freezing**
de Sprühgefrieren *n*
es congelación *f* por pulverización
fr congélation *f* par pulvérisation

4281
en **spray nozzle**
de Zerstäubungsdüse *f*; Spritzdüse *f*
es boquilla *f* de pulverización
fr buse *f* de pulvérisation

4282
en **spray roller drum dryer**
de Sprühwalzentrockner *m*
es secadora *f* de cilindros por pulverización
fr sécheur *m* à pulvérisation à tambour; sécheur-atomiseur *m* à tambour

4283
en **spray tower**
de Sprühturm *m*
es torre *f* de pulverización
fr tour *f* de pulvérisation; tour *f* d'atomisation

4284
en **spray-type hydrocooling**
de Eiswasserspritzkühlung *f*
es enfriamiento *m* por pulverización con agua helada
fr refroidissement *m* par aspersion d'eau glacée

4285
en **spread**
de Brotaufstrich *m*; Brotaufstrichmasse *f*
es producto *m* untable sobre pan; pasta *f*
fr pâte *f* à tartiner; produit *m* à tartiner

4286
en **spreadability**
de Streichfähigkeit *f*
es untabilidad *f*
fr aptitude *f* à l'étalement

4287
en **spring**; source
de Quelle *f*
es fuente *f*; manantial *m*
fr source *f*

4288
en **spring barley**
de Sommergerste *f*
es cebada *f* de verano
fr orge *m* d'été

4289
en **springer**
de Flatterbombage *f*
es bombeo *m* con vibración
fr bombage *m*; flochage *m*

4290
en **spring water**
de Quellwasser *n*
es agua *f* de manantial
fr eau *f* de source

4291
en **springy**; rubbery; gummy
de gummiartig (Geschmackseindruck)
es gomoso (sabor)
fr gommeux; caoutchouteux

4292
on **sprinkle**
de besprühen; besprengen
es rociar
fr asperger; arroser

4293
en **sprinkler**
de Berieselungsapparat *m*
es rociador *m*; aspersor *m*
fr asperseur *m*; arroseur; sprinkler *m*

4294
en **sprout**
de Sprößling *m*; Sproß *m*
es brote *m*; retoño *m*
fr bourgeon *m*; pousse *f*; surgeon *m*

4295
en **sprouting**
de Auswuchs *m* (Getreide)
es rebrote *m*; germinación *f* en la espiga
fr germination *f* sur pied

4296
en **sprout inhibitor**
de keimhemmendes Mittel *n* (Kartoffeln)
es inhibidor *m* de brotes (patatas)
fr inhibiteur *m* de germination

4297
en **sprue**
de Sprue *f*
es esprue *m*
fr diarrhée *f*; sprue *f*

4298
en **spumescent**; spumous; spumy
de schaumartig
es espumoso
fr écumeux; spumeux; spumescent

4299
en **squash**
de Kürbis *m*
es calabaza *f*
fr courge *f*; citrouille *f*; potiron *m*

4300
en **stability**; durability
de Stabilität *f*; Haltbarkeit *f*
es estabilidad *f*; durabilidad *f*
fr stabilité *f*; durabilité *f*

4301
en **stabilization**
de Stabilisierung *f*; Erhaltung *f*
es estabilización *f*
fr stabilisation *f*

4302
en **stabilize**
de stabilisieren; erhalten; konservieren
es estabilizar; conservar
fr stabiliser; conserver

S

4303
en **stabilizer**; stabilizing agent
de Stabilisator *m*; Stabilisierungsmittel *n*
es estabilizador *m*; agente *m* estabilizador
fr stabilisant *m*; produit *m* stabilisant

4304
en **stable**; durable
de stabil; haltbar
es estable; conservable
fr stable; durable

4305
en **stacker**
de Stapler *m*
es apilador *m*
fr gerbeur *m*; chariot *m* gerbeur; chariot *m* à empiler; transtockeur *m*

4306
en **stacking conveyer for sacks**
de Sackstapelförderer *m*
es transportador *m* apilador de sacos
fr transporteur-gerbeur *m* de sacs; transporteur *m* à empiler des sacs

4307
en **stage by stage control**
de Stufenkontrolle *f*
es control *m* escalonado
fr contrôle *m* étape par étape; contrôle *m* par étape

4308
en **stainless**
de rostfrei
es inoxidable
fr inoxydable

4309
en **stainless steel**; alloy steel
de Edelstahl *m*; rostfreier Stahl *m*
es acero *m* inoxidable
fr acier *m* inoxydable

4310
en **stale**; aged
de alt (Geschmack)
es añejo (sabor)
fr vieux

4311
en **stale**; stagnant; insipid; flat; vapid
de schal; fade; abgestanden
es insípido; insulso
fr pas frais; plat; fade; confiné; éventé (vin)

4312
en **stale**
de altbacken
es añejo (pan)
fr rassi

4313
en **stalk separator**; stemmer; crusher stemmer
de Entrappungsmühle *f* (Trauben)
es máquina *f* desgranadora (uvas)
fr égrappeuse *f*; égrappoir *m*

4314
en **standard**
de Norm *f*; Standard *m*
es norma *f*; estándar *m*
fr norme *f*; standard *m*

4315
en **standard**
de normgerecht
es normalizado; estandarizado
fr conforme aux normes; en conformité avec les normes

4316
en **standardize**
de normen
es normalizar; estandarizar
fr normaliser; standardiser

4317
en **standard of identity US**
de Warenstandard *m*
es normas *pl f* de identidad; normas *pl f* de mercancías
fr norme *f* d'identité; norme *f* de référence

4318
en **staple**; staple food
de Grundnahrungsmittel *n*; Hauptnahrung *f*
es alimento *m* básico
fr denrées *pl f* alimentaires de base; aliments *pl m* de base

4319
en **star anise**; badiane
de Sternanis *m*
es anís *m* estrellado
fr anis *m* étoilé

4320
en **starch**
de Stärke *f*
es almidón *m*; fécula *f*
fr amidon *m*

4321
en **starch ester**
de Stärkeester *m*
es éster *m* de almidón
fr ester *m* d'amidon

4322
en **starch ether**
de Stärkeether *m*
es éter *m* de almidón
fr ether *m* d'amidon

4323
en **starch sugar**
de Stärkezucker *m*
es azúcar *m* de almidón
fr sucre *m* d'amidon hydrolysé

4324
en **starch syrup**; glucose syrup GB; glucose sirup US
de Stärkesirup *m*; Glucosesirup *m*
es jarabe *m* de glucosa
fr sirop *m* de glucose; sirop *m* d'amidon hydrolysé

4325
en **starter**
de Säurewecker *m*; Starter *m*
es fermento *m*; cultivo *m*
fr culture *f* starter; starter *m*; levain *m* lactique

4326
en **starting tub**
de Anstellbottich *m* (Brauerei)
es cuba *f* de reposo (cervecería)
fr cuve *f* guilloire

4327
en **stave**; lag
de Daube *f*; Faßdaube *f*
es duela *f*
fr douve *f*

4328
en **steak**
de Steak *n*
es filete *m*
fr steak *m*

4329
en **steam**; vapour GB; vapor US
de Dampf *m*
es vapor *m*
fr vapeur *f*

4330
en **steam**
de dämpfen
es evaporar
fr passer à la vapeur; cuire à la vapeur; cuire à l'étuvée; étuver

4331
en **steam blancher**
de Dampfblanchierer *m*
es blanqueador *m* de vapor
fr blancheur *f* à vapeur

4332
en **steam coil**
de Dampfschlange *f*
es serpentín *m* de vapor
fr serpentin *m* à vapeur

4333
en **steam condensator**
de Schwadenkondensator *m*
es condensador *m* de vapor
fr condenseur *m* de buée; condenseur *m* de vapeur

4334
en **steam conditioning**
de Dampfkonditionierung *f* (Getreide)
es acondicionamiento *m* con vapor (cereales)
fr conditionnement *m* à la vapeur

4335
en **steam conditioning worm**
de Dämpfschnecke *f*
es serpentín *m* acondicionador de vapor
fr vis *f* de conditionnement à la vapeur

4336
en **steam controller**
de Dampfregler *m* (Autoklav)
es regulador *m* de vapor
fr régulateur *m* de pression de vapeur

4337
en **steamer**; steam jacket; steam box
de Dampfkochtopf *m*
es caldera *f* de vapor
fr autocuiseur *m*; cocotte-minute *f*

4338
en **steam extraction**
de Dampfextraktion *f*
es extracción *f* con vapor
fr extraction *f* à la vapeur; entrainement *m* à la vapeur

4339
en **steam heating**
de Dampfbeheizung *f*
es calentamiento *m* con vapor
fr chauffage *m* à la vapeur; réchauffement *m* à la vapeur

4340
en **steam injection heating**
de Dampfinjektionserhitzung *f*
es calentamiento *m* por inyección de vapor
fr réchauffement *m* par injection de vapeur

4341
en **steam inlet**
de Dampfeinlaß *m* (Autoklav)
es entrada *f* de vapor (autoclave)
fr conduit *m* d'admission de vapeur

4342
en **steam jacket**
de Dampfmantel *m*
es camisa *f* de vapor
fr chemise *f* à vapeur; enveloppe *f* à vapeur; jaquette *f* à vapeur

4343
en **steam peeling**
de Dampfschälung *f*
es pelado *m* con vapor
fr épluchage *m* à la vapeur

4344
en **steam valve**
de Dampfventil *n*
es válvula *f* de vapor
fr soupape *f* à vapeur

4345
en **stearate**
de Stearat *n*
es estearato *m*
fr stéarate *m*

4346
en **stearic acid**
de Stearinsäure *f*
es ácido *m* esteárico
fr acide *m* stéarique

4347
en **stearyl 2-lactylate**
de Stearyl-2-Lactylat *n*
es 2-lactilato *m* de estearilo
fr stéaroyl-2-lactylate *m*

4348
en **stearyl monoglyceridyl citrate**
de Stearylmonoglyceridylcitrat *n*
es citrato *m* de monogliceridilestearilo
fr stéaryl-monoglycéryl-citrate *m*

4349
en **steel**
de Stahl *m*
es acero *m*
fr acier *m*

4350
en **steelyard beam**
de Laufgewichtswaage *f*
es balanza *f* romana; báscula *f* de peso móvil
fr balance *f* à curseur; balance *f* à poids curseur; balance *f* romaine

4351
en **steep**; steepwater; steeping water
de Einweichwasser *n* (Mälzerei)
es agua *f* de remojo
fr eau *f* de trempe

4352
en **steeping**
de Weichen *n*; Weichprozeß *m* (Mälzerei)
es remojo *m* (maltería)
fr trempage *m*

4353
en **stem end rot**; stem end decay
de Stengelfäule *f*; Stielfäule *f*
es podredumbre *f* del extremo del tallo
fr pourriture *f* de la tige

4354
en **stem vegetables**
de Stengelgemüse *n*
es verduras *pl f* de tallo; hortalizas *pl f* de tallo
fr légume-tige *m*

4355
en **sterile**; germfree
de steril; keimfrei
es estéril
fr stérile

4356
en **sterile filling**
de Sterilabfüllung *f*
es envasado *m* estéril
fr soutirage *m* stérile; remplissage *m* stérile

4357
en **sterile filtration**; sterilizing filtration
de Sterilfiltration *f*; Entkeimungsfiltration *f*; Kaltentkeimung *f*
es filtración *f* estéril
fr filtration *f* stérile

4358
en **sterility**
de Sterilität *f*
es esterilidad *f*
fr stérilité *f*

4359
en **sterilization temperature**; retort temperature US
de Sterilisationstemperatur *f*
es temperatura *f* de esterilización
fr température *f* de stérilisation

4360
en **sterilize**; sterilise
de sterilisieren
es esterilizar
fr stériliser

4361
en **sterilizing filter**
de Entkeimungsfilter *n*
es filtro *m* de esterilización
fr filtre *m* de stérilisation

4362
en **stevioside**
de Steviosid *n*
es esteviósido *m* (edulcorante)
fr stévioside *m*

4363
en **stew**; one-pot meal; chowder US
de Eintopfgericht *n*; Eintopf *m*
es plato *m* único
fr plat *m* unique; potée *f*

4364
en **stickiness**; liminess
de Leimigkeit *f* (Schinken)
es pegajosidad *f* (jamón)
fr état *m* collant; état *m* visqueux

4365
en **stickings GB**
de Kamm *m*; Halsstück *n*; Stich *m* (Rind)
es pescuezo *m*; morrillo *m* (carne)
fr collet *m*

4366
en **sticky**; limy
de leimig (Schinken)
es pegajoso (jamón)
fr collant; visqueux

4367
en **stiff**
de zäh; fest
es rígido
fr raide; rigide; dur; coriace

4368
en **still**; pot; distilling vessel; retort; distilling flask; distillation flask
de Destillierblase *f*; Brennblase *f*; Destillierkolben *m*; Destillationsgefäß *m*
es alambique *m*
fr alambic *m*

4369
en **still**
de Destillierapparat *m*
es destilador *m*
fr appareil *m* à distiller

4370
en **still**
de still; kohlensäurefrei
es tranquilo; sin carbónico
fr tranquille; non gazeux; dépourvu d'acide carbonique

4371
en **still air freezing**
de Gefrieren *n* in ruhender Luft
es refrigeración *f* en aire en reposo
fr congélation *f* par air calme; congélation *f* en air immobile

4372
en **still head**
de Helm *m* (Destillierapparat)
es caperuza *f* (aparato de destilación)
fr chapiteau *m*; chapeau *m*

4373
en **still room GB**
de Brennraum *m* (Branntweinbrennerei)
es cámara *f* de destilación (destilación de aguardiente)
fr distillerie *f*

4374
en **still wash**; still slops; distilling slops
de Destillationsrückstände *pl m* (Branntweinbrennerei)
es residuos *pl m* de destilación
fr petites-eaux *pl f*

4375
en **still wine**
de Stillwein *m*
es vino *m* tranquilo
fr vin *m* tranquille

4376
en **stir**; agitate
de rühren; umrühren; aufrühren; durchrühren
es agitar; batir
fr remuer; touiller; agiter

4377
en **stirred yoghourt GB**; Swiss style yoghourt US
de Rührjoghurt *m*
es yogur *m* batido; yogur *m* estilo suizo
fr yaourt *m* liquide; yoghourt *m* liquide

4378
en **stitch pumping**; spray pumping
de Muskelspritzung *f*; Hohlnadelspritzpökelung *f*
es inyección *f* para curado
fr injection *f* musculaire; injection *f* de saumure; saumurage *m* par injection

4379
en **stock**; stockage; store
de Lager *n*; Bestand *m*; Warenlager *n*; Warenbestand *m*
es almacén *m*
fr dépôt *m*; entrepôt *m*; magasin *m*; entrepôt *m* de marchandises

4380
en **stock bin**; store; bulk bin
de Lagerbehälter *m*; Vorratsbehälter *m*
es recipiente *m* de almacenamiento
fr réservoir *m* d'entreposage; réservoir *m* de stockage

4381
en **stockfish**; dried cod
de Stockfisch *m*
es bacalao *m* seco
fr morue *f*; morue *f* séchée; merluche *f*

4382
en **stock solution**
de Stammlösung *f*; Vorratslösung *f*
es solución *f* de reserva
fr solution *f* mère; solution *f* stock

4383
en **stockyard**
de Viehhof *m*
es corral *m* de ganado
fr parc *m* à bestiaux

4384
en **stomach**
de Magen *m*
es estómago *m*
fr estomac *m*

4385
en **stone GB**; pit US; putamen
de Stein *m* (Steinfrucht)
es hueso *m* (frutas)
fr noyau *m*

4386
en **stone GB**; pit US
de entsteinen (Steinfrucht)
es deshuesar (frutas)
fr dénoyauter

4387
en **stone bottle**
de Steinzeugflasche *f*
es botella *f* de cerámica; caneca *f*
fr bouteille *f* en grès; bouteille *f* en grès cérame

4388
en **stone milling**
de Steinvermahlung *f*; Gangvermahlung *f*
es molienda *f* con muela
fr broyage *m* à la meule

4389
en **stone oven**
de Steinbackofen *m*
es horno *m* de mamposteria
fr four *m* en pierres réfractaires

4390
en **stoner**; stoning machine; pitter US
de Entsteiner *m* (Früchte)
es deshuesador *m* (frutas)
fr dénoyauteur *m*

4391
en **stopper**; stopple
de Stopfen *m*; Stöpsel *m*
es tapón *m*
fr bouchon *m*

4392
en **stopper**; stopple
de zustöpseln
es taponar
fr boucher

4393
en **storable**
de lagerfähig
es almacenable
fr entreposable

4394
en **storage**
de Speichern *n*; Speicherung *f*
es almacenamiento *m*
fr entreposage *m*; stockage *m*; emmagasinage *m*

4395
en **storage bin**
de Lagerkiste *f*
es cajón *m* de almacenamiento
fr caisse *f* de stockage

4396
en **storage disease**; storage disorder
de Lagerschaden *m*; Lagerkrankheit *f*
es deterioro *m* por almacenamiento
fr dégats *pl m* de stockage; dégats *pl m* d'entreposage; altération *f* de stockage

4397
en **storage tank**; holding tank; supply tank; detention tank
de Lagertank *m*; Vorratstank *m*
es tanque *m* de almacenamiento
fr réservoir *m* de stockage; tank *m* de stockage; tank *m* de garde; tank *m* d'attente

4398
en **store**; warehouse
de Lager *n*; Lagerhaus *n*
es almacén *m*; depósito *m*
fr entrepôt *m*; dépôt *m*; magasin *m*

4399
en **store**; stock
de lagern; einlagern; speichern
es almacenar
fr entreposer; stocker; emmaganiser

4400
en **store cattle GB**
de Mastvieh *n*
es ganado *m* de engorde
fr bétail *m* à l'engrais

4401
en **stormy fermentation**; tumultuous fermentation
de stürmische Gärung *f*; Hauptgärung *f*
es fermentación *f* tumultuosa
fr fermentation *f* tumultueuse

4402
en **stove**
de warmhalten
es mantener caliente
fr garder au chaud; tenir au chaud; mettre au chaud

4403
en **straight dough method US**; plain dough method GB; short method
de direkte Teigführung *f*
es método *m* directo de obtención de masa
fr procédé *m* direct de panification

4404
en **strain**
de entsaften
es colar; extraer el jugo
fr extraire le jus

4405
en **strain by steam**
de dampfentsaften
es extraer el jugo *f* con vapor
fr extraire le jus à la vapeur

4406
en **strained honey**
de Schleuderhonig *m*
es miel *f* colada
fr miel *m* extrait; miel *m* d'extracteur

4407
en **strainer**; passe-vite
de Passiersieb *n*
es colador *m*
fr passoire *f*; chinois *m*

4408
en **straining cloth**; strainer; tammy
de Siebtuch *n*
es tela *f* de filtro; tela *f* de tamiz
fr toile *f* à tamiser; toile *f* à bluter; étamine *f*

4409
en **strawberry**
de Erdbeere *f*
es fresa *f*
fr fraise *f*

4410
en **strawy**; straw-like
de strohig (Geschmack)
es a paja (sabor)
fr pailleux; de paille

4411
en **streak**
de Fettstreifen *m* (Fleisch)
es veta *f* de grasa
fr infiltration *f* de graisse; veine *f* de graisse (viande persillée)

4412
en **streaked**; streaky; marbled
de durchwachsen (Speck)
es veteado (tocino)
fr lard *m* gras; gros lard *m*

4413
en **strength**
de Stärke *f*; Gehalt *m* (Alkohol)
es graduación *m* (alcohol)
fr richesse *f*; teneur *f*

4414
en **stress crazing**
de Spannungsrißbildung *f*
es agrietamiento *m* por tensiones
fr formation *f* de fissures de contrainte

4415
en **stress solvent crazing**
de Spannungsrißkorrosion *f*
es agrietamiento *m* por corrosión
fr corrosion *f* de contrainte fissurante

4416
en **stretch**
de langwirken (Teig)
es estirar (masa)
fr reposer longtemps

4417
en **string**
de Faden *m* (Bohne)
es hebra *f* (judía)
fr fil *m*

4418
en **stringy**
de faserig (Gemüse)
es fibroso
fr fibreux (légume); finandreux (viande)

4419
en **strip**
de Streifen *m*
es banda *f*
fr bande *f*; filet *m*; rayure *f*; zébrure *f*

4420
en **strip**
de abbeeren (Weintrauben)
es descobajar
fr égrapper

4421
en **strip conveyer**
de Riemenförderer *m*
es transportador *m* de cinta
fr transporteur *m* à bande; convoyeur *m* à bande

4422
en **strong**
de kräftig; gehaltvoll; stark
es fuerte
fr fort; puissant; solide; corsé (vin)

4423
en **strong**
de alkoholreich
es fuerte (rico en alcohol)
fr riche en alcool

4424
en **strong flour**
de kleberstarkes Mehl *n*
es harina *f* rica en gluten
fr farine *f* de force; farine *f* riche en gluten

4425
en **stuff**
de füllen; farcieren
es rellenar
fr fourrer; farcir

4426
en **stuffer**
de Füllmaschine *f*
es máquina *f* rellenadora
fr remplisseuse *f*

4427
en **stuffing**
de Füllung *f*; Füllmaterial *n*; Füllstoff *m*
es rellenado *m* (en general)
fr produit *m* de remplissage; matière *f* de fourrage; fourrage *m*; farce *f*

4428
en **stun**
de betäuben (Tiere, vor der Schlachtung)
es anestesiar (animales, antes del sacrificio); aturdir
fr étourdir; assommer; anesthésier

4429
en **submersible pump**
de Tauchpumpe *f*
es bomba *f* sumergible
fr pompe *f* submersible

4430
en **substandard US**
de unter der Norm *f*
es por debajo de la norma
fr inférieur à la norme; sous la norme; en dessous de la norme

4431
en **substantial**
de kräftig; gehaltvoll (Mahlzeit)
es nutritivo; sustancioso
fr nutritif; riche; substanciel; copieux

4432
en **substitute**; replacement; replacer; ersatz; surrogate
de Ersatzmittel *n*; Ersatz *m*; Surrogat *n*
es sucedáneo *m*
fr produit *m* de remplacement; produit *m* de substitution; succédané *m*; ersatz *m*

4433
en **sucker**; suck pig; sucking pig
de Spanferkel *n*
es lechón *m*
fr cochon *m* de lait

4434
en **sucking lamb**
de Milchlamm *n*
es cordero *m* lechal
fr agneau *m* de lait

4435
en **sucroglyceride**
de Zuckerglycerid *n*
es glicérido *m* de azúcar
fr sucroglycéride *m*

4436
en **sucrose**
de Saccharose *f*
es sacarosa *f*
fr saccharose *m*

4437
en **sucrose ester**; sugar ester
de Zuckerester *m*; Saccharoseester *m*
es éster *m* de sacarosa
fr ester *m* de saccharose

4438
en **sucrose ester of fatty acids**; sucrose fatty acids ester
de Ester *m* von Saccharose mit Speisefettsäuren
es éster *m* de sacarosa con ácidos grasos
fr ester *m* d'acide gras du saccharose

4439
en **suction filter**; nutsch filter
de Saugfilter *n*; Saugnutsche *f*; Filternutsche *f*; Nutsche *f*
es filtro *m* de succión
fr filtre *m* à succion; filtre *m* aspirant

4440
en **suction pump**
de Saugpumpe *f*
es bomba *f* de succión
fr pompe *f* à succion; pompe *f* aspirante

4441
en **suet**; leaf fat
de Nierenfett *n* (Rind o. Hammel)
es grasa *f* de riñón
fr graisse *f* de rognons; graisse *f* animale

4442
en **sugar**
de Zucker *m* (allgemein)
es azúcar *m* (en general)
fr sucre *m*

4443
en **sugar**; table sugar
de Zucker *m*; Haushaltszucker *m*
es azúcar *m* (de consumo doméstico)
fr sucre *m*; sucre *m* de table; sucre *m* de ménage

4444
en **sugar**; sweeten
de zuckern; mit Zucker süßen
es azucarar; endulzar con azúcar
fr sucrer

4445
en **sugar alcohol**
de Zuckeralkohol *m*
es alcohol *m* de azúcar
fr polyol *m*

4446
en **sugar bloom**
de Zuckerreif *m* (Schokolade)
es eflorescencia *f* de azúcar (chocolate)
fr givre *m* de sucre; blanchiment *m* sucré

4447
en **sugar cane**; cane
de Zuckerrohr *n*
es caña *f* de azúcar
fr canne *f* à sucre

4448
en **sugar cane crusher**
de Zuckerrohrbrecher *m*
es triturador *m* de caña de azúcar
fr coupe-canne *m*

4449
en **sugar cane mill**
de Zuckerrohrmühle *f*
es ingenio *f* de azúcar de caña; refinería *f* de azúcar de caña
fr broyeur *m* de canne à sucre

4450
en **sugar coating machine**
de Drageemaschine *f*
es máquina *f* para recubrir con azúcar
fr enrobeuse *f* de sucre; machine *f* à dragéifier

4451
en **sugar house**
de Zuckerhaus *n*
es sala *f* de cristalización (fase final de las fábricas de azúcar)
fr atelier *m* de cristallisation

4452
en **sugar loaf**; sugar cone
de Zuckerhut *m*
es pan *m* de azúcar; pilón *m* de azúcar
fr pain *m* de sucre

4453
en **sugar maple**; sugar tree; rock maple
de Zuckerahorn *m*
es arce *m* azucarero
fr érable *m* à sucre; érable *m* du Canada

4454
en **sugar palm**
de Zuckerpalme *f*
es palma *f* azucarera
fr palmier *m* à sucre

4455
en **sugar refinery**
de Zuckerraffinerie *f*
es refinería *f* de azúcar
fr raffinerie *f* de sucre

4456
en **sugar sorghum**
de Zuckerhirse *f*
es mijo *m* azucarero
fr sorgho *m* à sucre

4457
en **sugary**
de zuckerhaltig; zuckerig
es azucarado
fr sucré

4458
en **sulphate GB**; sulfate US
de Sulfat *n*
es sulfato *m*
fr sulfate *m*

4459
en **sulphide GB**; sulfide US
de Sulfid *n*
es sulfuro *m*
fr sulfure *m*

4460
en **sulphite GB**; sulfite US
de Sulfit *n*
es sulfito *m*
fr sulfite *m*

4461
en **sulphite**; sulphurate; sulphurize; sulphur
de schwefeln; einschwefeln; ausschwefeln
es sulfitar
fr soufrer; ensoufrer

4462
en **sulphiting agent**
de Schwefelungsmittel *n*
es agente *m* de sulfitación
fr agent *m* de soufrage; produit *m* pour soufrer

4463
en **sulphur GB**; sulfur US
de Schwefel *m*
es azufre *m*
fr soufre *m*

4464
en **sulphur dioxide GB**; sulfur dioxide US
de Schwefeldioxid *n*
es dióxido *m* de azufre
fr dioxyde *m* de soufre; anhydride *m* sulfureux

4465
en **sulphurous acid GB**; sulfurous acid US
de schweflige Säure *f*
es ácido *m* sulfuroso
fr acide *m* sulfureux

4466
en **sultana GB**; sultana raisin; seedless raisin US
de Sultanine *f*
es pasa *f* sultana
fr sultanine *f*

4467
en **summer corn**; spring corn; spring grain
de Sommergetreide *n*
es cereales *pl m* de verano; cereales *pl m* de primavera
fr blé *m* de printemps

4468
en **sun drying**; solar drying
de Trocknung *f* an der Sonne
es secado *m* al sol
fr séchage *m* au soleil

4469
en **sunflower**
de Sonnenblume *f*
es girasol *m*
fr tournesol *m*

4470
en **sunflower oil**; sunflower seed oil
de Sonnenblumenöl *n*
es aceite *m* de girasol
fr huile *f* de tournesol

S

4471
en **sunlight flavour**; light induced flavour; light struck flavour
de Lichtgeschmack *m*
es sabor *m* inducido por la luz (leche)
fr goût *m* de lumière

4472
en **supercooling**; superchilling; undercooling
de Unterkühlung *f*
es sobreenfriamiento *m*
fr surfusion *f*

4473
en **superheated steam**
de überhitzter Dampf *m*
es vapor *m* sobrecalentado
fr vapeur *f* surchauffée

4474
en **supplement**
de Zusatz *m* (Ergänzung)
es suplemento *m*; aditivo *m*
fr supplément *m*

4475
en **supplementary**; supplemental
de ergänzend; anreichernd
es suplementario
fr supplémentaire

4476
en **surface active agent**; surfactant US; surface tension control agent
de oberflächenaktive Substanz *f*
es agente *m* tensioactivo
fr agent *m* tensio-actif; substance *f* tensio-active; tensio-actif *m*; agent *m* mouillant; surfactant *m*

4477
en **surface cooler**
de Oberflächenkühler *m*
es refrigerador *m* de superficie
fr refroidisseur *m* de surface; refroidisseur *m* de surface à ruissellement

4478
en **surface filtration**
de Oberflächenfiltration *f*
es filtración *f* superficial
fr filtration *f* de surface

4479
en **surface treatment**
de Oberflächenbehandlung *f*
es tratamiento *m* superficial
fr traitement *m* de surface

4480
en **surface water**
de Oberflächenwasser *n*
es aguas *pl f* superficiales
fr eau *f* de surface; eau *f* de ruissellement

4481
en **suspending agent**
de Suspendiermittel *n*
es agente *m* de suspensión
fr agent *m* de suspension

4482
en **suspensible**
de suspendierbar
es suspendible
fr pouvant être mis en suspension; suspensible

4483
en **suspension**
de Suspension *f*; Aufschwemmung *f*
es suspensión *f*
fr suspension *f*

4484
en **swallow**
de Schluck *m*
es trago *m*
fr gorgée *f*

4485
en **sweep mill**
de Fegemühle *f*
es molino *m* de barrido
fr broyeur *m* à pales; broyeur *m* à palettes

4486
en **sweet**; sweet flavoured
de süß
es dulce; de sabor dulce
fr sucré; doux; édulcoré

4487
en **sweet**
de unverdorben; frisch
es fresco; no deteriorado
fr frais; non avarié; non gâté; non altéré

4488
en **sweet almond**
de Süßmandel *f*; Süße Mandel *f*
es almendra *f* dulce
fr amande *f* douce

4489
en **sweet corn US**; sweet maize; sugar corn
de Zuckermais *m*; Süßmais *m*
es maíz *m* dulce
fr maïs *m* doux

4490
en **sweet cream butter**
de Süßrahmbutter *f*
es mantequilla *f* dulce
fr beurre *m* doux; beurre *m* de crème douce

4491
en **sweeten**
de süßen; süß machen
es endulzar
fr sucrer; adoucir; édulcorer

4492
en **sweetener**; sweetening agent
de Süßungsmittel *n*; Süßmittel *n*
es edulcorante *m*
fr édulcorant *m*; agent *m* édulcorant

4493
en **sweetness**; sweet; sweet taste
de Süße *f*; Süßheit *f*; Süßgeschmack *m*
es dulzor *m*; sabor *m* dulce
fr goût *m* sucré; saveur *f* sucrée

4494
en **sweetness intensity**; sweetness potency; sweetening power
de Süßkraft *f* (Süßstoff)
es intensidad *f* edulcorante; fuerza *f* edulcorante
fr pouvoir *m* sucrant

4495
en **swell**
de Bombage *f*
es hinchazón *f* (lata de conserva)
fr gonflement *m*; bombage *m*; flochage *m*

4496
en **swell**; blow
de bombieren; auftreiben; sich aufblähen (Konservendose)
es hincharse; inflarse (lata de conserva)
fr gonfler; bomber; se bomber; flocher

4497
en **swill**; deglaze
de ablöschen
es apagar; extinguir
fr déglacer

4498
en **swinging churn**; swing churn
de Schwingbutterfaß *n*
es mantequero *f* oscilante
fr baratte *f* pivotante; baratte *f* basculante

S

4499
en **swing stopper**
de Bügelverschluß *m* (Flasche)
es cierre *m* de tipo cangrejo (botella)
fr bouchon *m* mécanique

4500
en **Swiss roll GB**; jelly roll US
de Biskuitrolle *f*; Biskuitroulade *f*
es brazo *m* de gitano; rollo *m* suizo
fr roulé *m* de biscuit; roulé *m* de biscuit fourré; bûche *f*

4501
en **synergist**
de Synergist *m*
es sinérgico *m*
fr synergiste *m*; agent *m* de synergie

4502
en **syrup GB**; sirup US
de Sirup *m*; Zuckersirup *m*
es jarabe *m*; jarabe *m* de azúcar
fr sirop *m*; sirop *m* de sucre

4503
en **syrupy GB**; syruplike; sirupy US; treacly
de sirupartig; sirupös; sirupähnlich
es siruposo
fr sirupeux

4504
en **table conveyer**
de Fördertisch *m*
es mesa *f* transportadora
fr table *f* transporteuse

4505
en **tablet**
de Tablette *f*
es tableta *f*
fr comprimé *m*; pastille *f*; cachet *m*

4506
en **tablet**
de tablettieren; zu Tabletten verpressen
es hacer tabletas
fr presser; presser en comprimé; presser en cachet

4507
en **tableting aid**
de Tablettierhilfsmittel *n*
es aditivo *m* para elaborar tabletas
fr auxiliaire *m* de pressage de comprimé

4508
en **table-top sweetener**
de Tafelsüßstoffzubereitung *f*
es edulcorante *m* de mesa
fr édulcorant *m* de table

4509
en **tache**
de Verdampferpfanne *f* (Rübenzuckerfabrikation)
es tacho *m*; caldera *f* de evaporación *m* (fabricación de azúcar de remolacha)
fr chaudière *f* d'évaporation; appareil *m* d'évaporation

4510
en **tag**; ticket
de Preisschildchen *n*; Anhängeretikett *n*
es etiqueta *f*
fr étiquette *f* de tarification; étiquette *f* d'affichage de prix; écriteau *m* d'affichage de prix; étiquette *f* à accrocher

4511
en **tagetes oil**
de Tagetesöl *n*
es esencia *m* de tagetes
fr huile *f* de tagette; huile *f* d'œillet d'Inde

4512
en **taggers**
de Feinstblech *n*
es chapa *f* fina de hojalata
fr tôle *f* mince; tôle *f* en fer-blanc mince

4513
en **tail**
de Schwanzstück *n*; Schwanz *m*
es pezón *m* (fruta)
fr queue *f*; culotte *f* (bœuf)

4514
en **tail**
de entstielen; putzen (Früchte)
es despezonar (fruta)
fr équeuter

4515
en **taint**
de Knochenfäulnis *f*; Knochenfäule *f* (Schinken)
es pudrición *f* del hueso (jamón)
fr pourriture *f* de l'os

4516
en **taint**
de Stich *m* (Geruchsfehler bei Fleisch)
es pudrición *f* (defecto de olor en la carne)
fr état *m* piqué

4517
en **taint**
de fremd; fremdartig (Geruch)
es extraño (olor)
fr étranger

4518
en **talc**; talcum
de Talkum *n*; Talk *m*
es talco *m*
fr talc *m*

4519
en **tallow**
de Talg *m*
es sebo *m*
fr suif *m*

4520
en **tallowy**
de talgig; talgähnlich
es seboso; sebáceo
fr graisseux; semblable au suif

4521
en **tamarind**
de Tamarindenfrucht *f*
es tamarindo *m*
fr gousse *f* de tamarin

4522
en **tamper**; interfere
de manipulieren (Lebensmittelpackung)
es manipular (indebidamente en envase de alimentos)
fr manipuler; trifouiller; toucher à; fausser

4523
en **tandem**
de Rohrwalzenmühle *f* (Rübenzuckerfabrikation)
es molino *m* de rodillos tubulares (fabricación de azúcar de remolacha)
fr laminoir *m* tandem; broyeur *m* tandem

4524
en **tang**
de scharfer Beigeschmack *m*
es resabio *m*; gustillo *m*
fr arrière-goût *m* piquant; arrière-goût *m* fort

4525
en **tang**
de scharfer Nebengeruch *m*
es olor *m* penetrante
fr odeur *f* parasite piquante; odeur *f* piquante

4526
en **tangerine**
de Tangerine *f*
es tangerina *f*
fr tangerine *f*

4527
en **tank**
de Tank *m*
es tanque *m*
fr réservoir *m*; citerne *f*; cuve *f*; tank *m*

4528
en **tank process**; Charmat process
de Tankgärung *f* (Sektherstellung)
es fermentación *f* en tanque
fr fermentation *f* en cuve; fermentation *f* en tank

4529
en **tannic acid**
de Gerbsäure *f*
es ácido *m* tánico
fr acide *m* tannique

4530
en **tannin**
de Gerbstoff *m*; Tannin *n*
es tanino *m*
fr tannin *m*; tanin *m*

4531
en **tap**
de Hahn *m*; Zapfhahn *m*
es grifo *m*; espita *f*
fr robinet *m*; chantepleure *f*; bonde *f*; bondon *m*; fausset *m*

4532
en **tap**
de anstechen; anzapfen (Faß)
es pinchar; espichar (barril)
fr mettre en perce; percer

4533
en **tape**
de banderolieren
es precintar con banderola
fr enrubanner; rubaner; poser un ruban; bander

4534
en **tape**; banderole
de Banderole *f*; Verschlußstreifen *m*
es precinto *m*; banderola *f* de cierre
fr bande *f*; ruban *m*; ruban *m* adhésif; lanière *f*

4535
en **tapioca starch**
de Tapiokastärke *f*
es almidón *m* de tapioca
fr amidon *m* de tapioca

4536
en **tapping**
de Klopfen *n* (Schokoladeherstellung)
es sacudido *m* (fabricación de chocolate)
fr tapotage *m*

4537
en **tapping table**; continuous tapping table; shaking table
de Klopftisch *m*; Klopfbahn *f* (Schokoladeherstellung)
es mesa *f* de sacudido (fabricación de chocolate)
fr table *f* de tapotage

4538
en **tap water**
de Leitungswasser *n*
es agua *f* del grifo
fr eau *f* du robinet

4539
en **tara gum**; Peruvian carob
de Tarakernmehl *n*
es goma *f* tara; algarrobo *m* del Perú
fr gomme *f* de Tara

4540
en **tarragon**; taragon
de Estragon *m*
es estragón *m*
fr estragon *m*

4541
en **tart**
de Torte *f*
es tarta *f*; pastel *m*
fr tarte *f*

4542
en **tart**
de herb; streng (Geschmack)
es seco; áspero (sabor)
fr âpre; acerbe; piquant; acide; astringent; vert

4543
en **tartar**; cream of tartar
de Weinstein *m*
es tártaro *m*
fr tartre *m*

4544
en **tartaric acid**
de Weinsäure *f*
es ácido *m* tartárico
fr acide *m* tartrique

4545
en **tartaric and fatty acid estes of glycerol**; tartaric acid esters of mono- and diglycerides; tartrated mono- and diglycerides
de Diglyceride *pl n* von Speisefettsäuren verestert mit Weinsäure; Weinsäureester *pl m* der Mono- und Diglyceride von Speisefettsäuren
es ésteres *pl m* tartáricos de mono- y diglicéridos de ácidos grasos
fr esters *pl m* tartriques des mono- et diglycérides d'acides gras; esters *pl m* d'acide tartrique et d'acides gras du glycérol

4546
en **tartness**
de Herbheit *f*; Strenge *f* (Geschmack)
es sequedad *f*; aspereza *f* (sabor)
fr âpreté *f*; acerbité *f*; aigreur *m*; verdeur *f*

4547
en **tartrate**
de Tartrat *n*
es tartrato *m*
fr tartrate *m*

4548
en **tartrazine**; tartrazin; FD&C yellow 5
de Tartrazin *n*
es tartrazina *f*
fr tartrazine *f*

4549
en **taste**; sapor; sapour GB
de Geschmack *m*
es sabor *m*
fr goût *m*; saveur *f*

4550
en **taste**
de Geschmackssinn *m*
es gusto *m*
fr goût *m*; sens *m* du goût

4551
en **taste**
de kosten; verkosten
es catar; probar
fr goûter; déguster

4552
en **taste defect**
de Geschmacksfehler *m*
es defecto *m* del sabor
fr défaut *m* de goût

4553
en **taste profile**; flavour profile
de Geschmacksprofil *n*
es perfil *m* del sabor
fr profil *m* de goût; profil *m* de saveur; profil *m* de flaveur

4554
en **taste sensation**
de Geschmacksempfindung *f*
es percepción *f* del sabor
fr sensation *f* liée au goût; sensation *f* liée à la saveur

4555
en **taste threshold**
de Geschmacksschwellenwert *m*
es umbral *m* de sabor; límite *m* de percepción del sabor
fr seuil *m* de goût; seuil *m* de saveur

4556
en **tea**; tea plant
de Teestrauch *m*
es té *m*; planta *f* del té
fr théier *m*

4557
en **tea**
de Tee *m* (Teeaufguß)
es té *m* (infusión)
fr thé *m*

4558
en **tea bag**; tea filter bag
de Teebeutel *m*
es bolsa *f* de té
fr sachet *m* de thé

4559
en **tea extract**; tea essence
de Tee-Extrakt *m*; Teekonzentrat *n*
es extracto *m* de té
fr extrait *m* de thé; concentré *m* de thé

4560
en **tear off pack**
de Aufreißpackung *f*
es envase *m* rasgable; envase *m* para apertura rápida
fr emballage *m* avec bande déchirable

4561
en **technologically essential**
de technisch notwendig (Lebensmittelzusatzstoff)
es tecnológicamente necesario (aditivo alimentario)
fr nécessaire d'un point de vue technique; techniquement indispendable

4562
en **technological need**
de technische Notwendigkeit *f*
es necesidad *f* tecnológica
fr nécessité *f* technique; nécessité *f* d'ordre technique

4563
en **teinturier wine**
de Deckwein *m*
es vino *m* tintorero
fr vin *m* de coupe

4564
en **temper**
de temperieren (Schokolade)
es temperar
fr tempérer

4565
en **temperature**
de Temperatur *f*
es temperatura *f*
fr température *f*

4566
en **tempering**
de Netzen u. Abstechen *n* (Getreide)
es atemperación (cereales)
fr tremper; mouiller

4567
en **temporary hardness**
de temporäre Härte *f* (Wasser)
es dureza *f* temporal
fr dureté *f* temporaire

4568
en **temporary permit**
de Ausnahmegenehmigung *f*
es permiso *m* temporal
fr autorisation *f* temporaire

4569
en **tender**
de zart (Fleisch)
es tierno (carne)
fr tendre

4570
en **tenderize**
de zartmachen (Fleisch)
es ablandar (carne)
fr attendrir

4571
en **tenderizer**
de Zartmacher *m* (Fleisch)
es ablandador *m* (carne)
fr attendrisseur *m*

4572
en **tenderloin of veal**; fillet of veal
de Kalbsfilet *n*; Kalbslende *f*
es filete *m* de ternera
fr carré *m* de veau

4573
en **tenderometer**
de Reifegradmesser *m* (Gerät zur Messung der Zartheit von Früchten, Fleisch u. dergleichen)
es tenderómetro *m* (aparato para medida de la blandura de frutas, carne y similares)
fr pénétromètre *m*

4574
en **tendon**; sinew
de Sehne *f*; Flechse *f*
es tendón *m*
fr tendon *m*

4575
en **terpene**
de Terpen *n*
es terpeno *m*
fr terpène *m*

4576
en **terpeneless**
de terpenfrei
es sin terpenos
fr sans terpènes; dépourvu de terpènes; déterpèné

4577
en **tertiary butyl hydroquinone**; TBHQ
de tert.-Butylhydrochinon *n*; TBHQ *n*
es butilhidroquinona *f* terciaria
fr tert.-butylhydroquinone *f*; TBHQ *f*

4578
en **test**; trial
de Versuch *m*; Probe *f*
es ensayo *m*; prueba *f*
fr essai *m*; test *m*; contrôle *m*

4579
en **testing equipment**; testing unit
de Prüfeinrichtung *f*; Prüfgerät *n*; Prüfvorrichtung *f*
es equipo *m* de ensayo
fr équipement *m* de contrôle; installation *f* de contrôle; unité *f* de contrôle

4580
en **test mill**
de Versuchsmühle *f*
es molino *m* de ensayo
fr broyeur *m* d'essais; broyeur *m* pilote

4581
en **texture**
de Textur *f*; Struktur *f*; Gefüge *n*
es textura *f*
fr texture *f*; structure *f*

4582
en **texture**
de texturieren
es texturar
fr texturer

4583
en **textured vegetable protein**; texturized vegetable protein; TVP
de texturiertes Pflanzeneiweiß *n*
es proteína *f* vegetal texturada
fr protéine *f* végétale texturée

4584
en **texturization**
de Schnellkühlverfahren *n* (Margarineherstellung)
es texturización *f*; procedimiento *m* de refrigeración rápida (fabricación de margarina)
fr texturation *f*; solidification *f* par refroidissement; émulsification-solidification *f*

4585
en **texturizer**; texturizing agent; consistency control agent
de Strukturiermittel *n*; Texturierhilfsmittel *n*
es texturizador *m*; agente *m* estructurante
fr texturant *m*; agent *m* de texturation; agent *m* texturant

4586
en **thaumatin**
de Thaumatin *n*
es taumatina *f*
fr thaumatine *f*

4587
en **thaw**; defrost; unfreeze
de auftauen
es descongelar
fr décongeler

4588
en **thawing time**
de Auftauzeit *f*
es tiempo *m* de descongelación
fr temps *m* de décongélation

4589
en **theobromine**
de Theobromin *n*
es teobromina *f*
fr théobromine *f*

4590
en **theophylline**
de Theophyllin *n*
es teofilina *f*
fr théophylline *f*

4591
en **theoretical plate**
de theoretischer Boden *m* (Destillation)
es plato *m* teórico (destilación)
fr plateau *m* théorique

4592
en **thermal**
de thermisch
es térmico
fr thermique

4593
en **thermal conductivity**; heat conductivity
de Wärmeleitfähigkeit *f*
es conductividad *f* térmica
fr conductibilité *f* thermique

4594
en **thermal death time**
de thermische Abtötungszeit *f*
es tiempo *m* de desinfección térmica
fr temps *m* de destruction thermique

4595
en **thermal process**
de Wärmebehandlungsverfahren *n*
es proceso *m* térmico
fr procédé *m* thermique

4596
en **thermoduric**
de hitzeresistent (Mikrobiologie)
es termorresistente (microbiología)
fr thermorésistant

4597
en **thermometre GB**; thermometer US
de Thermometer *n*
es termómetro *m*
fr thermomètre *m*

4598
en **thermophile**; thermophil; thermophilic
de thermophil; wärmeliebend (Mikrobiologie)
es termófilo (microbiología)
fr thermophile

4599
en **thiabendazol**
de Thiabendazol *n*
es tiabendazol *m*
fr thiabendazole *m*

4600
en **thiamin**; aneurin
de Thiamin *n*; Aneurin *n*; Vitamin B 1 *n*
es tiamina *f*; aneurina *f*; vitamina f B 1
fr thiamine *f*; aneurine *f*; vitamine B 1 *f*

4601
en **thick**; viscous; viscid; waxy
de dickflüssig; dick; zähflüssig; viskos
es espeso; viscoso
fr épais; visqueux; consistant

4602
en **thick-cooking**
de dickkochend (Stärke)
es espesable al cocer (almidón)
fr épais à la cuisson; consistant à la cuisson

4603
en **thicken**; bind
de verdicken; andicken; ansämen
es espesar
fr épaissir; lier

4604
en **thicken**
de legieren; binden (Suppe)
es ligar; espesar (sopa)
fr lier

4605
en **thickening agent**; thickener; binding agent; binder
de Verdickungsmittel *n*; Dickungsmittel *n*; Bindemittel *n*
es espesante *m*; agente *m* espesante
fr épaississant *m*; liant *m*

4606
en **thickness**; viscosity
de Zähflüssigkeit *f*; Dickflüssigkeit *f*; Viskosität *f*
es espesor *m*; viscosidad *f*
fr viscosité *f*; consistance *f*

4607
en **thickness**
de Falzdicke *f* (Konservendose)
es espesor *m* (lata de conserva)
fr épaisseur *f* d'agrafe

4608
en **thief**
de Stechheber *m*
es pipeta *f*; tubo *m* muestreador
fr tâte-vin *m*; taste-vin *m*; canne *f* échantillonneuse

4609
en **thigh**
de Keule *f* (Geflügel)
es muslo *m* (aves)
fr cuisse *f*

4610
en **thin**
de dünn; dünnflüssig
es fluído; ligero
fr fluide; liquide; peu épais

4611
en **thin-boiling**
de dünnkochend (Stärke)
es diluible al cocer (almidón)
fr soluble à la cuisson (amidon)

4612
en **thin film evaporator**
de Dünnschichtverdampfer *m*
es evaporador *m* de película delgada
fr évaporateur *m* à pellicule mince; évaporateur *m* à film mince

4613
en **thin juice**
de Dünnsaft *m*; Grünsaft *m* (Zuckerfabrikation)
es jugo *m* diluído (fabricación de azúcar)
fr jus *m* léger; jus *m* clair; jus *m* épuré

4614
en **thin layer dryer**
de Dünnschichttrockner *m*
es secadora *f* de capa fina
fr sécheur *m* à couche mince

4615
en **thin sheet**
de Feinblech *n*
es chapa *f* fina
fr tôle *f* mince

4616
en **thin sheet package**
de Feinblechverpackung *f*
es envase *m* de chapa fina
fr emballage *m* de tôle mince

4617
en **thirst**
de Durst *m*
es sed *f*
fr soif *f*

4618
en **thirst quencher**
de Durstlöscher *m*; durstlöschendes Getränk *n*
es bebida *f* que apaga la sed
fr désaltérant *m*; boisson *f* désaltérante

4619
en **thirsty**
de durstig
es sediento
fr assoiffé

4620
en **thixotropic**
de thixotrop
es tixótropo *m*
fr thixotropique

4621
en **thixotropy**
de Thixotropie *f*
es tixotropía *f*
fr thixotropie *f*

4622
en **three-grain bread**
de Dreikornbrot *n*
es pan *m* de tres cereales
fr pain *m* aux trois céréales

4623
en **three-way cock**
de Dreiwegehahn *m*
es grifo *m* de tres vías
fr robinet *m* á trois voies

4624
en **threonine**
de Threonin *n*
es treonina *f*
fr thréonine *f*

4625
en **threshold**; threshold value
de Schwellenwert *m*; Schwelle *f*
es umbral *m*; valor *m* umbral
fr seuil *m*; valeur *f* de seuil

4626
en **throat**
de Kehle *f*; Gurgel *f*; Schlund *m*
es garganta *f*
fr gorge *f*; gosier *m*; cou *m*

T

4627
en **throttle valve**; choke valve
de Drosselventil *n*; Drosselklappe *f*
es válvula *f* de estrangulación
fr soupape *f* de modération; soupape *f* d'étranglement; clapet *m* de réglage; robinet *m* d'étranglement; registre *m* de vapeur

4628
en **thyme**
de Thymian *m*
es tomillo *m*
fr thym *m*

4629
en **thymol**
de Thymol *n*
es timol *m*
fr thymol *m*

4630
en **thymus gland**
de Thymusdrüse *f*
es timo *m* (glándula)
fr thymus *m*

4631
en **tick bean**
de Pferdebohne; Saubohne *f*; Dicke Bohne *f*; Puffbohne *f*
es haba *f* equina
fr fève *f*; fèverolle *f*; fève *f* des marais

4632
en **tilt**; tip
de umkippen; durch Kippen entleeren
es volcar
fr basculer; culbuter; déverser; vider en basculant

4633
en **tilting fry pan**
de Kippbratpfanne *f*
es sartén *f* basculante
fr poêle *f* à frire basculante

4634
en **tilting kettle**
de Kippkessel *m*
es caldera *f* basculante
fr chaudière *f* basculante

4635
en **tilting pan**
de Kipppfanne *f*
es cazo *m* basculante
fr cuve *f* basculante

4636
en **tilting platform**; tipping platform
de Kippbühne *f* (Zuckerfabrikation)
es plataforma *f* basculante (fabricación de azúcar)
fr plate-forme *f* basculante

4637
en **tin**
de Zinn *n*
es estaño *m*
fr étain *m*

4638
en **tin coating weight**
de Zinnauflagegewicht *n* (Weißblech)
es peso *m* del recubrimiento de estaño (hojalata)
fr masse *f* de la couche d'étain

4639
en **tin foil**
de Stanniol *n*; Blattzinn *n*; Zinnfolie *f*
es lámina *f* de estaño
fr feuille *f* d'étain; papier *m* d'étain

4640
en **tin greasing emulsion GB**
de Trennfett *n* (Backblech)
es grasa *f* separadora (chapa de panadería)
fr graisse *f* à moule; graisse *f* à tôle

4641
en **tin loaf**; sandwich loaf; tin bread; pan bread
de Kastenbrot *n*
es pan *m* de molde
fr pain *m* moulé; pain *m* de mie

4642
en **tinplate**; sheet tin
de Weißblech *n*
es hojalata *f*
fr fer-blanc *m*

4643
en **tinplate**; tin
de verzinnen
es estañar
fr étamer

4644
en **tip**
de Kopf *m* (Spargel)
es yema *f* (espárrago)
fr pointe *f*

4645
en **tipping floor**; tilting floor
de Kipphorde *f* (Mälzerei)
es solera *f* basculante
fr touraille *f* à jalousies; touralle *f* à claies basculantes; touraille *f* à plateaux basculants

4646
en **tirage liquor**
de Fülldosage *f*; Dosage *f* (Schaumweinfabrikation)
es licor *m* de tiraje
fr liqueur *f* d'expédition; liqueur *f* de dosage

4647
en **tisane**; herbal tea
de Kräutertee *m*; Gesundheitstee *m*
es tisana *f*
fr tisane *f*

4648
en **titanium dioxide**
de Titandioxid *n*
es dióxido *m* de titanio
fr oxyde *m* de titane

4649
en **toast**
de Toast *m*
es tostada *f*
fr pain *m* grillé; toast *m*

4650
en **tocopherol**
de Tocopherol *n*
es tocoferol *m*
fr tocophérol *m*

4651
en **toddler food**
de Kleinkindernahrung *f*
es alimentos *pl m* infantiles
fr aliment *m* pour nourrissons; aliment *m* infantile

4652
en **toffee GB**; taffy US; toffy
de Sahnekaramelle *f*; Sahnebonbon *m* u. *n*; Toffee *n*
es caramelo *m* de nata; caramelo *m* blando
fr caramel *m* au lait; toffee *m*

T

4653
en **tomato**
de Tomate *f*
es tomate *m*
fr tomate *f*

4654
en **tomato ketchup**; tomato catsup
de Tomatenketchup *m*; Ketchup *m*
es catsup *m* de tomate
fr ketchup *m*

4655
en **tongue**
de Zunge *f*
es lengua *f*
fr langue *f*

4656
en **tonic water**; Indian tonic water
de Tonicwasser *n*
es agua *f* tónica
fr boisson *f* tonique; tonic *m*; Indian tonic *m*

4657
en **tooth**
de Zahn *m*
es diente *m*
fr dent *f*

4658
en **top**; tops; first fraction; first runnings; heads
de Vorlauf *m*; (Destillation)
es cabezas *pl f*; primera *f* fracción
fr distillation *f* de tête

4659
en **top fed double drum dryer**
de Zweiwalzentrockner *m* mit Auftrag von oben
es secadora *f* de doble rodillo con alimentación superior
fr sécheur *m* à double tambour avec alimentation supérieure

4660
en **top fed drum dryer**
de Haftschichttrockner *m* mit Auftrag von oben
es secadora *f* de rodillo con alimentación superior
fr sécheur *m* á tambour avec alimentation supérieure

4661
en **top fermentation**
de Obergärung *f*
es fermentación *f* alta
fr fermentation *f* haute

4662
en **top-fermented beer**
de obergäriges Bier *n*
es cerveza *f* de fermentación alta
fr bière *f* de fermentation haute

4663
en **top fermenting**
de obergärig (Hefe)
es de fermentación alta (levadura)
fr de fermentation haute

4664
en **top note**
de Spitze *f* (Aroma)
es nota *f* principal; nota *f* predominante
fr note *f* supérieure

4665
en **toppings**
de Weizennachmehl *n* (Müllerei)
es salvado *m* de trigo
fr farine *f* basse de blé; recoupe *f* de blé

4666
en **top roller**
de Oberwalze *f*
es rodillo *m* superior
fr cylindre *f* supérieur

4667
en **topside**; top round
de Oberschale *f*; Blume *f*; Rose *f* (Rind o. Kalb)
es carne *f* de primera (vaca o ternera)
fr tende *f* de tranche

4668
en **top yeast**; top fermenting yeast
de obergärige Hefe *f*
es levadura *f* de fermentación alta
fr levure *f* de fermentation haute

4669
en **torrefy**
de rösten; darren
es torrefactar
fr torréfier

4670
en **total hardness**
de Gesamthärte *f* (Wasser)
es dureza *f* total (agua)
fr dureté *f* totale

4671
en **total sulphurous acid GB**; total sulfurous acid US
de gesamtschweflige Säure *f* (Wein)
es ácido *m* sulfuroso total
fr acidité *f* sulfurique totale; anhydride *m* sulfureux total

4672
en **total viable count**
de Gesamtkeimzahl *f*
es recuento *m* total
fr nombre *m* total de germes

4673
en **tough**
de zäh (Fleisch)
es duro (carne)
fr dur; coriace

4674
en **tower fermentor**
de Gärturm *m*
es torre *f* de fermentación
fr tour *f* de fermentation; colonne *f* de fermentation

4675
en **tower malting**
de Turmmälzerei *f*
es maltería *f* en torre
fr maltage *m* en tour

4676
en **toxic**; poisonous
de giftig; toxisch
es tóxico; venenoso
fr toxique

4677
en **toxicity**; poisonousness
de Toxizität *f*; Giftigkeit *f*
es toxicidad *f*
fr toxicité *f*

4678
en **toxicological**; toxicologic
de toxikologisch
es toxicológico
fr toxicologique

4679
en **toxin**; poison
de Toxin *n*; Giftstoff *m* (Pflanzen, Tiere, Mikroorganismen)
es toxina *f*
fr toxine *f*; poison *m*

4680
en **trace element**; microelement
de Spurenelement *n*
es elemento *m* traza
fr microélément *m*; oligoélément *m*

4681
en **tracer**
de Markierungsstoff *m*; Markiersubstanz *f*; Kennzeichnungsstoff *m*
es trazador *m*
fr traceur *m*; marqueur *m*

4682
en **tragacanth**; gum tragacanth
de Tragant *m*; Tragacanth *m*
es tragacanto *m*; goma *f* tragacanto
fr gomme *f* adragante

T

4683
en **trainy**
de tranig
es graso (pescado)
fr rance; qui sent le poisson; qui sent la marée

4684
en **transfer**
de Übertragung *f* (Wärme)
es transmisión *f* (calor)
fr transfert *m*

4685
en **transfer**
de umdrücken; schlauchen (Flüssigkeit, bes. Bier)
es transportar; trasegar (líquidos)
fr transférer; siphoner

4686
en **transparent**; pellucid; clear
de transparent; durchsichtig
es transparente
fr transparent

4687
en **transparent bag**
de Klarsichtbeutel *m*
es bolsa *f* transparente
fr sachet *m* transparent

4688
en **transparent package**
de Klarsichtpackung *f*
es envase *m* transparente
fr emballage *m* transparent

4689
en **transpiration cooling**
de Transpirationskühlung *f*; Schwitzkühlung *f*
es enfriamiento *m* por transpiración
fr refroidissement *m* par transpiration

4690
en **transport**; conveyance; transportation
de Transport *m*; Beförderung *f*
es tansporte *m*
fr transport

4691
en **transport**; carry
de transportieren; befördern; fördern
es transportar
fr transporter; acheminer

4692
en **trash catcher**; weed catcher
de Rübenkrautfänger *m*; Krautabscheider *m*
es separador *m* de follaje; separador *m* de hojas (nabos, bulbos)
fr épailleur *m*; esherbeur *m*

4693
en **tray dryer**
de Hordentrockner *m*
es secadora *f* de rejilla
fr sécheur *m* à plateaux

4694
en **treat**
de behandeln
es tratar
fr traiter

4695
en **triacetin**; glyceryl triacetate
de Triacetin *n*; Glycerintriacetat *n*
es triacetina *f*; triacetato *m* de glicerilo
fr triacétine *f*; triacétate *m* de glycéryle

4696
en **triangular test**
de Dreieckstest *m*
es ensayo *m* triangular
fr test *m* triangulaire

4697
en **trichinosis**
de Trichinose *f*
es triquinosis *f*
fr trichinose *f*

4698
en **trichinous**
de trichinös; trichinenhaltig
es triquinoso
fr trichineux

4699
en **trieur**; half-corn cylinder
de Trieur *m* (Müllerei)
es molturador *m* (molinería)
fr trieur *m*

4700
en **triglyceride**
de Triglycerid *n*
es triglicérido *m*
fr triglycéride *m*

4701
en **trilaurin**
de Trilaurin *n*
es trilaurina *f*
fr trilaurine *f*

4702
en **trim**; pick; clean
de putzen (Gemüse)
es limpiar; pelar (verduras)
fr nettoyer

4703
en **triolein**; olein
de Triolein *n*
es trioleína *f*
fr trioléine *f*

4704
en **tripalmitin**; palmitin
de Tripalmitin *n*
es tripalmitina *f*
fr tripalmitine *f*

4705
en **trisaccharide**; triose
de Trisaccharid *n*; Triose *f*
es trisacárido *m*; triosa *f*
fr triose *m*; trisaccharide *m*

4706
en **tristearin**; stearin
de Tristearin *n*
es triestearina *f*
fr tristéarine *f*

4707
en **triticale**
de Triticale *m* (Kreuzung aus Roggen u. Weizen)
es tritical *m* (híbrido de centeno y trigo)
fr triticale *m*

4708
en **triturate**
de verreiben; zerreiben (Pulver)
es triturar
fr triturer; réduire en poudre

4709
en **trough**; flume
de Ablaufrinne *f*
es canalón *m*; vertedero *m*
fr gouttière *f* d'écoulement

4710
en **trough**
de Trog *m*; Mulde *f*; Wanne *f*
es cubeta *f*; artesa *f*
fr auge *f*; augette *f*; cuve *f*; bac *m*

4711
en **trough chain conveyer**
de Trogkettenförderer *m*
es transportador *m* por cadena en canalón
fr transporteur *m* à auges; transporteur *m* à augets; convoyeur *m* à auges; convoyeur *m* à augets

4712
en **trout**
de Forelle *f*
es trucha *f*
fr truite *f*

4713
en **truck**
de Hordenwagen *m*
es carro *m* con rejilla
fr chariot *m*; camion *m*; benne *f*; wagon *m*

4714
en **truffle**
de Trüffel *f*
es trufa *f*
fr truffe *f*

4715
en **truss**
de bridieren; dressieren (Geflügel)
es embridar; espetar (aves)
fr brider; trousser

4716
en **tryptophan**
de Tryptophan *n*
es triptófano *m*
fr tryptophane *m*

4717
en **tube**
de Tube *f*
es tubo *m*
fr tube *m*

4718
en **tube centrifuge**
de Rohrzentrifuge *f*
es centrifugadora *f* de tubos
fr centrifugeuse *f* à tubes

4719
en **tube cooler**; tubular cooler
de Röhrenkühler *m*
es refrigerador *m* de tubos
fr refroidisseur *m* tubulaire

4720
en **tuber**
de Knolle *f*
es tubérculo *m*
fr tubercule *m*

4721
en **tuber vegetables**
de Knollengemüse *n*
es hortalizas *pl f* de tubérculo
fr légume-tubercule *m*

4722
en **tubing**
de Rohrleitungssystem *n*
es sistema *m* de tuberías
fr système *m* de conduite par tuyau; conduite *f* par tuyau; canalisation *f*

4723
en **tubular bag**
de Schlauchbeutel *m*
es bolsa *f* tubular
fr sachet *m* tubulaire

4724
en **tubular blancher**
de Röhrenblanchierer *m*
es blanqueador *m* tubular
fr blancheur *m* tubulaire

4725
en **tubular dryer**
de Röhrentrockner *m*
es secadora *f* tubular
fr sécheur *m* tubulaire

4726
en **tubular heater**
de Röhrenerhitzer *m*
es calentador *m* tubular
fr réchauffeur *m* tubulaire

4727
en **tubular heat exchanger**
de Röhrenwärmeaustauscher *m*
es cambiador *m* de calor tubular
fr échangeur *m* de chaleur tubulaire

4728
en **tumble**
de tumbeln; poltern (Pökelwaren)
es voltear; agitar en tambor (productos curados)
fr rouler; culbuter

4729
en **tumbler**; massager
de Tumbler *m*
es tambor *m* volteador; tambor *m* agitador
fr appareil *m* à saler; malaxeur *m* de salage

4730
en **tumbling drum**
de Mischtrommel *f*
es tambor *m* mezclador
fr tambour *m* mélangeur

4731
en **tuna**; tunny; great albacore
de Thunfisch *m*
es atún *m*
fr thon *m*

4732
en **tunnel dryer**
de Kanaltrockner *m*
es secadora *f* de túnel
fr tunnel *m* de séchage; sécheur-tunnel *m*

4733
en **turbid**; cloudy; muddy; hazy; feculent
de trüb (Flüssigkeit)
es turbio
fr trouble

4734
en **turbidity**; cloudiness
de Trübung *f* (Trübheit)
es enturbiamiento *m*
fr trouble *m*; turbidité *f*

4735
en **turbot**
de Steinbutt *m*
es rodaballo *m*
fr turbot *m*

4736
en **turmeric**; curcuma
de Curcuma *f*; Gelbwurz *f*
es curcuma *f* longa
fr curcuma *m*

4737
en **turn**
de wenden
es virar; cambiar
fr tourner; retourner

4738
en **turn**
de umschlagen (Wein)
es avinagrarse (vino)
fr tourner

4739
en **turn**
de sauer werden
es agriarse
fr tourner

4740
en **turnip**
de Steckrübe *f*
es nabo *m*
fr navet *m*

4741
en **twin-case conveyer**
de doppelbahniger Kastenförderer *m*
es transportador *m* de cajas con doble vía
fr transporteur *m* de caisses à double voie; convoyeur *m* de caisses à double voie

T

4742
en **twin-drum dryer**
de Doppelzylindertrockner *m*; Zweizylindertrockner *m*
es secadora *f* de dos rodillos
fr sécheur *m* à deux tambours; sécheur *m* à tambours jumelés

4743
en **twin-screw cooker extruder**
de Doppelschneckenkochextruder *m*
es extrusora *f* de cocción con husillo doble
fr cuiseur-extrudeur *m* à double vis; cuiseur-extrudeur *m* à deux vis

4744
en **twin-screw extruder**
de Doppelschneckenextruder *m*; Zweiwellenextruder *m*
es extrusora *f* de husillo doble
fr extrudeur *m* à double vis

4745
en **twist**
de Zopf *m* (Backware)
es trenza *f* (producto horneado)
fr natte *f*

4746
en **twist-off crown**
de Schraubkronkorken *m*
es tapón *m* de corona roscado
fr capsule *f* quart de tour

4747
en **two-mash method**
de Zweimaischverfahren *n* (Mälzerei)
es fabricación *f* de dos decocciones (maltería)
fr méthode *f* de brassage à deux trempes

4748
en **two-roller mill**
de Zweiwalzenmühle *f*
es molino *m* de rodillo doble
fr broyeur *m* à deux cylindres

4749
en **two-stage drying**
de Zweistufentrocknung *f*
es secado *m* en dos etapas
fr séchage *m* en deux étapes

4750
en **tyrosine**; tyrosin
de Tyrosin *n*
es tirosina *f*
fr tyrosine *f*

4751
en **UHT sterilization**; ultra-high temperature sterilization; uperization
de Ultrahocherhitzung *f*; Uperisation *f*
es esterilización *f* UHT; esterilización *f* a alta temperatura; uperización *f*
fr stérilisation *f* à ultra-haute température; stérilisation UHT *f*; upérisation *f*

4752
en **ullage**
de Flüssigkeitsverlust *m*; Schwund *m*
es pérdida *f* de líquido
fr perte *f* par fuite

4753
en **ultimate consumer**
de Endverbraucher *m*; Letztverbraucher *m*
es consumidor *m* final
fr consomateur *m* ultime

4754
en **ultrafiltration**; microfiltration
de Ultrafiltration *f*; Mikrofiltration *f*
es ultrafiltración *f*
fr ultrafiltration *f*

4755
en **ultrafiltration membrane**
de Ultrafiltrationsmembran *f*
es membrana *f* de ultrafiltración
fr membrane *f* pour ultrafiltration

4756
en **ultrasonic homogenizer**
de Ultraschall-Homogenisator *m*
es homogeneizador *m* ultrasónico; homogeneizador *m* por ultrasonidos
fr homogénéisateur *m* à ultrasons; homogénéisateur *m* ultrasonique

4757
en **ultraviolet irradiation**
de UV-Bestrahlung *f*; Ultraviolettbestrahlung *f*
es irradíación *f* ultravioleta
fr irradiation *f* par ultraviolets; irradiation *f* UV; irradiation *f* par rayons ultraviolets

4758
en **unadulterated**; pure; genuine
de unverfälscht; echt; rein
es no adulterado; puro; auténtico
fr pur; vrai; non altéré; non adultéré

4759
en **unappetizing**
de unappetitlich; wenig attraktiv
es poco apetitoso; repugnante
fr peu appétissant; inappétant

4760
en **unbleached**
de ungebleicht
es no blanqueado
fr non blanchi

4761
en **unboned**
de nicht entgrätet
es no desespinado (pescado)
fr non désossé

4762
en **unboned**
de nicht entbeint
es no deshuesado
fr non désossé

4763
en **uncase**
de auspacken
es desembalar; desempaquetar
fr déballer

4764
en **uncaser**; unpacking machine
de Auspackmaschine *f*
es máquina *f* desembaladora; máquina *f* desempaquetadora
fr déballeuse *f*

4765
en **uncooked food**; raw food
de Rohkost *f*
es alimento *m* crudo
fr alimentation *f* crue; aliment *m* cru

4766
en **uncork**; unstop
de entkorken (Flasche)
es descorchar
fr déboucher

4767
en **uncured**; raw
de ungepökelt
es no curado; crudo
fr non salé; non saumuré

4768
en **underdo GB**
de nicht gar kochen
es cocer insuficientemente
fr cuire d'une façon incomplète; ne pas trop cuire; ne pas trop bouillir

4769
en **underdo GB**
de unvollständig braten; nicht durchbraten
es asar insuficientemente
fr rotir d'une façon incomplète; ne pas rotir totalement; ne pas trop rotir

4770
en **underfilling**; short filling
de Unterfüllung *f*
es llenado *m* insuficiente
fr remplissage *m* insuffisant

4771
en **under-nourished**
de unterernährt
es desnutrido
fr sous-alimenté

4772
en **under-nourishment GB**; undernutrition
de Unterernährung *f*
es desnutrición *f*
fr sous-alimentation *f*

4773
en **underprocessing**
de Untersterilisation *f* (Konservenherstellung)
es subesterilización *f* (conservas)
fr stérilisation *f* incomplète; sous-stérilisation *f*

4774
en **undersize**; screenings
de Siebdurchgang *m*; Feinkorn *n*
es material *m* cribado; grano *m* fino
fr menus *pl m* d'un crible; passant *m* d'un crible; passée *f*; déclassés *pl m*

4775
en **undrinkable**
de nicht trinkbar; untrinkbar
es no potable
fr imbuvable; non potable

4776
en **uneatable**; inedible; unpalatable; unseasonable
de ungenießbar; nicht eßbar; nicht genießbar
es no consumible; incomestible
fr immangeable; non mangeable; non comestible

4777
en **unfermented**
de unvergoren
es no fermentado
fr non fermenté

4778
en **unfit for human consumption**
de verzehrsungeeignet; verzehrsunfähig
es no apto para consumo humano
fr impropre à la consommation

4779
en **unit package**
de Einzelpackung *f*
es envase *m* individual
fr emballage *m* individuel; emballage *m* unitaire

4780
en **unleavened**
de ungesäuert (Brot)
es no fermentado; no leudado (pan)
fr non fermenté; sans levain

4781
en **unleavened**
de nicht getrieben (Backware)
es sin levadura (producto horneado)
fr non levé

4782
en **unmould GB**; unmold US
de aus einer Form entfernen
es desmoldear
fr démouler

4783
en **unpalatable**; unsavoury GB; unsavory US
de nicht schmackhaft; fade; geschmacklos
es insípido; no sabroso
fr sans goût; sans saveur; insipide; fade

4784
en **unsanitary**; insanitary; unhygienic
de unhygienisch; unsauber
es antihigiénico
fr non hygiénique; contraire à l'hygiène; malpropre

4785
en **unsaturated fatty acid**
de ungesättigte Fettsäuren *f*
es ácido *m* graso no saturado
fr acide *m* gras non saturé; acide *m* gras insaturé

4786
en **unskimmed**
de nicht entrahmt
es no desnatado
fr non écrémé

4787
en **unsmoked**
de ungeräuchert
es no ahumado
fr non fumé

4788
en **unstable**
de unbeständig; instabil
es inestable
fr instable

4789
en **unstop**
de entspunden; aufspunden (Faß)
es destajar (barril)
fr déboucher; retirer la bonde

4790
en **untreated**
de unbehandelt
es no tratado
fr non traité

4791
en **unwrap**
de auswickeln; auspacken
es desenvolver; desembalar
fr déballer; dépaqueter

4792
en **urea**
de Harnstoff *m*
es urea *f*
fr urée *f*

4793
en **uric acid**
de Harnsäure *f*
es ácido *m* úrico
fr acide *m* urique

4794
en **use**
de Gebrauch *m*; Verwendung *f*
es uso *m*; utilización *f*
fr utilisation *f*; emploi *m*

4795
en **utensil**
de Küchengerät *n*
es utensilio *m* (de cocina)
fr ustensile *m*

4796
en **utilize**
de verwenden; verwerten
es utilizar
fr utiliser; employer

4797
en **vacuum**
de Vakuum *n*
es vacío *m*
fr vide *m*

4798
en **vacuum belt filter**
de Vakuumbandfilter *n*
es filtro *m* de banda de vacío; filtro *m* pasabanda de vacío
fr filtre *m* à vide à bande

4799
en **vacuum bottle US**; vacuum flask US; thermos flask GB
de Thermosflasche *f*
es termo *m*
fr bouteille *f* thermos; thermos *m*; bouteille *f* isolante

4800
en **vacuum conditioning**
de Vakuumkonditionierung *f* (Müllerei)
es acondicionamiento *m* al vacío (molinería)
fr conditionnement *m* sous vide

4801
en **vacuum cooling**; vacuum chilling
de Vakuumkühlung *f*
es refrigeración *f* al vacío
fr réfrigération *f* sous vide; refroidissement *m* sous vide

4802
en **vacuum cutter**
de Vakuumkutter *m*
es cortador *m* al vacío
fr cutter *m* à vide; cutter *m* à dépression

4803
en **vacuum double drum dryer**
de Zweiwalzen-Vakuumtrockner *m*
es secadora *f* de vacío con doble rodillo
fr sécheur *m* à deux tambours à vide; sécheur *m* à deux tambours à dépression

4804
en **vacuum drum dryer**
de Vakuum-Haftschichttrockner *m*; Vakuum-Walzentrockner *m*
es secadora *f* de vacío con rodillo
fr sécheur *m* à tambour à vide; sécheur *m* à tambour à dépression

4805
en **vacuum dryer**
de Vakuumtrockner *m*; Vakuumtrockenanlage *f*
es secadora *f* de vacío
fr sécheur *m* à vide; sécheur *m* à dépression

4806
en **vacuum drying**
de Vakuumtrocknung *f*
es secado *m* al vacío
fr séchage *m* sous vide

4807
en **vacuum evaporation**
de Vakuumverdampfung *f*
es evaporación *f* al vacío
fr évaporation *f* sous vide

4808
en **vacuum evaporator**
de Vakuumverdampfer *m*
es evaporador *m* de vacío
fr évaporateur *m* à vide

4809
en **vacuum filter**
de Vakuumfilter *n*
es filtro *m* de vacío
fr filtre *m* à vide

4810
en **vacuum filtration**
de Vakuumfiltration *f*
es filtración *f* al vacío
fr filtration *f* sous vide

4811
en **vacuum leaf filter**
de Vakuumscheibenfilter *n*
es filtro *m* de placas de vacío
fr filtre *m* à vide à disques

4812
en **vacuum oven**
de Vakuumtrockenschrank *m*
es estufa *f* secadora de vacío
fr étuve *f* de séchage sous vide

4813
en **vacuum package**
de Vakuumpackung *f*
es envasado *m* al vacío
fr emballage *m* sous vide; empaquetage *m* sous vide

4814
en **vacuum package**
de Vakuumverpackung *f*
es envase *m* de vacío
fr emballage *m* sous vide; empaquetage *m* sous vide

4815
en **vacuum pan**
de Vakuumpfanne *f*; Eindampfkristallisator *m* (Zuckerfabrikation)
es caldera *f* de vacío; cristalizador *m* evaporador (fabricación de azúcar)
fr appareil *m* de cuisson; chaudière *f* à cuire; cristallisateur *m*

4816
en **vacuum pump**
de Vakuumpumpe *f*
es bomba *f* de vacío
fr pompe *f* à vide

4817
en **vacuum tray dryer**
de Vakuumhordentrockner *m*
es secadora *f* de rejilla al vacío
fr sécheur *m* à vide à plateaux

4818
en **valerianaldehyde**; valeraldehyde
de Valerianaldehyd *m*
es aldehído *m* valeriánico
fr aldéhyde *m* valérianique

4819
en **valerianic acid**
de Valeriansäure *f*
es ácido *m* valeriánico
fr acide *m* valérianique

4820
en **valine**
de Valin *n*
es valina *f*
fr valine *f*

4821
en **value**; number; worth
de Wert *m*; Kennzahl *f*; Kennwert *m*
es valor *m*; índice *m*; valor *m* característico
fr valeur *f*; nombre *m*; quantité *f*

4822
en **valve**
de Klappe *f* (Muschel)
es valva *f* (molusco)
fr valve *f*

4823
en **valve**
de Ventil *n*
es válvula *f*
fr soupape *f*; clapet *m*

4824
en **vanilla**; vanilla plant
de Vanille *f* (Pflanze)
es vainilla *f* (planta)
fr vanille *f*

4825
en **vanilla**
de vanilleartig (Geruch)
es con olor a vainilla
fr semblable à la vanille; similaire à la vanille

4826
en **vanilla bean**; vanilla pod
de Vanilleschote *f*
es vaina *f* de vainilla
fr gousse *f* de vanille

4827
en **vanilla sugar**
de Vanillezucker *m*
es azúcar *m* vainillado
fr sucre *m* vanillé

4828
en **vanillin**; vanilline
de Vanillin *n*
es vainillina *f*
fr vanilline *f*

4829
en **vanillin sugar**
de Vanillinzucker *m*
es azúcar *m* de vainillina
fr sucre *m* vanilliné

4830
en **vapour condenser**; condenser of vapours
de Brüdenkondensator *m*
es condensador *m* de vapores
fr condensateur *m* de vapeur

4831
en **vapour pressure**; vapour tension
de Dampfdruck *m*
es presión *f* vapor; tensión *f* de vapor
fr pression *f* de vapeur; tension *f* de vapeur

4832
en **varnish**
de Lack *m* (mit chemischer Trocknung)
es barniz *m*
fr vernis *m*

4833
en **vat milk**
de Kesselmilch *f* (Käserei)
es leche *f* de cuba
fr lait *m* de cuve; lait *m* de fromagerie

4834
en **veal**
de Kalbfleisch *n*
es carne *f* de ternera
fr viande *f* de veau

4835
en **vegetable**
de vegetabilisch; pflanzlich; vegetabil
es vegetal
fr végétal

4836
en **vegetable fat**; vegetable butter
de Pflanzenfett *n*
es grasa *f* vegetal
fr graisse *f* végétale; matière *f* grasse végétale; matière *f* grasse d'origine végétale

4837
en **vegetable parchment**; parchment; genuine parchment; vellum
de Echtpergament *n*; Pergament *n*; Pergamentpapier *n*
es pergamino *m* vegetal; pergamino *m*
fr papier *m* parchemin; papier *m* sulfurisé; parchemin *m* végétal; vélin *m*

4838
en **vegetables**
de Gemüse *n*
es hortalizas *pl f*
fr légume *m*

V

4839
en **vegetarian**
de Vegetarier *m*
es vegetariano *m*
fr végétarien *m*

4840
en **vegetarian**
de vegetarisch
es vegetariano
fr végétarien

4841
en **ventilation**
de Entlüftung *f*
es ventilación *f*
fr ventilation *f*

4842
en **ventilator**
de Ventilator *m*; Entlüfter *m*
es ventilador *m*
fr ventilateur *m*

4843
en **vent tube**
de Rückluftrohr *n* (Flaschenfüllmaschine)
es tubo *m* de recuperación de aire (máquina embotelladora)
fr tube *m* de purge

4844
en **verjuice**
de saurer Saft *m* unreifer Früchte
es agraz *m*; agrazada *f*
fr verjus *m*

4845
en **vermouth**
de Wermut *m*; Wermutwein *m*
es vermut *m*
fr vermout *m*; vermouth *m*

4846
en **vertical chamber dryer**
de stehender Kammertrockner *m*
es secadora *f* de cámara vertical
fr sécheur *m* vertical à chambres

4847
en **vertical leaf filter**
de stehendes Scheibenfilter *n*
es filtro *m* de placa vertical
fr filtre *m* vertical à disques

4848
en **vertical screw press**
de vertikale Schraubenpresse *f*
es prensa *f* de husillo vertical
fr presse *f* verticale à vis

4849
en **vertical tank**
de stehender Tank *m*
es depósito *m* vertical
fr réservoir *m* vertical; tank *m* vertical

4850
en **veterinary GB**; vetenarian US; vet; veterinary surgeon
de Veterinär *m*; Tierarzt *m*
es veterinario *m*
fr vétérinaire *m*

4851
en **vibrating conveyer**; vibration conveyer
de Schwingförderer *m*; Vibrationsförderer *m*
es transportador *m* vibratorio
fr transporteur *m* vibrant; convoyeur *m* vibrant; transporteur *m* à secousses

4852
en **vibrating grading table**; table separator
de Tischausleser *m*; Steinausleser *m* (Müllerei)
es separador *m* de mesa vibratoria; clasificador *m* de mesa vibratoria (molinería)
fr table *f* d'épierrage vibrante

4853
en **vibrating screen**; vibrating sieve; oscillating screen
de Schwingsieb *n*; Vibrationssieb *n*
es tamiz *m* oscilante; tamiz *m* vibratorio
fr tamis *m* vibrant; tamis *m* à secousses; crible *m* vibrant

4854
en **vibrator**
de Vibrator *m*
es vibrador *m*
fr vibreur *m*; vibrateur *m*

4855
en **vibromixer**
de Vibromischer *m*; Vibrationsmischer *m*
es mezclador *m* vibratorio
fr vibro-mélangeur *m*

4856
en **vine**; grapevine
de Rebe *f*; Rebstock *m*; Weinrebe *f*; Weinstock *m*
es vid *f*; cepa *f*
fr vigne *f*; pied *m* de vigne; cep *m* de vigne

4857
en **vinegar**
de Essig *m*
es vinagre *m*
fr vinaigre *m*

4858
en **vinegar eel**
de Essigälchen *n*
es anguililla *f* del vinagre
fr anguillule *f* du vinaigre

4859
en **vinegar fly**
de Essigfliege *f*
es mosca *f* del vinagre
fr mouche *f* du vinaigre; drosophile *f*

4860
en **vinegar generator**
de Essiggenerator *m*
es generador *m* de vinagre
fr générateur *m* de vinaigre; vinaigrier *m*

4861
en **vine variety**; variety
de Rebsorte *f*
es variedad *f* de vid; variedad *f* de cepa
fr cépage *m*; variété *f* de vigne; variété *f* de raisin

4862
en **viniculture**; viticulture
de Weinbau *m*
es vinicultura *f*; viticultura *f*
fr viticulture *f*

4863
en **vinification**; winemaking US
de Weinherstellung; Weinbereitung *f*; Weinerzeugung *f*
es vinificación *f*
fr vinification *f*

4864
en **vintage**; vindemiation US
de Weinlese *f*; Traubenlese *f*; Lese *f*
es vendimia *f*
fr vendanges *pl f*

4865
en **vintage**
de Jahrgang *m* (Wein)
es añada *f* (vino)
fr année *f*; millésime *m*

4866
en **vintage**
de Lesegut *n*
es cosecha *f* (uvas)
fr vendange *f*

4867
en **vitamin**
de Vitamin *n*
es vitamina *f*
fr vitamine *f*

4868
en **vitamin deficiency**
de Vitaminmangel *m*
es carencia *f* vitamínica; déficit *m* vitamínico
fr défiscience *f* vitaminique

4869
en **vitaminization**; vitamin fortification; vitamin enrichment
de Vitaminisierung *f*; Vitaminierung *f*; Vitaminanreicherung *f*
es vitaminización *f*; enriquecimiento *m* vitamínico
fr addition *f* de vitamines; enrichissement *m* en vitamines; complémentation *f* en vitamines

4870
en **vitaminize**
de vitaminisieren; vitaminieren
es vitaminizar
fr ajouter des vitamines; enrichir en vitamines; complémenter en vitamines; vitaminiser

4871
en **vitamin requirement**
de Vitaminbedarf *m*
es demanda *f* vitamínica
fr besoin *m* en vitamines; besoin *m* vitaminique

4872
en **viticulturist**; vine grower; vintner
de Weinbauer *m*; Winzer *m*
es viticultor *m*
fr viticulteur *m*; vigneron *m*

4873
en **vitiviniculture**
de Weinfach *n* (alle Zweige des Weinbaues u. der Weinherstellung)
es vitivinicultura *f*
fr vitiviniculture *f*; économie *f* vitivinicole

4874
en **volatile**
de flüchtig
es volátil
fr volatil

4875
en **volatiles**; volatile compounds
de flüchtige Stoffe *pl m*
es compuestos *pl m* volátiles; sustancias *pl f* volátiles
fr produit *m* volatil; composé *m* volatil

4876
en **volatility**
de Flüchtigkeit *f*
es volatilidad *f*
fr volatilité

4877
en **volatilize**
de verflüchtigen; verdampfen
es volatilizar
fr volatiliser; vaporiser

4878
en **volume**
de Volumen *n*
es volumen *m*
fr volume *m*

4879
en **wafer**
de Eiswaffel *f*; Waffel *f*
es barquillo *m* para helado
fr gaufrette *f*

4880
en **wafer cutter**
de Waffelschneidemaschine *f*
es cortadora *f* de barquillos
fr machine *f* à découper les gaufrettes

4881
en **wafer oven**
de Waffelofen *m*
es horno *m* para barquillos
fr four *m* à gaufrettes

4882
en **waffle GB**; sugar wafer US
de Weichwaffel *f*; Waffel *f*
es galleta *f* de barquillo
fr gaufre *f*

4883
en **waffle iron**
de Waffeleisen *n*
es plancha *f* para barquillos
fr gaufrier *m*; moule *m* à gaufres

4884
en **walnut**; English walnut
de Walnuß *f*
es nuez *f*
fr noix *f*

4885
en **warm**
de warm
es caliente
fr chaud

4886
en **warm**
de wärmen
es calentar
fr chauffer

4887
en **warm air dryer**
de Warmlufttrockner *m*
es secadora *f* de aire caliente
fr sécheur *m* à air chaud

4888
en **warm curing room**
de Schwitzraum *m* (Käserei)
es cámara *f* caliente de maduración (quesería)
fr étuve *f* de salage

4889
en **warm cutting**
de Warmzerlegung *f* (Fleisch)
es despiezado *m* en caliente (carne)
fr découpe *f* à chaud

4890
en **warmed-over US**
de aufgewärmt
es recalentado
fr réchauffé

4891
en **warm filling**
de Warmfüllung *f*
es relleno *m* caliente
fr remplissage *m* à chaud

4892
en **wash**; wash off
de waschen; abwaschen; abspülen
es lavar; enjuagar
fr laver

4893
en **wash still**
de Rauhbrandblase *f* (Whiskyherstellung)
es alambique *m* de destilado íntegro
fr alambic *m* de première passe; alambic *m* à brouillis

4894
en **wash still**
de Rauhbrand *m* (Whiskyherstellung)
es destilado *m* íntegro
fr passe *f* grossière; brouillis *m*

4895
en **waste**
de Verlust *m*
es pérdida *f*
fr pertes *pl f*

4896
en **waste**; garbage US; rubbish; litter
de Abfall *m*; Müll *m*
es desechos *pl m*; basura *f*
fr déchets *pl m*; rebus *pl m*; ordures *pl f*; ordures *pl f* ménagères

4897
en **waste disposal**
de Abfallbeseitigung *f*
es vertido *m* de residuos
fr évacuation *f* des déchets; enlèvement *m* des ordures; élimination *f* des déchets

4898
en **waste heat**; exhaust heat
de Abwärme *f*
es calor *m* residual
fr chaleur *f* perdue; chaleur *f* excédentaire

4899
en **waste pipe**
de Abwasserleitung *f*
es conducción *f* de aguas residuales
fr conduite *f* des eaux usées; tuyau *m* d'évacuation des eaux usées; évacuation *f* des effluents

4900
en **waste steam**; exhaust steam
de Abdampf *m*
es vapor *m* residual
fr vapeur *f* d'échappement

4901
en **waste water**; sewage; effluent
de Abwasser *n*
es aguas *pl f* residuales; efluentes *pl m*
fr eau *f* résiduaire; eaux *pl f* usées; effluent *m*

4902
en **waste water disposal**; waste water removal; sewage disposal; effluent disposal
de Abwasserbeseitigung *f*
es vertido *m* de aguas residuales
fr évacuation *f* des eaux résiduaires; évacuation *f* des eaux usées; évacuation *f* des effluents

4903
en **waste water purification**
de Abwasserreinigung *f*
es depuración *f* de aguas residuales
fr épuration *f* des eaux usées; purification *f* des eaux usées

4904
en **waste water treatment**; sewage treatment; effluent treatment
de Abwasserbehandlung *f*
es tratamiento *m* de aguas residuales
fr traitement *m* des eaux usées

4905
en **water**
de Wasser *n*
es agua *f*
fr eau *f*

4906
en **water**
de wässern; mit Wasser verdünnen
es aguar; diluir con agua
fr diluer; délayer; mouiller; couper (vin)

4907
en **water activity**; a_w
de Wasseraktivität *f*
es actividad *f* del agua
fr activité *f* de l'eau

4908
en **water balance**; fluid balance
de Wasserhaushalt *m* (Körper)
es balance *m* de agua; balance *m* hídrico (cuerpo humano)
fr équilibre *m* hydrique

4909
en **water binding properties**
de Wasserbindeeigenschaften *pl f*; Wasserbindungseigenschaften *pl f*
es propiedades *pl f* de combinación con agua
fr propriété *f* de liaison hydrique; propriété *f* de liaison avec l'eau

4910
en **water biscuit GB**; water cracker US
de einfacher Keks *m*; Kräcker *m*
es galleta *f* sin azúcar
fr biscuit *m* simple; biscuit *m* ordinaire; cracker *m*

4911
en **water conditioning**
de Wasseraufbereitung *f*; Wasserreinigung *f*
es preparación *f* del agua; depuración *f* del agua
fr traitement *m* des eaux usées; traitement *m* des eaux industrielles; épuration *f* des eaux

4912
en **water cool**
de mit Wasser kühlen
es enfriar con agua
fr refroidir avec de l'eau

4913
en **water cooler**
de Wasserkühler *m*
es refrigerador *m* de agua
fr refroidisseur *m* à eau

4914
en **water cress**; cress
de Wasserkresse *f*; Brunnenkresse *f*
es berro *m*
fr cresson *m*

4915
en **water gauge**; water glass
de Wasserstandsanzeiger *m*
es indicador *m* de nivel de agua
fr indicateur *m* de niveau d'eau; jauge *m* de colonne d'eau

4916
en **water hardness**
de Wasserhärte *f*
es dureza *f* del agua
fr dureté *f* de l'eau

4917
en **watermelon**
de Wassermelone *f*
es sandía *f*
fr melon *m* d'eau

4918
en **water softener**
de Wasserenthärter *m*; Enthärter *m*
es desendurecedor *m* del agua
fr adoucisseur *m* d'eau

4919
en **water softening**
de Wasserenthärtung *f*
es desendureciminiento *m* del agua
fr adoucissement *m* de l'eau

4920
en **water solubility**
de Wasserlöslichkeit *f*
es solubilidad *f* en agua
fr solubilité *f* dans l'eau

4921
en **water soluble**
de wasserlöslich
es soluble en agua; hidrosoluble
fr soluble dans l'eau

4922
en **water system**; water piping
de Wasserleitungssystem *n*; Wasserleitungsnetz *n*
es red *f* de tuberías de agua
fr système *m* d'adduction d'eau; réseau *m* d'adduction d'eau; réseau *m* de conduite d'eau

4923
en **water vapour**
de Wasserdampf *m*
es vapor *m* de agua
fr vapeur *f* d'eau

4924
en **waterworks**
de Wasserwerk *n*
es abastecedor *m* de agua
fr station *f* de pompage de l'eau; station *f* de distribution de l'eau

4925
en **wax**
de Wachs *n*
es cera *f*
fr cire *f*

4926
en **wax**
de mit Wachs behandeln
es tratar con cera
fr traiter à la cire; cirer

4927
en **wax coating**
de Wachsüberzug *m*
es recubrimiento *m* de cera
fr couche *f* de cire; couverture *f* de cire

4928
en **wax paper**; waxed paper
de Wachspapier *n*
es papel *m* encerado
fr papier *m* paraffiné

4929
en **weak**; thin; washy; watery; waterish
de schwach; dünn; wäßrig (Getränk)
es diluido; acuoso; flojo (bebida)
fr léger; dilué; aqueux; pauvre; allongé

4930
en **weak**
de kleberschwach
es bajo en gluten
fr faible en gluten; réduit en gluten

4931
en **web dryer**
de Netzbandtrockner *m*
es secadora *f* contínua de cinta de malla
fr sécheur *m* rotatif

4932
en **weigh**; scale
de wiegen; abwiegen
es pesar
fr peser

4933
en **weighing installation**
de Verwiegeanlage *f*
es instalación *f* de pesada
fr installation *f* de pesée; installation *f* de pesage

4934
en **weight**
de Gewicht *n*
es peso *m*
fr poids *m*; masse *f*

4935
en **weight filler**
de Abfüllwaage *f*
es balanza *f* envasadora; báscula *f* envasadora
fr doseuse *f* pondérale

4936
en **well**; fountain
de Brunnen *m*; Quelle *f*;
es manantial *m*; fuente *f*
fr puits *m*; source *f*; fontaine *f*

4937
en **well water**
de Brunnenwasser *n*
es agua *f* de manantial
fr eau *f* de fontaine

4938
en **wet**
de netzen; benetzen
es humedecer; mojar; humectar
fr mouiller

4939
en **wet dog**
de Bestrahlungsgeschmack *m*
es sabor *m* a irradiado
fr odeur *f* de chien mouillé

4940
en **wet grains**
de Naßtreber *pl*
es orujo *m* húmedo
fr drêches *pl f* humides

4941
en **wet grinding**
de Feuchtzerkleinerung *f*
es trituración *f* por vía húmeda
fr broyage *m* humide

4942
en **wet milling**
de Naßvermahlung *f*; Naßmahlung *f*
es molienda *f* por vía húmeda
fr mouture *f* humide

4943
en **wet salting**
de Naßpökelung *f*
es salazón *f* por vía húmeda
fr saumurage *m*

4944
en **wet smoking**
de Feuchträucherung *f*
es ahumado *m* por vía húmeda
fr fumage *m* humide

4945
en **wet steam**
de Naßdampf *m*
es vapor *m* húmedo
fr vapeur *f* humide; vapeur *f* saturée

4946
en **wet strength**
de Naßfestigkeit *f* (Verpackung)
es resistencia *f* a la humedad (envase)
fr résistance *f* à l'humidité

4947
en **wetting agent**
de Netzmittel *n*
es humectante *m*; agente *m* humectante
fr agent *m* humectant

4948
en **whale**
de Wal *m*
es ballena *f*
fr baleine *f*

4949
en **whale oil**; train oil
de Waltran *m*
es aceite *m* de ballena
fr huile *f* de baleine

4950
en **wheat**; corn GB
de Weizen *m*
es trigo *m*
fr blé *m*; froment *m*

4951
en **wheat bran**; wheat feed
de Weizenkleie *f*
es salvado *m* de trigo
fr son *m*; son *m* de blé

4952
en **wheat bread**; white bread
de Weißbrot *n*; Weizenbrot *n*
es pan *m* de trigo; pan *m* blanco
fr pain *m* blanc

4953
en **wheat flour**; white flour; plain flour
de Weizenmehl *n*
es harina *f* de trigo
fr farine *f* de blé; farine *f* de froment

4954
en **wheat germ meal**
de Weizenkeimmehl *n*
es harina *f* de gérmen de trigo
fr farine *f* de germe de blé

4955
en **wheat gluten**
de Weizenkleber *m*; Weizengluten *n*
es gluten *m* de trigo
fr gluten *m* de blé

4956
en **wheel press**
de Radkelter *f*
es lagar *m* de ruedas
fr presse *f* à roues

4957
en **whey**
de Molke *f*
es suero *m*; lactosuero *m*
fr lactosérum *m*; petit lait *m*

4958
en **wheying off**
de Ausnässen *n* (Käse)
es exudación *f* de suero (quesería)
fr égouttage *m*

4959
en **whey protein**
de Molkeneinweiß *n*; Molkenprotein *n*
es proteína *f* del suero
fr protéines *pl f* du lactosérum

4960
en **whip**; beat; cream; whisk
de schlagen; aufschlagen; schaumig schlagen; montieren
es batir; montar
fr battre; battre en mousse; battre en neige; fouetter; monter

4961
en **whippable**
de schlagfähig; aufschlagfähig
es para batir; para montar
fr susceptible d'être monté en mousse; susceptible d'être battu en neige

4962
en **whipped cream**
de Schlagsahne *f*
es nata *f* batida; nata *f* montada
fr crème *f* fouettée; crème *f* chantilly

4963
en **whipping cream**
de Schlagrahm *m*; Schlagsahne *f* (vor dem Schlagen)
es nata *f* para batir
fr crème *f* à fouetter; crème *f* pour chantilly

4964
en **white cabbage**; headed cabbage
de Weißkohl *m*; Weißkraut *n*
es repollo *m* (blanco)
fr choux *m*; choux *m* comestible

4965
en **white casse**; ferric casse; phosphatic casse
de weißer Bruch *m* (Weintrübung)
es quiebra *f* fosfatoférrica; quiebra *f* blanca (vino)
fr casse *f* blanche

4966
en **white mineral oil**; mineral oil
de Paraffinöl *n*; Weißöl *n*
es aceite *m* de parafina
fr huile *f* de paraffine; huile *f* minérale; huile *f* blanche

4967
en **whizzer**
de Entwässerungszentrifuge *f*; Zentrifugaltrockner *m*
es secadora *f* centrífuga
fr essoreuse *f*

4968
en **WHO**; World Health Organization
de Weltgesundheitsorganisation *f*
es OMS; Organización *f* Mundial de la Salud
fr Organisaiton *f* Mondiale de la Santé; OMS

4969
en **whole egg**
de Vollei *n*
es huevo *m* entero
fr œuf *m* entier

4970
en **wholemeal bread**
de Vollkornbrot *m*
es pan *m* integral
fr pain *m* complet

4971
en **whole milk**; full fat milk
de Vollmilch *f*
es leche *f* entera
fr lait *m* entier

4972
en **whole milk cheese**
de Vollfettkäse *m*
es queso *m* de leche entera
fr fromage *m* de lait entier

4973
en **whole milk powder**
de Vollmilchpulver *n*
es leche *f* entera en polvo
fr poudre *f* de lait entier; lait *m* entier en poudre

4974
en **wholesome**
de gesund; gesundheitsfördernd
es sano; saludable
fr sain; bon pour la santé

4975
en **wiener US**; Vienna sausage; wiener sausage US
de Wiener Würstchen *n*
es salchichas *pl f* tipo Viena
fr saucisses *pl f* de Vienne; viennoises *pl f*

4976
en **wild fruit**
de Wildfrucht *f*
es fruto *m* silvestre
fr fruit *m* sauvage

4977
en **Willmes pressor**
de Willmespresse *f*
es prensa *f* Willmes
fr presse *f* de Willmes

4978
en **wilt**
de welk; schlaff
es marchito
fr flétri; fané

4979
en **wilt**; wither; welk; droop
de verwelken; welken
es marchitar; marchitarse
fr se flétrir; se faner

W

4980
en **windrow drying**
de Schwadtrocknung *f*
es secado *m* de gavillas
fr séchage *m* en javelle

4981
en **wine**
de Wein *m*
es vino *m*
fr vin *m*

4982
en **wine cask**
de Weinfaß *n*
es barril *m* de vino
fr tonneau *m*; barrique *f*; tonnelet *m*; fût *m*

4983
en **wine cellar**
de Weinkeller *m*
es bodega *f* de vino
fr cave *f* à vin; cellier *m*

4984
en **wine pump**
de Weinpumpe *f*
es bomba *f* para vino
fr pompe *f* à vin

4985
en **winery US**; wine factory
de Kellerei *f*; Weinkellerei *f*
es bodega *f*
fr établissement *m* vinicole; cave *f* vinicole

4986
en **winnowing machine GB**; winnower; fanning mill US; fanning machine US; blowing fan
de Windfege *f*; Fegemühle *f* (Getreidereinigung)
es aventadora *f* (trigo)
fr tarare *m*

4987
en **winter grains**; winter crop
de Wintergetreide *n*
es cereales *pl m* de invierno
fr céréales *pl f* d'hiver

4988
en **winter wheat**; winter corn GB
de Winterweizen *m*
es cereales *pl m* de invierno
fr blé *m* d'hiver

4989
en **wire-mesh belt oven**; wire-mesh screen oven; wire-mesh conveyer baking oven
de Netzbandofen *m*
es horno *m* contínuo de cinta de malla
fr four *m* transporteur à toile métallique; four-tunnel *m* à bande en toile métallique; four *m* à bande transporteuse en toile métallique; four-tunnel *m* à treillis

4990
en **wire screen**
de Drahtsieb *n*
es criba *f* de alambre
fr tamis *m* en toile métallique; crible *m* en toile métallique

4991
en **wishbone**; merrythought
de Gabelbein *n*; Brustbein *n* (Geflügel)
es pechuga *f* (aves)
fr fourchette *f*; thoracale *m*

4992
en **work**
de bearbeiten; verarbeiten
es elaborar; preparar
fr travailler; retravailler

4993
en **working roller**
de Knetwalze *f*
es cilindro *m* amasador
fr rouleau *m* de pétrissage; cylindre *m* de pétrissage; cylindre *m* pétrisseur

4994
en **worm**
de Schlange *f* (Kühler)
es serpentín *m* (refrigerante)
fr serpentin *m*

4995
en **wormwood**; common wormwood; absinth; absinthe
de Wermut *m*
es ajenjo *m*
fr absinthe *f*; armoise *f* amère

4996
en **wort**
de Kraut *n* (Pflanze)
es hierba *f*
fr fanes *pl f*

4997
en **wort**
de Bierwürze *f*; Würze *f*
es mosto *m* (de cerveza)
fr moût *m*

4998
en **wort copper**
de Würzepfanne *f*
es caldera *f* de mosto
fr chaudière *f* à moût

4999
en **wort pump**
de Maischepumpe *f*
es bomba *f* de mosto
fr pompe *f* à maische

5000
en **wort separation**
de Abläutern *n*; Würzetrennung *f*
es separación *f* del mosto; filtración *f*
fr séparation *f* du moût

5001
en **worty**
de würzig (Geschmackseindruck)
es con sabor a mosto
fr de moût; qui a le goût du moût

5002
en **wrap**; enwrap; wrap up; fold; envelop
de einwickeln; einschlagen
es envolver
fr envelopper; emballer

5003
en **wrap-around label**
de Rundumetikett *n*
es etiqueta *f* envolvente
fr étiquette *f* enveloppante

5004
en **wrapper**
de Einwickler *m*
es envolvedor *m*
fr enveloppeuse *f*; enveloppeuse *f* wrap-around

5005
en **xanthan**; xanthan gum
de Xanthan *n*
es goma *f* xantana
fr xanthane *f*; gomme *f* xanthane

5006
en **xanthophyll**
de Xanthophyll *n*
es xantofila *f*
fr xanthophylle *f*

5007
en **xerotolerant**
de xerotolerant
es xerotolerante
fr xérotolérant; tolérant à la sécheresse

5008
en **X, Y and Z rollers**; chunk rolls; scratch rolls
de Koppenstühle *pl m*
es rodillos *pl m* rascadores
fr rouleau *m* à aiguilles; rouleau *m* à rainures

5009
en **xylitol**
de Xylit *m*
es xilita *f*
fr xylitol *m*

5010
en **xylose**
de Xylose *f*
es xilosa *f*
fr xylose *m*

5011
en **yeast**
de Hefe *f*
es levadura *f*
fr levure *f*

5012
en **yeast dough**
de Hefeteig *m*
es masa *f* con levadura
fr pâte *f* à la levure

5013
en **yeast extract**
de Hefeextrakt *m*
es extracto *m* de levadura
fr extrait *m* de levure

5014
en **yeast food**; yeast nutrient
de Hefenährstoff *m*
es nutriente *m* de levadura
fr nutriment *m* de levure; substance *f* nutritive de levure

5015
en **yeast-raised**
de hefegetrieben
es fermentado con levadura; esponjado con levadura (productos horneados)
fr fermenté à la levure; levé à la levure

5016
en **yeasty**; yeast bitten
de hefig (mit Hefegeschmack)
es con sabor a levadura
fr levuré; de levure

5017
en **yellow dextrin**
de Gelbdextrin *n*
es dextrina *f* amarilla
fr dextrine *f* jaune

5018
en **yield**
de Ausbeute *f*; Ertrag *m*
es rendimiento *m*; producción *f*
fr rendement *m*; production *f*

5019
en **yoghourt**; yoghurt; yogurt GB; yaourt GB
de Joghurt *m*
es yogur *m*
fr yoghourt *m*; yaourt *m*

5020
en **zein**; zeine
de Zein *n*; Maiskleber *m*
es ceína *f*; zeína *f*
fr zéine *f*

5021
en **zeolite**
de Zeolith *m*
es ceolita *f*; zeolita *f*
fr zéolite *f*; zéolithe *f*

5022
en **zinc**
de Zink *n*
es cinc *m*
fr zinc *m*

English index

ENGLISH

A

B

C

ENGLISH

D

ENGLISH

ENGLISH

E

F

G

H

I

ENGLISH

J

K

L

M

ENGLISH

N

O

P

Q

R

S

ENGLISH

ENGLISH

T

U

V

Deutsches Register

A

DEUTSCH

DEUTSCH

B

DEUTSCH

DEUTSCH

C

DEUTSCH

D

DEUTSCH

E

DEUTSCH

DEUTSCH

F

DEUTSCH

G

DEUTSCH

DEUTSCH

DEUTSCH

H

I

DEUTSCH

J

K

DEUTSCH

DEUTSCH

L

DEUTSCH

M

N

O

P

DEUTSCH

Q

R

DEUTSCH

DEUTSCH

S

DEUTSCH

DEUTSCH

DEUTSCH

DEUTSCH

T

U

V

DEUTSCH

W

X

DEUTSCH

Z

Indice en español

A

ESPAÑOL

ESPAÑOL

ESPAÑOL

B

C

ESPAÑOL

ESPAÑOL

ESPAÑOL

ESPAÑOL

D

ESPAÑOL

ESPAÑOL

E

ESPAÑOL

ESPAÑOL

F

ESPAÑOL

ESPAÑOL

G

H

ESPAÑOL

I

J

ESPAÑOL

K

L

ESPAÑOL

M

ESPAÑOL

N

ESPAÑOL

O

P

ESPAÑOL

ESPAÑOL

Q

R

ESPAÑOL

ESPAÑOL

S

ESPAÑOL

T

ESPAÑOL

U

V

ESPAÑOL

X

Y

Z

Index français

A

FRANÇAIS

FRANÇAIS

FRANÇAIS

B

C

FRANÇAIS

FRANÇAIS

D

FRANÇAIS

E

FRANÇAIS

FRANÇAIS

FRANÇAIS

F

FRANÇAIS

G

FRANÇAIS

H

FRANÇAIS

J

K

L

FRANÇAIS

M

FRANÇAIS

N

FRANÇAIS

O

P

FRANÇAIS

FRANÇAIS

FRANÇAIS

FRANÇAIS

Q

R

FRANÇAIS

FRANÇAIS

S

FRANÇAIS

FRANÇAIS

FRANÇAIS

T

FRANÇAIS

U

V

FRANÇAIS

W

X

Y

Z